LA SCIENCE

AU POINT DE VUE PHILOSOPHIQUE

PAR

É. LITTRÉ

DE L'INSTITUT

DEUXIÈME ÉDITION

Le Cosmos d'Alex. de Humboldt
La Philosophie naturelle d'Herschel. — Les étoiles filantes
Ampère et l'électro-magnétisme. — La Chaleur de la terre d'après les géomètres
Cuvier et les ossements fossiles. — Les hommes fossiles
La Science de la vie et la Chimie
La Physiologie. — Études de Physiologie psychique
Origine de l'idée de justice. — La Sociologie et la Biologie
L'ancien Orient. — Leçon d'histoire faite à l'École polytechnique en 1870
Les peuples sémitiques d'après M. Renan
La Civilisation d'après Buckle. — Les Hypothèses positives de Cosmogonie

---

PARIS

LIBRAIRIE ACADÉMIQUE

DIDIER ET Cᵉ, LIBRAIRES-ÉDITEURS

35, QUAI DES AUGUSTINS, 35

—

1873

Tous droits réservés.

LA SCIENCE

AU POINT DE VUE PHILOSOPHIQUE

A LA MÊME LIBRAIRIE

AUTRES OUVRAGES DE M. LITTRÉ

HISTOIRE DE LA LANGUE FRANÇAISE, Études sur les Origines, l'Étymologie, la Grammaire, les Dialectes, etc., au moyen âge. 5ᵉ édit. 2 vol. in-12.   7 fr.

ÉTUDES SUR LES BARBARES ET LE MOYEN AGE. 2ᵉ édit. 1 vol. in-12.   3 fr. 50

MÉDECINE ET MÉDECINS. 2ᵉ édit. 1 vol. in-12.   4 fr.

PRÉFACE

Qu'est, selon moi, le point de vue philosophique, en parlant de la science? et comment est-ce que je considère la science, quand j'entends la saisir dans le nœud même de son évolution? Cette explication très-courte est la seule préface que je veuille mettre au-devant des morceaux détachés qui suivent et qui, de la sorte, prendront cohésion et enchaînement.

On remarquera que ces morceaux sont rangés de cette façon : d'abord ceux qui se rapportent à l'astronomie et à la planète la terre; puis ceux qui se rapportent à la physique; après la physique, arrive la chimie; après la chimie, c'est le tour de la biologie ou théorie des êtres vivants, avec des morceaux sur la psychologie, comme dépendance de la physiologie; le dernier rang est occupé par l'histoire et par la doctrine des sociétés, ou sociologie, d'après le néologisme dû à M. Comte, néologisme si utile qu'il est maintenant adopté par tout le monde.

Cet arrangement n'est ni fortuit, ni arbitraire ; il est réglé par un principe général de subordination. Une science est subordonnée à une autre, quand elle n'a pu prendre naissance et se constituer sans les notions et les secours que cette autre lui fournit ; il n'y a pas de subordination plus effective. Ainsi, l'astronomie et la physique ne peuvent naître et se constituer sans la mathématique, qui ne figure pas dans ce recueil, mais qu'il faut y supposer en tête de tout ; la chimie, sans la physique ; la biologie, sans la chimie ; enfin la sociologie, sans la biologie. Je dis *enfin*, car la sociologie couronne tout le savoir ; il n'est pas une propriété générale, une force générale, une doctrine générale qui soit en dehors de cet ensemble coordonné et qui n'y ait sa place.

Ceux qui connaissent la philosophie positive n'ont pas besoin que je leur développe les points fondamentaux de cette coordination. A ceux qui ne la connaissent pas, je recommande de rechercher historiquement les motifs d'un tel arrangement ; ce sera certainement, à quelque conclusion qu'ils arrivent, une étude fructueuse [1].

Ceci posé, on reconnaît qu'il est une différence entre la philosophie d'une science et la philosophie de la science. La première embrasse surtout la méthode particulière à chacune ; la seconde comprend la subordination des sciences entre elles, la loi de leur

---

[1]. Voyez au reste, dans ce volume, p. 424 et suivantes.

développement successif dans l'histoire, et leur complexité croissante selon les échelons hiérarchiques.

Ce recueil, tel qu'il est disposé, est la mise en pratique, autant que les objets traités la comportent, de la classification des sciences selon le principe de la philosophie positive. Quelques-uns des morceaux ont été écrits avant que j'appartinsse à cette philosophie; mais ils n'en ont pas moins trouvé place dans le compartiment qui, d'avance, leur était dévolu.

Comme le développement successif des sciences, d'après leur hiérarchie, pénètre profondément dans l'histoire générale, il est bon d'écarter quelques anomalies apparentes dans cette série si importante, quand on veut apprécier la marche de la civilisation et l'avenir de l'humanité.

Une de ces anomalies apparentes se trouve dans la formation de la chimie. Le moyen âge, bien longtemps avant la physique, eut des travaux chimiques que l'on dénommait alchimie. Cette alchimie, toute chimérique qu'elle était dans ses principes et ses théories, ne laissa pas de faire d'heureuses trouvailles : par exemple l'eau-de-vie, le vitriol, le phosphore. Mais ce n'étaient, en effet, que des trouvailles qui n'apprenaient rien sur les lois mêmes de la combinaison et de la décombinaison des corps simples. Ces lois font la chimie, lui ouvrent la porte des découvertes, et n'ont été déterminées que dans la seconde moitié du xviiiᵉ siècle, par Lavoisier et ses contemporains.

Une seconde anomalie apparente, peut-être encore plus marquée, appartient à la biologie. Ni la chose ni le nom ne furent d'abord connus ; mais très-anciennement on en étudia des fragments ; les médecins observèrent les maladies ; Aristote décrivit les animaux et leurs parties ; Théophraste composa un traité sur les plantes ; Erasistrate, Hérophile, Galien pénétrèrent avant dans l'anatomie. Cela dura très-longtemps et sans que personne entrevît une liaison entre les parties des animaux, la botanique et les maladies. Il en existait une pourtant, et elle gisait dans l'attribution des propriétés irréductibles de nutrition, de motilité et de sensibilité à des éléments anatomiques irréductibles aussi. Cette attribution fut accomplie au commencement de notre siècle.

On écarte ce qu'ont d'apparent ces anomalies, quand on détermine exactement ce qu'est la constitution d'une science. Il faut bien distinguer dans une science ses rudiments et sa constitution. Elle est rudimentaire quand elle n'a encore que des faits isolés ou des systèmes fictifs ; elle est constituée quand elle a reconnu son objet et sa méthode propres. Cette constitution définitive ne s'est faite pour chacune qu'après la science ou les sciences qui précèdent dans l'ordre hiérarchique ; c'est l'histoire qui en témoigne. A partir de ce point, chaque science entre en son évolution. C'est dans le cours de cette évolution qu'elles deviennent tributaires les unes des autres sans aucun égard à l'époque successive de leur constitution ; elles sont alors interdépendantes, selon l'heureuse expression de M. Herbert Spencer, qui eut le tort de vouloir substituer l'interdépendance à l'arrangement hiérarchique. Voyez, du reste, ma discussion sur cet objet dans *Auguste Comte et la Philosophie positive*, II, 6.

Ce m'est une occasion de revenir sur un point où j'ai insuffisamment défendu M. Comte contre une objection de M. Herbert Spencer[1]. M. Comte place l'astronomie avant la physique, et il se fonde sur ce fait que, géométriquement, l'astronomie était réellement positive depuis l'école d'Alexandrie, tandis que la physique ne l'est devenue qu'à partir des découvertes de Galilée. Son contradicteur oppose que, géométriquement, l'astronomie n'a aucune précédence sur la physique terrestre; que la géométrie, dès qu'elle fut constituée, s'appliqua également aux choses de la terre et aux choses du ciel; et que l'astronomie n'était pas plus positive dans son aspect géométrique que la mesure des angles, triangles, cercles et polygones qu'on avait sur la terre. J'eus, dans le temps, très-grand tort d'accepter cette objection[2]; elle n'est pas valable. Sans doute la mesure

---

1. *Auguste Comte et la Philosophie positive*, p. 288 et 293, 1re édition.

2. Voy., *ib.*, p. 294, comment, par une considération indirecte, je conservai la série. Aujourd'hui cela ne me suffit plus, et j'aperçois ce que j'aurais dû répondre; mais il n'est jamais trop tard de se corriger et de défendre une doctrine aussi importante que la série des sciences.

des angles, des triangles, des cercles, est la même sur la terre que dans le ciel; mais, dans le ciel, cette mesure détermine les saisons, établit la précession des équinoxes, crée la gnomonique et procure la prévision des éclipses ; ce qui est une science. Rien de pareil sur la terre, où la géométrie ne produit que des mesures d'angles, de triangles et de cercles, sans autre aboutissement que l'arpentage, qui n'est qu'un art. L'erreur de M. Herbert Spencer est d'avoir considéré ces mesures en elles-mêmes seulement, sans tenir compte de ce qu'elles enfantent, transportées à l'observation des corps célestes. Il est donc vrai qu'il y eut une astronomie positive bien longtemps avant qu'il y eût une physique positive. La physique n'est devenue positive que par l'introduction de l'élément mécanique; il a suffi à l'astronomie, pour le devenir, de l'élément géométrique. L'histoire et M. Comte ont raison.

Dans cette même discussion [1], je disais : « Chaque « science supérieure (les mathématiques et l'astrono- « mie géométrique étant mises à part) se constitue par « un résidu que laissent les sciences inférieures et « qu'elles n'expliquent pas. Là, dans ce résidu, sont les « matériaux de la constitution future de la science qui « vient après. Quand la physique a épuisé les propriétés « qui lui incombent, il reste les propriétés d'affinité « moléculaire; mais, avant cet épuisement, nul ne « peut dire si l'affinité moléculaire ne dépend pas de

---

1. *Auguste Comte et la Philosophie positive*, p. 304.

« quelque propriété physique inconnue ou mal. con-
« nue ; après l'épuisement, le doute a disparu et la
« chimie surgit. Même jugement pour la biologie :
« la chimie achève de s'instituer, et alors apparaissent,
« dans leur inexplicabilité, les phénomènes vitaux ; ils
« sont le résidu de la chimie, comme la chimie elle-
« même était le résidu de la physique ; à ce point, la
« biologie se constitue et se superpose au tronçon
« scientifique tel qu'il existait. » A cela j'ajoute aujourd'hui que c'est des résidus de la biologie, c'est-à-dire de maints phénomènes qu'on ne sait comment classer dans l'anthropologie, que la sociologie commence à se former. M. Comte l'a fondée ; depuis lui, on a des idées précises sur la loi de l'histoire, la direction du progrès, la marche de la civilisation, le but de l'humanité.

Ainsi les sciences, depuis les mathématiques jusqu'à la sociologie, forment une hiérarchie où les rangs n'ont jamais été intervertis et ne peuvent pas l'être. Tout est compris là dedans : les nombres, la connaissance des corps célestes, les propriétés physiques de la matière, les combinaisons moléculaires qu'elle affecte, la vie qui s'y développe sous la forme de substance organisée, et les phénomènes qui se passent dans les sociétés et la civilisation. Dès qu'on tient cette série dans la grandeur régulière de son ordre ascendant, on est aussitôt sur les hauts sujets du savoir humain.

Ce n'est pourtant pas avec l'impression d'une orgueilleuse satisfaction que j'ai voulu laisser mon lecteur. J'ai terminé ce volume par l'exposé des hypothèses cosmogoniques relatives à l'univers, au monde, à la terre, aux espèces vivantes. Rien n'est plus propre à faire toucher à l'esprit humain les bornes qui le renferment. Dès qu'il tente de parvenir à ce qu'exprime ce mot ambitieux de cosmogonie, il franchit les uns après les autres maints degrés prodigieux ; mais, quelque vaste espace qu'il parcoure ainsi, quelque immensité qu'il traverse, d'autres immensités s'ouvrent à perte de vue ; et il revient résigné à ignorer, mais assez fortifié par ce qu'il sait pour aspirer indéfiniment à savoir davantage.

Février 1873.

COSMOS

ESSAI D'UNE DESCRIPTION PHYSIQUE DU MONDE

PAR

Alexandre DE HUMBOLDT [1]

Il n'y a pas lieu de comparer M. de Humboldt avec Pline l'Ancien, mais il y a lieu de comparer leurs ouvrages. Pline, employé supérieur de l'empire romain, tantôt fonctionnaire civil, tantôt commandant militaire, comme c'était l'usage dans cet ordre de choses; Pline, dis-je, avait le goût passionné des sciences; mais il ne les connaissait pas, et il les traitait en homme de lettres, non en homme de métier; pour lui, c'était matière à compilation, et, d'intervalle en intervalle, matière à quelque tirade littéraire, à quelque morceau d'éclat. M. de Humboldt est versé dans toutes les sciences; il les connaît dans leur théorie et leur pratique; il a mis la main aux choses; il compte parmi les autorités, parmi les inventeurs; et, quand il rassemble les matériaux, il ne compile pas, il choisit et coordonne. Pline avait été,

[1] *Revue germanique*, 31 mai 1858.

par ses fonctions, conduit dans les diverses parties de l'empire romain, et, entre autres, dans la Germanie, qu'il avait vue d'un tout autre œil que ne fit Tacite, et, je crois, d'un œil plus clairvoyant et moins prévenu ; il commandait la flotte de Misène lors de cette fameuse éruption du Vésuve qui engloutit Stabies, Herculanum et Pompeï. Poussé par le désir généreux de secourir les riverains que menaçaient les cendres, les pierres ponces et la lave, poussé aussi par une noble curiosité d'assister à quelqu'un de ces grands phénomènes dont il avait parlé, il alla contempler de près les flammes merveilleuses que lançait la montagne, et demeura enseveli dans le linceul qui s'étendit sur ces campagnes florissantes. M. de Humboldt, infatigable voyageur, n'a rien laissé qu'il n'ait visité; il a vu tous les continents et toutes les mers; il a traversé les steppes de l'Asie et les plaines d'Amérique; il a monté sur les pics élevés des Andes et de l'Himalaya, observant, mesurant et rapportant une ample connaissance des accidents et des phénomènes de cette terre que nous habitons.

Mais il y a lieu de comparer les ouvrages. Pline n'avait entrepris rien de moins que n'a fait M. de Humboldt lui-même, et l'*Histoire naturelle* écrite par le Romain est un *Essai de description physique du monde*. Aussi le plan des deux auteurs concourt-il jusqu'à un certain point, comme étant donné, dans des linéaments principaux, par la nature des choses. M. de Humboldt considère d'abord le ciel et les corps innombrables qui le peuplent; puis, descendant sur notre globe qui flotte, lui aussi, parmi tant d'îles flottantes, il en décrit la forme, la densité, les propriétés essentielles, la réaction de l'intérieur sur l'extérieur, réaction qui se manifeste par les tremblements de terre et les volcans (c'est là l'objet des quatre premiers volumes); enfin, dans les volumes suivants, il étudiera les formations géologiques, la répartition de l'espace entre les mers et les terres, l'enveloppe gazeuse qui nous entoure, la vie végétale et animale, et finalement la race humaine. Pline commence également par le ciel, les grands astres qui le décorent et les mouvements qui les animent; du ciel il descend sur la terre pour en décrire les divisions, les mers, les fleuves, les cités et les peuples; l'homme ensuite est le sujet; après l'homme les animaux, après les animaux les végétaux, et, à ce propos, une histoire de l'agriculture qui en tire nos aliments et de la médecine qui en tire nos remèdes; enfin les métaux et les pierres qui gisent dans le sein de la terre, et auxquels il rattache des notions sur la peinture, sur la sculpture, sur les artistes, notions qu'on ne peut assez apprécier.

Des deux parts on reconnait des traits généraux. L'homme, dès les temps primitifs, eut toujours une certaine idée de l'univers, d'une voûte qui l'environnait de toutes parts, d'espaces d'où lui descendaient toutes sortes d'influences, de flambeaux qui, échauffant ses jours et éclairant ses nuits, roulaient sans repos autour de la terre. Quand Pline résuma les recherches des savants grecs, cette première vue s'était déjà singulièrement agrandie; on savait que la terre était ronde, on l'avait mesurée approximativement; et, par delà la lune, le soleil et les planètes, on plaçait le ciel des étoiles. Mais, quand de nos jours M. de Humboldt prend la plume pour embrasser en un seul tableau l'ensemble du monde, toutes ces intuitions de l'homme primitif, toutes ces connaissances positives de l'astronomie grecque, se sont perdues comme un point dans l'immensité de l'espace aperçu, dans l'infinité des soleils, dans la lueur profonde des nébuleuses et des voies lactées.

A qui veut se faire une idée de ce mot : progrès de la

civilisation ou développement de l'humanité, mot qui occupe une si grande place dans la pensée des hommes d'aujourd'hui, et dont la réalité sérieuse et puissante est tantôt vainement contestée, tantôt insuffisamment comprise ; à qui, dis-je, veut s'en faire une idée, il faut ouvrir et comparer le livre de Pline et celui de Humboldt. Dix-huit cents ans les séparent : dirai-je longue ou courte période? je ne sais, car on ignore la durée antécédente de l'humanité et ses âges successifs ; mais, dans tous les cas, période occupée par d'immenses événements politiques et sociaux : la chute de l'empire romain et du paganisme, l'établissement du catholicisme et du régime féodal, la décadence au quatorzième siècle, l'ère des révolutions au seizième, le protestantisme, le déchirement de l'unité religieuse, le globe parcouru, et l'Europe, avec ses annexes, devenant le guide et l'arbitre du reste du monde. Provisoirement, abstenons-nous de caractériser cette marche des choses, bien qu'une direction s'y laisse apercevoir, et tournons-nous vers l'autre côté du développement général, là où la direction et le sens du mouvement ne peuvent être contestés. Au temps de Pline, la science ne connaissait ni les distances respectives du soleil, des planètes et des satellites, ni la forme des orbites parcourues, ni la nature de la force qui les mouvait, ni leur volume, ni le rapport des étoiles ou soleils indépendants avec notre système. Au temps de Pline, elle ne connaissait pas la forme exacte de la terre, son aplatissement aux pôles, son renflement à l'équateur, ni la densité de cette planète, ni les conditions de calorique, d'électricité et de magnétisme qui y sont inhérentes, ni les périodes par lesquelles elle a passé, ni les races géologiques de végétaux et d'animaux, ni les gaz qui en composent l'atmosphère, ni le plan général de structure des êtres organisés, ni les affinités des langues et des peuples, ni l'histoire de l'humanité. Au temps de Humboldt, tout cela fait partie d'une description du monde. Le progrès est grand ; et soyez sûr, vu la connexion nécessaire de toutes les choses sociales, qu'il est parallèle et équivalent dans le reste.

M. de Humboldt, au commencement de son deuxième volume, s'est complu à rechercher comment le spectacle de la nature s'est reflété dans la pensée des hommes et dans leur imagination ouverte aux impressions poétiques. Chez les peuples anciens, ce reflet a été plus rarement senti et plus faiblement exprimé que chez les modernes. Schiller, cité par M. de Humboldt, a dit : « Si l'on se rappelle la belle nature qui entourait les « Grecs, si l'on songe dans quelle libre intimité ils vi- « vaient avec elle sous un ciel si pur, on doit s'étonner « de rencontrer chez eux si peu de cet intérêt de cœur « avec lequel, nous autres modernes, nous restons sus- « pendus aux grandes scènes. La nature paraît avoir cap- « tivé leur intelligence plus que leur sentiment moral. « Jamais ils ne s'attachèrent à elle avec la sympathie et « la douce mélancolie des modernes. » Au fond, ce jugement du grand poëte allemand est plus vrai à la superficie qu'au fond, et tout à l'heure je le restreindrai comme il doit être restreint. M. de Humboldt ajoute : « L'émotion « pour les beautés de la nature, que les Grecs ne cher- « chaient pas à produire sous une forme littéraire, se ren- « contre plus rarement encore chez les Romains. » Toutefois, elle ne fut pas tout à fait absente, demeurant en germe, en rudiment, en ébauche, jusqu'aux temps voulus pour sa pleine efflorescence ; elle ne fut pas tout à fait absente ; et M. de Humboldt rapporte le beau passage où Platon représentant des hommes tenus toute leur vie dans une caverne obscure et amenés sans transition au jour,

décrit leur admiration : «A la vue de la terre, de la mer et
« de la voûte du ciel, quand ils reconnaîtraient l'étendue
« des nuages et la force des vents, quand ils admire-
« raient la beauté du soleil, la grandeur et les torrents
« de lumière, quand enfin ils considéreraient, aussitôt
« que la nuit venue aurait entouré la terre de ténèbres,
« le ciel étoilé, les variations de la lune, le lever et le
« coucher des astres accomplissant leur course immua-
« ble de toute éternité, sans doute ils s'écrieraient :
« Oui, il y a des dieux, et ces grandes choses sont leur
« ouvrage. » A cela, et même à côté de Platon, j'ajouterai quelques mots de Pline, lui qui comparait gra-
cieusement à des yeux les étoiles scintillantes (*tot stel-
larum collucentium illos oculos*), quelques mots qui
montrent que les merveilles de la lune variable avaient
captivé son regard et son esprit :

« Le plus admirable de tous est l'astre qui est le plus
« familier aux habitants de la terre, celui que la nature
« a créé pour remédier aux ténèbres, la lune. Elle a mis
« à la torture, par sa révolution compliquée, l'esprit
« de ceux qui la contemplaient et qui s'indignaient d'i-
« gnorer le plus l'astre le plus voisin. Croissant tou-
« jours ou décroissant, tantôt recourbée en arc, tantôt
« divisée par moitié, tantôt arrondie en orbe lumineux ;
« pleine de taches, puis brillant d'un éclat subit ; im-
« mense dans la plénitude de son disque, et tout à coup
« disparaissant ; tantôt veillant toute la nuit, tantôt
« paresseuse et aidant, pendant une partie de la journée,
« la lumière du soleil ; s'éclipsant, et cependant visible
« dans l'éclipse ; puis invisible à la fin du mois, sans
« toutefois être éclipsée. Ce n'est pas tout : tantôt elle
« s'abaisse, et tantôt elle s'élève, sans uniformité même
« en cela ; car parfois elle touche au ciel, parfois aux
« montagnes, parfois au haut dans le nord, parfois au

« bas dans le midi. Le premier qui reconnut ces diffé-
« rents mouvements fut Endymion, et aussi dit-on qu'il
« en fut épris. »

Enfin, et pour achever ceci qui touche à la poésie, que M. de Humboldt a cherché, et que je suis loin de vouloir éviter, il n'a pas manqué de rappeler le vif et tendre sentiment de la nature qui inspire les compositions de Virgile, les couleurs harmonieuses de ses tableaux, qui révèlent combien il la comprenait, et le calme infini qu'il a su jeter dans le repos de la mer et le silence de la nuit. Mais je ne voudrais pas non plus que dans cette revue fût oublié le père de la poésie grecque, qui, à mon gré, a surpassé tous ses rivaux à exprimer cette impression et ce ravissement que cause l'aspect profond de la voûte éthérée : « Les astres
« splendides brillent au ciel autour de la lune lumi-
« neuse, l'air est sans un souffle, au loin se montrent
« les collines, les penchants escarpés et les vallons ;
« l'éther infini s'ouvre dans sa magnificence ; toutes les
« étoiles se montrent, et le berger s'est réjoui dans son
« cœur (*Iliade*, IX). » Homère a été plus d'une fois ce berger qui, assis au penchant des vallées et perdu dans l'ombre de la nuit tranquille, a senti vibrer son âme à l'unisson de la silencieuse immensité.

Mais ce ne sont là, à vrai dire, que des essais. Cet ordre d'émotions et de poésie, dans son plein, a été réservé à l'esprit des âges modernes, qui est parvenu sur des hauteurs où l'antiquité n'atteignit jamais.

> Esprit de l'homme, un jour sur ces cimes glacées,
> Loin d'un monde oublié quel souffle t'emporta ?
> Tu fus jusqu'au sommet chassé par tes pensées ;
> Quel charme ou quelle horreur à la fin t'arrêta ?

Ce qui l'entraîna, ô Lamartine, sur les cimes glacées et

lui fit sentir et exprimer d'une façon nouvelle les mystérieuses beautés de la nature, ce fut, bien que cela doive paraître étrange à beaucoup, ce fut la science, ou, en d'autres termes, le vaste agrandissement de la connaissance du monde, agrandissement dont M. de Humboldt nous retrace le magnifique tableau. J'ai déjà touché ailleurs, en passant, ce sujet, et ici encore je ne puis le toucher qu'en passant. Tant que les dimensions du monde et les forces qui l'animent furent ignorées, les sentiments inspirés par les scènes naturelles se manifestaient sous une forme qui est pour nous devenue une lettre morte et une simple et froide allégorie, mais qui, dans les temps primitifs, était la riche et sincère manifestation des impressions intérieures. Tout fut imprégné de vie; ce qui plaisait dans la terre, dans les ondes, au sein des airs et au fond des espaces célestes, ce n'étaient pas les horizons infinis où l'âme se perd comme la vue, les silences profonds, les immensités, le besoin de se pencher sur les abîmes de la montagne comme sur ceux de la pensée; c'était de mettre dans cette infinité un peuple de divinités, d'animer ces silences par des visions ou charmantes ou terribles, et d'apercevoir, dans chaque accident de la montagne sourcilleuse, du bois ténébreux, de la mer tumultueuse, un dieu avec qui l'homme entretenait un échange de sentiments. Mais ces créations de l'imagination primitive s'évanouirent devant les recherches de l'esprit scientifique, qui, sans parti pris contre rien de ce qui avait été supposé, trouva tout autre chose dans les phénomènes naturels. Et non-seulement elles s'évanouirent, mais le monde, qui semblait quelque berceau fait pour l'homme enfant et pour de petites mains, s'entr'ouvrit aux yeux stupéfaits dans sa grandeur réelle, qui est sans fond et sans limite. Le sentiment qui s'était attaché à la nature pour la peupler ne s'éteignit pas, mais se transforma, et il s'y attacha dès lors pour en recevoir de sublimes impressions et d'ineffables frémissements. C'est ainsi que M. de Humboldt chercherait vainement dans l'antiquité ce qui n'y est pas; c'est ainsi qu'il faut corriger le dire de Schiller; c'est ainsi que s'explique la froideur mortelle dont nous glacent ces conceptions antiques toutes les fois qu'on a essayé de les faire rentrer dans le domaine de la poésie moderne, où elles n'ont plus de racine; c'est ainsi que s'explique l'influence réelle et puissante de l'évolution générale des sociétés sur l'évolution de l'art. Les types anciens restent dans leur beauté merveilleuse, mais relative; des types nouveaux s'élèvent qui nous touchent et nous ravissent; et de la sorte, dans le trajet du temps, s'inscrivent sur quelques grands monuments toujours admirés les aspirations de l'humanité vers l'idéal.

Quem cosmon *Græci*, dit Pline, *nomine ornamenti appellaverunt, eum nos a perfecta absolutaque elegantia, mundum*. Les langues ont parfois de bien grands bonheurs d'expression. Peut-on trouver appellation qui, mieux que ces mots de *cosmos* et de *monde*, qui signifient ordre, parure, ornement, témoigne de l'impression ressentie par les Hellènes et les Latins à la vue de ce vaste ensemble qui se meut avec une régularité suprême, et qui, la nuit, déploie son manteau d'étoiles? Dans nos langues dérivées, le sens primitif est perdu, et le monde, quelle que soit l'idée fondamentale que les anciens Latins y aient attachée, n'est plus que l'ensemble total des choses de l'univers. Maintenant, le progrès de nos connaissances oblige à distinguer le *monde* de l'*univers*. Ces deux mots sont et resteront synonymes dans le langage vulgaire; dans le langage scientifique, ils ne doivent plus l'être. Ils correspondent, en effet, à deux notions qu'il importe de séparer, et qu'on a confondues naturellement tant que les travaux astronomiques n'avaient pas fait de suffisantes excursions dans les espaces stellaires. Le *monde* est beaucoup plus petit que l'*univers*, ou, pour mieux dire, il n'en est qu'une partie. L'*univers* est la multitude d'étoiles qu'on aperçoit à l'œil nu ou avec le télescope; notre soleil est une de ces étoiles. Le *monde* est le système solaire où une étoile centrale retient par sa gravitation, éclaire par sa lumière, échauffe par sa chaleur un certain nombre de planètes avec leurs satellites. C'est le seul système que nous connaissions. Les autres soleils ont-ils aussi un cortége de planètes? c'est possible, mais nous n'en savons rien; la seule chose que nous sachions, c'est que ce roi de notre nature, cette source inépuisée de feux dont l'œil ne peut soutenir la splendeur, cette masse énorme dont le poids retient à un si prodigieux éloignement Uranus ou Neptune dans leurs orbites, est très-loin d'être une étoile de première grandeur. Vu à sa place, ce n'est plus qu'un astre médiocre, tournant sur lui-même et emporté, lui aussi, à travers les espaces, par un mouvement rapide, poussière dans cette poussière d'étoiles.

Pour décrire le cosmos ou univers, deux méthodes se présentent : ou commencer par la terre, et de là, s'élevant graduellement, atteindre jusqu'aux limites télescopiques (c'est la méthode historique), ou commencer par les étoiles lointaines, et redescendre graduellement à la terre (c'est la méthode dogmatique). La première est historique, car c'est bien ainsi, en effet, qu'on a procédé. La terre a été le piédestal d'où l'on s'est élevé; on s'est exercé aux mesures géométriques; on a osé (ce qui étonnait et scandalisait pour ainsi dire Pline, appelant *improbitas cordis humani* la tentative, et se récriant quand il voyait qu'il ne fallait plus qu'un fil à plomb pour mesurer le ciel), on a osé transporter dans les espaces cosmiques, et entre les distances des corps célestes, des méthodes reconnues infaillibles dans leurs principes ; et de cette façon on a atteint, par une sorte d'échelle gigantesque, les étoiles, la voie lactée, les nébuleuses. Suivre les progrès de ces découvertes successives dans les champs de l'immensité, ce serait faire l'histoire même de la science, et montrer comment des doctrines, croissant par le travail des siècles et par l'effort de génies singuliers, s'appuyant l'une l'autre, toujours démontrables à l'esprit et toujours démontrées par l'application et l'événement, sont devenues un instrument pour

..... percer des airs la campagne profonde,
Percer Mars, le soleil et des vides sans fin.

Au lieu de cela, on peut, se plaçant tout d'abord au sommet de la science, partir de là, enseigner d'une façon dogmatique et déductive, et descendre de l'ensemble aux détails, des notions suprêmes aux notions inférieures et particulières. C'est cet ordre de déduction, c'est cette méthode dogmatique que M. de Humboldt a suivie. Au point de vue qu'il a pris, il a non des preuves à donner, mais des résultats à raconter. La terre, avec ce qui y tient, n'est considérée que comme une partie du tout ; et une description physique du cosmos, un tableau de l'univers, commence non par le sol planétaire que nous habitons, non pas même par le système solaire auquel nous appartenons, mais par ce qui remplit les espaces du ciel.

Hipparque fut le premier qui dressa un catalogue des étoiles ; et Pline, disant de ce grand astronome, avec raison, qu'on ne peut assez le louer, et qu'en personne plus qu'en lui ne s'est révélée la parenté de l'âme humaine avec les astres tant étudiés par lui, ajoute qu'il laissa le ciel à tous en héritage, s'il se trouvait quelqu'un capable de recueillir cette succession. Les siècles l'ont recueillie, cultivée et immensément agrandie. Hipparque avait, il est vrai, imaginé des instruments pour marquer le lieu et la grandeur de chaque astre ; mais ces instruments n'étaient point des appareils optiques capables de grossir les objets dans d'énormes proportions. Aussi ne s'agit-il plus aujourd'hui, comme de son temps, de quelques milliers d'étoiles visibles à l'œil nu et privilégiées à nos regards par leur éclat ou par leur voisinage relatif. Il s'agit de millions d'étoiles : on en compte environ deux cent mille, depuis la première grandeur jusqu'à la neuvième ; puis l'immense voie lactée est devenue un amas de petites étoiles, qui, situées à des distances incommensurables, ne se montrent plus que comme une traînée blanche ; et finalement, la plupart des nébuleuses, ne résistant pas à la puissance des télescopes, ont laissé voir les groupes qui les constituent. Dès lors, l'apparence, jetée là comme en toute chose par le rapport nécessaire entre nos sens et les phénomènes, a fait place à la réalité ; le ciel n'est plus un champ où sont disséminées au hasard, comme des fleurs en un pré, des étoiles plus ou moins brillantes. La dissémination n'est pas réelle : les étoiles sont massées et non éparses ; et, si nous les voyons éparses, cela tient à la position que notre soleil occupe dans le groupe général. C'est un groupe en effet ; quelle en est la forme ? Est-ce une *strate* stellaire aplatie et plus ou moins régulière ? ou bien est-ce un vaste anneau ? ou, comme les dernières observations paraissent le faire croire, un système d'anneaux concentriques, d'épaisseurs très-inégales, dont les diverses couches, plus ou moins lumineuses pour nous, seraient placées à des profondeurs diverses dans l'espace? Quoi qu'il en soit de ces conjectures, le fait reste, et les innombrables étoiles constituent un amas où les étoiles sont plus rapprochées l'une de l'autre qu'elles ne le sont des autres amas stellaires, s'il en existe. C'est ainsi que les divers astres de notre système solaire sont plus voisins l'un de l'autre qu'ils ne sont des étoiles, qui sont peut-être chacune un centre pour un système particulier.

En effet, il ne faut pas se méprendre sur le sens du mot *univers*. Ce mot ambitieux doit subir une réduction ; il ne peut pas signifier l'universalité des choses qui nous est et nous sera à jamais inaccessible, il signifie seulement la portion qu'embrassent nos télescopes. Les astronomes ont signalé une apparence singulière dans le ciel : ce sont des endroits absolument obscurs. Si quelques régions présentent de grands espaces où la lumière est uniformément répartie, il vient, immédiatement après, d'autres régions où des espaces brillant du plus vif éclat alternent avec des espaces pauvres en étoiles et décrivent sur le ciel des réseaux irrégulièrement lumineux. La voie lactée, qui, en certains points, reste insondable pour les plus puissants télescopes, c'est-à-dire qu'elle leur offre toujours de la lumière, livre, dans d'autres, un passage par ses hiatus ou ses fissures. Les points lumineux apparaissent, là, sur le fond vide et noir des espaces sans fin, et les astronomes pensent que, dans ces régions, la vue télescopique traverse l'épaisseur entière de la couche stellaire qui nous environne. Cela doit être sans doute, et notre groupe stellaire est, lui aussi, une île flottante, par delà laquelle sont d'autres espaces et peut-être d'autres îles. Il faut donc bien rabattre du mot univers, et ne le prendre qu'à ce sens restreint. Les fissures de la voie lactée, les places noires du ciel, lancent l'imagination par delà le champ de la vision télescopique ; et notre raison nous dit que, n'embrassant que des portions, ne connaissant qu'un fragment, nos conceptions, nos doctrines, nos systèmes, ne peuvent jamais prétendre à être absolus, et demeurent, de leur nature et par nécessité, toujours relatifs. L'espace matériel n'est ici qu'une image de l'espace intellectuel : ce qui borne l'un borne l'autre. Nos conceptions, nos doctrines, nos systèmes, ne sont jamais vrais que pour l'humanité et dans l'humanité. Notre orgueil est vain et puéril s'il croit avoir atteint quelque universalité définitive et absolue ; mais il est noble et légitime si l'homme se glorifie d'avoir, par génie et par patience, fait surgir une lumière croissante, un soleil intellectuel, qui l'éclaire dans la contemplation des choses et le guide dans la direction de la vie collective.

Notre soleil est une étoile, cela n'est pas douteux ; et, comme lui, nous le connaissons jusqu'à un certain point, comme nous savons quelle en est la distance, quel en est le volume, quelle en est la densité, nous pouvons, par une analogie qui n'est pas sans vraisemblance, nous faire quelques imaginations, qui n'ont rien de fantastique, sur les étoiles elles-mêmes. Notre soleil tourne sur lui-même ; ce vaste globe, auprès duquel non-seulement la terre mais toutes les planètes réunies ne forment qu'une masse insignifiante, est animé, comme ces humbles suivantes, d'un mouvement de rotation. Du moment que cette révolution de l'astre central sur lui-même a été constatée, il fut naturel de penser qu'il ne tournait pas ainsi comme une toupie, sans changer de place ; et qu'à ce mouvement de rotation s'en joignait un de translation, c'est-à-dire qu'il était emporté dans l'espace absolu. Les observations les plus récentes ont confirmé cette conjecture. Notre soleil se meut, et il se dirige vers un point du ciel situé dans la constellation d'Hercule. Les distances sont si prodigieuses que, quelle que soit sa vitesse (elle est sans doute fort grande, mais on ne la connaît pas), les changements apparents produits par la translation ne se manifestent pour nous qu'après de bien longs intervalles de temps ; mais ils ne s'en manifestent pas moins, et les astronomes des siècles à venir seront obligés de tenir compte de cette valeur dans l'usage qu'ils feront de leurs observations et de celles de leurs devanciers. Notre roi de lumière cheminant ainsi, tout son cortége marche avec lui. De la sorte, à proprement parler, la terre, en allant, chaque année, de l'hiver à l'été, ne retombe jamais dans le sillon passé ; elle roule dans des espaces toujours nouveaux, elle ne répond jamais à un même point du ciel ; et c'est une sorte de voyage éternel de découvertes qui se serait manifesté à nos aïeux s'ils avaient su observer, et se manifestera aux yeux de nos descendants par des changements dans l'apparence, et peut-être par des rencontres de matières chaotiques analogues à celles qui tombent sur la terre sous le nom d'étoiles filantes.

Si le soleil, qui est une étoile, n'est pas fixe, les étoiles, qui sont des soleils, ne sont pas fixes non plus. Il est certain qu'elles se meuvent, et que le repos et l'immobilité ne sont pas dans le ciel. Quand, la nuit, on voit s'avancer l'armée régulière des étoiles, gardant toujours leurs distances relatives, on y pointe avec une confiance absolue l'instrument, pour déterminer les temps et les positions ; et ce semble une immense horloge où rien ne se déplace jamais. La fixité n'est qu'apparente ; mais là, dans ce domaine des éloignements infinis, les dépla-

cements ne deviennent sensibles qu'après beaucoup de siècles, et c'est pourquoi les hommes peuvent se servir des points du ciel comme de points fixes et immobiles. Avec sa belle imagination et son beau langage, M. de Humboldt a rendu sensible ce prodigieux effet des distances cosmiques et des périodes séculaires : « Suppo-
« sons ou plutôt rêvons que l'acuité de nos sens a été
« surnaturellement haussée jusqu'à la limite extrême
« de la vision télescopique, et que ce qui est séparé par
« de longs intervalles de temps est rapproché, soudain
« disparaît tout repos dans le sein de l'espace. Nous
« voyons les innombrables étoiles se mouvoir, par
« groupes, en des directions diverses ; des nébuleuses
« passer comme des nuages cosmiques, se condenser et
« se dissoudre ; la voie lactée s'ouvrir en des lieux isolés
« et déchirer son voile ; en un mot, nous voyons le
« mouvement se faire sentir à chaque point de la voûte
« céleste aussi bien qu'à la surface de la terre dans les
« bourgeons des feuilles et des fleurs qui se dévelop-
« pent. Le célèbre botaniste espagnol Cavanilles eut le
« premier l'idée de *voir pousser l'herbe*, pointant, dans
« un télescope très-amplifiant, le fil horizontal du mi-
« cromètre sur le bout de la tige de l'agave américain,
« qui croît avec tant de rapidité. C'est justement ainsi
« que l'astronome braque les fils croisés de son micro-
« mètre sur l'étoile culminante. » On s'est demandé si ces millions d'étoiles avaient un centre soit mathématique, soit réel, autour duquel elles accomplissent leurs orbites ; on l'a inutilement cherché. Jusqu'à présent, on ne peut les concevoir que comme se maintenant les unes les autres dans un certain rapport par leur gravitation réciproque, qui ne leur permet pas de s'écarter dans les profondeurs.

L'éloignement entre les étoiles est très-considérable ;

du moins voici ce qu'il en est pour la nôtre. Quand on a atteint la limite du système solaire et la planète Neptune, on ne s'est avancé que bien peu vers les étoiles les plus voisines ; on est alors là sur le bord d'un fossé immense, dont la largeur dépasse de beaucoup l'intervalle entre notre soleil et la planète la plus lointaine. Les astronomes doutèrent longtemps s'ils pourraient jamais, le franchissant, calculer la distance d'aucune étoile. Ces calculs, quelque difficulté qu'ils puissent présenter, se réduisent toujours, dans le fond, à trouver une base de triangle et des angles. La plus grande base que l'homme ait à sa disposition est la ligne qui joint le solstice d'été au solstice d'hiver, c'est-à-dire le diamètre de l'orbite terrestre (environ 306 millions de kilomètres). Il est évident que, de l'été à l'hiver, la terre s'étant déplacée, dans l'espace absolu, de 306 millions de kilomètres, des étoiles qu'on aura considérées auront paru changer de place, si toutefois la base n'est pas sensiblement nulle par rapport à l'éloignement. Or, cette base de 306 millions de kilomètres devenait sensiblement nulle, aucun changement apparent ne se manifestait dans les étoiles tant que la précision des observations ne dépassait pas une minute d'arc, ce qui prouvait que la distance de l'étoile était plus grande que 3,438 rayons de l'orbite terrestre, c'est-à-dire 3,438 fois la distance de la terre au soleil. Des observations postérieures, exactes à une seconde près, rejetaient les étoiles les plus voisines à 206,000 fois la distance de la terre au soleil. « Enfin, dit M. de Humboldt, depuis
« l'époque brillante où Fraunhofer construisit ses ad-
« mirables instruments, la précision des mesures a été
« portée à un dixième de seconde ; le rayon de l'orbite
« terrestre n'est plus insuffisant que pour les étoiles
« dont la distance surpasserait 2,062,648 fois la lon-

« gueur de cette base géométrique. » On a de la sorte mesuré la distance d'une trentaine d'étoiles; ces mesures, on le sent, ne sont que des approximations, mais des approximations positives, et suffisantes pour nous faire apprécier les intervalles. Une étoile de la constellation du Cygne a une parallaxe d'environ trois dixièmes de seconde; sa distance est 550,900 fois la distance de la terre au soleil ; la lumière emploie 3,177 jours pour parcourir ce trajet. Une étoile du ciel austral, dans la constellation du Centaure, a presque une seconde de parallaxe; elle est trois fois plus rapprochée de nous que la précédente; la lumière ne met que 1,000 jours à en venir; c'est donc l'étoile la plus voisine. Il est à remarquer que les plus brillantes ne sont pas les plus rapprochées.

A mesure que l'on s'éloigne de notre soleil, son éclat et sa chaleur diminuent, et, vu d'Uranus ou de Neptune, il n'a plus qu'un disque bien réduit. S'éloignant encore davantage, on arrivera à un point où il ne sera plus qu'une brillante étoile perdue dans le firmament. Mais ce voyage, qui nous a tant écartés du soleil, ne nous a pas encore assez rapprochés des étoiles pour que quelqu'une, se levant à ce nouvel horizon, commence à prendre les dimensions d'un soleil et à verser autour d'elle des feux illuminant l'espace. Dans cet intervalle, dans ce terrain neutre, où l'on n'appartient ni à notre système, ni à un autre, le ciel est sans soleil, il n'est paré que d'étoiles : c'est une nuit ; il n'y a plus que ce que nous voyons dans nos ténèbres quotidiennes, c'est-à-dire *cette obscure clarté qui tombe des étoiles*. Le poëte semble avoir fait ce beau vers pour peindre cette obscurité, qui n'est pas l'obscurité absolue et à laquelle se mêle, pour la tempérer, la lueur de millions de soleils. En concordance avec ce peu de lumière est le peu de chaleur qui règne dans ces lieux, non pas pourtant un froid absolu, non pas même un froid excessif, allant à 800 ou à 1,000 degrés au-dessous de zéro, mais un froid tempéré jusqu'à un certain point, et qu'on évalue à 60 ou 70 degrés au-dessous de la glace fondante. *C'est l'obscure chaleur qui tombe des étoiles*, et qui, émanant de tant de corps flamboyants, empêche la température de descendre où elle irait si on les supposait absents des régions célestes. Voilà donc le dernier coup d'œil jeté sur ces choses : un espace sombre et froid, une matière chaotique disséminée, et çà et là des agglomérations chaudes et lumineuses capables de produire et d'entretenir la vie là où les autres conditions se rencontrent.

Pour la pensée qui revient d'excursions si lointaines, le système solaire ne paraît plus que peu de chose. Pourtant c'est l'échelon intermédiaire pour redescendre à notre terre, si petite dans ce système si petit. Il faut maintenant rendre au soleil son titre de monarque du ciel ou, à plus justement parler, de monarque de son ciel. « Au milieu, dit Pline, roule le so-
« leil, dont la grandeur et la puissance l'emportent
« sur tous les autres, et qui gouverne non-seulement
« nos saisons et nos climats, mais encore les astres et
« le ciel lui-même. Il est la vie ou plutôt l'âme du
« monde entier ; il est le principal régulateur, la
« principale divinité de la nature ; c'est du moins ce
« qu'il faut croire, si nous en jugeons par ses œuvres.
« C'est lui qui donne la lumière aux choses et qui en-
« lève les ténèbres ; c'est lui qui éclipse et qui illumine
« les autres astres ; c'est lui qui règle, d'après les be-
« soins de la nature, les alternatives des saisons et l'an-
« née toujours renaissante ; c'est lui qui dissipe la tris-
« tesse du ciel et qui même écarte les nuages jetés

« sur l'esprit humain ; c'est lui qui prête sa lumière
« aux autres corps célestes. Admirable, sans rival,
« il voit tout, même il entend tout ; double attri-
« but que je trouve accordé à lui seul par Homère, le
« prince des lettres. »

Là règnent des lois plus strictes de prééminence et de subordination. Au lieu de cette immense féodalité stellaire, au lieu de ces princes des cieux qui sont tous animés d'un éclat propre, et qui, s'ils ne sont pas tous égaux en grandeur et en lumière, ne sont pas du moins, sauf quelques-uns, assujettis à se mouvoir autour de centres dominateurs, le soleil, unique de son espèce dans son système, occupe l'un des foyers des ellipses planétaires et détermine l'éternelle rotation des corps qui lui sont soumis. Aucun d'eux ne lui est semblable ; je ne parle pas de son volume, qui dépasse de beaucoup le volume de toutes les planètes réunies ; je ne parle pas de sa situation, qui lui remet les rênes de tous ces coursiers lancés dans l'espace ; je parle de sa constitution. Le soleil, en effet, présente un état d'incandescence par lequel les autres planètes ont passé sans doute, et qu'elles ont perdu plus tôt à cause de leur masse moindre. Le soleil est une masse encore incandescente ; les planètes sont des masses éteintes, et sans doute un jour viendra qu'il sera aussi froid qu'elles le sont devenues.

On distingue l'astronomie en géométrique et en physique. L'une, qui n'est à vrai dire qu'un immense problème de mécanique admirablement posé pour elle, puisqu'il s'agit d'évaluer des forces et des directions dans un milieu non résistant ; l'une, dis-je, n'a besoin, pour avancer, que d'observations précises et de perfectionnements mathématiques qui lui permettent de résoudre des problèmes de plus en plus compliqués.

L'autre, qui recherche la constitution des corps célestes, a besoin du secours des sciences subséquentes, et particulièrement de la physique. Parfois de délicates expériences, qui ne semblent que des expériences de laboratoire, viennent en aide à l'astronome. On sait que les physiciens donnent le nom de *polarisé* à un état de la lumière où, reçue sous certains angles de réflexion ou de réfraction, elle ne se comporte plus comme la lumière naturelle. A l'aide d'expériences très-délicates, Arago a démontré qu'un corps solide incandescent, par exemple un boulet de fer chauffé au rouge, ou bien un métal fondu à l'état liquide et lumineux, n'émet dans une direction perpendiculaire à sa surface que de la lumière naturelle, mais que les rayons qui partent des bords, formant pour arriver à l'œil un angle d'émergence très-incliné, sont polarisés. Au contraire, des flammes gazeuses que l'on soumet à la même épreuve, quelque petit que soit l'angle sous lequel sont émanés les rayons, ne laissent apercevoir aucune trace de polarisation. Appliquant ces recherches au soleil, Arago a reconnu que la lumière du soleil est dépourvue de toute polarisation, soit qu'elle provienne du centre, soit qu'elle soit émise par les bords sous des angles très-petits. Ainsi ce qui, dans cet astre, donne la lumière est une enveloppe gazeuse en ignition [1].

Des liens étroits unissent le soleil à ses planètes. La gravitation réciproque s'étend comme un bras entre lui et elles, et assure leurs rapports. La lumière et le calorique, autres forces de la matière, règlent, sur les globes flottants, l'éternel entretien des conditions propres à chacun d'eux ; et, tandis qu'ils tournent sur eux-

---

[1]. Depuis que ceci est écrit, la spectroscopie a permis de pénétrer plus avant dans la constitution du soleil.

mêmes, lui aussi, comme s'il leur donnait l'exemple, accomplit sa révolution en vingt-cinq jours. Ce sont ces connexions qui ont servi de fondement aux hypothèses cosmogoniques des astronomes. Leurs cosmogonies n'ont rien de commun que le mot avec celles des poëtes primitifs et des antiques traditions. Elles ne prétendent en aucune façon expliquer ni comment la matière est sortie du néant, ni comment, de l'état d'inertie, elle a passé à un état d'activité. Pour la science moderne, la matière est, je ne dirai pas éternelle, mais sans commencement auquel l'expérience puisse atteindre; et elle est telle avec toutes ses propriétés immanentes de pesanteur, de caloricité, d'électricité, de lumière, d'affinité, de vie, dont elle ne peut jamais être dépouillée; car la science moderne, qui renonce à concevoir tout commencement de la matière, ne renonce pas moins rigoureusement à concevoir tout commencement de ses propriétés. Ce fut la tentation et la tentative de la pensée juvénile et inexpérimentée d'imaginer des modes sous lesquels elle se représentait la matière ou primitivement produite ou subséquemment tirée de l'inertie et animée de facultés. L'illusion s'est dissipée; on avait, se méprenant, attaqué les faits primordiaux comme s'ils étaient résolubles. Ils ont résisté à tous les efforts de la jeune humanité; la raison plus mûre les reconnaît pour éléments irréductibles. Les cosmogonies, ainsi détachées des explications primordiales, se bornent à savoir si dans le système on peut apercevoir quelques conditions qui soient les indices d'un état antérieur. De fait, par cosmogonie, dans le sens scientifique, on n'entend que la détermination de phases d'existence qui ont précédé la phase actuelle. C'est ainsi que, pour la terre en particulier, qu'il nous est donné de parcourir, de mesurer et de fouiller, on a constaté et coordonné certains phénomènes qui prouvent qu'elle a été plus chaude qu'à présent, qu'elle a été à l'état liquide, que ses continents et ses mers ont plus d'une fois alterné, et qu'elle a nourri d'époque en époque des flores et des faunes différentes de celles qu'elle nourrit aujourd'hui. C'est là une *géogonie;* et, quelque loin qu'on parvînt à la pousser, on n'y trouverait jamais que passage, transition, évolution.

Si, d'après l'hypothèse de Platon rapportée plus haut, nous vivions dans des cavernes souterraines sans avoir jamais une échappée sur l'extérieur, les idées que nous nous serions faites de la constitution de l'univers ne l'auraient pas représenté tel qu'il est, et sans doute nous aurions supposé que, sans séparations qui le partagent en portions closes et isolées, il formait un tout continu et infini. Il n'en est rien; la continuité lui est étrangère, et il se présente comme composé d'un nombre illimité de fragments disjoints les uns des autres et séparés par de vastes intervalles. L'espace et des fragments dans cet espace, voilà l'aspect des choses. De sorte que la vue de l'univers réalise véritablement la vue de notre esprit, qui met les choses dans l'espace et accorde ainsi à l'espace une généralité plus grande et plus compréhensive. Si la matière solide était partout, elle serait égale à l'espace, et il n'y aurait pas lieu à les distinguer. Mais, dans la constitution objective des choses, comme dans la constitution subjective de notre esprit, l'espace est plus grand que la matière solide qui n'y est que disséminée. Ce qui lie ces fragments, c'est, puisque la continuité n'existe pas, la force inhérente à toute particule de la matière, la gravitation qui n'a besoin d'aucun support pour traverser les longues distances, et qui, comme une sorte de lien cédant sans se rompre, les fait osciller autour de la ligne mathématique des orbites. Lien invisible et véritablement idéal, tout en étant réel; car on ne doit pas se représenter la gravitation comme quelque chose de matériel qui va saisir le corps et le meut; mais on se la représentera comme une communication de mouvement, qui, au lieu de se faire au contact, se fait à distance. Et si l'on dit que l'on ne conçoit pas cela, on remarquera que la communication au contact ne se comprend pas plus que la communication à distance; que l'une et l'autre sont des faits qui servent de bases et ne s'expliquent pas; et que, dans la réalité, la communication à distance, par exemple pour la lumière, pour le calorique, pour l'électricité, pour le magnétisme, est un cas qui se reproduit sous bien des formes dans le monde, et qui paraît avoir plus de modes variés que la communication au contact.

Dans le domaine de notre soleil, dans un monde proprement dit, ces fragments de matière, dont la gravitation fait un système, se nomment des planètes. Les anciens n'en comptaient que sept; et les sept planètes sont restées encore aujourd'hui dans la mémoire, et quelquefois dans le langage, comme tradition de cette vieille astronomie. C'était le soleil, la lune, Mercure, Vénus, Mars, Jupiter et Saturne. On n'y rangeait pas la terre. La géométrie et le télescope ont rectifié ces vues primitives. Le soleil est non pas une planète, mais une étoile; la lune, non pas une planète, mais un satellite; la terre n'est point centre, et prend place entre Vénus et Mars; enfin le nombre est bien plus grand; il dépasse actuellement cinquante, et ne paraît nullement près de la dernière limite[1]. On n'a fait, il est vrai, que peu de découvertes quant aux grosses

---

1. Aujourd'hui le nombre des petites planètes est de plus de cent.

planètes; deux seulement, Uranus et Neptune. Mais il est une région entre Mars et Jupiter où le télescope ne cesse d'apercevoir des corpuscules qui circulent suivant les règles des planètes, et qui décrivent, comme les autres, leur orbite elliptique autour du soleil. C'est à présent une mine en pleine exploitation ; et, à des intervalles très-rapprochés, les astronomes qui se livrent à une observation assidue du ciel, annoncent au monde savant la découverte et l'inscription de quelque nouvel astéroïde. Les planètes sont placées à des distances très-inégales du soleil, et ces distances ne suivent entre elles aucune loi connue. Leur volume ne varie pas moins; tandis que Mercure n'est environ, en volume, que le seizième de la terre, Jupiter représente, en volume, quatorze cents fois le globe terrestre. Les quatre planètes, Mercure, Vénus, la terre et Mars, sont les plus denses; Mercure l'est le plus ; les trois autres ont une densité très-voisine et qui dépasse cinq fois celle de l'eau. Au contraire, Jupiter est moins dense que la terre, et sa densité est de peu supérieure à celle de l'eau. Aussi l'astronomie n'a-t-elle pu encore déterminer aucune des conditions qui ont présidé à l'arrangement. Bien entendu, toute idée de hasard est écartée; et la science est assez ferme pour être assurée, tout en déclarant son ignorance provisoire et qui peut-être durera toujours, que l'état actuel dépend d'un état antécédent, et que tout est déterminé par cette existence première et par les forces de gravitation, de calorique, de magnétisme et de lumière qui font la loi aux choses et les livrent à leurs éternelles mutations.

Fontenelle, dans un ouvrage qui reste un chef-d'œuvre, s'est complu à peupler tous les mondes flottants d'habitants qui, eux aussi, contemplent peut-être le ciel, dressent leurs télescopes sur notre terre, calculent notre orbite annuelle, notre révolution diurne et notre volume. Cette thèse a tout récemment été reprise par deux savants anglais, l'un soutenant qu'il n'y avait que la terre d'habitée et même d'habitable, et l'autre défendant la *pluralité des mondes*. Tous deux font également profession de soumission aux idées théologiques; mais l'un pense qu'elles garderont plus de consistance et d'empire si l'astronomie démontre qu'il n'y a qu'une planète habitée, la terre, et par conséquent qu'un seul genre humain. L'autre, au contraire, aime à ne pas borner dans un champ si étroit la puissance du Dieu que les livres sacrés du judaïsme et du christianisme nomment le Créateur. Quoi qu'il en soit de ces deux points de vue et de tout autre qui concerne l'origine des choses, le fait est que la question est insoluble; seulement l'on peut dire qu'il est improbable que la terre soit le seul fragment de matière solide où les conditions de la vie se soient rencontrées[1]. D'autant plus que, dans ce calcul de probabilités, il faut non pas considérer seulement l'état actuel de l'univers, mais faire entrer le temps. Or, non moins que les changements dans l'espace, les changements dans le temps modifient les conditions des corps célestes. Ce qui fut impropre à la vie peut devenir capable de l'entretenir. Témoin notre terre elle-même : il fut une époque où elle n'avait aucun habitant, où elle ne pouvait pas en avoir. C'était l'âge de son incandescence, alors qu'elle n'était suffisamment ni refroidie ni solide, alors qu'elle n'avait ni sol, ni mer, ni atmosphère constituée de manière à subvenir

---

1. Voy. le livre de M. Flammarion sur *la Pluralité des mondes habités* (1 volume librairie Didier). Les probabilités en faveur de l'habitabilité des planètes y sont exposées avec tout l'intérêt qu'elles excitent, et toutes les connaissances spéciales qu'elles demandent.

à l'échange de matériaux qui rend possibles les existences végétales et animales. Si donc un astronome de Saturne, reconnaissant à quelque signe une pareille constitution, l'avait déclarée inhabitable, ayant raison pour le moment, il aurait eu tort pour l'avenir. On le voit, les chances de conditions favorables au développement de la vie ont pour champ illimité non-seulement l'espace, mais le temps.

Comme toutes les choses sont relatives, l'esprit n'éprouvera aucune surprise à reconnaître que certaines planètes deviennent centres à leur tour, et tiennent dans leur subordination des astres plus petits. Elles occupent un des foyers de cette nouvelle orbite; tout se passe comme dans la grande orbite planétaire; la gravitation réciproque en détermine les conditions, et il n'y a aucune différence, si ce n'est que la planète, corps dépourvu d'atmosphère incandescente, ne renvoie aux satellites qu'une lumière réfléchie et sans chaleur. Un astre secondaire, assujetti à tourner autour de sa planète et à la suivre autour du soleil, offre nécessairement une marche compliquée et un problème difficile, surtout si, comme c'est le cas de la lune, il est à une petite distance, de sorte que les moindres inégalités se découvrent peu à peu à des observations de plus en plus précises. La lune a mis à la torture, nous dit Pline, l'esprit de ceux qui en contemplaient les mouvements; elle n'a pas moins torturé ceux qui les ont calculés; et déterminer rigoureusement les effets réciproques du soleil, de la terre et de la lune, a été un problème qui dépasse les forces de l'analyse, et que l'on n'a résolu que par des approximations. En voyant cet astre, paisible et gracieux ornement de nos nuits, élever son disque silencieux au-dessus de nos forêts et de nos mers, qui ne s'est plu à transporter le charme de nos yeux dans ce monde lointain, et à supposer qu'une aussi douce lumière ne provenait de quelque paradis mystérieux et flottant? Le télescope a détruit ces rêves. Rien de plus désolé et de plus chaotique que l'apparence de notre satellite. Ce petit astre, qui n'a qu'un diamètre d'environ huit cents lieues, tandis que celui de la terre est de trois mille lieues, présente une multitude de montagnes prodigieusement hautes qui dépassent de beaucoup le mont Blanc, de vastes enceintes circulaires qu'on avait prises d'abord pour des mers, de longues crevasses sans largeur, point d'eau, à ce qu'il paraît, et point d'atmosphère. Les autres planètes à satellites en ont plusieurs, et ce doit être un beau spectacle pour leurs habitants, si elles sont habitées, que ce lever et ce coucher perpétuel de lunes qui réfléchissent la lumière du soleil. Mais ce qu'il y a de plus singulier dans notre système, ce sont les anneaux de Saturne, anneaux immenses suspendus à quelque distance de la planète, et maintenus par la gravitation, dans leur mouvement de rotation. Cependant de nouvelles observations portent à croire que cette construction étrange n'est pas destinée à une durée indéfinie; on y a remarqué des changements, et un habile géomètre, M. Saigey, discutant les observations, en a conclu que ces changements n'étaient pas de l'ordre des oscillations qui tendent toujours à rétablir le système, mais qu'ils annonçaient la réunion de l'anneau à la planète. De sorte qu'un jour, s'il en est ainsi, les astronomes n'auront pour témoignage de cette lointaine architecture que les livres, les calculs et les dessins de leurs prédécesseurs.

Dans les temps où les hommes croyaient que les planètes se conjoignaient pour régler les destinées des mortels, et que les étoiles avaient les yeux fixés sur la fortune de chacun de nous, les comètes étaient particulièrement redoutables à la superstition et à l'inquiétude communes :

...... nec diri toties arsere cometæ,

dit Virgile en parlant du meurtre de César et des guerres civiles. Pourtant, quoi de plus inoffensif que ces astres, qui viennent si fréquemment étaler leur chevelure dans les espaces? Ce sont des corps si ténus, qu'on voit souvent les étoiles au travers; leur densité est si faible, qu'ils ne troublent pas d'une manière sensible l'orbite des planètes auprès desquelles ils passent. Peu d'entre elles ont été calculées, et reconnues comme dépendances définitives de notre soleil; la plupart arrivent et s'en retournent sans qu'on sache quelle orbite est la leur, et quelle est la règle de leurs retours; immenses traînées de vapeurs cosmiques, elles sont incessamment dérangées dans leur marche par le voisinage des planètes qu'elles coudoient; on ne les retrouve ni dans la même forme ni dans le même chemin. Peut-être dispersent-elles parfois leurs vapeurs dans les espaces qu'elles parcourent, et elles finissent ainsi d'exister; peut-être quelques-unes ne font-elles que traverser notre système en simples passagers, voyageant de soleil en soleil. « Il s'est produit tout récemment, dit M. de Hum-
« boldt, dans le monde des comètes, un événement
« dont auparavant on avait à peine soupçonné la pos-
« sibilité. La comète de Biela, qui accomplit son ellipse
« en six ans et demi, s'est partagée en deux comètes de
« même forme, mais de grandeur différente, chacune
« d'elles ayant une tête et une queue. Aussi longtemps
« qu'on a pu les apercevoir, elles ne se sont point réu-
« nies, et ont cheminé presque parallèlement. » On voit à quels accidents ces astres singuliers sont exposés. Ne leur donnons donc pas l'épithète de terreur que Virgile

leur assigne ; elles ne furent pour rien dans les proscriptions triumvirales et dans la bataille de Philippes. Ne leur attribuons pas la bonté du vin en 1811 ; elles sont aussi incapables de faire du bien que de faire du mal. Ne nous laissons pas aller à ces ridicules terreurs de l'année dernière sur un prétendu choc de notre globe avec une comète : ce ne sont que des vapeurs, et nous ne pouvons pas les rencontrer. L'homme a cru l'univers trop occupé de lui. Sans doute, à un point de vue vraiment philosophique, toutes ces choses concourent à former le milieu d'où il est sorti et qui le fait vivre ; rien ne lui est indifférent ; et il trouve sa pâture matérielle, morale et intellectuelle, partout dans ce vaste univers. Mais il n'y parvient qu'en laissant derrière lui les rêves de son enfance, et en reconnaissant que la première condition de cette forte nourriture et de cet enseignement fécond est de savoir ce qu'il est sur sa terre, ce que sa terre est dans le système solaire, ce que son soleil est dans la foule des étoiles.

Outre ces vapeurs vagabondes, dont le calcul n'a pu s'emparer que par exception, il est une multitude innombrable de corpuscules plus insaisissables encore, et qui, reconnus depuis bien peu de temps pour ce qu'ils sont vraiment, forment déjà un chapitre singulièrement curieux et intéressant de l'astronomie. Je veux parler des étoiles filantes, des aérolithes, des bolides, de toutes ces apparitions qui viennent se montrer dans notre atmosphère, et qui semblent se précipiter des hauteurs du ciel.

> Sæpe etiam stellas, vento impendente, videbis
> Præcipites cœlo labi, noctisque per umbram
> Flammarum longos a tergo albescere tractus.

Ces apparitions ne prédisent ni la pluie ni le beau

temps, et elles ne se montrent pas plus fréquentes à l'approche du vent. C'est là une erreur populaire ; mais ce qui ne l'est pas, c'est qu'elles descendent des espaces célestes, et que les aérolithes ont la même origine. Longtemps les chroniqueurs, sur tous les points du globe où l'on écrivait des chroniques, enregistrèrent ces merveilles, que, par une inclination naturelle de l'esprit non scientifique, on rattachait à la prédiction des événements sinistres, sans que l'esprit scientifique, naturellement enclin à l'examen et au doute, voulût accepter des faits qui paraissaient fort singuliers et insuffisamment attestés. Enfin il fallut se rendre. Mais comment concevoir ces chutes? On pensa d'abord que les pierres qui tombaient ainsi n'étaient point étrangères à notre terre, qu'elles se formaient, par une condensation subite, dans les couches supérieures de l'atmosphère, et on les nomma en conséquence des aérolithes. De graves objections ne permirent pas de conserver cette première hypothèse ; et force fut de remonter encore plus haut et de les faire venir de distances bien plus lointaines. Laplace calcula que les volcans de la lune pourraient avoir assez d'intensité pour lancer, hors de la sphère d'attraction du satellite, des pierres qui ensuite seraient saisies par la gravitation de la terre. Bien des raisons écartèrent cette seconde hypothèse, je citerai seulement les deux principales : la première, c'est que les corpuscules dont il est question se meuvent avec une vitesse tout à fait planétaire et indépendante du mouvement de la terre ; la seconde, c'est que les étoiles filantes (ces étoiles, les bolides et les aérolithes appartiennent à un seul et même phénomène) sont assujetties à une certaine régularité, c'est-à-dire qu'il est certaines époques de l'année où elles sont beaucoup plus abondantes qu'en d'autres. Ces corpuscules, entrant dans notre atmosphère avec une très-grande vitesse, s'y enflamment en raison de cette vitesse même, et s'y brûlent, jetant un éclat variable, le plus souvent ne semblant qu'une étoile qui file et disparaît, quelquefois apparaissant avec l'éclat d'un globe de feu, et quelquefois laissant tomber, avec un bruit de tonnerre, des masses solides. Les masses qui tombent présentement contiennent surtout du fer, mais il est possible qu'il n'en ait pas toujours été ainsi ; et M. Saigey, qui a beaucoup étudié les étoiles filantes, et qui a publié sur ce sujet un ouvrage fort intéressant et malheureusement non achevé, est porté à croire que les gisements d'or que l'on trouve à fleur de sol et dans un espace peu étendu, sont des aérolithes, alors que les espaces célestes, au lieu de pleuvoir du fer, pleuvaient de l'or. En tout cas, et quoi qu'il en soit de cette hypothèse, il est maintenant sûr que l'espace qui est entre la terre et le soleil, et sans doute tous les espaces, n'ont pas pour habitants uniques les soleils, les planètes et les comètes, mais sont parcourus par des fragments de matière solide, composés d'ailleurs des mêmes substances que celles qui constituent le globe terrestre.

Donc nous savons ce qu'est un système solaire. Tant qu'on n'avait pas distingué l'univers et le monde, une idée nette ne surgissait pas dans l'esprit, et les deux points s'obscurcissaient l'un par l'autre. Puis la contemplation du groupe stellaire ne nous apprend rien sur la constitution des espaces circonscrits que chaque étoile éclaire. Mais désormais, placé dans le soleil comme dans un centre, l'œil de la pensée embrasse ce domaine si petit par rapport à l'univers, si grand par rapport à nous, ce domaine qui constitue le monde. C'est un espace limité, qui est éclairé, échauffé, dominé par un soleil. La gravitation, inhérente à chaque particule matérielle, est le moteur ; et la force qui fait tomber une pierre sur la terre est aussi la force qui fait tourner la terre autour du soleil. Dans cet espace, la matière est répartie en planètes, satellites, comètes et étoiles filantes. Là règne une seule influence, celle du soleil ; les autres soleils sont trop loin pour que rien que leur lumière arrive jusqu'à nous ; ni attraction ni chaleur ne sont versées par eux dans nos limites, et l'immense éloignement suffit pour établir la barrière. De sorte qu'un monde est, à ce point de vue, un espace clos où se meuvent des planètes. Toute la matière qu'il renferme est loin d'être employée ; une portion seulement est arrangée en astres consistants ; le reste est épars sous forme de comètes, d'astéroïdes et de corpuscules.

Nous n'avons plus, pour achever le vaste voyage où nous a conduits M. de Humboldt, qu'à considérer ce qu'est une planète, ou du moins ce qu'est la terre. Par le globe qui nous est accessible, il nous est permis de former des conjectures plausibles sur ceux qui nous sont inaccessibles ; une analogie légitime est le lien que notre esprit saisit, d'autant plus que ces planètes, tout inaccessibles qu'elles sont, peuvent pourtant être mesurées et pesées. L'analogie est bien moins sûre quand, quittant notre système solaire, elle suppose que les étoiles, ce qui est vrai, étant des soleils comme le nôtre, sont aussi, comme le nôtre, entourées d'un cortége de planètes : cela est probable, voilà tout ce qu'on peut dire. Si jamais les télescopes devenaient assez puissants pour porter jusque-là notre vue et pour rendre visibles des astres lumineux seulement par réflexion, la conjecture se changerait en certitude, et les notions que l'on a sur notre système planétaire s'étendraient, dans une certaine mesure, à tout l'espace stellaire. Mais, s'il fallait par la pensée sortir de cet espace, quitter ce qu'on appelle parfois notre nébuleuse, c'est-à-dire ce groupe de millions d'étoiles qui constituent notre univers, alors toute analogie serait rompue, et on ne se figurerait de nouveaux groupes stellaires, de nouveaux univers, de nouvelles îles, qu'en se complaisant à rêver de ce qu'on ignore à l'aide de ce que l'on connaît.

Une planète est un agrégat de matière d'une forme déterminée, mais d'un volume très-variable, et qui, se mouvant autour du soleil dans une orbite inclinée par rapport à l'équateur, a des alternatives de température nommées saisons. Dans le sein de cet agrégat se déploient toutes les forces qui sont immanentes à la matière. Je me sers habituellement de ce mot pour exprimer ce que je désire faire entendre, à savoir, que la matière possède en soi-même et, dans la limite actuelle de nos connaissances, par soi-même, les forces qui lui sont propres, sans qu'on puisse, d'aucune façon que ce soit, les expliquer par un arrangement quelconque, et, à ce titre, les tenir pour secondaires. Ces forces sont la propriété de pesanteur, la propriété de chaleur, la propriété d'électricité et de magnétisme, la propriété de lumière, la propriété de combinaison moléculaire et la propriété de vie. Sur chaque planète, la pesanteur se comporte suivant ses lois, attirant tous les corps au centre; sur chaque planète, la chaleur, soit centrale, soit solaire, se distribue, rayonne et se perd dans les espaces; sur chaque planète, l'électricité et le magnétisme ont leurs attractions et leurs répulsions; sur chaque planète, les molécules suivent, pour se combiner et se décombiner, les règles conformes à la nature des éléments; sur chaque planète enfin, la vie se développe, ou du moins peut se développer, si les substances seules propres à former la substance organisée (oxygène, hydrogène, azote et carbone) s'y trouvent, et si d'ailleurs les autres conditions de température et de solidité coexistent ; témoin la terre, qui n'a pas toujours porté des habitants, et qui présentement en produit.

Avant d'étendre aux autres planètes ce que l'on savait de la planète la terre, il fallait acquérir, au sujet de cette même terre, des notions qui servent maintenant de base à des inductions aussi hardies que sûres. Et ce fut un long et grand labeur ; le genre humain est un pionnier qui a défriché, percé, sondé un sol difficile. Que de siècles n'a pas demandés la simple reconnaissance du globe terrestre? Ce n'est qu'au quinzième siècle qu'on a exécuté enfin la circumnavigation de la planète. Au début, tout fut partiel ; les tribus, même les cités et les empires, ne connaissaient qu'une portion très-limitée des continents et des mers. Des peuples barbares occupaient les avenues, et la conquête seule ou un commerce précaire pénétraient dans les contrées lointaines. Les flots écumants de l'océan, imposante barrière, arrêtaient sur ses bords les voyageurs aventureux et les flottes ; et l'empire romain, dans toute sa puissance, ne se sentit jamais le cœur d'envoyer (sans boussole, il est vrai) dans l'ouest une expédition qui eût rencontré l'Amérique. L'Égypte avec la Syrie et l'Assyrie, l'Inde brahmanique, la Chine encore plus à l'est, sont les trois grands groupes de civilisation dans la haute antiquité ; ils eurent leurs découvertes géographiques, mais ils ne vinrent jamais les uns au-devant des autres, de manière à former un corps qui travaillât en commun. Ce corps naquit sur les bords de la Méditerranée, quand les Grecs introduisirent définitivement la science abstraite comme élément essentiel de développement. Les Romains s'y agrégèrent, et y incorporèrent les peuples de l'Espagne, de la Gaule et de la Bretagne, qui, à leur tour, y firent entrer la Germanie. C'est là le groupe moderne devenu maintenant assez éclairé et assez puissant pour commencer à prendre en main la direction générale de la planète. C'est lui aussi qui l'a parcourue et mesurée. Mais telle est la difficulté de l'entreprise, qu'elle n'est pas encore achevée, que des portions de continents ne sont pas ouvertes, et que peut-être les deux pôles opposeront toujours aux plus hardis explorateurs leurs glaces permanentes et leur année d'un jour et d'une nuit.

Newton trouva, avant toute mesure directe, que la terre était renflée à l'équateur et aplatie aux pôles. Puis les mesures vinrent, montrant que les degrés étaient en effet inégaux; enfin on porta un pendule à l'équateur, et l'on reconnut que la pesanteur y était moindre, par conséquent que l'on y était plus loin du centre de la terre, puisque la pesanteur s'affaiblit en raison du carré des distances. Ce renflement n'atteint pas trois fois la hauteur des montagnes les plus élevées. Ainsi fut vérifié ce qu'un savant, combinant des nombres et des lignes, avait assuré devoir être. Plus d'un esprit, peu habitué à se rendre compte des résultats scientifiques, trouvera téméraire que, sur la foi de quelques figures tracées en un papier, de quelques combinaisons mentales, on détermine des choses lointaines, ou profondément cachées, ou depuis longtemps passées, ou ne devant se montrer que dans l'avenir. La témérité serait grande, en effet, si c'était l'individu qui, par sa propre force, prétendît pénétrer les secrets et résoudre les problèmes de la nature. Mais la témérité diminue, ou, pour mieux dire, elle cesse tout à fait, et ne devient plus qu'un légitime emploi, quand on réfléchit que la science est collective, ancienne, éprouvée dans le temps et dans l'espace, fortifiée peu à peu, et confiante dans les grands problèmes, parce qu'elle a résolu les problèmes inférieurs. La science, c'est la puissance des siècles combinée avec celle du génie ; car, si les siècles y ont confondu leur lente élaboration, des génies, élite de l'humanité, y ont incorporé leur pensée dans ce qu'elle eut de plus vif et de plus lumineux. Telle est la force dont on dispose pour traiter les hautes questions : les hautes questions d'aujourd'hui qui seront demain les questions de second ordre.

C'est ainsi que l'on est venu à peser la terre, à la mettre, si je puis ainsi parler, dans la balance, et, s'il convenait de faire le calcul, à en dire le poids avec une approximation satisfaisante. Deux voies ont conduit à ce résultat : la voie astronomique, c'est-à-dire la connaissance de la gravitation entre les corps célestes, et la voie physique, c'est-à-dire la connaissance de la gravitation entre les parcelles de notre propre terre. Dans le premier cas, on calcule la quantité dont la terre tombe vers le soleil, dans une seconde, en vertu de son mouvement autour de cet astre ; d'autre part, on est en possession, grâce à Galilée, de la formule qui nous apprend de combien de mètres, dans une seconde aussi, l'attraction de la terre fait tomber un corps vers son centre ; avec ces deux quantités, on obtient le rapport de la masse du soleil avec la masse de la terre ; et, comme les densités sont proportionnelles aux masses divisées par les volumes, il n'y a plus qu'un calcul à effectuer pour trouver la densité de la terre, et subséquemment son poids. La voie physique a suivi un procédé moins compliqué, bien que très-analogue : on a cherché quelques montagnes qui s'élevassent libres et comme des écueils dans l'espace ; un fil à plomb est sensible à l'action de pareilles masses : il dévie de la verticale et s'incline du côté de la montagne. Une fois ces données acquises, on a un terme de comparaison, et de la montagne on conclut au globe terrestre. La densité est environ six fois celle de l'eau, c'est-à-dire qu'il faudrait six globes d'eau chacun aussi gros que la terre pour en présenter le poids; et, comme les couches superficielles de la terre, y compris l'océan, n'ont pas une densité très-grande, il s'ensuit que la densité des couches profondes est très-considérable, et on l'évalue à environ seize fois celle de l'eau. On va donc de la superficie vers le centre en trouvant une densité de plus en plus grande; toutes les théories géologiques doivent satisfaire à cette condition.

C'est aussi en trouvant une chaleur de plus en plus grande que l'on va de la superficie au centre. Après qu'on a suivi la marche, d'ailleurs fort curieuse, de la chaleur solaire dans les couches superficielles de la terre, après qu'on a pénétré au delà de la zone où se font sentir le maximum de l'été et le maximum de l'hiver, on arrive à des terrains qui sont indépendants de toute influence de ce genre, et qui pourtant ne sont pas dénués d'une température propre. Plus on s'enfonce, plus cette température croît; et il n'est pas douteux qu'on ne creuserait pas bien avant sans atteindre des régions incandescentes. C'est pour cela que l'eau des puits artésiens est chaude, et que tant de sources thermales offrent aux malades des bains naturellement échauffés; c'est pour cela que les volcans, bouches ouvertes qui communiquent avec les feux de l'abime, versent des laves brûlantes, tonnent comme une formidable batterie lors de leurs éruptions, et ébranlent les contrées voisines; c'est pour cela que le sol qui nous porte, et qui, en définitive, repose sur ce sous-sol dangereux, tremble par intervalles, se déchire en gouffres et en fissures, lance la mer irritée contre les rives, et renverse nos villes et nos remparts. Telle est la volcanicité, ou, pour me servir de l'expression de M. de Humboldt, la réaction de l'intérieur de la terre contre son extérieur. Un jour cette volcanicité cessera ; un jour les volcans ne vomiront plus des tourbillons de feu et de fumée, et des couches de matières froides formeront le noyau du globe. En effet, cette extrême chaleur que la terre a d'origine se dissipe incessamment dans les espaces ; après un nombre immense de siècles (que sont les siècles dans les opérations cosmogoniques?), elle se sera dissipée complétement ; et les hommes, s'il y a encore des hommes, verront les cratères éteints, liront les descriptions que nous leur aurons laissées, et marcheront sur une terre modifiée en plusieurs de ses caractères. Si la race humaine a disparu alors, ce n'est pas le froid qui l'aura tuée : aujourd'hui toute la chaleur dans la superficie que nous foulons dépend, à une fraction près qui est insignifiante, du soleil et de notre atmosphère. En tout cas, cette chaleur d'origine que la terre possède, et qui se perd sans relâche, prouve que la terre elle-même a une origine, et juste autant de temps d'existence qu'il en faut pour ramener un globe pareil du point d'incandescence excessive au point de température où il est. Je n'ai pas besoin d'ajouter que, dans l'état du moins de nos méthodes et de nos observations, aucun calcul de ce genre n'est possible ; mais il montre seulement que l'origine de la terre occupe une certaine place dans le temps, et coïncide avec l'incandescence de la planète.

Les anciens s'étaient aperçus que la pierre d'aimant et le fer aimanté ont la propriété d'attirer le fer. Ceci était une curiosité, et l'on s'étonnait de cet amour (c'est ainsi qu'on parlait) d'une pierre pour un métal. Plus tard, l'expérience, qui essaye tout, et un hasard qui la favorisa étendirent beaucoup ces singulières amours : il fut reconnu qu'une aiguille aimantée se tournait constamment vers le nord ; en vain on l'en écartait, elle y revenait toujours. Les marins, qui se servaient de cette propriété pour franchir les grandes distances, n'allaient pas au delà du service rendu ; mais pour le savant, quand il commença d'aborder cette question, quel mystère ! d'où venait cette incontestable connexion entre un morceau de fer aimanté et les pôles de la terre ? Et non-seulement l'aiguille marquait le nord, mais bientôt on la vit, à la ressemblance des corps célestes, osciller, dans une période séculaire, autour de cette direction, la dépassant d'un côté pour y revenir, la dépasser encore et rétrograder de nouveau ; on la vit, quand la foudre frappait un vaisseau, s'*affoler* et perdre sa vertu ; on la vit, quand une aurore boréale éclatait dans les régions arctiques, s'agiter, et témoigner par ses mouvements tumultueux l'impression qu'elle ressentait. Enfin une conception générale coordonna tous les faits : la terre est elle-même un grand aimant ; à ce titre, elle dirige et gouverne les forces magnétiques particulières.

Le globe, tournant régulièrement dans son orbite, et obéissant aux perturbations infligées par d'autres astres, est toujours, à ce point de vue, qui est celui de l'ensemble, suffisamment bien constitué. Peu importe qu'il soit, comme la lune, une masse sans eau et sans air, une sorte de chaos géologique ; ou, comme Neptune, une planète pour qui le soleil n'est guère qu'une grosse étoile ; ou, comme Mercure, une planète plongée dans les feux du soleil ; ou, comme la terre était naguère encore, un globe incandescent. Dans tous ces cas, ce qu'on appelle l'ordre de l'univers, et qui n'est que le jeu éternel des propriétés immanentes, subsiste, quel qu'il soit, sans trouble et sans arrêt. Mais, au point de vue relatif, c'est-à-dire au point de vue des existences vivantes, c'est autre chose, et les modes d'être ne sont plus indifférents. La terre a de vastes déserts que rien ne peut habiter, des pôles où rien ne peut aborder, d'immenses barrières de mers qui ferment les continents, un sol qui tremble souvent, des volcans qui vomissent des matières ardentes et sulfureuses. Évidemment, comme le prouve d'ailleurs l'origine récente des êtres organisés, la vie, dans un pareil milieu, est quelque chose de contingent, en ce sens qu'il n'a pas été disposé pour elle, et que c'est elle qui s'y est accommodée. Cette vue de l'accommodation de la vie au milieu et non du milieu à la vie est un changement de philosophie marquant le passage de l'état mental ancien à l'état mental moderne. Avec un globe ainsi rudement constitué, avec une vie ainsi secondairement produite, il n'est pas étonnant que la maladie surgisse sous toutes les formes, soit frappant les individus, soit étendant ses ravages épidémiques sur les hommes, sur les animaux, sur les plantes. La disposition est telle qu'en la supposant de peu moins favorable, beaucoup de races vivantes disparaîtraient; c'est ainsi que l'on conçoit l'effacement de tant d'espèces dans les périodes géologiques. Et cela n'est pas borné à notre terre : le *monde*, si peu que nous le connaissions, nous offre toutes choses disposées d'abord par et pour la matière inorganique, et secondairement, s'il y a lieu, pour la vie. L'*univers* lui-même n'est pas autre ; les soleils, j'allais dire les pauvres soleils, clair-semés, ne suffisent qu'à répandre une lueur dans les ténèbres, une imperceptible chaleur dans le froid des espaces. Telle est la contemplation infinie :

elle anéantit l'esprit et elle le ravit, confondant ainsi dans son immensité la sévérité suprême et la suprême beauté. Elle est sérieuse, fière et sereine. Au contraire de ces douceurs où, suivant le dire du poëte, s'allie quelque chose d'amer qui cause une angoisse même au sein des fleurs, elle engendre un frémissement sublime au contact de l'individualité et de l'univers; et, pour tout dire, elle a, d'une même inspiration, agrandi la poésie et la raison, faisant ainsi rayonner d'un meilleur éclat les deux splendeurs de l'esprit humain, le beau et le vrai.

C'est dans les volumes suivants que M. de Humboldt traitera de la vie sur la planète. Avec le quatrième, qui vient de paraître, il s'arrête à la volcanicité. L'illustre vieillard travaille comme s'il était jeune, autant et aussi bien. Cette longue vie, tout employée à voyager pour connaître et à connaître pour voyager, vient se condenser dans un grand ouvrage où l'âge ne paraît que pour ajouter encore à la netteté des vues, à l'étendue de l'expérience, au calme de l'esprit.

Jam senior sed cruda deo viridisque senectus,

peut-on dire avec Virgile, et admirer comment en des natures privilégiées se conservent les dons les plus précieux. L'Allemagne et la France ont aujourd'hui deux hommes qui, ayant passé la durée ordinaire de la vie, demeurent jeunes dans l'extrême vieillesse. Chez eux l'automne ne s'est point changée en hiver, et continue à être belle et féconde. Qui les lit est touché de cette force qui ne tombe pas et de cet âge qui tombe. Ils n'ont rien perdu, car leur pensée a le pouvoir de se revivifier au courant qui abreuve la génération présente; et ils ont gagné, car ne se sentent-ils pas soutenus par la vénération de ceux à côté de qui ils viennent, glorieux survivants d'un autre âge, prendre encore une part dans le travail commun? Ces sentiments, j'ai eu la fortune de les exprimer de vive voix à M. Biot; je suis heureux de les exprimer ici à M. de Humboldt, que je n'ai jamais vu.

II

DISCOURS

SUR

L'ÉTUDE DE LA PHILOSOPHIE NATURELLE [1]

Les Anglais donnent une signification particulière à ces mots de *philosophie naturelle;* par là ils entendent la physique, l'astronomie et la mécanique céleste, la crystallographie, la minéralogie, la géologie, la chimie et les applications mathématiques que comportent quelques-unes de ces sciences. Ce que nous appelons *histoire naturelle* en est exclu, c'est-à-dire la zoologie, la botanique, ainsi que toutes les branches de l'anatomie et de la physiologie animale et végétale. C'est dans ce sens restreint, que nous avons d'abord indiqué, qu'il faut comprendre les déductions du *Discours* de M. W. Herschel. Au reste, les considérations auxquelles il se livre sont applicables aussi aux sciences placées en dehors de son cadre. Toutes ont aujourd'hui la même base, toutes procèdent par la même méthode; le degré de perfectionnement diffère seul.

[1] L. F. W. Herschel, traduit de l'anglais par B***. — *Le National*, 14 février 1835.

Fils du célèbre astronome qui a découvert Uranus, et qui a commencé l'étude et la théorie des nébuleuses, M. W. Herschel a été élevé dans le sein de l'astronomie, à laquelle, lui aussi, il a déjà rendu des services. En même temps qu'il puisait à l'école de son père l'instruction et le savoir, il puisait dans ce commerce intime et familier avec les sciences un amour désintéressé pour elles et le zèle de leur gloire. Son *Traité d'astronomie*, qui a été récemment traduit en français par M. Cournot, destiné à ceux qui ne sont pas astronomes de profession, a pour but de répandre, hors des limites du sanctuaire, des connaissances peu familières à la plupart des hommes, et d'en inspirer le goût. Son *Discours*, dont il s'agit en ce moment, est aussi un ouvrage populaire où l'auteur veut exposer la méthode et les bienfaits de la *philosophie naturelle*.

« Les sciences, dit-il, ne peuvent être ni bien cultivées ni bien senties, lorsqu'elles sont concentrées entre les mains d'un petit nombre ; et, quoique les conditions de notre existence sur la terre soient telles, que tout ce qui vient à la vie ne puisse se promettre de la passer dans l'aisance, il n'y a du moins dans la nature aucune loi qui réprime nos besoins intellectuels et moraux. Les sciences ne sont pas comme les objets de consommation, elles ne se détruisent pas par l'usage ; au contraire, elles s'étendent et se perfectionnent. Elles n'acquièrent pas peut-être un plus haut degré de certitude, mais elles s'accréditent et se perpétuent. Il n'est pas un corps de doctrine, quelque sûr et éprouvé qu'il soit, qui ne gagne et ne se perfectionne en passant par les mains de milliers d'hommes. Ceux qui aiment et admirent les sciences pour elles-mêmes doivent souhaiter que leurs éléments soient à la portée de tous, ne fût-ce que pour voir discuter les principes sur lesquels elles reposent, voir développer les conséquences qui s'en déduisent, afin qu'elles reçoivent cette flexibilité et cette étendue que peuvent seulement leur donner les hommes de tout rang sans cesse occupés à les plier à leur usage. »

Rien de plus vrai et de plus philosophique que ces paroles. Les sciences, tirées d'abord des temples de l'antiquité, doivent encore sortir du cercle des hommes spéciaux dans lequel elles ont été longtemps renfermées, pour prendre sur les destinées du genre humain toute l'influence que l'avenir leur réserve. Ce n'est pas qu'il faille s'imaginer qu'il arrivera jamais un moment où elles seront, à un égal degré, le partage de tous. Les hauteurs sont toujours inaccessibles à la foule, et peu d'esprits seulement savent jeter des clartés dans les ténèbres qui voilent à nos yeux les phénomènes naturels. Mais, à mesure que l'accès en est davantage ouvert et qu'elles laissent plus indifféremment cueillir les fruits qu'elles portent, les voies s'agrandissent et les usages se multiplient. Le niveau du sol scientifique s'exhausse, condition favorable au perfectionnement des travaux anciens, à l'entreprise de travaux nouveaux, et surtout favorable à l'extension de l'influence morale des sciences sur les pensées et les actions de l'humanité.

A la différence du génie des arts qui, du premier coup d'œil, saisit le beau des choses et en jette dans le monde émerveillé de sublimes images, le génie des sciences a besoin de longs et pénibles labeurs pour arracher à la nature des secrets qu'elle semble ne jamais céder qu'à regret. Un éclair de poésie a illuminé la Grèce dès l'origine de son histoire ; des chants héroïques, dont rien n'a depuis surpassé la magnificence, ont été entendus sur les rivages de la mer Égée, dans un temps où le poëte plaçait les limites du monde à l'Italie et à l'Espagne. Les admirables statues, les monuments splendides, les tableaux merveilleux, même pour un peuple si sensible, ont, en peu de temps, décoré ses villes et ses palais. Tout cela fut l'œuvre de quelques années, et les siècles suivants n'ont rien fait qui vaille mieux. Mais, dans les arts, les travaux se placent à côté les uns des autres : ils ne s'ajoutent pas ; et puis, quelque grand et bienfaisant que soit l'enthousiasme du beau, il n'offre pas de garantie contre les éclipses de l'esprit humain. Les chefs-d'œuvre des arts et des lettres dans la Grèce et à Rome n'ont pas préservé la civilisation d'une grande ruine ; mais, autant qu'on peut le prévoir, les sciences mettent désormais les sociétés à l'abri de pareilles catastrophes. De plus, avec leur marche lente et successive, avec leurs travaux où chacun peut apporter sa pierre, elles tendent à égaliser les forces, à faire prévaloir partout l'intelligence à laquelle elles donnent la puissance, et, en remettant les objets à leur véritable place, à porter dans les âmes le besoin du calme et du vrai.

Dès le premier coup d'œil jeté sur le domaine de la philosophie naturelle, on s'aperçoit qu'il est tout entier limité dans l'étude de la force et de la matière. Les nombres régissent la matière et la force. Chose remarquable, plus on s'éloigne de la nature inorganique pour s'avancer vers le domaine de la vie végétale et animale, plus l'importance de la forme augmente et plus les forces qui y résident deviennent rebelles aux lois du calcul. De là la différence entre l'avancement des sciences physiques où l'analyse mathématique trouve son plus beau développement, et l'état de l'anatomie et de la physiologie, où les lois, encore si rares, s'obtiennent avec tant d'efforts.

La méthode qui désormais préside à toutes les

sciences est la méthode expérimentale. Bacon, le premier, l'a établie comme leur fondement et comme leur véritable philosophie. Le raisonnement montrait que c'était bien la bonne voie ; mais le succès a passé toute attente. Les sciences naturelles, grâce à cette méthode qui ne laisse rien perdre et qui ne permet jamais qu'on sorte du droit chemin, ont fait plus de progrès depuis trois siècles, qu'elles n'en avaient fait depuis les commencements de l'histoire grecque jusqu'à la renaissance. Elle consiste à observer avec tout le soin et l'exactitude possibles les faits particuliers. Ces faits une fois reconnus, c'est à l'esprit d'induction à les classer, à les coordonner, et à en tirer les lois les plus compréhensives qu'ils renferment. Alors, quand le calcul est applicable, il généralise les données, il révèle des conséquences que nulle combinaison n'aurait peut-être découvertes : admirable instrument qui multiplie immensément les forces de l'esprit, comme les machines multiplient les forces du corps, mais auquel il ne faut jamais demander plus qu'on n'y a mis.

C'est par ce travail de détails et d'inductions qu'on arrive aux lois générales, d'autant plus belles qu'elles renferment elles-mêmes l'explication d'un plus grand nombre de faits particuliers. La plus admirable, sans doute, est celle de Newton : deux particules de matière s'attirent en raison directe de leur masse et en raison inverse du carré de leurs distances. De cette loi les astronomes tirent non-seulement tout l'ensemble du système du monde, mais encore tous les détails ; ils expliquent les perturbations et les exceptions apparentes ; poursuivant ainsi le grand travail commencé par Newton, continué pendant un siècle par les hommes les plus habiles, et non encore achevé.

Les anneaux de la science sont solides, sa texture est

ferme, et la part que la raison pure y prend est grande. Les résultats et les prévisions où elle arrive par ses inductions ont, quand les faits sont bien observés et les inductions bien établies, une sûreté remarquable. M. W. Herschel en rapporte un exemple extrêmement curieux : « On opposa, dit-il, à la doctrine de Copernic que, si elle était vraie, Vénus devrait apparaître quelquefois avec la configuration que la lune présente avant d'atteindre son plein. Il en convint, et ajouta même que, si elle s'offrait jamais à nous, elle nous apparaîtrait ainsi. On peut aisément se faire une idée de quel étonnement on fut, longtemps après, saisi, quand on vit le télescope confirmer cette prédiction, et qu'on aperçut cette planète avec la configuration que lui avaient également assignée l'auteur du nouveau système et ceux qui le combattaient. »

Il en est ainsi d'une foule de faits dont l'énoncé paraît étrange, et dont la certitude est néanmoins parfaite.

Qui croirait, si la chose n'était pas démontrée d'une manière irrécusable, que, dans une seconde, dans l'espace d'une seule oscillation du pendule, un rayon de lumière parcourt plus de 60,000 lieues ? Qui pourrait admettre que le soleil est un million de fois plus grand que la terre ? Qui croirait que cet astre, placé à une distance telle qu'un boulet de canon, conservant sa vitesse initiale, mettrait vingt ans à l'atteindre, exerce cependant son attraction sur notre globe dans un intervalle de temps inappréciable ; que, parmi les étoiles fixes, placées à d'incalculables distances, il en est quelques-unes dont la splendeur actuelle surpasse cent fois celle du soleil lui-même ? Enfin, comment s'imaginer que chaque point d'un milieu que traverse un rayon de lumière est affecté d'une suite de mouvements pé-

4

riodiques qui reviennent régulièrement, par intervalles égaux, au moins 500 millions de millions de fois dans une seule seconde, et que c'est par des mouvements de cette espèce communiqués aux nerfs optiques, que nous voyons?

Telle est la subtilité de la nature, qu'elle sait cacher à nos regards tous ses phénomènes. Rien qu'un travail assidu et des méditations profondes ne peut parvenir à découvrir quelques faits et quelques lois. Tout, au premier abord, est complexe, divers, exceptionnel; mais tout est régulier au fond, et plus la science avance, plus elle trouve moyen de réduire le nombre des théories et des causes. C'est sans doute cette simplicité de la nature qui fait l'immense difficulté des recherches scientifiques. Ce voile lui suffit; ainsi les espaces illimités et le bleu du ciel, où nos regards s'enfoncent et se perdent en vain, ne nous sont voilés dans le lointain que par leur profondeur même; elle n'a pas eu besoin d'une autre barrière pour nous dérober la forme et la splendeur d'innombrables soleils.

Il paraît, d'après plusieurs passages du livre de M. W. Herschel, qu'en Angleterre, l'esprit religieux est, à chaque moment, prêt à se soulever contre les découvertes et les explications scientifiques, quand elles contrarient en quelque point le texte de l'Ancien ou du Nouveau Testament. M. W. Herschel croit devoir prendre des précautions contre cette tendance, et justifier la science du reproche qu'on lui fait de conduire au mépris de la révélation. Pour moi, je n'admets ni les explications ni les excuses ; la science est indépendante et inflexible; elle n'est limitée par les paroles d'aucun texte; elle constate les faits sans s'occuper de leur accord ou de leur désaccord avec la théologie : c'est à celle-ci à établir la conciliation. Ni les paroles de Josué n'empêchent que la terre ne tourne ; ni les premiers chapitres de la Genèse sur la création, qu'il n'y ait eu plusieurs renouvellements des existences sur la face du globe, comme l'a démontré Cuvier ; ni que notre planète, suivant les calculs de Fourier, n'ait été, à son origine, animée d'une incalculable chaleur.

A ce propos, qu'on me permette une citation qui fournira la meilleure réfutation de ces scrupules, qui heureusement n'ont pas d'empire en France. Le Cheik Réfaa, un des élèves les plus distingués de la mission égyptienne, a composé en arabe, pendant son séjour à Paris, une relation de son voyage en France. On lit dans cet ouvrage, analysé par M. Caussin de Perceval (*nouveau Journal asiatique*, 1833), le passage suivant :

« Les Français excellent dans les sciences pratiques, et possèdent également à fond les sciences spéculatives. Seulement, ils ont certaines croyances philosophiques que la raison d'autres peuples ne saurait admettre ; mais ils les soutiennent si bien et les parent de couleurs si spécieuses, qu'elles semblent fondées sur la réalité. Dans l'astronomie, par exemple, ils sont fort savants, et le secours des instruments qu'ils ont inventés les a rendus supérieurs aux anciens. Mais ils ont mêlé à cette science quelques idées hérétiques contraires aux livres saints, comme l'assertion du mouvement circulaire de la terre. Ils appuient cette opinion de preuves qu'il est difficile de réfuter. Je citerai plusieurs de leurs paradoxes, et je les signalerai au lecteur dans l'occasion. Je dirai seulement ici que leurs ouvrages scientifiques sont remplis de paradoxes de ce genre. Le musulman qui veut étudier les livres français doit donc s'attacher fortement au texte du Coran et aux traditions religieuses, pour se garantir de la séduction et ne point laisser ébranler sa croyance. Sans cette précaution, il s'expose à perdre sa foi. »

Pour peu que les musulmans continuent à fréquenter les écoles européennes, il faudra que le Coran cède comme la Bible a cédé, et que le rationalisme prenne la place de l'interprétation littérale.

Rien ne peut plus nous ramener au temps où l'on consultait les Écritures pour savoir si un fait était véritable, pas plus qu'au temps où Aristote régnait en dominateur sur les écoles; car Aristote a été jadis une autorité non moins grande que les livres saints. La philosophie grecque s'est, dans sa belle époque, beaucoup occupée des sciences ; mais, suivant la remarque de M. Herschel, qui est d'une grande justesse, son erreur radicale fut d'imaginer que la méthode qui avait donné de si beaux résultats en mathématique était applicable en physique, et qu'en partant de notions simples, de notions presque évidentes ou d'axiomes, on pouvait tout discuter. « Aussi voit-on ceux qui cultivaient les sciences dans cet esprit, constamment occupés à découvrir ces principes qui doivent devenir si féconds : l'un fait du feu la matière essentielle et l'origine de l'univers, et l'autre adopte l'air. Cette méthode de philosopher est la source de toute erreur. Les choses sont tellement arrangées dans le monde visible, les relations qu'elles ont avec nos sens si trompeuses, malgré leur vérité et leur nécessité, que rarement l'homme devine tout d'abord la vraie concordance et l'enchaînement naturel des phénomènes. Les Grecs, privés du fanal de la méthode expérimentale, n'ont pas su lier leurs recherches entre elles, ni fonder un système qui rattachât invariablement le passé à l'avenir. »

M. W. Herschel se montre, à mon avis, trop rigoureux contre la science antique, lorsqu'il la renferme tout entière dans des disputes de mots. Il est des découvertes admirables qui nous viennent de l'antiquité. Ainsi l'ancienne Égypte a créé un système de poids et mesures dans lequel la liaison des diverses unités est encore plus simple que dans le nôtre ; car, ainsi que M. Saigey l'a fait voir dans son *Traité de métrologie*, la coudée royale étant prise pour l'unité linéaire, le cube de la demi-coudée donnait l'unité de volume ; ce cube rempli d'eau, l'unité de poids; ce poids en argent, l'unité monétaire. Les Indiens ont inventé la numération décimale et les chiffres, qui, inconnus à la Grèce et à Rome, ont été transmis par les Arabes aux Occidentaux. Les mathématiciens grecs ont, avec une sagacité merveilleuse et à travers d'incroyables difficultés, trouvé presque toutes les propriétés des courbes du second degré. Enfin, l'astronomie doit de la reconnaissance à ceux qui les premiers ont fixé, par une approximation assez grande, la durée de l'année, qui ont reconnu les planètes et commencé la mesure d'un arc de méridien.

Nul ne lira l'ouvrage de M. W. Herschel sans y puiser le goût des nobles connaissances, une idée de leur ensemble, de l'admiration pour leur enchaînement, et une profonde conviction de leur utilité, qui de jour en jour devient plus évidente et plus étendue. Les arts industriels ont, dans l'origine des sociétés, précédé les sciences : cela est incontestable; ils ont, en créant les ressources et les commodités de la vie, donné à l'homme assez de loisir pour qu'il pût regarder autour de lui et obéir à son instinct de curiosité et de recherche. Mais, cette première conquête une fois assurée, ce sont les sciences qui ont pris les devants et qui, aujourd'hui, fournissent à l'industrie des armes toujours nouvelles. La nature ne peut être domptée que par les forces de la nature ; et c'est la science qui met à la disposition des arts industriels les puissants moyens vainqueurs des résistances de tout genre qu'opposent à l'homme les eaux, les terres et les airs. Navigation, mécanique, guerre, constructions, transport, tout en ressort médiatement, et tout se perfectionne à mesure que les découvertes et les théories scientifiques s'agrandissent.

Ceci soit dit à ceux qui recherchent le positif des choses ; mais à ceux qui aiment à trouver partout la pensée sous la matière, le beau sous l'utile et les magnificences de la vérité à côté des intérêts de la vie, je dirai que la science a, comme la poésie, sa splendeur qui ravit les intelligences, et que, lorsqu'on arrive à pénétrer quelques-unes des lois si simples et si grandes qui régissent les corps, à percevoir en esprit les rapides mouvements des globes célestes, à suivre les éternelles transformations de la matière, océan d'où tout sort et où tout rentre, enfin à considérer d'un œil calme et sérieux

Ce train toujours égal dont marche l'univers,

suivant l'expression de La Fontaine, on éprouve quelqu'un de ces indéfinissables sentiments qui viennent assaillir l'âme de celui qui, assis au bord de la mer, demeure absorbé dans la contemplation de l'immense et mobile scène déroulée à ses pieds.

III

LES

ÉTOILES FILANTES[1]

Il n'y a pas très long-temps que l'astronomie, ayant pénétré les principaux secrets du *monde*, s'est efforcée de jeter quelques regards dans les profondeurs de l'*univers*. Il faut en effet distinguer, à l'exemple d'un penseur contemporain, le *monde* de l'*univers*[2], et affecter, dans le langage scientifique, une expression séparée à chacune de ces idées. Le *monde*, c'est le système dont nous faisons partie, soleil, planètes, satellites et comètes, système dans lequel le soleil occupe un foyer de toutes les ellipses, et où la gravitation détermine des mouvements éternellement réguliers. L'*univers*, c'est l'espace illimité au delà de ce *monde*, espace semé d'étoiles innombrables, de voies lactées, de nébuleuses, qui se perdent à des distances sans bornes. Le *monde*, quelque grandes que nous en paraissent les dimensions, n'est qu'un point imperceptible dans l'*univers;* un abîme le sépare du reste de l'espace immense, un véritable abîme,

---

1. *Recherches sur les Étoiles filantes,* par MM. Coulvier-Gravier et Saigey. — *Revue des Deux Mondes,* 15 avril 1852.
2. Auguste Comte.

car les étoiles qui sont le plus rapprochées de nous sont encore deux cent mille fois au moins plus loin que n'est le soleil de la terre, ne se révélant que comme des points étincelants qui parent notre nuit de leurs froides et tranquilles clartés.

Cet abîme, les astronomes modernes ont essayé de le franchir. Ici, l'immensité des éloignements paralyse les efforts, qui cependant n'ont pas été complétement infructueux. C'est déjà beaucoup pour l'homme, être si faible et logé sur une si petite terre, que d'avoir pu embrasser véritablement dans une théorie scientifique et sous un même coup d'œil toutes les lois qui régissent son monde particulier. Les excursions qu'il tentera au delà ne lui rapporteront jamais rien d'aussi fructueux; toutefois le peu qu'il glane dans les régions intersolaires n'est point à dédaigner ni pour la curiosité scientifique, ni pour la conscience humaine. Des nébuleuses ont été reconnues et étudiées; des étoiles singulièrement associées et tournant l'une autour de l'autre ont été aperçues, et fourniront un jour le moyen d'étendre jusqu'à ces lointaines régions la loi de la gravitation. Enfin, ce qui était le premier pas à faire et ce qui a longtemps arrêté, on est parvenu à déterminer, dans les limites, il est vrai, d'une très-large approximation, la distance qui sépare la terre de quelques-unes des étoiles. Sans doute aussi les astronomes ne tarderont pas à nous dire vers quelle partie du ciel notre soleil entraîne après lui tout le système qui lui est subordonné. Et ceci a une importance directe pour les hommes et leur terre: il n'est aucunement sûr que les contrées célestes que la terre parcourt à la suite du soleil soient d'une constitution identique. Or, nous commençons à recueillir quelques notions positives sur certaines matières que la terre rencontre en parcourant son orbite.

Munis des renseignements que nous leur transmettrons, nos descendants pourront se former, dans la longue suite des âges, des notions infiniment curieuses et intéressantes sur ce sujet, qui jusqu'à présent était couvert d'une obscurité profonde.

Notre terre est dans des rapports étroits et nécessaires avec le milieu où elle se meut et les corps qui y sont semés, tellement que son existence et l'existence des êtres vivants qui la peuplent ne sauraient être conçues sans cette influence lointaine à laquelle elle est soumise. Elle a dans le soleil un maître qui, en raison de sa masse énorme, la retient dans une orbite constante et ne lui permet pas de s'égarer dans l'immensité ; la même gravitation qui, inhérente à la matière, lie les particules terrestres autour de leur centre, lie aussi les astres lointains et détermine leurs formes et leurs mouvements. Du même maître qui la gouverne, elle reçoit la chaleur, sans laquelle aucune vie ne se développerait à la surface ; et, bien qu'elle renferme aussi une somme notable d'un calorique qui fut, à l'origine, excessivement intense, et qui maintenant, concentré dans les profondeurs, va s'épuisant tous les jours, elle serait un désert froid et inanimé, aussi glacé que ses pôles, si le soleil n'était un foyer de rayons calorifiques. C'est lui encore qui, avec la chaleur, épanche la lumière, donnant non-seulement le jour à la terre, mais embellissant aussi ses nuits par la clarté qu'il prête à la lune. Bien plus, ces deux astres portent leur action sur les mers de notre globe : chaque fois qu'ils passent au méridien, ils soulèvent les flots, et les longues côtes de l'océan, deux fois couvertes et découvertes en vingt-quatre heures, témoignent de la subordination générale de toutes les choses. Le milieu même que la terre parcourt avec une rapidité singulière n'est pas indifférent au maintien de notre température et, par là, à l'existence des végétaux et des animaux; on a trouvé que les espaces inter-planétaires avaient un froid de 50 à 60 degrés au-dessous de zéro, et, tout extrême qu'il puisse paraître, ce froid n'en est pas moins une des conditions qui entrent dans la permanence d'une certaine température à la superficie du globe.

Notre habitacle tient, par tous les côtés, au grand ensemble dont il fait partie. Il est subordonné aux lois générales qui régissent le monde, étant quelque chose de particulier au milieu d'un vaste système; et, à son tour, comme il est, par rapport à nous, quelque chose de plus général, il nous subordonne à toutes les lois qui règlent son existence. La terre dépend du monde; mais la végétalité et l'animalité dépendent de la terre. C'est ainsi que, pour connaître les êtres vivants, il faut connaître les conditions de leur vie, et qu'une juste hiérarchie des sciences place au premier degré ce qui est plus général et par conséquent plus simple, pour venir à ce qui est plus particulier et par conséquent plus compliqué; si bien que, quand on veut arriver à la connaissance des sociétés et de la loi naturelle qui les gouverne, on s'aperçoit qu'elles aussi sont sous la dépendance d'un ordre plus général, qui est celui de l'existence organique ou vivante. Quels que soient les préjugés actuels et les habitudes qui en découlent, rien ne peut plus faire que cette notion suprême, aujourd'hui mise dans la circulation, ne pénètre enfin les esprits, et qu'on ne comprenne la subordination réelle des sciences, qui s'enchaînent, se supposent, et, ainsi systématisées, forment la vraie philosophie.

Ce ne sont pas les seules relations que la terre ait avec le dehors. Il en est de plus immédiates et de plus directes qui, il est vrai, sont restées inconnues jusqu'à nos temps, bien que les unes aient singulièrement frappé l'imagination des hommes, et que les autres se produisent tous les jours à leurs yeux sans avoir eu le privilége d'éveiller leur attention. Je veux parler des *météores ignés*.

Les météores ignés comprennent les *étoiles filantes*, les *bolides* et les *aérolithes*.

Les étoiles filantes sont, ainsi que le nom l'indique, des feux semblables à des étoiles et parcourant un certain trajet dans le ciel.

Les bolides sont des globes de feu qui illuminent l'horizon.

Les aérolithes sont des pierres qui tombent sur la terre avec un grand fracas et souvent avec une grande lumière.

L'antiquité a mentionné bien des fois la chute de pierres venant du ciel. Dans la 78ᵉ olympiade, environ 467 ans avant l'ère chrétienne, une pierre tomba près du fleuve Ægos-Potamos, là où, plus tard, Lysandre mit fin à la guerre du Péloponèse par une victoire décisive sur les Athéniens ; elle était grosse comme un chariot et de couleur brûlée. Vu leur origine, de pareilles pierres ont été consacrées dans les temples païens, et y sont devenues l'objet de l'adoration. Tite-Live cite des pluies de pierres ; chaque fois que ce prodige était signalé, on ordonnait des sacrifices, afin d'apaiser les dieux et de détourner leur colère. Les anciens croyaient à la réalité du phénomène, et, y croyant, ils l'incorporaient sans effort dans tout leur système d'idées. Leur religion acceptait ce prodige, et le rendait sensible aux yeux et aux cœurs, comme, du reste, l'ensemble de ce qu'ils savaient, en le rattachant au lien suprême de leur existence sociale. Mais, dira-t-on, ces récits de la crédule antiquité sont-ils véritables et est-il permis d'y avoir confiance? Voyez vous-même et jugez. En 1627, Gassendi rapporte qu'il tomba sur le mont Vaiser, entre les villes de Guillaume et de Pernes, en Provence, une pierre enflammée qui paraîtrait avoir quatre pieds de diamètre; elle était entourée d'un cercle lumineux, et la chute fut accompagnée d'un bruit semblable à celui de plusieurs coups de canon réunis. En 1723, à Reichstadt, on vit un petit nuage, le ciel était d'ailleurs serein, et en même temps il tomba dans un endroit, après un éclat très-fort, vingt-cinq pierres, et huit dans un autre. En 1750, près de Coutances en Normandie, explosion et chute d'une pierre. Au reste, toutes ces descriptions se ressemblent, ce qui les confirme toutes : il y a toujours explosion, très-souvent lumière, puis chute de pierres, qui sont très-chaudes, répandent une odeur sulfureuse, et présentent une apparence tout à fait semblable. En 1790, près des Pyrénées, apparition d'un globe de feu qui efface l'éclat de la lune, alors presque dans son plein; il éclate, les débris s'en éteignent dans l'atmosphère; puis un bruit semblable à une décharge de grosse artillerie se fait entendre, et des pierres de différentes grosseurs tombent sur un espace de près de deux lieues. A quoi bon prolonger davantage cette énumération ? En voilà bien assez pour donner crédit aux dires des anciens. Des pierres tombèrent jadis du ciel, et il continue d'en tomber aujourd'hui sans interruption et sans relâche.

Les météores ignés ont été l'objet de diverses explications également hypothétiques. D'abord on a cru qu'ils se formaient dans l'atmosphère, puis qu'ils provenaient de la lune, enfin qu'ils circulaient, comme une planète, autour du soleil. Ces trois ordres de suppositions veulent être examinés successivement.

Quand, par une nuit sans nuage, on promène les yeux sur la voûte céleste, on voit une fois ou l'autre, si la patience de l'observateur est assez longue, apparaître des points lumineux qui semblent se détacher, et qui, ayant parcouru un espace plus ou moins grand, s'éteignent complétement. Ces météores sont vulgairement appelés *étoiles filantes;* ils ont inspiré une charmante chanson à Béranger, lisant dans l'azur tranquille et dans ces flammes fugitives de merveilleux secrets ; et l'antiquité croyait qu'ils étaient un présage du vent, ainsi que le témoignent ces vers de Virgile :

> Sæpe etiam stellas vento impendente videbis . . .
> Præcipites cœlo labi, noctisque per umbram
> Flammarum longos a tergo albescere tractus. .

Les étoiles filantes n'ont rien de commun ni avec la destinée des hommes ni avec les souffles qui poussent les nuages et soulèvent les mers. Ces clartés passagères et inconstantes viennent de plus haut et de plus loin ; mais, considérées par les savants comme l'inflammation de vapeurs aériennes ou comme dues à des phénomènes électriques, elles semblaient suffisamment connues, et n'attiraient les regards que par la soudaineté de leur apparition et de leur extinction.

Quoique plus vifs, plus lumineux, plus rares, les bolides rentraient dans la même explication. Voici les caractères de ces météores : ils paraissent se mouvoir suivant des arcs de grands cercles ; ils ne viennent pas également de tous les points de l'horizon, mais ils affectent certaines directions principales; il est impossible d'y reconnaître aucun mouvement de rotation. Leur disque apparent est inappréciable, bien que l'irradiation l'élargisse beaucoup ; leur forme est toujours circulaire, leur lumière éclaire plus ou moins l'horizon, et c'est là un des caractères qui les distinguent des étoiles filantes ; mais l'illumination qu'ils occasionnent est toujours bien inférieure à celle que donne la lune. On n'y peut voir aucune espèce de bouillonnement ni d'ouverture; mais ils produisent assez souvent une traînée qui a été prise pour de la fumée, des étincelles et des flammes. Ils ne sont accompagnés d'aucun brouillard ni nuage; leur élévation est très-considérable. Jamais bolide n'a fait entendre le moindre bruit, le moindre sifflement. Très-peu éclatent en fragments, qui font encore quelques degrés de course pour s'éteindre ensuite. Les bolides apparaissent subitement et disparaissent de même sans changer sensiblement de diamètre apparent; leur grandeur absolue est bien moindre qu'on ne l'avait supposé. Jamais leur durée n'a dépassé un très-petit nombre de secondes, deux, trois ou quatre au plus.

Les étoiles filantes, qui, isolées, n'attirent point l'attention, les bolides, qui, isolés aussi, ne l'attirent que peu, ont maintes fois, par l'abondance et la continuité de leur apparition, frappé l'imagination des hommes; et les vieux chroniqueurs ont souvent inséré dans leurs récits la mention de ces phénomènes singuliers, les présentant comme le signe de la colère céleste ou comme l'annonce de graves événements. Aussi, quand cette question est enfin venue à l'ordre du jour, on s'est mis, pour l'élucider, à rechercher les notices qui se trouvent disséminées dans les historiens au sujet des météores. En 1837, M. Quételet eut l'idée de faire un catalogue des apparitions météoriques les plus remarquables, catalogue qu'il publia en 1839, et dont il donna une seconde édition en 1841. Dans cette seconde édition sont rapportées 192 apparitions. Le catalogue de M. Herrick, qui fut présenté à la Société de Philadelphie en 1840, comprend 39 chutes d'étoiles filantes depuis les temps les plus anciens jusqu'à nos jours. Celui de M. Chasles, présenté à la séance de l'Académie des sciences de Paris en 1831, se compose de 89 apparitions puisées dans les anciennes chroniques, depuis l'an 530 après Jésus-Christ jusqu'à l'année 1223 ; parmi ces apparitions, il y en a 67 d'étoiles filantes en masse, et 20 d'étoiles filantes isolées. En 1842, M. Perrey, professeur de physique à Dijon, releva dans les auteurs, depuis l'année 533 après Jésus-Christ jusqu'à l'année 1169, 36 apparitions météoriques. Mais il n'est aucun peuple qui ait donné autant d'attention à ce phénomène que les Chinois. M. Édouard Biot, qui consacrait principalement sa connaissance de la langue chinoise à l'élucidation des questions scientifiques, et qui a été enlevé, encore dans la force de l'âge, à ces études, a publié un catalogue général des étoiles filantes et des autres météores observés en Chine pendant vingt-quatre siècles, depuis le septième siècle avant Jésus-Christ jusqu'au milieu du dix-septième siècle de notre ère. Les observations depuis le septième siècle jusqu'à l'an 960, époque de l'avénement de la dynastie des Soung, formant la première partie du catalogue de M. Biot, sont extraites textuellement du livre 291 de Ma-touan-lin, célèbre auteur chinois de la fin du douzième siècle. Les observations suivantes, qui ont été faites sous la dynastie des Soung, et qui forment la seconde partie du même catalogue, ont été recueillies non pas dans Ma-touan-lin, mais bien dans les annales mêmes de la dynastie Soung, qui font partie de la grande collection des vingt-quatre historiens de la Chine. Pour les siècles suivants, M. Biot a consulté la continuation de Ma-touan-lin par des auteurs modernes et la section astronomique des annales des dynasties Youen et Ming, dans la collection des vingt-quatre historiens qui s'étend jusqu'à l'an 1647 ; ces observations forment la troisième partie du catalogue. Les annales de la dynastie actuelle des Mantchoux n'ayant pas encore été publiées, M. Biot n'a pu faire connaître les dernières observations jusqu'à ce jour.

Des trois périodes que M. Biot a résumées en autant de tableaux, la plus importante est celle de la dynastie des Soung, comprise entre l'an 960 et 1275 de notre ère. Dans cet intervalle de trois siècles, les observateurs chinois ont enregistré 1,479 météores. On remarquera combien ce nombre surpasse celui des apparitions glanées parmi les écrivains occidentaux : il est vrai que ceux-ci ne les notaient que par hasard, tandis qu'en Chine un bureau était spécialement consacré à l'observation des météores ; mais on remarquera aussi que, depuis juillet 1841 jusqu'à la fin de février 1845, c'est-à-dire en trois ans et huit mois seulement, 5,302 météores ont pu être notés en Europe, grâce à un mode régulier d'observation appliqué à l'étude de ces phénomènes par les auteurs d'un curieux mémoire sur *les étoiles filantes*, M. Coulvier-Gravier et M. Saigey, celui-ci bien connu par ses importants travaux sur la physique du globe. On comprendra sans peine que ce nombre, qui est en soi beaucoup plus considérable que celui des météores notés en Chine, l'emporte aussi infiniment par la valeur des observations, qui sont toutes comparables, ayant été faites par les mêmes observateurs. « En donnant ces courts extraits de tous les catalogues précédents, dit M. Saigey, nous n'avons d'autre but que d'en signaler l'existence ; plus tard nous en discuterons le contenu en prenant pour terme de comparaison nos propres observations et les lois qui en ont été déduites. Nous sommes persuadés qu'il est impossible d'apprécier les observations anciennes, quand on n'en a pas fait soi-même un très-grand nombre et qu'on ne les a pas discutées avec soin. C'est ainsi que l'on peut amender les fausses interprétations des auteurs de ces catalogues. Cependant on leur doit rendre ici justice pour la peine qu'ils se sont donnée en compulsant les vieilles chroniques et les annales des peuples étrangers. Il serait à désirer que de semblables recherches fussent faites dans les auteurs arabes. Ceux-ci n'ont pu cultiver l'astronomie sans observer les grands météores et les apparitions extraordinaires d'étoiles filantes. On en a déjà donné quelques citations curieuses; mais il reste là-dessus un travail spécial à entreprendre. »

Il n'est pas sans intérêt, on le voit, de rechercher dans les monuments du passé quelques traces des météores qui se sont montrés dans notre ciel; mais il est encore plus intéressant, on le voit aussi, d'observer assidûment et systématiquement les météores actuels. Les observations modernes donnent foi et créance aux observations anciennes; elles permettent d'en tirer parti et de les faire entrer dans la discussion du phénomène. Ceci s'applique à toutes sortes de notions non-seulement astronomiques, physiques et chimiques, mais aussi à la biologie, à la médecine, à l'histoire. Dès qu'on trouve dans les temps modernes une observation bien étudiée qui soit l'analogue d'une observation ancienne, vague, douteuse, incertaine, confuse, celle-ci, qui ne pouvait donner de lumière, en reçoit aussitôt et éclaire à son tour le point du passé auquel elle appartient.

S'il est possible de poursuivre systématiquement l'observation des étoiles filantes et des bolides, cela n'est plus praticable pour un autre phénomène météorique : je veux parler des pierres tombantes ou aérolithes. Ici, en effet, il n'y a pas à s'installer dans un observatoire pour attendre la chute de ces pierres ; cette chute est peu fréquente, du moins devant des yeux qui puissent en être témoins ; elle est tout à fait inattendue, rien ne l'annonce, et elle prendra toujours les savants au dépourvu. Il ne faut pas cependant croire qu'elle soit réellement aussi rare que pourrait le faire supposer la distance des intervalles qui en séparent les mentions authentiques. Schreiber eut l'idée assez heureuse de calculer combien il devait tomber de pierres sur toute la surface du globe, en partant de ce fait qu'il en est tombé dix en France de 1790 à 1815, c'est-à-dire dans une période de vingt-six ans, et qu'il en est tombé également dix dans les îles britanniques durant une période d'égale longueur, de 1791 à 1816 ; par la comparaison de l'étendue de ces deux pays à la surface entière du globe, il conclut qu'il doit y avoir proportionnellement, sur cette surface entière, deux chutes de pierres par jour, les deux tiers tombant dans l'Océan et l'autre tiers sur la terre ferme. Aujourd'hui que le rapport entre la terre ferme et l'Océan est mieux connu, on pourrait dire, suivant l'idée de Schreiber, que, sur quatre chutes de pierres météoriques, il y en a trois qui s'effectuent dans la mer et une seule sur les continents et les îles.

Longtemps les savants doutèrent de la chute des pierres, et traitèrent d'opinion mal fondée la croyance vulgaire qui admettait la réalité d'un pareil phénomène. La croyance populaire se fondait sur des faits réellement observés et transmis d'âge en âge ; mais elle était allée fort au delà de la vérité. De ce que les chutes de pierres étaient toujours accompagnées d'un bruit comparable à celui du tonnerre et souvent d'une lumière très-vive, on avait fini par confondre ce phénomène avec celui de la foudre. Chaque fois que celle-ci touchait la terre, elle devait donc être accompagnée d'une chute de pierres, ou, mieux, la chute de ces masses devait produire tous les effets de la foudre ; mais il restait à trouver toutes ces pierres de foudre ; et, comme elles manquaient, on les supposait enfoncées fort avant dans le sol, où on les retrouvait sous forme de concrétions pyriteuses (comme les boules de pyrite), ou sous forme de pétrification (comme les bélemnites), ou enfin sous la forme de pierres taillées (haches ou coins de jade qui ont servi aux premiers hommes). On supposait qu'elles provenaient de matières ténues, enlevées par les ouragans jusque dans la région des nuages, où la chaleur les amollissait et en favorisait la réunion instantanée en une masse solide. Cette opinion, plus ou moins modifiée dans la suite par la découverte de Francklin sur l'électricité atmosphérique, a été longtemps considérée comme satisfaisante au sein de l'ancienne Académie des sciences.

En possession d'une explication que l'on croyait bonne, on négligeait de faire constater les chutes successives. Il faut arriver jusqu'à l'année 1751 pour avoir une description de ce singulier phénomène, rédigée par procès-verbal authentique. « Le 26 mai 1751, à six heures du soir, dans les environs de Hradschina, près d'Agram, en Esclavonie, on aperçut dans le ciel un globe de feu qui se divisa en deux fragments semblables à des chaînes de feu entrelacées ; l'on aperçut une fumée d'abord noire et ensuite diversement colorée ; puis ces fragments tombèrent avec un bruit épouvantable et une telle force, que l'ébranlement fut pareil à celui d'un tremblement de terre. L'un de ces fragments, qui pesait 71 livres, tomba dans un champ labouré peu de temps auparavant, où il s'enfonça de trois toises dans la terre et occasionna une fente de 2 pieds de large. L'autre de ces morceaux, du poids de 16 livres, tomba dans une prairie, à une distance de 200 pas du premier, et donna lieu à une autre fente large de 4 pieds. » L'attention ainsi éveillée, on eut, de tous les côtés, des récits authentiques ; enfin, ce qui vint clore toute discussion, ce qui élimina complétement la formation atmosphérique et fulminale, ce fut la chute du 26 avril 1803. M. Biot, envoyé sur les lieux par l'Académie des sciences, s'exprime ainsi dans ses conclusions : « Vers une heure après midi, le temps étant serein, on aperçut de Caen, de Pont-Audemer et des environs d'Alençon, de Falaise et de Verneuil, un globe enflammé, d'un éclat très-brillant, et qui se mouvait dans l'atmosphère avec beaucoup de rapidité. Quelques instants après, on entendit à L'Aigle et autour de cette ville, dans un arrondissement de plus de trente lieues de rayon, une explosion violente qui dura de cinq à six minutes. Ce bruit partait d'un petit nuage qui avait la forme d'un rectangle. La plus grande de toutes les pierres que l'on a trouvées pesait 8 kilogrammes 5 dixièmes. Le nombre des pierres tombées peut être évalué à deux ou trois mille. » M. Biot recueillit les témoignages d'un très-grand nombre de personnes, qui toutes avaient entendu la détonation, et dont beaucoup avaient vu tomber les pierres. Ces pierres, en tombant, s'enfonçaient plus ou moins dans la terre, étaient très-chaudes, et répandaient une odeur de soufre insupportable.

Le très-curieux rapport de M. Biot est le seul exemple que nous possédions jusqu'à ce jour d'une enquête véritablement scientifique sur une pluie de pierres tombées du ciel. Aussi suggère-t-il d'importantes considérations. Le météore marchait du nord nord-est au sud sud-est : ceci se conclut de la situation des fragments. En effet, M. Biot ayant eu l'idée très-heureuse de déterminer le contour du terrain sur lequel les pierres étaient tombées, on reconnaît que ce contour est elliptique ; par conséquent le météore suivait une direction oblique à l'horizon ; car, s'il eût suivi une direction verticale, la pluie de pierres aurait couvert un espace circulaire. Après l'explosion du météore, les projectiles, dans le sens de leur mouvement général, ont dû faire d'autant plus de chemin qu'ils étaient plus gros et par suite moins ralentis par la résistance de l'air ; de la sorte, la disposition des fragments sur le terrain selon leur ordre de grosseur donne la direction que suivait le météore. Le nuage noir était formé de la matière la plus ténue, comme celle qui compose les traînées des bolides et des étoiles filantes, traînées qui s'agglomèrent parfois en un nuage plus ou moins arrondi, lequel reste en place plusieurs secondes et même plusieurs minutes, s'il n'est entraîné par les agitations de l'air ; et pendant ce temps les fragments volumineux continuent à se mouvoir dans le sens du météore avant l'explosion, chacun de ces fragments faisant le même bruit durant sa marche à travers l'atmosphère que dans le cas très-fréquent où il ne tombe qu'une seule masse sans aucune rupture.

L'hypothèse de la formation des pierres météoriques au sein de l'atmosphère étant définitivement écartée par le rapport de M. Biot, on examina la question de savoir d'où elles venaient. D'abord Chladni, aux yeux de qui les aérolithes, les bolides et les étoiles filantes constituaient un phénomène de nature analogue, émit le premier l'hypothèse qu'ils étaient des corps dispersés dans l'espace où se meuvent les planètes, à la surface desquelles ils tombent de temps en temps, attirés par celles-ci et pénétrant dans leur atmosphère. Mais une telle idée ne fut pas accueillie ; et, au lieu de recourir à des corps errants dans les espaces planétaires, Laplace, avec son école, se contenta de remonter jusqu'à la lune, amoindrissant ainsi, autant qu'elle pouvait être amoindrie, l'idée du physicien allemand. C'est seulement vingt ans plus tard que les astronomes placèrent enfin les météores ignés sans exception au rang des masses planétaires. « Si maintenant, dit M. Saigey à ce propos, on se rappelle que la discussion sur le mouvement de la terre a duré plus d'un siècle, que la question de l'aplatissement du globe et de la fluidité primitive des planètes a duré près de cent ans, qu'enfin il a fallu près du même laps de temps pour faire admettre en France la loi de la gravitation, il sera bien établi que toutes les grandes vérités de l'ordre physique exigent, pour être généralement admises, deux ou trois générations d'hommes. »

L'opinion de Laplace fit grande sensation en Europe. On calcula quelle vitesse une masse projetée par un volcan lunaire devait avoir pour ne plus retomber sur la lune. Toutefois les observations effectuées pour apprécier la vitesse des météores qui pénètrent dans notre atmosphère ne furent point favorables à l'hypothèse sélénique. Cette vitesse est beaucoup trop grande, et une pierre venant de la lune avec la rapidité qui appartient aux météores ignés ne tomberait pas sur la terre, mais continuerait à cheminer.

A ce point, après qu'on se fut occupé d'estimer la hauteur, la vitesse et la direction des étoiles filantes, une nouvelle hypothèse surgit, et les astronomes considérèrent ces météores comme des astéroïdes qui tourneraient autour du soleil et que la terre rencontrerait aux nœuds communs de leurs orbites. Cette hypothèse fut suggérée par l'apparition extraordinaire d'étoiles filantes, dans la nuit du 12 novembre 1833, aux États-Unis d'Amérique. Ce fut en effet une apparition remarquable; toute la nuit il tomba du ciel une pluie de feu. Toutefois M. Saigey, discutant les renseignements fournis par les observateurs américains, arrive à conclure qu'ils sont entachés d'exagération. Établissant que ses propres observations donnent deux cents étoiles pour un globe enflammé, et que quatre globes enflammés seulement furent aperçus aux États-Unis, il suppose que le nombre des étoiles n'a guère dépassé huit cents. Le phénomène alla croissant depuis le soir jusqu'au jour; c'est du reste un résultat que démontrent sans réplique les observations faites depuis en Europe et en Amérique : l'apparition des étoiles filantes est toujours progressive du soir au matin. MM. Coulvier-Gravier et Saigey ont pour cela une expérience de longues années, et jamais une nuit n'a été abondante en météores sans que l'observation du soir ne l'ait fait pressentir ; en d'autres termes, jamais ils n'ont vu une apparition soudaine d'étoiles filantes.

Cette apparition extraordinaire, qui du reste ne se distinguait pas des autres apparitions, extraordinaires aussi, qu'on avait eu occasion maintes fois d'observer, non-seulement avant cette époque, mais encore postérieurement, appela l'attention des astronomes. Comme les observations ne tardèrent pas à montrer qu'il y avait un retour périodique d'étoiles filantes au mois de novembre, ils s'emparèrent de ce fait, et supposèrent qu'il était dû à un anneau composé d'astéroïdes et tournant comme une planète autour du soleil. Bientôt cependant d'autres retours périodiques furent aperçus, qui vinrent compliquer la question. Aussi les hypothèses se multiplièrent; on varia sur la durée de la révolution de ces astéroïdes, sur l'inclination de leurs orbites, et il devint dès lors évident que l'hypothèse ne cadrait pas avec le phénomène, et qu'elle devait être remaniée. « Les observations faites durant cette période, dit M. Saigey, et les catalogues formés d'anciennes observations ne seront pas inutiles à la science. Il était nécessaire d'essayer de toutes les hypothèses, afin de pouvoir choisir celle qui représenterait le mieux l'ensemble du phénomène. On peut seulement reprocher aux astronomes de s'être trop tôt jetés dans les explications. Dans l'étude des étoiles filantes, il fallait commencer par un pénible travail de détail réclamé de tout le monde et que personne n'a voulu exécuter, afin d'arriver à quelques faits généraux. Au lieu de cette marche prudente, les astronomes ont tenté tout de suite d'assimiler les météores à des planètes tournant autour du soleil ; ce qui les dispensait de préliminaires fatigants, puisqu'il suffisait d'observer trois des éléments de la route suivie par ces astéroïdes de nouvelle espèce. Il est donc certain que la connaissance des météores ignés a fait ce faux pas uniquement parce que l'astronomie se trouvait trop avancée. Les astronomes ont péché par excès de science, et, une fois lancés dans cette fausse direction, l'amour-propre les y a fait persister. Otez-leur la connaissance qu'ils ont du mécanisme planétaire, privez-les des formules que les plus grands géomètres leur ont données, qui permettent de déterminer une orbite à l'aide d'un très-petit nombre d'observations, et alors ils étudieront le phénomène des étoiles filantes en lui-même et non plus à l'aide de trompeuses analogies, en hommes qui désirent accroître leurs connaissances, et non en docteurs qui veulent montrer la supériorité de leur talent. »

Avant de spéculer sur le phénomène, il fallait l'observer. Or, cette tâche, un homme s'en était spontanément chargé dans une ville de province, loin de tout encouragement et au milieu d'occupations purement commerciales et industrielles. Un attrait singulier porta de très-bonne heure M. Coulvier-Gravier à considérer les étoiles filantes. A la vérité, c'était une fausse vue qui le conduisait ; il espérait trouver, dans ce phénomène, des relations avec les variations atmosphériques, et arriver à prédire par là ces variations mêmes. Malheureusement pour la science positive, qui ne s'occupe pas des causes finales, mais des choses en elles-mêmes, il avait négligé d'enregistrer ses observations ; et, quoiqu'il eût commencé à observer bien longtemps auparavant, ce fut seulement en 1840 que, sur le conseil de M. Arago, il tint un journal où il inscrivit quotidiennement les directions des étoiles filantes. A partir de 1841, ce journal contint, outre les directions, le nombre des étoiles filantes, le commencement et la fin du temps de l'observation de chaque nuit. Pour embrasser tout le ciel, deux observateurs ayant été jugés nécessaires, M. Coulvier-Gravier s'adjoignit un des employés de sa maison, M. Chartiaux, qui, depuis, n'a cessé de lui venir en aide avec une intelligence et un zèle peu communs. Les choses restèrent en cet état jusqu'en 1845, où M. Coulvier-Gravier fut mis en relation avec M. Saigey. Celui-ci, à la vue d'une aussi volumineuse collection, conçut qu'elle pourrait donner quelques résultats généraux, quelques lois encore inconnues. Il conseilla à M. Coulvier-Gravier de mettre de côté l'idée théorique concernant les variations atmosphériques, lui rappelant, pour le persuader, la situation peu flatteuse des astronomes, dont le système, beaucoup plus savamment étayé, s'était néanmoins écroulé sous une masse encore si faible d'observations. M. Saigey se mit lui-même à observer de concert avec M. Coulvier-Gravier, afin d'avoir une idée nette et précise du phénomène et des difficultés que l'étude en présentait. De cette collaboration, où l'un apportait une vaste collection de faits recueillis avec une patience singulière, et l'autre l'esprit de généralisation et les méthodes géométriques, naquirent des travaux qui constituent une nouvelle période dans la connaissance des étoiles filantes. Voici quelques-uns des résultats ainsi obtenus.

Depuis juillet 1841 jusqu'à la fin de février 1845, 5,312 étoiles filantes ont été vues en 1,034 heures.

Dans une même nuit, le nombre d'étoiles filantes n'est pas le même pour toutes les heures. Le dépouillement des observations montre que, lorsque celles-ci avaient été reprises à différentes heures de la nuit, le nombre des météores, à très-peu d'exceptions près, augmentait notablement du soir au matin et pour le même intervalle de temps. Cette variation horaire se rencontrait à toutes les époques de l'année, tant à celles des retours périodiques que durant les nuits ordinaires[1]. Un tel résultat ne pouvait être fourni que par l'observation, et toutes les notions antérieures où l'on n'en tient pas compte, attendu qu'il était ignoré, doivent être corrigées d'après ce nouvel élément.

1. La moyenne générale des étoiles par heure est de 5,6 ; cela veut dire que, si en dix heures il en tombe 56, la moyenne pour une heure sera 5 et 6 dixièmes. Quant au nombre horaire moyen, il est, pour 6 à 7 heures du soir, de 3,1 ; — pour 7 à 8 heures, de 3,5 ; — pour 8 à 9 heures, de 3,7 , — pour 9 à 10 heures, de 4,10 ; — pour 10 à 11 heures, de 4,5 ; — pour 11 à 12 heures, de 5,0 ; — pour 12 heures à 1 heure du matin, de 5,8 ; — pour 1 heure à 2 heures, de 6,4 ; — pour 2 à 3 heures, de 7,1 ; — pour 3 à 4 heures, de 7,6 ; — pour 4 à 5 heures, de 6,0 ; — pour 5 à 6 heures, de 8,2.

Y a-t-il une variation mensuelle comme il y a une variation horaire, c'est-à-dire aperçoit-on chaque mois une quantité égale ou une quantité différente de météores? Pour décider cette question, il fallait ramener toutes les observations à la même heure de la nuit, afin de les rendre comparables. Ce calcul laborieux a conduit à cette conclusion : le nombre horaire est à peu près le même pour les six premiers mois de l'année, terme moyen 3,4. Le nombre horaire pour les six derniers mois est aussi à peu près le même, terme moyen 8,0, en sorte que le nombre horaire passe du minimum 3,4 relatif à l'hiver et au printemps au maximum 8,0 relatif à l'été et à l'automne. Ainsi le nombre des étoiles filantes se soutient à peu près le même du solstice d'hiver au solstice d'été, où il est le plus petit possible, et il se maintient à sa plus grande valeur durant tout le temps qui s'écoule entre le solstice d'été et le solstice d'hiver. En d'autres termes, nous voyons moins d'étoiles filantes quand la terre va du périhélie à l'aphélie, ou s'éloigne du soleil, et nous en voyons le plus lorsque la terre va de l'aphélie au périhélie, ou se rapproche du soleil.

Le dépouillement a fait reconnaître quatre maximums dans l'année pour les étoiles filantes : le maximum d'hiver, qui est du 7 au 8 février; celui du printemps, qui est du 1er au 2 mai; celui d'été, qui est du 8 au 9 août; celui d'automne, qui est du 7 au 8 novembre. Les astronomes avaient déjà signalé des retours périodiques pour le 10 août et le 12 novembre; les nouvelles recherches confirment les observations antécédentes, et ajoutent deux autres retours périodiques qui avaient été jusque-là ou méconnus ou mal placés.

Un calcul approximatif a été fait aussi touchant le nombre d'étoiles filantes que deux observateurs peuvent voir pendant l'année. M. Coulvier-Gravier et son aide observaient même en présence de la lune; et du nombre des météores vus le jour de la pleine lune, la veille et le lendemain, on peut conclure que la lumière de notre satellite efface à peu près les trois cinquièmes du nombre des étoiles filantes que l'on aurait aperçues en son absence. Cette correction change la moyenne générale horaire 5,6 en 6,0.

On avait donc déjà, à l'aide de ce travail, avec toute la probabilité que donnent les grands nombres, la connaissance de la quantité d'étoiles filantes qui apparaissent à chaque époque de l'année et celle des météores qui viennent aux différentes heures de la nuit ; variations très-considérables, déjà remarquées dans les apparitions extraordinaires, mais qu'on attribuait toujours à une condition dépendante des étoiles filantes elles-mêmes, et non pas à l'heure plus ou moins avancée. Cela fait, la direction fut examinée, et par la même méthode, c'est-à-dire par des observations patientes et des procédés géométriques. Il fut reconnu qu'il vient à peu près autant d'étoiles filantes du nord que du sud, mais qu'il en vient beaucoup plus de l'est que de l'ouest. La somme des étoiles du nord et du sud et la somme des étoiles de l'est et de l'ouest sont à peu près égales entre elles. On doit donc admettre que l'influence de l'est s'augmente de tout ce que perd l'ouest, de sorte que, sans une cause qui reporte de l'ouest sur l'est à peu près la moitié de ce qui appartiendrait à l'une et à l'autre de ces directions, il viendrait les mêmes quantités d'étoiles filantes des quatre points cardinaux de l'horizon.

La grandeur, la couleur et le mode d'apparition des météores furent étudiés. Jusqu'au 2 juin 1845, 8 globes enflammés ou bolides avaient été observés. Quant aux étoiles filantes proprement dites, on en avait noté 80 de première grandeur, c'est-à-dire ayant l'éclat de Jupiter ou de Vénus. Les étoiles filantes de seconde grandeur correspondent alors aux étoiles fixes de première grandeur, et ainsi de suite en descendant jusqu'à la sixième grandeur, qui correspond à la cinquième grandeur des étoiles fixes. La couleur est généralement blanche, surtout pour les globes et les étoiles de première grandeur. Quelquefois les étoiles sont rougeâtres et même tout-à-fait rouges, et il y en a plus de cette teinte dans les petites que dans les grandes. Les étoiles bleuâtres sont beaucoup plus rares. Les grandes étoiles sont sujettes à changer de couleur dans leur course apparente. Les météores donnent lieu à des traînées et à des fragments; les traînées sont très-variables d'aspect et de forme; elles persistent plusieurs secondes après la disparition de l'étoile. Il n'y a que les globes filants qui se brisent parfois en éclats; les fragments font encore quelques degrés de course et s'éteignent tous à la fois.

A mesure que les connaissances allaient ainsi se développant, les observations nouvelles soulevaient de nouvelles discussions, et on en venait à l'examen de particularités dont il n'avait pas d'abord été tenu compte. Parmi la quantité de matériaux accumulés chaque jour, on choisit deux nouveaux éléments du système des étoiles filantes, à savoir la longueur des trajectoires apparentes et la position des centres des météores. Le chemin apparent d'une étoile filante n'est pas le même, terme moyen, dans toutes les directions. Les étoiles filantes comprises entre le nord-nord-est et le nord-est font le plus long chemin moyen, qui est de 15 degrés 3 minutes, tandis que les étoiles filantes comprises entre le sud-ouest et l'ouest-sud-ouest parcourent le plus petit chemin moyen, qui est de 11 degrés 3 minutes. Des résultats tout à fait nouveaux et importants furent donnés par l'étude de la position : en général, une étoile filante descend vers l'horizon et ne remonte pas à la verticale, quelles que soient d'ailleurs l'époque de l'année et l'heure de la nuit. Il résulte de là qu'un observateur qui veut voir par exemple les étoiles venant de l'est ne doit pas se tourner dans cette direction, mais bien dans la direction opposée, c'est-à-dire vers l'ouest. Il y a donc une cause qui rejette hors du zénith chaque groupe d'étoiles, tellement que le centre de chacun de ces groupes se rapproche plus ou moins de l'horizon. Ceci est sans doute un effet combiné des mouvements de la terre et des mouvements propres de ces météores.

Les astronomes ont fait des observations pour déterminer la hauteur des étoiles filantes. Ce genre de recherches est difficile, et parce que les observateurs, s'étant postés à des stations plus ou moins éloignées, doivent reconnaître parmi les météores aperçus celui qui a été vu simultanément aux stations, et parce que les résultats d'une observation si fugitive et si peu précise exigent beaucoup de soins pour être appréciés. Les nouvelles observations ont donné, comme les observations antécédentes, des hauteurs considérables pour les étoiles filantes; c'est à 10, 15, 20, 25 lieues qu'elles sillonnent l'espace. L'élévation sera encore bien plus grande pour les étoiles filantes télescopiques qui ont été signalées par l'astronome américain Mason : c'est cette élévation qui rend si difficile l'explication de l'inflammation de ces météores.

Ces météores (gardons-leur un tel nom, car les comètes n'ont-elles pas, elles aussi, été longtemps considérées comme des météores avant que l'astronomie les rejetât dans les espaces?) constituent une série d'études nouvelles et curieuses. Ils ont successivement échappé aux trois premières hypothèses qui furent faites à leur sujet. Suivant la première, ils étaient dus à des exhalaisons terrestres qui se condensaient dans l'atmosphère et retombaient ensuite, de sorte que notre globe ne faisait que recevoir ce qu'il avait émis. Suivant la seconde, c'étaient les volcans de la lune qui nous les lançaient. Suivant la troisième, ces corpuscules formaient un anneau qui circulait autour du soleil comme aurait fait une planète. De ces trois hypothèses, c'est la dernière seule qui subsiste. Mais elle n'est pas encore assez vérifiée, pour que l'on ne puisse, provisoirement du moins, donner un champ plus large à ces météores. Peut-être est-ce dans l'espace ouvert qu'ils sont lancés ; un mouvement rapide les emporte, et continuellement ils viennent rencontrer la terre, qui, elle, tourne autour de son soleil. Dans cette quatrième hypothèse, les espaces cosmiques seraient semés d'une masse infinie de corpuscules qui y flottent librement et qui sont entraînés par des courants d'une vitesse merveilleuse. On le sait, les astronomes sont désormais convaincus que le soleil, qui tourne sur lui-même, est animé aussi d'un mouvement de translation, de sorte que la terre, qui le suit, ne retombe jamais dans le même sillon ; et les régions célestes par où elle passe sont, à vrai dire, incessamment nouvelles. Il faudra donc voir, l'observation aidant, si la pluie de météores baisse ou augmente, si l'on arrive dans des localités riches ou pauvres en corpuscules, et si enfin ce sont toujours les mêmes matières qui nous tombent d'en haut. Tout cela peut varier, et tout cela nous apprendrait à connaître quelque peu la constitution des abîmes infinis sur lesquels nous sommes portés.

On peut ajouter que la terre y est directement intéressée. En effet, la masse de substance qu'elle reçoit par cette voie, quelque faible qu'elle soit, le long temps finit par la multiplier énormément, et il est impossible de n'en pas tenir compte. Nous avons vu qu'il arrive sur notre globe, tous les jours, quelque pierre plus ou moins pesante; en outre les bolides y laissent tomber leurs substances; les traînées des étoiles filantes amènent des poussières météoriques. Tout cela est journalier, tout cela dure depuis des milliers d'années, et durera sans qu'on puisse assigner au phénomène aucune limite. Peu de substance sans doute nous parvient ainsi jour par jour, mais ce peu se renouvelle incessamment. Il est impossible de se faire une idée de ce que la terre a reçu de cette façon depuis son origine et de ce qu'elle est destinée à recevoir dans un avenir illimité; mais un point reste certain : c'est qu'on ne doit pas la considérer comme un corps dont la croissance soit finie, qui n'ait rien à acquérir et qui demeure avec la somme de matières qu'il eut au commencement. Cette somme s'accroît perpétuellement par des augmentations insensibles et journalières, mais qui finissent à la longue par avoir une valeur.

Ceci importe particulièrement à la géologie. Plus on aura de notions sur la quantité et la qualité des substances qui nous arrivent ainsi des espaces célestes, plus on pourra apprécier certaines conditions géologiques : c'est du moins un nouvel élément qu'il faut faire entrer en ligne de compte. Les pierres qui sont tombées depuis environ le commencement de notre siècle ont été analysées chimiquement, et les résultats ont été toujours à peu près les mêmes. Dix-huit corps simples s'y sont rencontrés, savoir, sept métaux : fer, nickel, cobalt, manganèse, cuivre, étain, chrome; six radicaux terreux et alcalins : silicium, calcium, potassium, sodium, magnésium et aluminium; quatre combustibles non métalliques : hydrogène, soufre, phosphore et carbone; enfin le corps comburant, oxygène. Ainsi, non-seulement on n'y rencontre pas quelque matière chimique différente de toutes celles qu'on a déjà trouvées dans les entrailles de la terre, mais même ces pierres météoriques ne renferment pas le tiers des substances dont se compose l'écorce de notre globe : ce qui prouve qu'elles viennent de régions du ciel plus pauvres en espèces, ou, si l'on veut, moins riches que notre petite planète. Néanmoins cette uniformité de composition peut changer. Ainsi tout porte à croire que Chladni a eu pleine raison de faire rentrer dans la classe des pierres météoriques les masses de fer natif que l'on a trouvées en divers points du globe, loin de tout volcan, et posées à la surface de terrains d'une nature tout à fait différente. La plus remarquable de ces masses, ou du moins celle qui a le plus engendré de discussions, est la masse dite de *Pallas*, voyageur qui, le premier, en a donné la description. En 1749, on découvrit un riche filon de fer au sommet d'une montagne en Sibérie; puis, l'année suivante, à 150 toises de là, on trouva une grande masse de fer sur la bosse d'une montagne schisteuse et à la surface même du sol : il n'existait dans la montagne aucune trace d'anciens travaux de fonderie. Les Tartares croyaient que cette masse était tombée du ciel, et la regardaient comme sacrée. Elle pesait près de 690 kilogrammes. On a rencontré en beaucoup d'autres lieux des masses de fer pareilles. La plus considérable paraît être celle qui a été trouvée dans l'Amérique méridionale, province de Chaco, près Otumpa, pesant 300 quintaux, dans une contrée où il n'y a ni mine de fer, ni montagne, ni même aucune pierre : elle était enfoncée dans un terrain crayeux. De pareilles observations touchent à une foule de questions géologiques. Il y a eu probablement une époque où des masses de fer nous sont arrivées en traversant notre atmosphère, masses qui maintenant gisent dispersées çà et là sur le sol. Les espaces célestes entrent en partage dans la formation de l'écorce terrestre, et rien ne nous défend de penser que la terre peut rencontrer dans son chemin toutes les substances qu'elle renferme déjà dans son sein, et qui ont aussi, elles comme tout le reste, une origine céleste ; car la terre n'est-elle pas dans le ciel ?

Les travaux sur les étoiles filantes sont maintenant assez avancés pour ouvrir une longue perspective à l'exploration scientifique. Beaucoup d'années seront nécessaires pour étudier le phénomène dans ses détails et dans ses conséquences. C'est sans doute un phénomène astronomique, mais qui ne comporte pas les méthodes astronomiques proprement dites. Aucun instrument destiné à la mesure des angles ne pouvant s'appliquer à l'observation des météores, il est impossible d'obtenir autre chose que des nombres ronds, des degrés, par exemple. « Or, dit M. Saigey, les mesures aux degrés sont, pour les astronomes, des blocs informes avec lesquelles il leur est impossible d'édifier aucun monument. Habitué à manier la numération par le petit bout, l'astronome ne s'intéresse qu'aux minutes, et, s'il préfère quelque chose aux secondes, ce sont leurs dixièmes et leurs centièmes. » C'est donc un nouveau genre d'observation et de méthode qu'il faut pour un phénomène ancien dans la nature, nouveau dans la science.

C'est l'œuvre de la science de renouveler toutes les notions, défaisant d'une main et reconstruisant de l'autre. L'humanité, a dit Pascal, se comporte comme un être qui, vivant toujours, apprend toujours. Dans cette évolution se trouve comme base la somme d'instincts, de besoins, de passions qui, chez elle comme chez l'individu, forme les mobiles de la vie active. Puis viennent l'imagination et la raison qui se partagent son histoire. Dans la jeunesse du monde, la raison ne sait rien; l'imagination est maîtresse, et, par son heureuse hardiesse, crée les institutions sous lesquelles le genre humain se développe, la raison ne servant qu'à régulariser ce qui est ainsi spontanément fourni. Plus tard et à fur et mesure, la raison empiète, et finalement tend à prendre le dessus et à tout reformer, l'imagination ne servant plus qu'à embellir ce qui a été ainsi laborieusement trouvé. Pour que la raison arrive à ce terme, il faut que la science, de particulière, devienne pleinement générale : si bien que, par exemple, l'astronomie, dont il a été ici surtout question, ne soit plus qu'un échelon pour monter au dernier degré, d'où le coup d'œil embrasse l'ensemble des choses depuis les plus simples notions, qui sont celles de la mathématique, jusqu'aux plus compliquées, qui sont celles des sociétés et de leur histoire. En toute catégorie de phénomènes, les lois naturelles se substituent dans l'esprit humain aux conceptions primitives, qui supposaient des volontés et des intentions. De la sorte, une vérité nouvelle s'établit parmi les hommes, et, durant la chute graduelle de l'ancienne et insuffisante vérité, devient capable de les rallier et de les astreindre. Une nouvelle beauté, un nouvel idéal surgissent; car qu'est la vieille conception de l'ensemble des choses à côté de la conception moderne, d'autant plus sublime et plus inspiratrice qu'elle est plus réelle? Une nouvelle moralité s'élève à son tour, dont on peut apprécier toute la portée en l'appelant la moralité de la paix et du travail par opposition à la moralité de la guerre et de la conquête. C'est par ce lent travail que l'humanité prend conscience d'elle-même et possession du monde : conscience d'elle-même, en entreprenant résolûment de modifier son existence sous la subordination aux lois naturelles qui la régissent; possession du monde, en acquérant, par plus de science, plus de puissance. L'histoire a un but, et ce but est : rendre l'humanité plus puissante au dehors, meilleure au dedans.

V

AMPÈRE ET L'ÉLECTRO-MAGNÉTISME [1]

Ce qui, chez les anciens, constituait la science de la physique, était surtout une recherche des conditions essentielles de la matière, une sorte de métaphysique sur les phénomènes naturels, laquelle s'efforçait de trouver dans une loi générale l'explication des faits particuliers. Ce que les modernes entendent par physique est au contraire une science qui commence par l'investigation des faits particuliers, et qui se propose, comme but suprême, de tirer, de leur comparaison, des lois de plus en plus générales, des formules de plus en plus compréhensives. C'est une longue expérience, c'est l'impuissance des méthodes divinatoires, c'est l'insuccès des esprits les plus hardis et les plus vigoureux qui a ramené les écoles modernes des spéculations hasardées aux observations patientes et minutieuses, et des théories destinées à expliquer les faits aux faits destinés à fonder les théories. Retrouver, dans les observations isolées qui se multiplient, le lien qui les unit ; mettre en relief, d'une manière évidente à tous,

---

1. *Revue des Deux Mondes*, février 1837.

la raison cachée qui y est contenue; arracher l'apparence trompeuse qui les montre différentes, et manifester, dans un fragment du système, un fragment de la loi universelle, c'est une des œuvres les plus difficiles de la science moderne; c'est aussi une de celles qui importent le plus à son avancement et qui honorent particulièrement les efforts du génie.

M. Ampère, dans ce domaine des découvertes laborieuses et influentes, a signalé son nom par ses travaux éminents et définitifs sur le problème, si compliqué au premier coup d'œil, des phénomènes électro-magnétiques. Comme ces travaux formeront dans l'avenir la gloire principale de M. Ampère, et lui assureront un nom dans les annales de la science, il est important d'exposer, avec quelque détail, en quoi ils ont consisté. On avait déjà remarqué à différentes fois que l'électricité exerçait une action sur l'aiguille aimantée. Ainsi, la boussole, sur des vaisseaux frappés du tonnerre, perdait la propriété de se tourner vers le nord et de marquer la route du bâtiment. Quand ces flammes électriques que les marins connaissent sous le nom de feux Saint-Elme brillaient avec un vif éclat à la pointe des mâts, l'aiguille était, de la même façon, dépouillée de sa faculté caractéristique : ou bien les pôles en étaient renversés, de sorte que la pointe, qui se dirige vers le nord, se dirigeait vers le sud; ou bien elle restait complétement insensible à l'action magnétique de la terre, et demeurait immobile dans toutes les positions. De fortes décharges d'électricité, produites avec la bouteille de Leyde ou une grande batterie, avaient modifié de la même manière, dans les expériences instituées pour cet objet, les aiguilles aimantées. On en avait conclu que l'électricité agissait par son choc, et l'on en était resté là. L'influence réciproque de cet agent et du magnétisme était à peine soupçonnée, et rien ne mettait encore sur la voie des faits singuliers et des importantes conséquences que contenait l'examen de l'action entre une petite aiguille et un fil d'archal traversé par un courant électrique.

M. OErsted, physicien danois, qui s'entretenait depuis longtemps dans des inductions théoriques sur l'essence des fluides électrique et magnétique, découvrit, en 1820, un phénomène capital, qui est devenu le point de départs des travaux subséquents. Ce qui avait échappé à ses prédécesseurs, et ce qui n'échappa point à M. OErsted, c'est une condition à laquelle nul n'avait songé : à savoir, que l'électricité, qui agit sur le magnétisme par le choc, agit d'une toute autre manière quand elle est en mouvement. Le physicien danois, mettant en action la pile voltaïque et plaçant l'aiguille aimantée à portée du fil métallique qui en réunit les deux pôles, remarqua que l'aiguille est déviée de sa direction, et qu'elle tend à se placer en croix avec le fil conducteur du fluide électrique. Voilà le fait dans sa simplicité primitive, fait qui ouvrit une vaste carrière aux découvertes et qui enrichit la science, en un court espace de temps, d'observations fécondes et de belles théories.

Ce ne fut pas M. OErsted qui s'engagea dans cette route : le fait bien observé, il l'interpréta mal. Les accidents très-variés du phénomène lui firent illusion; il ne sut rien y voir de constant, et il n'était pas assez maître de l'analyse mathématique pour ramener à un principe commun les mouvemens complexes qu'il observait. En effet, le pôle de l'aiguille aimantée qui se tourne vers le nord, est, par l'influence d'un courant électrique, porté soit vers l'orient, soit vers l'occident, suivant que le courant, auquel on donnera la direction du nord au sud, passe au-dessus ou au-dessous de l'aiguille. Les complications qui naissaient de ces variations et d'une foule d'autres analogues embarrassaient beaucoup les physiciens. M. OErsted supposa, pour expliquer les phénomènes, une sorte de tourbillon électrique qui, semblable aux tourbillons de Descartes, circulait en dehors du fil conducteur perpendiculairement à ce fil, entraînait l'aiguille, et la dirigeait de manière à la mettre perpendiculaire à la ligne de la plus courte distance qui la séparait du courant. Cette explication n'était, pour ainsi dire, que la reproduction du fait lui-même, contenait une hypothèse gratuite, et n'offrait aucun moyen de retrouver géométriquement les phénomènes particuliers dans une formule générale. Ce n'était point là une théorie dans la bonne acception du mot; ce n'était qu'une manière d'exprimer que l'aiguille aimantée se met en croix avec la direction du courant électrique. Mais cette idée, émise par M. OErsted, sans qu'il y attachât beaucoup d'importance, était tout à fait inacceptable pour les géomètres; car, en supposant gratuitement une action rotatoire, elle renversait le principe même de la philosophie de Newton, principe suivant lequel toute action, attractive ou répulsive, entre deux corps, s'exerce suivant la ligne droite qui les unit.

Telle est la première phase de l'électro-magnétisme. Un fait important, le fait d'une action constante de l'électricité en mouvement sur l'aiguille aimantée, est établi d'une manière incontestable. A M. OErsted en appartient l'honneur. Il ne s'agit plus de ces influences variables de la foudre ou du choc électrique sur la boussole; il s'agit d'un phénomène aussi fixe que celui qui dirige le pôle sud de l'aiguille aimantée vers le pôle nord du monde, et qui, sans doute, est mystérieusement lié aux plus puissantes et aux plus universelles forces de la nature. Ce que la terre fait incessamment sur toute aiguille aimantée, le courant électrique le fait sur cette aiguille : par l'attraction du globe, elle dévie dans un sens déterminé, et se tourne toujours vers le nord; par l'attraction du courant électrique, elle dévie avec non moins de constance, et se met toujours en croix avec lui. Ainsi un phénomène reconnu avec exactitude et précision démontre une singulière affinité entre le magnétisme et l'électricité, signale des analogies merveilleuses entre l'action de la terre et l'action des courans électriques, et permet d'entrevoir que la science touche là à d'importants secrets. Remarquable lenteur dans la découverte des phénomènes naturels : il y a plusieurs siècles que l'on sait que le nord dirige l'aiguille de la boussole, et c'est hier seulement que l'on a appris qu'un courant électrique la dirige aussi.

Peut-être la science se serait-elle arrêtée longtemps devant l'observation de M. OErsted, et, égarée par des théories insuffisantes et fausses, comme par de vaines lueurs, aurait-elle perdu la voie véritable des découvertes qui devaient si rapidement l'enrichir. Mais heureusement il se trouva alors un esprit aussi systématique qu'habile à manier l'analyse mathématique; celui-là ne s'arrêta pas devant les apparences du phénomène. Trop habitué, par sa nature même, à remonter du particulier au général, trop instruit des lois rationnelles de la mécanique pour croire qu'il eût trouvé quelque chose d'important, s'il n'avait pas trouvé une formule qui contînt tous les faits sans exception, M. Ampère se mit à l'œuvre, et donna à la découverte de M. OErsted une face toute nouvelle et une portée inattendue. Non-seulement il l'accrut par des observations fécondes, mais encore il la résuma dans une loi simple, qui ne laisse plus rien à désirer.

« Les époques, a dit M. Ampère dans sa *Théorie des phénomènes électro-dynamiques*, page 131, où l'on a ramené à un principe unique des phénomènes considérés auparavant comme dus à des causes absolument différentes, ont été presque toujours accompagnées de la découverte de nouveaux faits, parce qu'une nouvelle manière de concevoir les causes suggère une multitude d'expériences à tenter, d'explications à vérifier. C'est ainsi que la démonstration, donnée par Volta, de l'identité du galvanisme et de l'électricité, a été accompagnée de la construction de la pile, et suivie de toutes les découvertes qu'a enfantées cet admirable instrument. »
Ces réflexions de M. Ampère s'appliquent parfaitement à ses propres travaux. A peine eut-il saisi, par le calcul, la loi des nouveaux phénomènes signalés pour la première fois par M. OErsted, que deux observations de la plus haute importance vinrent accroître la science, et récompenser magnifiquement les efforts du physicien français.

M. OErsted avait vu qu'un courant électrique exerce une action sur l'aiguille aimantée; M. Ampère pensa qu'une action semblable devait être exercée par deux courants électriques, de l'un sur l'autre. Ce n'était nullement une conséquence nécessaire et forcée de la découverte de M. OErsted; car on sait qu'un barreau de fer doux, qui agit sur l'aiguille aimantée, n'agit pas cependant sur un autre barreau de fer doux. Il se pouvait que le courant électrique fût, comme le barreau de fer, incapable d'agir sur un autre courant, tout en ayant une influence constante sur l'aiguille magnétique. Ce sujet de doute n'en était pas un pour M. Ampère, dont l'esprit systématique avait vu dès le premier abord (le fait de M. OErsted étant reconnu) la nécessité de celui qu'il cherchait à son tour. Mais il fallait le démontrer par l'expérience, seule capable en ceci de lever toutes les incertitudes. M. Ampère ne se montra pas moins ingénieux dans l'établissement de l'appareil nécessaire à la démonstration, qu'il ne s'était montré doué d'une sagacité pénétrante en devinant le phénomène qui allait s'accomplir sous ses yeux. Il s'agissait de rendre un courant électrique mobile; il le rendit mobile; et, quand toutes les conditions de l'expérience furent établies, quand l'électricité circula dans les deux fils qu'il avait mis en présence, celui auquel une disposition ingénieuse avait permis de changer de position, obéit à la force qui le sollicitait, et vint prendre la direction que les prévisions de M. Ampère lui avaient assignée. C'est certainement une heure de pures et nobles jouissances, lorsque le savant, attentif à dévoiler les merveilles de la nature, et plus récompensé, quand il lui arrache un de ses secrets, que celui sous les yeux duquel brille soudainement un trésor enfoui, voit s'accomplir un phénomène qu'il a pressenti, se manifester l'effet d'une force mystérieuse, et agir une de ces grandes lois qui entrent dans les rouages du monde.

M. Ampère, par cette découverte, se plaçait sur un terrain tout nouveau, et jetait un jour inattendu sur l'affinité des deux agents que l'on appelle magnétisme et électricité. L'effet que l'électricité produisait sur le magnétisme, elle le produisait aussi sur elle-même, de telle sorte qu'auprès du grand fait, reconnu par M. OErsted, de l'action d'un courant électrique sur une aiguille aimantée, venait se ranger l'observation de M. Ampère sur une action identique entre deux courants. Le rapprochement était visible, les conséquences manifestes; et la science se trouvait ainsi toucher de plus près à ces agents omniprésents dont les opérations viennent se mêler à tout. Rien de plus puissant en effet, rien de plus frappant, rien de plus magique que ces choses que les physiciens appellent fluides impondérables ; que cette électricité et ce magnétisme partout semés et partout agissants ; que ces flammes destructives qui sont la foudre, et ces brillantes et froides clartés qui illuminent les nuits des régions polaires ; que ces attractions et ces répulsions singulières ; que cette fidélité d'une aiguille aimantée à obéir à l'appel du pôle arctique ; et cette pénétration irrésistible de l'électricité jusqu'entre les atomes qu'elle sépare et dissocie ! Le moindre fait qui se rattache à ces agents est curieux et intéressant ; mais combien ne le devient-il pas davantage, quand, portant sur les conditions essentielles de leur existence, il permet de pénétrer profondément dans ces phénomènes placés si loin de notre intelligence, quoique si près de nos yeux ?

La découverte que M. Ampère venait de faire le menait directement à une autre qui en était la conséquence, et qui couronnait toutes ses recherches dans un champ si fécond pour lui. La terre agissait sur l'aiguille magnétique ; un courant électrique agissait de son côté et sur l'aiguille et sur un autre courant électrique ; la terre devait donc exercer aussi une attraction sur un courant électrique, et lui donner une direction. Ce globe si grand, qui nous emporte, nous et tous les êtres vivants, autour de son soleil ; cette masse prodigieuse qui roule avec une effroyable rapidité dans les espaces ; cette terre immense, couverte, à sa surface, de longues plaines, de montagnes escarpées et d'océans mobiles, est dans un rapport nécessaire et mystérieux avec la petite aiguille qui tremble sur la pointe acérée d'un pivot dans la boussole et oscille en obéissant.

M. Ampère a trouvé à cette grande planète un autre rapport non moins constant, non moins délicat, non moins merveilleux, et il a fait voir qu'un fil d'archal mobile, dès qu'il venait à être traversé par un courant électrique, passait sous l'influence des forces occultes qui émanent du corps terrestre, et était dirigé aussi régulièrement qu'une mince aiguille d'acier aimanté, ou qu'une immense planète lancée éternellement dans la même orbite.

C'est ainsi que la science s'agrandit peu à peu, et qu'un fait qui semble d'abord isolé ouvre la voie à des conséquences inattendues et à des rapports dont le haut intérêt frappe les moins clairvoyants. La faible action qui s'exerce entre un courant électrique et une aiguille aimantée a été le point de départ qui a conduit les physiciens jusqu'au globe de notre planète elle-même et jusqu'aux puissances qui proviennent de ce grand corps. Le plus petit phénomène se lie au plus grand; et M. Ampère, en poursuivant dans des déductions inaperçues la découverte de M. OErsted, et en développant ce qu'elle contenait, mais ce que personne n'y voyait, a mis dans son plus beau jour cette faculté éminente qu'il possédait, de saisir les rapports des idées éloignées, et d'arriver, par des combinaisons conçues avec profondeur, à d'éclatantes vérités, qui font sa gloire. Certes, quand on considère le chemin parcouru par M. Ampère, on ne peut s'empêcher d'admirer cette sagacité divinatoire, ce génie systématique, qui, dans l'action d'un courant électrique sur une aiguille aimantée, lui montre l'action de deux courants électriques l'un sur l'autre, et l'action de la terre sur tous les deux. L'homme le moins habitué aux spéculations de la physique comprendra qu'en tout ceci M. Ampère n'a rien dû au hasard, et qu'il n'a trouvé que ce qu'il a cherché. Le poëte allemand Schiller, représentant Christophe Colomb voguant à la découverte d'un nouvel hémisphère, lui dit : « Poursuis ton vol vers l'ouest, hardi navigateur ; la terre que tu cherches s'élèverait, quand bien même elle n'existerait pas, du fond des eaux à ta rencontre ; car la nature est d'intelligence avec le génie. » Il y a là, sous la forme d'une grande image et d'une orgueilleuse exagération, l'expression d'une des conditions les plus réelles du vrai génie dans les sciences, à qui les découvertes n'arrivent point par un hasard, mais qui va au-devant d'elles par une sorte de pressentiment.

Il ne faut point oublier de noter ici avec quelle adresse ingénieuse M. Ampère sut exprimer le mouvement de l'aiguille aimantée soumise à l'influence d'un courant électrique. Comme ce mouvement change suivant que le courant est placé au-dessus, au-dessous, à droite, à gauche de l'aiguille, rien n'est plus malaisé que d'énoncer, avec clarté et en peu de mots, la direction que l'aiguille prendra dans un cas donné. Par une supposition, bizarre si l'on veut, mais qui remplit excellemment son objet, M. Ampère a levé toutes les difficultés que l'on avait à exprimer les diverses relations du courant et de l'aiguille : il s'est montré, on peut le dire, aussi ingénieux dans cet artifice que dans la manière de préparer ses expériences. Il faut se représenter le courant électrique comme un homme qui a des pieds et une tête, une droite et une gauche ; il faut, en outre, admettre que l'électricité va des pieds, qui sont du côté du pôle zinc, à la tête, qui est du côté du pôle cuivre, et que cet homme a toujours la face tournée vers le milieu de l'aiguille. Cela étant ainsi conçu, le pôle austral de la boussole, c'est-à-dire celui qui regarde le nord, est toujours dirigé à la gauche de la figure d'homme que l'on suppose dans le courant. Rien de plus facile alors que de déterminer, pour chaque position du courant, la position correspondante de l'aiguille, et de l'exprimer brièvement et clairement. C'est à M. Ampère qu'on le doit.

Ces expériences que je viens d'énumérer, et bien d'autres moins importantes que fit M. Ampère, je les ai exposées comme s'il les avait institués pour examiner les phénomènes qui devaient se produire. Mais, dans la vérité, elles dérivaient pour lui d'une conception plus haute, d'une formule plus précise, d'une loi enfin qu'il avait trouvée et qui contenait, dans leurs détails les plus minutieux, tous les phénomènes de l'électro-magnétisme. Au point de vue où il se place, le fait découvert par M. OErsted n'est plus qu'un cas particulier; tout dérive d'un fait plus général, qui est l'action exercée par un courant électrique sur un autre courant. C'est cette action que M. Ampère soumet au calcul, et qu'il renferme dans une formule savante; et c'est de là, comme d'un point élevé, qu'il voit se dérouler devant lui tous les phénomènes électro-magnétiques, s'éclaircir ce qui paraît obscur, se simplifier ce qui paraît compliqué, se réduire à la loi générale ce qui paraît le plus exceptionnel, et se manifester dans tout son jour la régularité de la nature. Voici la formule qui contient tout l'électro-magnétisme ; avec elle, celui qui saurait le calcul, pourrait retrouver tous les faits, et un géomètre en déduirait même les phénomènes qu'il ne connaît pas : Deux éléments de courant électrique, placés dans le même plan et parallèles, s'attirent en raison directe du produit des intensités électriques, et en raison inverse du carré de la distance si ces courants élémentaires vont dans le même sens, et se repoussent, suivant les mêmes lois, s'ils vont en sens contraire. Formule admirable qui a placé l'électro-magnétisme dans le domaine de la philosophie de Newton, en prouvant géométriquement que les mouvements rotatoires observés étaient produits par une action en ligne droite.

Newton, lorsqu'il a dit que les corps s'attirent en raison directe de leur masse et en raison inverse du carré de leur distance, a trouvé la formule qui contient l'explication des mouvements planétaires; et l'on sait qu'en partant de ce principe si bref et pourtant si fécond, lui et les géomètres qui l'ont suivi ont expliqué mathématiquement, ont calculé rigoureusement, ont prévu d'avance les mouvements de ces grands astres qui circulent incessamment autour du soleil. La loi n'a fait défaut nulle part; et, soit qu'il s'agît de démontrer la marche de l'immense Jupiter et sa rotation rapide, ou de suivre Uranus, reculé jusqu'aux confins de notre monde, dans son orbite lointaine et dans son année de quatre-vingts de nos années; soit qu'il fallût appliquer la loi à la singulière disposition de l'anneau qui fait sa révolution autour de Saturne ou à ces systèmes du monde en miniature, tels que les satellites de Jupiter ou notre propre lune, tout est venu se ranger dans les conséquences rigoureuses du fait générateur et suprême que Newton avait établi. De même, sur l'étroit théâtre d'une observation entre une aiguille aimantée et un courant électrique, M. Ampère a jeté une de ces formules compréhensives d'où le calcul sait tirer l'explication des phénomènes particuliers. Continuant ces généralisations, il vint à penser que l'aimant résultait d'une infinité de courants infiniment petits, circulant perpendiculairement à la ligne des pôles. Ce fut là le dernier terme où M. Ampère arriva, soit en faits, soit en théorie. La découverte de plusieurs phénomènes électro-magnétiques de la plus haute importance; l'établissement d'une formule simple qui les contient tous; la démonstration d'affinités de plus en plus grandes entre le magnétisme et l'électricité; enfin, une idée nouvelle sur la constitution du fluide magnétique dans les aimants : tels sont les résultats mémorables obtenus par M. Ampère sur cette branche si délicate et si curieuse de la physique. Mais il n'alla pas plus loin ;, et ni lui ni ses disciples n'ont pu constituer un système de courants terrestres capables de représenter tous les phénomènes généraux d'inclinaison et d'intensité. C'était un problème inverse de celui qu'il avait résolu : les courants électriques étant donnés, il s'était agi de trouver les mouvements qui résulteraient de leur action réciproque; dans le magnétisme terrestre, les effets d'inclinaison et d'intensité sont donnés, et il s'agit de constituer un système de courants qui y réponde. Depuis, la distribution du magnétisme terrestre a été reconnue : on sait déjà que M. le capitaine Duperrey l'a représentée, pour toute la surface du globe, d'après une loi qu'il fera connaître, aussitôt que les magnifiques cartes qu'il vient de terminer auront vu le jour : en sorte que le problème physique du magnétisme terrestre est complétement résolu, et que les expéditions scientifiques n'auront pas d'autre résultat que de confirmer la théorie.

M. Ampère savait ce que valaient ses hypothèses, et il était loin de les prendre pour des réalités physiques; il les regardait seulement comme représentant les phénomènes ; mais il y tenait par cette considération très-philosophique, que, quand même on remonterait plus haut dans l'explication de l'électro-magnétisme, quand même la science ferait des découvertes qui changeraient toutes les idées sur la constitution des deux agents, néanmoins ses formules subsisteraient toujours. Elles pourraient devenir une loi particulière dans une loi plus générale, elles n'en resteraient pas moins véritables. Soit qu'on redescende des hauteurs d'une science supérieure, soit qu'on remonte des éléments vers cette science, on rencontrera toujours comme un degré subsistant, comme une assise indestructible, la formule établie par M. Ampère. De même, nos neveux arriveraient-ils à connaître la cause de la pesanteur universelle, leurs études n'en repasseraient pas moins par la loi de Newton, et la nouvelle astronomie conserverait intactes, dans son sein, toutes les formules qui représentent les mouvements des corps célestes. C'est ainsi que les théories mathématiques, contrairement aux systèmes philosophiques, sont choses permanentes et stables à toujours. Aussi M. Ampère, pour consoler Fourier des contrariétés qu'il éprouva, rappelait-il à l'illustre auteur de la théorie mathématique de la chaleur que ses formules n'avaient plus rien à craindre, même des progrès ultérieurs de la science, et qu'une connaissance plus intime des phénomènes du calorique y ajouterait sans en rien retrancher. C'est cette propriété des théories mathématiques qu'il faut bien concevoir : elles s'ajoutent les unes aux autres, elles ne se remplacent pas.

Il fallait un homme comme M. Ampère, imaginant les expériences et les méthodes de calcul, pour débrouiller des phénomènes aussi compliqués en apparence que les phénomènes électro-dynamiques, et arriver à une loi aussi simple que celle qu'il a trouvée. Sans lui, ils seraient encore dans une confusion inextricable ; la théorie en serait restée un dédale pour les physiciens, et par le fait c'est la plus difficile de toutes les théories. Dautres savants y avaient déjà échoué, et l'on peut juger par leurs explications, quel conflit de théories, plus fausses les unes que les autres, aurait agité stérilement la science sur cet objet.

Ce fut sans doute à cause de la profondeur de la loi qu'il avait découverte, et du genre de démonstration analytique qu'il employa, que M. Ampère éprouva tant de difficultés à la faire comprendre et admettre par les savants. Les physiciens français se montrèrent d'abord contraires, croyant que les idées théoriques de M. Ampère étaient opposées à la doctrine de Newton, d'après laquelle toutes les actions et réactions s'exercent suivant une ligne droite et jamais circulairement. Repoussé de toutes parts, ou plutôt mal écouté et mal compris, M. Ampère ne se décourageait pas ; il soumettait à Laplace tous ses calculs analytiques ; il prouvait aux géomètres que sa loi sur les attractions magnétiques et électriques rentrait dans le principe même de Newton, et que ces mouvements giratoires résultaient d'attractions et de répulsions directes. De tous les membres de l'Académie, Fourier est peut-être le seul qui ait accueilli favorablement les idées de M. Ampère. Néanmoins aucune objection par écrit ne lui fut faite en France par des géomètres ; et peu à peu, les préventions étant tombées, les difficultés étant levées, et ses travaux ayant été enfin compris, sa théorie devint une acquisition définitive pour la physique.

La résistance des savants français fut cependant moins grande que celle des savants étrangers. Ceux-ci, trop inhabiles à suivre les déductions analytiques du physicien français, persistèrent dans leurs vagues explications sur le tourbillon électrique. Berzelius ne dit pas un mot de M. Ampère dans les avant-propos de physique qui sont à la tête de sa chimie ; MM. Humphry Davy, Faraday, Seebeck, Delarive, Prévost, Nobili et une foule d'autres savants, élevèrent objections sur objections, toutes plus singulières les unes que les autres; et M. Ampère n'eut gain de cause en Angleterre, que lorsque M. Babbage, qui, dans un voyage à Paris, avait reçu les explications orales du physicien français, eut rapporté à Londres une démonstration qui avait eu tant de peine à pénétrer parmi les savants : triomphe complet que les principes de la philosophie naturelle de Newton ont remporté, appuyés de l'autorité d'un géomètre français.

En même temps que M. Ampère était un mathématicien profond, un physicien ingénieux et un homme capable de combiner les expériences et le calcul de manière à reculer les limites de la science, il était porté, par la nature de son esprit et par une prédilection particulière, vers les études métaphysiques. Il n'avait vu (pas plus au reste que Descartes, Leibnitz ou d'Alembert), dans ses travaux mathématiques, rien qui le détournât des spéculations philosophiques. Après avoir professé, pendant quelque temps, la philosophie, il n'abandonna jamais cette étude, la cultiva à côté de celles qui lui avaient ouvert l'entrée de l'Institut, et il ne cessa, jusqu'à la fin de sa vie, d'y consacrer une partie de ses heures et une partie de ses forces. Beaucoup a été par lui médité, écrit, jeté dans des notes; mais peu de chose a été livré à la publicité. Un volume, qu'il a fait imprimer sur une classification des sciences, est le plus important de ses travaux philosophiques. M. Ampère, dont l'esprit avide d'instruction se plaisait à se promener d'étude en étude, fut amené à considérer ce sujet d'un point de vue scientifique, et à essayer de refaire, sur un meilleur plan, ce qui avait été, à plusieurs reprises, tenté en vain, même par des hommes supérieurs. Toutes les fois que l'on réunit ensemble des généralités dans un ordre logique, il en ressort des enseignements de toute nature, ainsi que plus de justesse dans les aperçus; et l'esprit humain, revenant ainsi sur lui-même, se rend mieux compte de ce qu'il a fait et de ce qu'il peut faire, reconnaît la voie qu'il avait suivie, apprend à chercher de propos délibéré ce qu'il avait plutôt poursuivi d'instinct, et acquiert ainsi une sorte de maturité scientifique dont les effets se font toujours heureusement sentir. Les idées générales que l'on rassemble et que l'on coordonne, les classifications qui en dépendent et qui naissent, comme elles, de l'examen approfondi des détails, développent la reflexion, et sont semblables à ces retours que l'homme, à mesure qu'il avance en âge, fait sur lui-même, et qui constituent pour lui le résumé de son expérience et le meilleur fondement de sa moralité.

Les classifications ont toujours été une œuvre difficile. Ignorées dans l'enfance des sciences, où les choses sont vues en bloc, elles commencent à naître lorsque les objets particuliers commencent eux-mêmes à être mieux connus; et, d'essais en essais, elles se perfectionnent, c'est-à-dire se rapprochent de plus en plus des divisions établies dans la nature elle-même; car c'est un fait remarquable que, moins elles pénètrent au fond des choses, plus elles sont artificielles. Il en coûte beaucoup moins à l'homme d'inventer une méthode où il fait entrer, de gré ou de force, la nature incomplétement observée, que de saisir les caractères vrais et profonds qu'elle a imprimés aux choses.

La classification des sciences appartient de droit à la philosophie, et n'est pas une des moindres questions qu'elle se puisse proposer. En effet, si la philosophie a une double étude à poursuivre, celle de la psychologie et celle de l'ontologie [1], il est évident qu'une féconde instruction se trouvera pour elle dans l'usage que l'homme a fait de ses propres facultés et dans le jour sous lequel les diverses relations ontologiques, telles que celles du temps, de l'espace et de la substance, lui ont apparu. Entre la nature de l'esprit humain et ses applications, entre ses conceptions sur le monde et le monde lui-même, il est des rapports nécessaires, source d'idées profondes, qui ne ressortent jamais mieux que quand tout ce qui est appelé science se trouve rangé dans un ordre méthodique et réuni sous un seul coup d'œil.

On peut citer, comme exemple d'une classification artificielle des sciences, celle de l'Introduction de l'Encyclopédie où elles sont disposées suivant trois facultés que l'on considéra comme fondamentales dans l'intelligence : la mémoire, la raison et l'imagination.

[1]. Je n'ai pas voulu effacer ces traces du travail qui s'est effectué dans mon esprit ; mais, quand j'écrivis ceci en 1838, je confondais, comme tout le monde, la philosophie avec la métaphysique. Ce n'est que deux ans plus tard (1840) que j'en fis la distinction, alors que, les livres d'Auguste Comte étant tombés entre mes mains, je devins disciple de sa doctrine. Aujourd'hui, pour moi, la métaphysique est un mode de penser ou philosophie provisoire, où l'on prenait pour bases, pour principes, les conceptions subjectives ; la philosophie définitive ou positive est celle où ce sont les conceptions objectives qui servent de bases ou principes ; la psychologie appartient, non à la philosophie, mais à la théorie de l'homme moral et intellectuel, qui est une portion de la biologie ; enfin l'ontologie ou science de l'être en soi, ne peut, dans ce qu'elle a de réel, être fournie que par les faits généraux appartenant aux sciences particulières. Ces sciences particulières, dont l'ensemble constitue le savoir humain, sont dans leur ordre de hiérarchie et de subordination, la mathématique, l'astronomie, la physique, la chimie, la biologie et la sociologie. Voilà la classification réelle, naturelle, du savoir positif. C'est à ce point de vue que, présentement, je jugerais la classification d'Ampère ; alors je l'exposais sans la juger, manquant du principe supérieur que je dois aux enseignements de la philosophie positive.

Il en résulte (ce qui est, au reste, le vice de toutes les classifications artificielles) que les objets les plus disparates furent accolés les uns aux autres, et les plus analogues séparés. Ainsi l'histoire des minéraux, des végétaux, se trouve placée à côté de l'histoire civile ; la zoologie, séparée de la botanique par l'interposition, entre ces sciences, de l'astronomie, de la météorologie et de la cosmologie. M. Ampère, au contraire, a cherché une méthode qui rapprochât les sciences analogues et les groupât suivant leurs affinités. Comme il était parti d'un principe philosophique suivi avec rigueur, il en est résulté, dans son travail, une régularité remarquable. Voici quel est le principe qui y a présidé : Toute la science humaine se rapporte uniquement à deux objets généraux, le monde matériel et la pensée. De là naît la division naturelle en sciences du monde ou cosmologiques, et sciences de la pensée ou noologiques. De cette façon, M. Ampère partage toutes nos connaissances en deux règnes ; chaque règne est, à son tour, l'objet d'une division pareille. Les sciences cosmologiques se divisent en celles qui ont pour objet le monde inanimé et celles qui s'occupent du monde animé ; de là deux embranchements qui dérivent des premières et qui comprennent les sciences mathématiques et physiques ; et deux autres embranchements qui dérivent des secondes et qui comprennent les sciences relatives à l'histoire naturelle et les sciences médicales. La science de la pensée, à son tour, est divisée en deux sous-règnes, dont l'un renferme les sciences noologiques proprement dites et les sciences sociales ; et il en résulte, comme dans l'exemple précédent, quatre embranchements. C'est en poursuivant cette division qui marche toujours de deux en deux, que M. Ampère arrive à ranger, dans un ordre régulier, toutes les sciences, et à les mettre dans des rapports qui vont toujours en s'éloignant. Ce tableau satisfait l'esprit par la même disposition qui satisfait les yeux, la disposition dichotomique; et c'est certainement avec curiosité que l'on voit ainsi se dérouler la série des sciences, et toutes provenir de deux points de vue principaux, l'étude du monde et l'étude de l'homme.

Sous ces noms que M. Ampère a classés, sous ces chapitres qu'il a réunis, se trouve renfermé tout ce que l'humanité a conquis et possède de plus précieux. Là est le grand héritage de puissance et de gloire que les nations se lèguent et que les siècles accroissent. Sans doute c'est un beau spectacle que d'observer les changements que l'homme a apportés dans le domaine terrestre; ces villes qu'il a semées sur la surface de la terre et qui se forment, comme des ruches, à mesure que les essaims de l'espèce humaine se répandent de tous côtés; ces forêts qu'il a abattues pour se faire une place au soleil; ces routes et ces canaux qu'il a tracés; ces excavations profondes qu'il a creusées pour y chercher les pierres, les métaux et la houille; cette innombrable multiplication des végétaux qui lui sont utiles, substitués au luxe sauvage des campagnes désertes, tout cela atteste la puissance du travail humain. Mais ce travail est la moindre partie de ce que l'homme a fait; le trésor de science, qui s'est accumulé depuis l'origine des sociétés, est plus précieux que tout ce qu'il a obtenu de la terre, édifié à sa surface, arraché à ses entrailles. Une catastrophe dissiperait en vain ces ouvrages de ses mains, il saurait à l'instant refaire ce qui aurait été détruit; sa condition n'en serait qu'un moment troublée, et peut-être même les choses nouvelles sortiraient de ses mains plus régulières et moins imparfaites. Mais, s'il venait à perdre ces sciences qui lui ont tant coûté à acquérir, si son savoir, oublié soudainement, périssait avec les livres qui le renferment, rien ne compenserait pour lui une pareille perte. Rentré dans une seconde enfance, il errerait, sans pouvoir les imiter et sans même les comprendre, parmi les monuments de générations plus puissantes, comme le Troglodyte au milieu des temples splendides et des ruines gigantesques de Thèbes aux cent portes; et il faudrait reprendre ce travail de découvertes, cet enseignement péniblement acquis dont l'origine commence, pour nous, dans les nuages de l'histoire primitive, avec la civilisation égyptienne, et qui s'étend peu à peu sous nos yeux à toutes les races et sur tous les points du globe.

M. Ampère s'est complu à faire ressortir quelques-uns des avantages secondaires que peut produire une classification naturelle des sciences. Qui ne voit qu'une pareille classification devrait servir de type pour régler convenablement les divisions en classes et sections d'une société de savants qui se partageraient entre eux l'universalité des connaissances humaines? Qui ne voit également que la disposition la plus convenable d'une grande bibliothèque, et le plan le plus avantageux d'une bibliographie générale, en seraient encore le résultat, et que c'est à elle d'indiquer la meilleure distribution des objets d'enseignement? Et si l'on voulait composer une encyclopédie vraiment méthodique, où toutes les branches de nos connaissances fussent enchaînées, au lieu d'être disposées par l'ordre alphabétique, dans un ou plusieurs dictionnaires, le plan de cet ouvrage ne serait-il pas tout tracé dans une classification naturelle des sciences [1]?

---

1. Ai-je besoin de faire remarquer combien tout cela s'applique

Mais M. Ampère n'a pas oublié de signaler les points de vue plus élevés qui appartiennent à la classification des sciences, ou plutôt à ce qu'il appelle la mathésiologie. « Si le temps m'eût permis d'écrire un traité plus complet, dit-il, page 22 de son *Essai sur la philosophie des sciences*, j'aurais eu soin, en parlant de chacune d'elles, de ne pas me borner à en donner une idée générale : je me serais appliqué à faire connaître les vérités fondamentales sur lesquelles elle repose ; les méthodes qu'il convient de suivre, soit pour l'étudier, soit pour lui faire faire de nouveaux progrès; ceux qu'on peut espérer suivant le degré de perfection auquel elle est déjà arrivée. J'aurais signalé les nouvelles découvertes, indiqué le but et les principaux résultats des travaux des hommes illustres qui s'en occupent; et, quand deux ou plusieurs opinions sur les bases mêmes de la science partagent encore les savants, j'aurais exposé et comparé leurs systèmes, montré l'origine de leurs dissentiments, et fait voir comment on peut concilier ce que ces systèmes offrent d'incontestable. Et celui qui s'intéresse aux progrès des sciences, et qui, sans former le projet insensé de les connaître toutes à fond, voudrait cependant avoir de chacune une idée suffisante pour comprendre le but qu'elle se propose, les fondements sur lesquels elle s'appuie, le degré de perfection auquel elle est arrivée, les grandes questions qui restent à résoudre, et pouvoir ensuite, avec toutes ces notions préliminaires, se faire une idée juste des travaux actuels des savants dans chaque partie, des grandes découvertes qui ont illustré notre siècle, de celles qu'elles préparent, etc.;

à la hiérarchie des sciences telle que M. Comte l'a établie et à la classification naturelle qui en dérive ?

c'est dans l'ouvrage dont je parle, que cet ami des sciences trouverait à sâtisfaire son noble désir. »

Il est regrettable que M. Ampère n'ait pas exécuté un pareil projet. Un homme qui, comme lui, s'était occupé avec intérêt de toutes les sciences, et en avait approfondi quelques-unes, était éminemment propre à cette tâche. Exposer les idées fondamentales qui appartiennent à chaque science, déduire les méthodes suivant lesquelles elles procèdent, expliquer les théories qui y sont controversées, indiquer les lacunes que l'examen contemporain y découvre, tout cela forme un ensemble, touchant de très-près à tous les problèmes philosophiques auxquels M. Ampère avait si longtemps songé. C'est par un détour revenir à l'investigation de l'esprit humain, c'est contempler l'instrument dans ses œuvres, la cause dans ses effets; et, à toute époque, une puissante étude ressortira de l'examen comparatif entre les sciences que l'homme crée et les facultés qu'il emploie à cette création; en ce sens et en bien d'autres, on peut dire que le progrès de la philosophie dépend du progrès du reste des connaissances humaines.

M. Ampère était porté, par la nature même de son esprit, vers l'examen des méthodes et l'étude des classifications. Il a publié divers essais en ce genre sur la chimie, sur la physiologie et sur la distinction des molécules et des atomes. Possesseur de connaissances spéciales profondes, ses vues élevées sur l'ordre dans les sciences et sur le lien qui en unit les diverses parties, le rendaient capable de composer, mieux que qui que ce soit, le programme d'un cours, et d'en diriger l'esprit. Peut-être était-il moins apte à faire lui-même un cours élémentaire; cependant il a été longtemps professeur d'analyse à l'École polytechnique, et professeur de physique expérimentale au Collége de France.

Ses travaux mathématiques, parmi lesquels on cite ses *Considérations sur la théorie mathématique du jeu*, lui ouvrirent de bonne heure l'entrée de l'Académie des sciences. M. Ampère est un remarquable exemple d'une vocation naturelle. Jamais il n'avait pris de leçons; il avait seul étudié les mathématiques; à treize ans, il avait découvert des méthodes de calcul très élevées qu'il ne savait pas être dans les livres, et il se plaisait souvent à répéter que, dans ce travail solitaire de sa jeunesse, il avait appris autant de mathématiques qu'il en avait jamais su plus tard. A seize ans, il avait appris le latin de lui-même. Cette habitude de s'instruire par ses propres efforts, cette curiosité pour de nouvelles connaissances, ne l'abandonnèrent jamais; M. Ampère étudiait toujours, apprenait toujours, et avait sur toutes choses des idées originales et des aperçus profonds. Avec un esprit de sa trempe et une méthode d'apprendre comme la sienne, il n'en pouvait être autrement.

On prétend que je ne sais quel mathématicien, après avoir entendu réciter des vers, demanda : Qu'est-ce que cela prouve? Ce n'est pas M. Ampère qui aurait fait une pareille question; il avait un goût inné pour la belle et noble poésie, et il n'avait rien trouvé, dans ses profondes études sur la physique et la philosophie, qui diminuât sa sensibilité pour le charme des beaux vers. Il est des esprits sourds à cette harmonie, comme il est des oreilles pour lesquelles la musique n'est qu'un vain bruit; mais c'est une erreur de croire que l'étude des sciences émousse le sentiment de la poésie; bien plus elles ont, quand elles atteignent certaines hauteurs, une naturelle affinité pour elle; et ce n'est pas sans avoir entrevu cette vérité, que le grand poëte de Rome a dit : « Heureux celui qui peut connaître la cause des choses ! »

Notre temps présent, qui a été jadis de l'avenir, deviendra à son tour du passé ; et il arrivera une époque où toute notre science paraîtra petite. Ce que Sénèque a dit de son siècle, nous pouvons le répéter pour le nôtre : la postérité s'étonnera que nous ayons ignoré tant de choses. Le bruit des renommées ira en s'affaiblissant par la distance du temps, comme le son baisse et s'amortit par la distance de l'espace. Nos volumes, tout grossis par la science contemporaine, se réduiront à quelques lignes durables qui iront former le fond des livres nouveaux. Mais dans ces livres, à quelque degré de perfection qu'ils arrivent, quelque loin que soient portées les connaissances qu'ils renfermeront sur la nature, quelque élémentaire que puisse paraître alors ce que nous savons, une place sera toujours réservée au nom de M. Ampère et à sa loi si belle et si simple sur l'électro-magnétisme.

V

RÉSUMÉ

DES

NOUVELLES RECHERCHES DES GÉOMÈTRES

SUR LA

CHALEUR DE LA TERRE [1]

Dans un article qui a paru en un des derniers numéros de la *Revue républicaine*, et qui avait pour but de faire connaître les vastes travaux et les admirables découvertes de Cuvier [2], j'ai exposé les résultats de cette archéologie d'une nouvelle espèce, créée par notre illustre naturaliste, quand, rapprochant les débris enfouis sous le sol, il a reconstruit des animaux différents de tous ceux qui vivent avec nous, et distingué même les étages qu'ils ont habités. Il ne sera peut-être pas sans intérêt de signaler ici les phénomènes qui ont amené

---

1. *Revue républicaine*, novembre 1834.
2. L'article sur la paléontologie et sur Cuvier ne se trouve que quelques pages plus loin. Dans ce volume, je suis non pas l'ordre chronologique de publication de ces morceaux, mais l'ordre des événements naturels. Or, la formation de la terre précède la première formation des êtres organisés.

ces prodigieux changements, et de montrer par quel enchaînement de modifications la terre a passé pour arriver à son état actuel. Notre globe n'a pas toujours été constitué comme il l'est maintenant; à des époques fort reculées, il a été pénétré d'une excessive chaleur; sa surface, à bien des reprises, a changé de forme et de configuration; son atmosphère a contenu des éléments différents de ceux qu'elle renferme aujourd'hui. Il ne faut donc pas s'étonner que, dans les diverses phases qu'elle a parcourues, la terre ait aussi nourri des populations diverses de végétaux et d'animaux. Quand on lit Cuvier, il semble que ces vastes changements ont été les résultats de déluges universels, de cataclysmes, de bouleversements, sans qu'il soit possible de bien comprendre quelles causes ont pu opérer ces déplacements des mers et ces submersions alternatives. Or, les récentes découvertes de Fourier et de ses élèves sur la théorie de la chaleur donnent une explication, sinon particulière, au moins générale, des principaux phénomènes; et le refroidissement successif de la masse planétaire, jadis incandescente, fait tomber toutes les hypothèses qui contredisaient les lois physiques, hypothèses que les géomètres ne pouvaient admettre, et concevoir l'ensemble des modifications que la constitution du globe a éprouvées. C'est un jour nouveau jeté sur ces difficiles et curieuses questions.

Entrons donc, par cette voie aussi, dans la vaste antiquité qui a précédé les races humaines. Cuvier, le premier, a levé le voile qui nous la cachait. C'est certes un des plus brillants efforts de la science de l'homme que d'avoir percé les ténèbres répandues sur la face de cet abîme, et d'avoir voyagé en esprit dans des terres où ses pieds n'avaient jamais été posés. Lorsque notre grand naturaliste eut retrouvé les mondes ensevelis et leurs vieux habitants, il aurait pu dire en changeant un peu le vers de Lucrèce :

Avia *terrarum* peragro loca nullius ante
Trita solo.

Mais ce n'est pas à la zoologie que nous allons demander des renseignements sur les temps écoulés. Une autre science et un autre guide vont, par des chemins différents, nous ramener encore aux antiquités de la terre, et nous donner quelques lumières de plus sur les phases de la vie de notre planète. Fourier, dont les admirables travaux ont fondé la théorie de la chaleur, a fourni les moyens d'expliquer les changements du globe, et même d'apprécier une portion des intervalles qui nous séparent de ces choses si étranges. Les résultats qu'on a obtenus ainsi par le calcul sont très-faciles à comprendre ; et ce sont ces résultats seuls que je prétends exposer ici.

On sait que la terre est un corps arrondi, un ellipsoïde régulier, qui présente un renflement à son équateur et un aplatissement à ses pôles. Cette configuration est au reste commune aux planètes de notre système solaire. Elles sont des ellipsoïdes renflés à leur équateur, aplatis à leurs pôles ; et quelques-unes d'entre elles, par exemple Jupiter et Saturne, qui sont beaucoup moins denses et qui tournent sur eux-mêmes avec deux fois plus de rapidité que la terre, sont par cette double circonstance bien plus aplaties aux pôles que notre globe.

Cette configuration de la terre et, l'on peut ajouter, de toute planète étant bien établie, il a été possible de demander à la physique comment un corps, tournant sur lui-même avec une grande vélocité, avait dû être composé à son origine pour qu'il fût renflé à son équateur, aplati à ses pôles. La physique a répondu avec toute la certitude possible qu'un tel corps avait dû être entièrement fluide.

Ainsi toutes nos planètes sont aplaties et toutes ont été fluides ; grand et singulier phénomène ! L'homme, qui foule la croûte solide de la terre, ne se doute pas que toute cette masse a jadis été liquide. Il a fallu à la science de longs travaux pour constater un fait dont elle n'avait pas été contemporaine, et dont les traces apparentes avaient disparu. Mais ce fait antique avait déterminé, dans les corps planétaires, des conditions de structure qui l'ont fait reconnaître à travers un incalculable passé ; et sa généralité dans notre système solaire porte à croire qu'ici-bas comme là-haut, sur notre terre comme sur les autres terres flottant dans l'espace, les grandes lois de la nature sont les mêmes, et qu'éclairés du même soleil, emportés par la même attraction, terre, planètes et tout le reste du cortége sont liés intimement par des rapports de ressemblance et pour ainsi dire de fraternité.

Mais qui dira ce qui rendit fluides ces grands corps ? Leur liquidité n'a pu dépendre que de deux causes, de l'eau ou de la chaleur. Ou bien, à une époque reculée, les eaux ont liquéfié toute la substance de la terre ; ou bien de telles chaleurs y ont été produites, que ce qu'elle contient de matières solides était entré en fusion, et qu'elle ne formait plus qu'une vaste fournaise où bouillonnaient les éléments de ce qui fut plus tard granit, schiste, roche ou métal. Or, il n'est pas possible d'hésiter entre ces deux explications ; et c'est pour la seconde qu'il faut se décider. La chose est facile à comprendre : l'eau sur le globe ne forme guère que la cinquante-millième partie de la masse totale ; il est donc évident qu'à la température moyenne de 13 ou 14 degrés, qu'elle possède aujourd'hui, elle n'a pu dissoudre la masse de portions terreuses et métalliques qui composent notre planète ; mais, portée à une plus haute tempérance, n'a-t-elle pas été douée d'une action dissolvante bien autrement efficace ? A cela on répond qu'une quantité de liquide, même élevée à une grande chaleur, ne dissout pas un poids de matière solide qui lui soit de beaucoup supérieur ; de sorte que, pour que l'eau eût pu dissoudre le restant du globe terrestre, il eût fallu qu'elle eût formé une aussi grande masse que les parties terreuses et métalliques; or, elle est en quantité infiniment moins considérable, dans le rapport de 1 à 50,000. Mais, dira-t-on peut-être, l'excédant de liquide est retiré vers les profondeurs et le centre du globe. Cette hypothèse n'est pas, non plus, admissible. La densité moyenne du globe terrestre est cinq fois plus grande que celle de l'eau; donc, bien loin que les parties centrales soient occupées par l'eau, ce liquide a dû refluer et a reflué en effet à la surface ; position que lui assignent d'ailleurs les lois hydrostatiques.

Ainsi il n'y a pas sur notre globe assez d'eau, supposée aussi chaude, aussi aiguisée de réactifs que l'on voudra, pour tenir en dissolution toute la partie solide. Donc il faut, pour expliquer l'état liquide où s'est trouvée la terre à l'origine, recourir à l'action du feu. Et à ces raisonnements tout à fait concluants, les observations physiques apportent une dernière démonstration qui est sans réplique. A mesure qu'on s'enfonce dans les entrailles de la terre, la température augmente; c'est un résultat qu'on a obtenu de toutes les façons, soit qu'on déterminât la température des plus profondes mines que l'homme ait creusées, soit qu'on plongeât un thermomètre dans les eaux souterraines qui jaillissent des puits artésiens. Toujours la température y est supérieure à la chaleur moyenne du lieu ; et un grand nombre d'expériences ont appris que cette température croît d'un degré centigrade pour 26 mètres environ de profondeur. Tous ces phénomènes indiquent une source centrale de chaleur; et la rapidité avec laquelle cette chaleur augmente prouve que l'incendie du noyau terrestre n'est pas loin de nos pieds.

Ainsi il ne peut rester aucun doute sur l'antique incandescence de la terre, incandescence qui en avait fait une masse entièrement fluide. Sa forme d'ellipsoïde aplati aux pôles, renflé à l'équateur, le peu d'eau qu'elle contient proportionnellement à la masse des éléments terreux et métalliques, la persistance de la chaleur centrale qui se fait encore sentir à peu de distance au-dessous de nous et qui croît rapidement vers les profondeurs, telles sont les preuves qui donnent une certitude complète à la liquéfaction de la terre par la chaleur.

On prétend que Virgile, interrogé sur les choses qui ne causent jamais ni dégoût ni satiété, répondit qu'on se lassait de tout, excepté de comprendre (*præter intelligere*). Certes la pensée est profonde ; et elle appartient bien à une âme retirée et tranquille comme celle du poëte romain. Une vie entière d'étude, accompagnée de lumière et de poésie, l'avait porté dans les pures et paisibles régions de l'intelligence ; mais jamais on ne sent mieux la vérité des mots qui lui sont attribués, que lorsqu'on touche à ces questions qui nous lancent dans la double immensité du temps et de l'espace. Il y a dans la petitesse de l'homme, dans la petitesse de sa terre, dans la brièveté de sa vie, quelque chose qui contraste singulièrement avec les énormes distances qu'il soupçonne, et les vastes intervalles de temps qu'il suppute et qu'il retrouve dans les ombres du passé. Grâce à ceux qui, comme dit Childe-Harold, *ont rendu légers nos travaux mortels*[1], une certaine lueur a commencé à poindre. La science est le flambeau qui vient éclairer un lieu obscur ; et, tout entraîné qu'on est par le tourbillon de la terre et de la vie, c'est quelque chose que de pouvoir jeter un grave et long regard sur ces ténèbres et cet abîme.

Dans cette étude de la constitution de notre planète, deux points sont acquis, son état de fluidité originaire, dû à une prodigieuse conflagration, et son état actuel que nous connaissons, et dans lequel elle offre une couche solide extérieure et une température moyenne de 13 à 14 degrés à la surface. On a obtenu ce résultat en observant les températures dans les régions équatoriales, polaires et intermédiaires, et en prenant les moyennes de toutes ces observations. Avec ces deux points fixes, il est possible de retrouver quelques fragments des transitions par lesquelles la terre a passé ; c'est ce qu'on doit aux recherches de Fourier et de M. Duhamel, qui a poursuivi les travaux de l'illustre géomètre.

Il faut se représenter au commencement la terre comme une masse énorme fluidifiée par le calorique. Tous les corps y sont régulièrement superposés d'après les lois hydrostatiques, les plus denses au centre, les plus légers à l'extérieur. Toute la substance du globe terrestre n'est qu'une seule masse ardente qui bouillonne sous une atmosphère orageuse. Rien d'organisé ne peut vivre dans un pareil monde ; le feu en est le

---

1. With those who made our mortal labours light (Ch. II, stance 8).

seul roi ; une chaleur incalculable pénètre toute la planète ; elle tourne cependant autour de son soleil, qui lui envoie des rayons dont elle n'a pas besoin. Qui viendra troubler ce royaume du feu et déranger l'ordre qui semble établi ? Quelle cause assez puissante amortira l'incendie ? Les lois de l'équilibre de la chaleur vont rendre habitables ces régions incandescentes. Il faudra du temps ; mais dans l'univers le temps n'est jamais plus compté que l'espace.

La terre, notre système planétaire, notre soleil, qui nous paraît si grand, les étoiles à côté desquelles il est si petit et dont nous sommes séparés par de si prodigieuses distances, tous les corps, en un mot, sont semés à de vastes intervalles et comme des points dans une mer sans rivages, que sillonnent sans cesse les rayons lumineux. Cette mer, cet espace, a une température qui lui est propre ; et cette température, qui serait un froid excessif pour nous, est d'environ 60 degrés au-dessous de zéro. C'est là l'immense réservoir qui, à la longue, a absorbé les feux de la terre ; ils y sont venus s'y perdre et s'y amortir, comme le plus petit des ruisseaux se perd et se confond dans l'Océan. Aux premiers temps, le refroidissement fut rapide ; car la différence entre la chaleur de l'espace et celle de la terre était énorme. Cependant, qu'on ne s'imagine pas qu'il ait fallu seulement quelques milliers d'années, ou même quelques millions, pour que la terre atteignît le point où elle est maintenant. En supposant que la chaleur du globe fut à une certaine époque de 2,000 degrés, température qui suffit pour tenir en fusion la plupart des corps solides, on trouve par le calcul que cent millions d'années ont été nécessaires pour répandre dans l'espace et épuiser les 2,000 degrés de la croûte de notre globe. Ainsi, en considérant cette température de 2,000 degrés (et la chaleur du globe a été bien plus grande), on rencontre un état qui est éloigné de nous d'un million de siècles. Que ces nombres n'effrayent pas l'imagination ; ils sont proportionnels aux dimensions de notre système planétaire. Que serait-ce si nous avions quelques idées de ceux qui règlent la durée, les phases et les révolutions des soleils et des systèmes de soleils! On comprendra ce que seraient les nombres du temps pour ces corps, par une observation de l'astronomie moderne : « Une étoile de la constellation du Cygne, dit M. Arago, se déplace tous les ans, en ligne droite, de plus de 5 secondes. A la distance qui nous en sépare, une seconde correspond *au moins* à 8 millions de millions de lieues : donc tous les ans cette étoile parcourt au moins 40 millions de millions de lieues. Naguère cependant on l'appelait une étoile fixe. »

On conçoit que, pendant la plus grande partie des cent millions d'années, la terre fut inhabitable pour tout être organisé. La vie dans les organes n'est pas compatible avec la chaleur qui longtemps anima le globe ; mais, à mesure que le refroidissement s'opéra, les substances terreuses se précipitèrent, et il se forma des couches solides. Comme le calorique se perdait de plus en plus, il se faisait des mouvements dans ces couches qui se brisaient et produisaient dans le monde nouveau d'effroyables bouleversements. Les tremblements et les ruptures des croûtes terreuses devaient être prodigieusement fréquents dans cette antique période. L'incendie de la terre, que certaines cosmogonies et les poëtes avaient placé à la fin des choses, a certainement présidé à son origine.

Franchissons ce chaos et cherchons la période où la vie a pu se manifester en végétation et en animalité.

Pour arriver de la température moyenne de 100 degrés (il n'est ici question que de la surface) à la température moyenne de 13 degrés qu'elle a maintenant, la terre a mis plusieurs millions d'années, C'est dans cet intervalle qu'apparurent les êtres vivants ; mais il faut remarquer que les pôles furent les premières régions habitables. La température moyenne de l'équateur est de 28 degrés au-dessus, celle des pôles de 16 au-dessous de zéro ; il y a donc, entre ces deux régions, 44 degrés de différence, de sorte que, lorsque le pôle avait une chaleur de 30 degrés, que l'on peut regarder comme compatible avec l'existence de l'homme et des animaux ses contemporains, l'équateur avait 74 degrés, température tout à fait insupportable aux êtres actuels.

C'est encore dans cet intervalle qu'apparurent sur le globe ces immenses fougères, dont on retrouve les troncs ensevelis, et ces antiques végétaux qui ont formé les houillères. Alors la chaleur propre du globe entretenait une active végétation, presque toute composée de plantes monocotylédones, tandis que de nos jours les plantes dicotylédones prédominent.

Cette végétation épuisait l'atmosphère d'acide carbonique, et préparait la formation des couches calcaires. Alors aussi apparurent, sous ces vieux ombrages, des animaux différents de ceux qui sont les compagnons des races humaines. Il est impossible d'assigner l'époque où la race humaine a paru sur la terre ; mais, comme toutes les recherches des zoologues prouvent qu'elle n'est pas venue la première, et qu'avant elle le monde avait été livré d'abord aux immenses sauriens, puis aux palæothériums et autres fauves étranges, on peut admettre que son antiquité n'est pas très-considérable. Le globe n'a certainement commencé à être habitable que pour quelques animaux qui ont disparu sans retour. Depuis eux jusqu'à nous, les conditions de la vie y ont changé plusieurs fois; chaque forme, chaque âge, chaque création, ont sans doute duré longtemps; de vastes intervalles se découvrent; de sorte que la naissance des races humaines remonte à une ancienneté, petite si l'on considère l'étendue des périodes géologiques, grande si l'on considère le champ étroit des traditions.

« Je ne sais, disait autrefois la mère des Machabées à ses enfants, comment vous avez paru dans mon sein; ce n'est pas moi qui vous ai donné l'âme, l'esprit et la vie que vous y avez reçus [1]. » Il faut répéter les paroles de la femme de l'Écriture au sujet de l'apparition de l'homme sur la terre, des races animales, du plus humble des insectes, du moindre des végétaux, de la plus petite chose vivante. La vie est une propriété d'un ordre différent de celles qui régissent la marche des corps célestes ou les phénomènes physiques; et elle a des profondeurs plus difficiles encore à pénétrer que ne l'ont été les immensités de l'espace. Tout ce que je veux faire remarquer ici, c'est qu'il reste démontré d'une manière indubitable que les hommes, les animaux et les plantes n'ont pas été créés en même temps que la terre, et qu'ils ne sont venus à sa surface que longtemps après la formation de ce globe. Jusqu'au moment des découvertes de Cuvier sur la zoologie, de Fourier sur l'antique température, on pouvait philosophiquement admettre que, la terre ayant une antiquité infinie, les êtres vivants qui l'habitent avaient la même date; mais aujourd'hui cette thèse est tout à fait insoutenable. Le globe terrestre a été chaud de 2,000 degrés à

---

1. II Machab.

une époque que l'on peut énoncer approximativement, 100 millions d'années de nous; il s'est refroidi, et il est devenu, il y a quelques millions d'années, habitable; mais les êtres qui s'y sont succédé ne sont ni les contemporains de la terre, ni contemporains entre eux. Des propriétés tout à fait inconnues dans leur nature les ont, à diverses reprises, jetés sur la surface de la planète; puis d'autres propriétés, non moins puissantes à détruire, ont anéanti les anciens habitants pour faire place à de nouveaux jusqu'à l'ordre actuel dont nous sommes les produits et les spectateurs..

Les anciens poëtes avaient imaginé un âge d'or, un printemps perpétuel à l'origine du monde. Ces tableaux poétiques ont quelque chose de réel, si l'on considère seulement la température. A une époque qui remonte bien au delà de tous les temps historiques, la terre a été beaucoup plus chaude qu'elle ne l'est maintenant. Tous les climats depuis les pôles ont été successivement à la température que l'équateur offre aujourd'hui. Ce que la théorie physique annonce d'une manière positive a été confirmé par les recherches de la botanique; on a trouvé dans les couches superficielles du globe une flore antique, comme on avait trouvé une zoologie perdue. Or, les palmiers, par exemple, se rencontrent en Allemagne et en France, tous lieux où la température est aujourd'hui trop basse pour l'existence de ces végétaux relégués maintenant dans les régions tropicales. La botanique offre des moyens précieux pour la détermination de la chaleur moyenne qui a régné sur certaines couches dont on retrouve les productions. La zoologie fossile est loin de donner ces renseignements. En voyant les os d'un palæotherium, il n'est pas possible de dire s'il a vécu sous des latitudes chaudes ou froides; et pour l'éléphant fossile, si commun partout, mais surtout en Sibérie, on ne sait plus s'il n'a pas été un habitant des climats tempérés ou même froids, attendu qu'on a reconnu qu'il était pourvu de poils ; mais la géographie botanique a fait de tels progrès que l'on peut fixer pour certaines plantes un minimum et un maximum en deçà et au delà duquel elles ne végètent plus. Ainsi le palmier suppose, au minimum, une température moyenne de 24 degrés centigrades, c'est-à-dire la température de la Palestine ; et, lorsqu'on en rencontre des troncs dans les environs de Paris, on peut affirmer, sur la foi de la botanique, que ces lieux ont eu jadis une température moyenne de 22 ou 23 degrés, fait déjà établi d'une autre façon par la théorie mathématique de la chaleur que Fourier a créée.

C'est ainsi que les sciences se prêtent un appui et une clarté mutuelle. La chaleur antique des climats qui aujourd'hui sont froids ou tempérés, avait suggéré une foule d'hypothèses sur des changements de l'axe de la terre et de sa position à l'égard du soleil. Mais aujourd'hui rien n'est plus simple à concevoir ; tous les points de la terre sont venus de la température des corps en fusion à celle qu'ils ont maintenant ; et les premiers lieux habitables, c'est-à-dire les premiers refroidis, ont été les régions polaires et les sommets des montagnes, si tant est que les montagnes d'aujourd'hui, nos Alpes, nos Cordillères, nos Himalayas, existassent au moment où les premières choses ayant vie commencèrent à se montrer. Comme ce monde antique se refroidissait alors avec une certaine rapidité, le resserrement des couches en amenait fréquemment la rupture ; et des catastrophes bouleversaient la face de la terre et des eaux.

Quelque réels que soient ces mouvements du sol et les accidents qui en naissaient, il ne faut pas croire avec Cuvier qu'ils aient été la cause de la mort et de la disparition des populations végétales et animales qui se sont succédé dans le cours des âges ; mais il faut admettre, avec Fourier, que les conditions des milieux où ces populations étaient plongées, changeant avec la température qui baissait progressivement, ont déterminé la mort des uns et permis la vie des autres.

Aujourd'hui quelles sont les conditions de température de la terre ? Ira-t-elle se refroidissant de plus en plus, comme le pensait Buffon, et finira-t-elle par devenir une masse de glace, morte, inhabitée et roulant autour d'un soleil qui ne lui enverra plus que d'impuissants rayons ? Pour répondre à ces questions, il faut distinguer la surface de la terre et son noyau central. La surface est arrivée à un état fixe, ou plutôt à un état indépendant des feux centraux ; mais la masse du globe, qui est encore pénétrée d'une chaleur prodigieuse, éprouve un refroidissement continuel que rien n'arrête ; cette chaleur d'origine ne se dissipe qu'avec une lenteur extrême. Et il ne faut pas croire que nous soyons bien éloignés des régions souterraines où l'antique incendie continue à brûler et à s'éteindre. Les bouches toujours ouvertes des volcans et leurs éruptions établissent une communication entre la surface extérieure et les profondeurs enflammées, et nous prouvent que le sol qui nous en sépare n'est guère épais. Pour 26 à 30 mètres de profondeur, la température s'accroît d'un degré ; et, comme, à mesure qu'on se rapproche du foyer central, l'accroissement marche plus vite, on trouverait la chaleur rouge à trois lieues sous terre, et, à dix ou douze au plus, les matières en fusion. La chaleur de la terre continue à se perdre dans l'espace ; mais c'est avec une lenteur extrême et qui va toujours croissant. Aujourd'hui la quantité dont le globe se refroidit est d'un millième de degré en mille ans, ou d'un degré en un million d'années. On peut encore se représenter de la manière suivante ce phénomène du refroidissement. Une sphère, constituée comme la terre et n'ayant que trois pieds de diamètre, perdrait, dans la douze-cent-quarantième partie d'une seconde, en calorique, ce que notre planète perd dans le cours de mille ans. Mais, quelque longues que soient ces périodes, elles s'accompliront; quelque grande que soit encore la chaleur centrale, elle s'épuisera; la croûte mince qui nous sépare des incendies souterrains ira en s'épaississant; et c'est même à ce refroidissement graduel et aux changements de volume partiels qui en sont la suite, que l'on peut attribuer les tremblements qui ont dû être bien fréquents aux premiers âges du monde.

Tel est l'avenir qui se prépare pour le centre du globe; mais il n'en est pas de même de la surface. La chaleur qui s'y fait sentir est désormais indépendante des feux souterrains. Ces feux n'y entrent plus que pour un trentième de degré; et ils s'éteindraient complétement que la température moyenne ne serait altérée que de cette fraction insignifiante. La surface de notre planète est arrivée à un équilibre de chaleur qui ne tient plus qu'à deux causes : le soleil et l'atmosphère. Le soleil verse sans cesse ses rayons sur notre globe, mais il contribuerait peu à l'échauffer sans la présence de l'atmosphère. On sait que, lorsqu'on s'élève sur les hautes montagnes ou dans les plaines de l'air, on ressent un froid très-vif, même avec le plus magnifique soleil; ce froid tient à la raréfaction de l'air, et, si l'on dépassait tout à fait les limites de l'atmosphère, si l'on arrivait dans les espaces planétaires, on y rencontrerait, non pas un froid sans bornes, comme on aurait pu le supposer, mais une température de soixante degrés au-dessous de zéro. Elle y est entretenue par le rayonnement de tous les astres. Or, si notre atmosphère disparaissait tout à coup, la surface que nous habitons tomberait bien vite à une température incompatible avec la vie; mais l'enveloppe gazeuse qui nous entoure retient parmi les rayons du soleil tous ceux qui se transforment en chaleur obscure au contact du sol, et les empêche de retourner dans l'espace d'où ils viennent; c'est pour nous un abri protecteur, une cloche transparente qui nous maintient à la température nécessaire. Tant qu'elle restera telle qu'elle est, la surface de la terre ne souffrira pas d'altération sensible; mais, si, par une cause quelconque, elle se raréfiait, le froid deviendrait plus vif; et, si, au contraire, elle se condensait, la chaleur augmenterait.

On voit donc que la température de la surface du globe, dont la chaleur originaire ne se fait guère sentir à cette surface, ne dépend et ne dépendra plus désormais que de trois causes : la constitution de l'atmosphère, le soleil et la chaleur des espaces planétaires. Il est indubitable que la composition de l'atmosphère a varié dans les premiers temps de la terre, et que, lorsque notre planète possédait une chaleur rouge ou celle de l'eau bouillante, beaucoup de substances étaient réduites à l'état de vapeur. L'on ne sait pas si elle est destinée à des changements ultérieurs. Quant au soleil, qui verse dans les espaces une chaleur 2381 millions de fois plus considérable que celle qu'il envoie à la terre, on ne peut guère douter qu'il n'ait déjà souffert une diminution dans sa puissance, et qu'il ne soit destiné à s'affaiblir de plus en plus et à s'éteindre par la durée des siècles. Quant à la chaleur des espaces planétaires, elle est indispensable aussi au maintien de notre température. Si elle n'existait pas, et si les régions célestes avaient un froid infini, notre atmosphère éprouverait un refroidissement dont on ne peut fixer la limite, et probablement nul être organisé ne pourrait vivre sur le globe; mais cette chaleur de 60 degrés au-dessous de zéro, jointe aux 73 degrés au-dessus de zéro, somme moyenne que le soleil fournit à tout le globe, donne pour la surface de la terre la température moyenne de 13 à 14 degrés. Les espaces célestes ont un état thermométrique parfaitement stable, puisqu'il résulte du rayonnement de tous les astres, dont les masses énormes et les immenses distances réduisent à rien les dimensions de notre système solaire. Cette belle découverte, qui est due à Fourier, éclaircit beaucoup de questions; l'on comprend aujourd'hui que les planètes les plus éloignées du soleil aient une chaleur compatible avec l'existence de corps organisés; et Uranus lui-même, qui est placé aux confins du système, ayant déjà la chaleur planétaire, peut, à l'aide d'une atmosphère, acquérir une température qui en permette le séjour à des êtres analogues à nous.

Ce n'est pas seulement sur notre petit globe, mais c'est aussi dans les régions illimitées que se poursuit le travail de créations sans cesse nouvelles. En observant les nébuleuses, Herschel a reconnu qu'il se formait continuellement des étoiles par la condensation des substances qui composent la nébuleuse; et c'est sans doute de cette manière que notre soleil et ses planètes ont été constitués. Les lois de l'attraction, qui règlent tout notre système solaire, ont été reconnues vraies encore par delà ce système. Ce sont elles qui déterminent aussi la marche des étoiles; et M. Savary a pu, à l'aide de ces lois, déterminer les orbites des étoiles doubles. Ainsi l'on conçoit que la matière et les forces qui la régissent sont les mêmes dans les bornes de l'empire de notre soleil et par delà cet empire. Cette communauté que nous avons avec les mondes semés dans l'univers, c'est à elle que nous devons d'avoir entrevu une image des lointains objets, une lueur des profonds mystères. Sans cette communauté, aurions-nous pu nous élancer jamais hors de notre terre ? Autrement, de telles choses n'auraient pas été maniables à l'entendement humain ; et il ne serait peut-être pas trop hardi de dire que, si cet entendement a pu saisir, jusqu'aux limites les plus reculées de l'univers visible, des rapports et des conformités avec ce qui existe ici-bas, ces rapports et ces conformités donnent à croire à leur tour que les entendements et les intelligences répandus en ces mondes ne diffèrent pas essentiellement des nôtres. Là où les lois physiques sont les mêmes dans leur généralité, les lois intellectuelles ne peuvent pas être radicalement dissemblables.

« Le plus expédient, a dit Charron sur des questions analogues[1], est que l'âme s'élève par-dessus tout comme en un vide vague et infini, avec un silence profond et chaste et une admiration toute pleine de craintive humilité. » C'est aussi le plus expédient pour nous. Retournons à la terre dont nous venons de reconnaître l'antique chaleur, la température actuelle, ainsi que les causes qui la maintiennent. Ces connaissances déjà précises et celles qui sont réservées aux générations à venir sont des armes dont l'homme se servira pour lutter contre la nature, changer la face du globe où il est maître, et améliorer les conditions de son existence. Nous avons vu que sa race n'est pas contemporaine de la planète, et qu'elle y a été jetée par des propriétés latentes, à une époque qui n'est pas même excessivement

---

1. *Des trois vérités.* Liv. I, ch. 5.

reculée. Tout ce que nous savons de l'histoire antique de l'espèce humaine nous prouve qu'elle a été longtemps faible à côté des grands phénomènes qui se passaient sur la terre. Les fleuves débordés, les marais sans limites, les froides et profondes forêts, les animaux ravisseurs, les innombrables insectes, disputaient à l'homme un monde dont il ne pouvait pas encore se dire le roi. La guerre d'homme à homme naquit dans ces anciennes époques. Il faut que la science et l'industrie, sa fille, soient déjà fortes pour entrer en lutte, avec quelque succès, contre la nature, et entreprendre de corriger les défauts du domaine terrestre; mais, pour tuer son semblable, il ne faut qu'un bâton noueux, une hache armée d'un caillou tranchant, une flèche avec une arête de poisson. Ce furent là les premières armes des premiers conquérants; et l'esprit aventureux et remuant de l'homme, ne trouvant que cette voie d'activité, créa les mœurs guerrières des anciens peuples, des Grecs, des Germains, des sauvages d'Amérique, lesquels ne conçurent pas d'autre but et d'autre occupation que les combats. Ils étaient trop faibles et trop ignorants pour s'attaquer à la nature, ils s'attaquèrent à leurs semblables; mais dès aujourd'hui on peut, ce me semble, prévoir le temps où l'on ne distinguera plus les siècles par les victoires des conquérants et par la chute des empires, mais où l'homme mettra toute sa gloire à pénétrer les secrets des phénomènes et à dompter une terre rebelle.

VI

CUVIER

ET LES OSSEMENTS FOSSILES [1]

On publie dans ce moment une quatrième édition des *Recherches sur les ossements fossiles,* par Cuvier, dont les travaux ont changé les bases de la géologie, ajouté à la zoologie un champ tout nouveau, et agrandi immensément l'histoire de la terre. Naguère encore, les monuments écrits nous portaient à ce qu'on appelle l'antiquité romaine et grecque : là, ces monuments devenant plus rares et les traditions plus obscures, on arrivait avec peine au monde oriental, où de grandes ombres, projetées au milieu de rares éclaircies, ne laissaient plus voir que des masses confuses et peu distinctes. Puis ce jour douteux s'affaiblissait, le bruit

---

1. *Recherches sur les ossements fossiles,* où l'on rétablit les caractères de plusieurs animaux dont les révolutions du globe ont détruit les espèces ; par Georges Cuvier. 4ᵉ édition. — *Revue républicaine,* supplément du 10 juin 1834.

des voix humaines se taisait, et les temps écoulés qui se trouvaient au delà restaient perdus dans des ténèbres dont rien ne semblait pouvoir percer l'épaisseur. Sur ce seuil d'un passé impénétrable, l'imagination des hommes, servie par un mélange de suggestions et de souvenirs, avait jeté des cosmogonies, des dieux, des géants, des incendies et des déluges.

Dans la zoologie, le naturaliste, ayant compté les espèces les plus apparentes, avait cru que l'œuvre de la création s'était arrêtée là sur notre terre; quelques-uns même avaient admis la perpétuité des races animales; et, de leur côté, les mythologies et les fables vulgaires avaient créé des êtres fantastiques, des monstres redoutables, auxquels les dieux et les héros avaient disputé et arraché le monde.

Cuvier, d'un seul coup, a jeté dans les cosmogonies des faits positifs, établi la chronologie relative des époques de la terre, et ajouté aux espèces animales actuellement existantes une foule d'autres êtres tout différents, qui, s'ils pouvaient revivre, nous étonneraient par la bizarrerie de leurs formes ou la grandeur de leurs dimensions. Remarquons ici quels progrès la science de l'antiquité a faits de nos jours. La lumière est venue de plusieurs côtés à la fois éclairer quelques recoins de ces choses *plongées*, comme dit le poëte latin, *sous des terres profondes et des ombres épaisses*[1]. Ici Cuvier a retrouvé des traces évidentes d'occupation de nos continents par les eaux de la mer, de mondes ensevelis et d'animaux détruits à jamais. Ailleurs, les études de la langue sacrée des Indiens ont montré, ce que rien dans l'histoire n'avait pu faire prévoir, que les peuples de l'Inde, ceux de la Perse, les

---

1. Pandere res alta terra et caligine mersas. Æn. VI.

Grecs, les Latins, les Celtes et les Germains étaient liés par une étroite parenté de langage; et leurs connexions, bien qu'elles remontent au delà des temps même traditionnels, n'en sont pas moins attestées d'une manière irrécusable par les racines communes de toutes ces langues; témoignages aussi ineffaçables et aussi certains que les ossements découverts par Cuvier; car la structure du langage, et, si je puis ainsi parler, son anatomie, est soumise à des règles aussi invariables que les relations réciproques des parties de l'économie vivante. Enfin, Champollion, abordant les hiéroglyphes, ces énigmes que nous a léguées une antique civilisation, a retrouvé la clef de certains caractères, déchiffré des noms de rois, restauré des dynasties, et arraché quelques-uns de leurs secrets aux *quarante siècles des Pyramides.*

Certes, l'esprit humain brille d'un grand éclat dans cette découverte de ce qui fut jadis, dans cette divination du passé. Les temps écoulés sont illimités comme l'espace; et saisir, dans cet abîme qui de jour en jour fuit davantage derrière nous, des points lumineux, quelques-unes des lois qui y régnèrent, et une certaine image des choses ensevelies, c'est rivaliser avec l'astronome qui va chercher jusqu'aux confins du système planétaire, jusqu'aux distances prodigieuses des étoiles, les règles des mouvements célestes.

Des esprits dédaigneux des hautes spéculations dont l'application n'est pas évidente, ni l'utilité immédiatement palpable, demandent parfois à quoi bon consumer tant d'efforts à éclairer le passé ou l'espace, et ils voudraient voir chaque découverte de la science produire une machine nouvelle ou une commodité de plus. Disons-le hardiment ici, tel n'est pas le but de la science. Ce qu'elle poursuit, c'est le *vrai;* l'*utile,* elle n'y arrive que par voie indirecte et, en quelque sorte, d'une manière fortuite; comparable en cela aux lettres et aux arts pour qui l'*utile* n'est qu'un objet secondaire, et dont le *beau* forme le domaine. Dans l'ordre intellectuel, il faut partout reléguer l'utile à la seconde place, comme dans l'ordre moral le devoir passe avant le soin de l'intérêt personnel. Cette vérité a été sentie par un poëte allemand, Schiller, bien capable d'apprécier aussi la destinée de la science. Il l'a fait ressortir tout entière dans quelques vers qu'il n'est peut-être pas hors du sujet de traduire ici :

« Un jeune homme studieux vint trouver Archimède :
« Instruis-moi, lui dit-il, dans la science divine qui a
« porté de si beaux fruits pour la patrie, et qui a dé-
« fendu nos murailles contre les machines romaines.—
« Tu nommes divine la science. Elle l'est, répliqua le
« sage; mais elle l'était, mon fils, avant d'avoir servi
« l'État. Si tu ne veux d'elle que des services, une
« science terrestre peut te les rendre; que celui qui
« brigue les faveurs de la déesse ne cherche pas en elle
« la mortelle. » Le poëte avait compris la grandeur des résultats scientifiques, indépendamment de leur valeur d'application. On ne s'en étonnera pas si l'on songe qu'arrivés à ces limites, les travaux des Newton, des Cuvier, des Laplace, ont une magnificence manifeste et une véritable poésie.

Tout sur notre terre est assujetti aux changements; et c'est, comme dit Bossuet, la loi du pays que nous habitons. Cette loi est écrite en visibles caractères dans les couches du globe; et ce monde, en un sens tout littéral, a une figure qui passe et s'évanouit. A diverses reprises, les eaux se sont promenées sur les continents; et, à diverses reprises aussi, des productions animales et végétales, différentes de celles que nous voyons aujourd'hui, ont vécu sur les terres ou dans les mers, jusqu'à ce que, de couches en couches, on arrive aux bases et aux assises de la croûte terrestre que nous habitons. Ces assises sont les granits, les gneiss, qui s'enfoncent à des profondeurs que nous ne connaissons pas. Cependant elles ne sont pas d'une excessive épaisseur ; car la chaleur intérieure, qui croît d'un degré par trente mètres environ à mesure qu'on s'avance vers les entrailles de la terre, atteint bientôt un point où les roches les plus réfractaires entrent en fusion. Singulière habitation que celle de ce globe roulant qui nous promène autour du soleil ! Sous nos pieds et à une distance peu considérable, des feux centraux, des fournaises brûlantes ; au-dessus de nos têtes et par delà notre atmosphère, le froid des espaces interplanétaires, qui, quoique traversés sans cesse par les rayons du soleil, n'en sont pas moins à la température glaciale de 60 degrés sous zéro ! Pour nous défendre des ardentes chaleurs, il n'y a qu'une croûte peu épaisse ; pour nous protéger contre le froid des espaces célestes, que notre atmosphère, qui, comme une immense cloche de jardinier, conserve à la surface une chaleur suffisante pour l'entretien de l'existence : tant sont précaires les conditions de la vie sur notre planète souvent bouleversée !

Cuvier lui-même a consacré dans son ouvrage le moment précis où il eut l'idée première et la conscience des grandes découvertes qui lui étaient réservées. Ce fut en considérant le dessin d'un crâne d'éléphant rapporté par Messerschmidt et inséré dans les *Transactions philosophiques*, et en y joignant les différences observées déjà par lui sur d'autres fragments du squelette, qu'il fut convaincu que les éléphants fossiles avaient été d'une espèce différente des éléphants des

Indes. « Cette idée, dit-il, que j'annonçai à l'Institut dès le mois de janvier 1796, m'ouvrit des vues toutes nouvelles sur la théorie de la terre ; un coup d'œil rapide jeté sur d'autres os fossiles me fit présumer tout ce que j'ai découvert depuis, et me détermina à me consacrer aux longues recherches et aux travaux assidus qui m'ont occupé depuis vingt ans. » Cuvier eut alors une de ces conceptions dont les images sont si nettes qu'on ne peut résister à leur lumière ; et bientôt, entré dans cette voie de travail et de découvertes, il dévoila, non pas les révolutions des empires, mais celles qui ont précédé les races humaines elles-mêmes, et les diverses faces des temps antérieurs à notre histoire. Homme d'un ferme génie et d'une égale sûreté de jugement, il a doté la zoologie connue d'une paléontologie inconnue, à laquelle on a ajouté et ajoutera sans cesse, mais qu'on ne déplacera pas.

Quoique les *Recherches sur les ossements fossiles* ne soient plus un livre nouveau, cependant il ne sera peut-être pas hors de propos, dans cette *Revue*, de résumer les résultats généraux de la doctrine de Cuvier, résultats consignés avec clarté dans le discours sur les révolutions du globe qui précède sa description des fossiles.

Toute la sûreté de la méthode réside dans l'anatomie comparée. Cette science a fourni les deux éléments nécessaires à la solution du problème des fossiles. D'abord elle a montré que ces débris enfouis n'appartenaient pas aux espèces actuelles ; puis elle a donné le moyen de retrouver le genre de vie, le genre d'alimentation, la forme des animaux auxquels ils ont appartenu, et de les classer avec certitude dans les cadres zoologiques qui n'avaient été faits que pour y recevoir les espèces vivantes. Il est facile de concevoir comment on obtient la solution d'une difficulté qui, au premier abord, paraît insurmontable. Tout se tient dans l'organisation des êtres animés ; une partie détermine une autre partie ; une fonction détermine une autre fonction. Ces rapports nécessaires se découvrent de deux manières : par le raisonnement ou par l'observation. Ainsi il est évident qu'un animal carnassier aura des dents faites pour déchirer sa proie, des ongles pour la saisir, des muscles puissants pour mouvoir les mâchoires et les membres, etc. On voit bien encore que tous les animaux à sabots doivent être herbivores, parce qu'ils n'ont aucun moyen de saisir une proie. Mais ce qu'on n'aurait pas deviné et ce que l'observation empirique a seule appris, c'est, par exemple, que les ruminants auraient tous le pied fourchu, qu'ils seraient les seuls qui l'auraient, qu'on ne trouverait de cornes au front que dans cette seule classe. Des observations nombreuses ont fourni des lois empiriques dont la certitude est presque aussi grande que celle des lois rationnelles ; et ce sont elles qui, en donnant un caractère déterminé de classe, d'ordre, de genre, d'espèce, à des facettes d'os, à des apophyses, à des mâchoires et à des dents, ont permis d'obtenir, dans la reconstruction des animaux actuels ou fossiles, une précision de détails faite pour étonner. Cela posé, les os fossiles ont été examinés à la clarté de ce flambeau ; et l'on a reconnu d'abord qu'ils n'appartenaient à aucune race actuellement vivante, ensuite que les animaux dont on retrouvait ces vieux débris étaient ou des mammifères, ou des reptiles, ou des poissons ; qu'ils broutaient l'herbe ou se nourrissaient de chair ; qu'ils respiraient l'air en nature ou qu'ils vivaient sous l'eau. De telle sorte qu'il a été possible de rendre à la lumière et de faire, pour ainsi dire, reparaître à la surface du monde et à la clarté du soleil ces populations d'êtres divers enfouies successivement dans des couches de plus en plus profondes.

Veut-on voir comment on arrive à la détermination d'une espèce fossile? Prenons l'éléphant pour exemple. C'est un des animaux dont on trouve les restes le plus généralement répandus. Il est en quantité immense dans les pays du Nord et en Sibérie. Là même (c'est un fait dont on avait douté d'abord, mais qui est aujourd'hui incontestable) on en a rencontré des cadavres tellement bien conservés au milieu des glaces, que des chiens et des animaux sauvages ont pu se nourrir de cette chair qui avait été animée avant l'âge présent de la terre. L'on a apporté, dans les cabinets d'histoire naturelle, des lambeaux de leur peau et des touffes de leur poil. L'Allemagne, la France, l'Angleterre, l'Italie, en recèlent d'innombrables débris; l'Amérique n'est pas moins riche en dépouilles de ce genre, et tout récemment on vient d'en découvrir dans les défrichements de la Nouvelle-Hollande. Ce sont ces ossements gigantesques qui, rencontrés à diverses époques, ont été jadis donnés pour des os de géants; et le fémur du prétendu Teutobochus, roi des Suèves, long de cinq pieds, appartenait à un éléphant de quatorze pieds de haut.

Aujourd'hui il n'existe que deux espèces d'éléphants. L'une, éléphant d'Afrique, a le crâne arrondi, les dents mâchelières marquées de losanges sur leurs couronnes; l'autre, éléphant des Indes, a le crâne allongé, le front concave, les mâchelières marquées de rubans ondoyants. Or, l'éléphant fossile (mammouth) a le crâne allongé, le front concave, de très-longs alvéoles pour les défenses, la mâchoire inférieure obtuse, les mâchelières plus larges, parallèles, marquées de rubans plus serrés. Il est évident que l'animal fossile, sans avoir d'analogue exact dans les espèces vivantes, se rapproche plus de l'espèce des Indes que de celle d'Afrique. La longueur des alvéoles des défenses devait modifier singulièrement la figure et l'organisation de la trompe, et lui donner une physionomie beaucoup plus différente de celle de l'espèce des Indes qu'on n'aurait dû s'y attendre d'après la ressemblance du reste de leurs os. Il en différait plus que l'âne ne diffère du cheval, ou le chacal du loup. Sa taille n'était pas beaucoup au-dessus de celle à laquelle l'éléphant des Indes peut atteindre. Il paraît avoir eu des formes, en général, encore plus trapues. Les qualités conservatrices des glaces de Sibérie ont permis de reconnaître qu'au moins une partie des individus portaient deux sortes de poils, savoir : une laine rousse, grossière et touffue, et des crins raides et noirs, qui, sur le cou et l'épine du dos, devenaient assez longs pour former une espèce de crinière.

Ses os se trouvent, pour l'ordinaire, dans les couches meubles et superficielles de la terre, et le plus souvent dans les terrains d'alluvion qui remplissent le fond des vallées ou qui bordent les lits des rivières.

Quand on considère que cette espèce est aujourd'hui complétement anéantie, et que les débris en sont répandus sur presque toute la surface du globe, on est forcé d'admettre que c'est une grande cause physique qui a pu ainsi effacer, sans qu'elle laissât de descendants, une population animale, et la coucher sur les champs où elle avait vécu. Or, en examinant les bancs qui contiennent ces débris et ceux qui sont au-dessus d'eux, on reconnaît que les eaux les ont recouverts; et dans beaucoup d'endroits ces eaux étaient à peu près les mêmes que celles de la mer d'aujourd'hui, puisqu'elles nourrissaient des êtres à peu près semblables.

La mer a jadis promené en liberté ses vagues au-dessous de ce sol que nous habitons, où nous respirons, et qui n'existait pas. Un autre monde se fit, et sans doute le gigantesque mammouth et tous les animaux terrestres contemporains ne purent s'accommoder aux nouvelles circonstances. Car les débris des éléphants fossiles ne sont presque jamais seuls dans les couches qui les renferment. Ils sont confondus avec les os d'autres quadrupèdes, le dinothérium, grand comme un éléphant et portant deux énormes défenses à la mâchoire inférieure, le mégathérium et le mégalonyx, beaucoup plus longs que l'hippopotame et armés d'ongles effroyables, enfin de plusieurs autres qui appartiennent à des genres connus, mais à des espèces perdues (rhinocéros, bœufs, antilopes, chevaux, etc.).

Nous touchons ici à la seconde face du grand travail de Cuvier, à l'application qu'il en a faite à la géologie. Jusque-là, l'anatomie comparée a été le guide de ses recherches, et la zoologie en a profité pour s'enrichir d'une façon tout imprévue. Mais, à son tour, cette faculté de discerner les genres et les espèces animales, leur vie aquatique ou terrestre, va indiquer, entre les terrains, des différences qui n'y avaient point été aperçues encore. On connaissait leurs qualités physiques et leur composition chimique ; mais ces notions n'apprenaient rien sur l'ordre de succession de ces terrains, ni sur l'antériorité des uns et des autres. Cuvier, en distinguant à diverses profondeurs un règne animal divers, a retrouvé le caractère du terrain et, si je puis ainsi parler, la fonction qu'il a remplie dans les âges du monde. Il a donné une chronologie de ces âges, non absolue, mais relative ; et le chaos qu'au premier coup d'œil semblent présenter les couches superficielles se change en un ordre régulier, soumis à des lois reconnaissables : lois immenses, qui ont déplacé les mers, noyé ou découvert les continents, éteint les races vivantes, et posé d'époque en époque les assises portant aujourd'hui les cités des hommes.

Saint Grégoire de Nazianze dit dans une de ses homélies[1] : « Les traditions des hommes parlent de nombreux déluges, de nombreux incendies, de bouleversements de la terre en ébullition, d'abîmes ouverts et de bêtes monstrueuses et singulièrement conformées que la nature produisit d'une façon nouvelle. » Ces paroles de l'orateur chrétien, qui était ici l'interprète de croyances vagues et populaires, auraient pu servir d'épigraphe à l'ouvrage de Cuvier. En effet, en nous enfonçant plus avant dans le globe, nous allons retrouver la trace de ces révolutions, de ces alternances et de ces animaux, étranges enfantements d'une antique nature. Sous la couche qui recèle les éléphants, les rhinocéros, les mastodontes fossiles, appartenant tous à des genres connus ou à des genres voisins de ceux que nous connaissons, se présentent une foule d'autres, d'un âge plus ancien et de genres tout à fait dissemblables. Parmi les mammifères, ces genres sont le palæotherium, le lophiodon, l'anoplotherium, l'anthracotherium, le chœropotame et l'adapis. Ces genres, qui appartiennent aux pachydermes, offrent près de quarante espèces aujourd'hui éteintes entièrement, avec des tailles et des formes auxquelles le règne animal actuel n'offre de comparable que trois tapirs et un daman. Avec eux vivaient quelques carnassiers, des poissons d'eau douce, non moins différents des nôtres; de telle sorte que

---

1. Seconde homélie contre Julien.

ce qui existait alors, ne se retrouvant plus dans la couche supérieure, fut détruit par les mutations progressives. Il faut remarquer que, parmi les débris des palæotheriums et de leurs contemporains, on ne rencontre ni éléphants, ni mastodontes, ni aucun des habitants de l'étage supérieur. La flore fossile nous apprend aussi quelle était la nature des végétaux qui croissaient dans ces antiques terres. Ces animaux, si différents de tout ce que nous voyons aujourd'hui, et qui ont habité les environs de Paris avant que la Seine existât, erraient à l'ombre des palmiers et au milieu de ces belles plantes dont les genres n'existent plus que dans les pays chauds. Forêts semblables aux forêts tropicales, animaux inconnus de nos jours, tout cela vivait aux rayons d'un soleil qui seul, dans cet intervalle du moins, n'a pas changé.

Du reste, les espaces circonscrits où jusqu'à présent on a trouvé cette population, portent à croire que le globe ne lui offrait qu'un petit nombre de plages insulaires propres à la nourrir.

Là ne s'arrêtent pas encore les révolutions constatées. Au-dessous des palæotheriums, on aperçoit, dans les argiles et les couches qui recouvrent la craie, des mammifères; mais ce sont des mammifères marins, des dauphins inconnus, des lamantins, des morses. Plus loin les mammifères cessent complétement, et l'on rencontre alors d'innombrables quadrupèdes ovipares de toutes les tailles et de toutes les dimensions, des crocodiles, des tortues, des reptiles volants et d'immenses animaux qui réunissaient les caractères de la classe des quadrupèdes ovipares avec les organes de mouvement des cétacés.

Les lézards volants, ou ptérodactyles, sont des reptiles à queue très-courte, à cou très-long, à museau fort allongé et armé de dents aiguës, montés sur de hautes jambes, dont l'extrémité antérieure a un doigt excessivement allongé, qui portait vraisemblablement une membrane propre à les soutenir en l'air. L'un de ces animaux étranges, et dont l'aspect serait effrayant si on les voyait aujourd'hui, pouvait être de la taille d'une grive; l'autre, de celle d'une chauve-souris; mais il paraît, par quelques fragments, qu'il en existait des espèces plus grandes. Le mégalosaurus (de μέγας, grand, et σαῦρος, lézard), ainsi nommé à juste titre, joignait aux formes des lézards et particulièrement des monitors une taille si énorme qu'en lui supposant les proportions des monitors, il devait passer soixante-dix pieds de long; c'était un lézard grand comme une baleine. Le plésiosaurus, voisin aussi des lézards, était distingué de tous les quadrupèdes ovipares et vivipares par un cou grêle aussi long que son corps, composé de trente et quelques vertèbres, nombre supérieur à celui du cou de tous les autres animaux, s'élevant sur le tronc comme pourrait faire un corps de serpent, et se terminant par une très-petite tête. « Si quelque chose, dit Cuvier, pouvait justifier ces hydres et ces autres monstres dont les monuments du moyen âge ont si souvent répété les figures, ce serait incontestablement le plésiosaurus. » La plus grande espèce dépassait vingt pieds de longueur. L'ichthyosaurus a la tête d'un lézard, mais prolongée en un museau effilé, armé de dents coniques et pointues; d'énormes yeux, dont la sclérotique est renforcée d'un cadre de pièces osseuses; et quatre membres dont les humérus et les fémurs sont gros et courts, et dont les autres os, aplatis et rapprochés les uns des autres comme des pavés, composent, enveloppés de la peau, des nageoires d'une pièce, à peu près sans inflexion, analogues, en un mot, pour l'usage comme pour la conformation, à celle des cétacés. Ces reptiles vivaient dans la mer; à terre, ils ne pouvaient tout au plus que ramper à la manière des phoques; toutefois ils respiraient l'air élastique. Le plus grand ichthyosaurus dépassait vingt pieds.

Quand on descend les étages suivants, on rencontre les grès qui portent les empreintes végétales de grandes arondinacées, de bambous, de palmiers; le calcaire alpin qui offre les ossements d'une grande tortue de mer, et ceux d'un autre quadrupède ovipare de la famille des grands lézards ; enfin, les schistes cuivreux et bitumineux, qui renferment d'innombrables poissons, probablement d'eau douce, et des quadrupèdes de la famille des lézards, et très-semblables aux grands monitors qui habitent aujourd'hui la zone torride. Ce sont les derniers quadrupèdes; les bancs inférieurs n'en présentent plus de traces; les grandes couches de houille et les troncs de palmiers et de fougères, bien que supposant des terres sèches et une végétation aérienne, ne montrent plus d'os de quadrupèdes, pas même de quadrupèdes ovipares.

Enfin, les terrains de transition ne sont plus remplis que de zoophytes, de mollusques et de quelques crustacés. Là, on touche aux terrains primitifs, aux plus vieilles formations qu'il nous ait été donné de connaître, aux fondements de l'enveloppe actuelle du globe, auxquels on ne sera pas tenté de donner l'épithète orgueilleuse d'éternels, au milieu de tant de ruines, de débris et de changements.

Ni nos animaux ne se trouvent dans la couche des éléphants fossiles, ni ceux-ci dans la couche des palæothériums, ni ceux-ci, enfin, parmi les ichthyosaurus. Il faut donc admettre qu'il y a eu, dans le cours du temps, renouvellement des populations animales et changement des formes de la vie. La propriété, quelle qu'elle soit, qui prend sur la terre un corps distinct, une existence, et qu'on appelle la vie, a eu des phases, des transformations; et, dans les âges reculés, les manifestations en ont été différentes de ce qu'elles sont aujourd'hui.

Lamarck a pensé que les animaux actuels ne sont que des variétés des animaux antiques, qui, de degrés en degrés, de changements en changements, sont devenus, par le progrès et la modification des influences extérieures, tels que nous les voyons. Cuvier combat cette hypothèse, remarquant que, d'une part, si les espèces postérieures s'étaient ainsi produites, il resterait, dans les couches terrestres, les traces de cette généalogie et les débris des formes par lesquelles chacune aurait passé; d'autre part, que, depuis le long temps qu'on a des observations sur nos animaux, ni le cours des siècles, ni les influences de climats les plus opposées, ni la diversité de l'alimentation, ni la puissance de l'homme, n'ont pu produire, dans les espèces, rien qui approche des dissemblances observées dans les fossiles [1].

Il n'est pas besoin de s'arrêter pour montrer qu'il est impossible que les animaux fossiles se retrouvent vivants encore en aucun lieu du globe. S'il y avait quelque continent à découvrir, on espérerait y rencontrer de grandes espèces inconnues; car chaque vaste terre en a donné de nouvelles, témoin l'Amé-

---

[1]. L'hypothèse de Lamarck ayant été reprise récemment par Darwin, le débat s'est renouvelé avec un retentissement qu'il n'avait pas encore eu. Je l'ai apprécié dans un travail sur les hypothèses positives de cosmogonie, travail que je reproduis à la fin de ce volume.

rique et la Nouvelle-Hollande. Mais le globe a été sillonné en tout sens ; et il ne reste plus à découvrir aucune contrée considérable qui, seule, pourrait fournir de gros animaux. La géographie n'a plus de mondes à reconnaître, ou plutôt, les mondes qu'il faut chercher sont ces Atlantides perdues, dont Cuvier a esquissé le dessin, ces Amériques dont il a été le Christophe Colomb. Là une géographie souterraine a encore bien des conquêtes à faire.

En recherchant les animaux ensevelis, Cuvier profite de cette occasion pour montrer que les anciens ont connu tous les grands animaux que nous connaissons, et qu'ils n'en ont pas connu davantage. Il se plaît, dans toute cette discussion, à déployer le luxe de son immense érudition ; car il faut remarquer qu'il avait un goût particulier pour l'archéologie ; il ne laisse échapper aucune occasion de jeter sur les antiquités quelques observations qui souvent même n'ont que de loin rapport à son sujet. C'est ainsi que, parlant des éléphants fossiles trouvés près du lac Trasymène, et disant que les quantités immenses d'ossements de ce genre qu'on rencontre dans ce point ne peuvent venir de l'éléphant unique sur lequel Annibal traversa les marais, il consacre une très-longue note à rechercher le point par où le général carthaginois franchit la chaîne des Apennins. Il discute, avec beaucoup de sagacité, les rapports des historiens, les compare avec l'état des lieux, corrige le texte de Tite-Live, relève les erreurs des archéologues, et indique, avec toute vraisemblance, le chemin qui conduisit Annibal sur les bords du Trasymène.

Dans les couches terrestres que nous avons parcourues, à quelque profondeur que nous soyons descendus, on n'a pas trouvé d'ossements des hommes ni des quadrumanes ou singes[1]. Ce fait n'est pas un des moins étonnants de tous les curieux résultats qu'ont produits les recherches de Cuvier. L'illustre naturaliste en a tiré la conclusion que l'homme n'était pas contemporain de ces espèces détruites; ou, tout au moins, qu'il n'avait pas vécu dans les mêmes lieux, et que, dans l'âge des mastodontes et des animaux fossiles, il était renfermé dans des contrées que la mer couvre actuellement. Bien plus, si l'on suit attentivement les idées de Cuvier, si l'on songe avec quel soin il fait ressortir la moindre complication des êtres, à mesure qu'on s'enfonce davantage vers les terrains les plus anciens, on sera persuadé qu'il penchait décidément vers l'opinion de la nouveauté de la race humaine.

Cuvier ne s'est pas contenté des arguments que lui fournissait l'inspection des terrains antiques. Il a consulté aussi, dans cette importante question de l'ancienneté, les phénomènes qui se passent encore sous nos yeux, et les traditions. Or, il a trouvé que les atterrissements des fleuves à leur embouchure, la marche des dunes sur le littoral, l'exploitation des anciennes mines, ne donnent pas une antiquité qui remonte à plus de quatre à cinq mille ans. D'un autre côté, interrogeant les monuments de tous les peuples, il a cherché à faire voir qu'aucune histoire n'allait plus haut que quarante siècles avant notre époque, et qu'elles venaient toutes coïncider vers une même date, qui serait celle du déluge : de sorte qu'il ne donne guère plus de quatre à cinq mille ans à l'établissement des sociétés actuelles.

1. Depuis que ceci fut écrit, on a trouvé et des singes et des hommes dans les couches géologiques.

Je ne sais si, à son insu, Cuvier s'est laissé influencer par des préoccupations théologiques; mais on peut dire, à en juger par quelques recherches faites dans un autre champ, que l'intervalle qu'il assigne est beaucoup trop étroit. Ainsi, Champollion a fixé avec une approximation suffisante le règne de Sésostris au dix-septième siècle avant Jésus-Christ : ce qui donne, de ce prince à nous, trente-quatre siècles; et cependant on parle de dynasties antérieures, de conquêtes faites par lui, de monuments gigantesques élevés dans cette haute Égypte qui, périodiquement inondée, n'a pu être le premier séjour d'un peuple ni le berceau de la civilisation. D'autre part, toutes les traditions nous montrent les peuplades grecques, établies vers la même époque dans le lieu où elles ont fleuri plus tard. Elles parlaient une langue qui avait les plus grands rapports avec la langue qui se parle aux Indes. Cependant, trente-quatre siècles avant nous, la séparation entre les tribus indo-caucasiques était effectuée, et il n'en restait aucun souvenir. Tout cela recule, par delà la limite assignée par Cuvier, les origines de l'humanité [1].

En parcourant la longue et lumineuse série des recherches de Cuvier, il est impossible de n'être pas frappé de la précision, de la singularité, de la grandeur des résultats; et c'est avec admiration que l'on suit le cours d'une vie si remplie, de travaux si opiniâtres, d'une intelligence si puissante et si étendue, dans l'éloge que M. Laurillard a mis au devant de cette quatrième édition des *Recherches sur les ossements fossiles*. Il y a cependant une phrase que nous aurions voulu n'y pas lire, c'est lorsque, venant à parler non pas de

---

[1]. Les observations géologiques et la préhistoire ont écarté définitivement les vues de Cuvier à l'égard des races humaines.

la brillante position que Cuvier s'était acquise par ses immortels ouvrages, mais de celle que lui avait faite le gouvernement, il la propose comme motif d'encouragement aux jeunes gens studieux. Chacun sait que Cuvier, par des motifs sans doute honorables, ne s'est brouillé avec aucun des gouvernements qui se sont succédé en France. Il devait à lui-même sa fortune scientifique : il dut à cette circonstance sa fortune politique. Mais il n'aurait jamais été autre chose qu'un homme de génie, un savant du Muséum, un professeur illustrant sa chaire, s'il n'eût pas cru devoir se lier avec le pouvoir.

Qu'on ne donne pas la fortune politique de Cuvier comme encouragement à l'étude; mais qu'on propose les travaux incomparables de cet homme de génie, le renom qu'il y a acquis, et les jouissances procurées par les illuminations de l'esprit et le progrès du travail. Laissons donc au-dessous de nous ce texte malencontreux, et revenons aux antiques lois qui ont régi la vie sur notre planète; elles sont curieuses et inattendues. Les quadrupèdes ovipares, tels que les ichthyosaurus, les plésiosaurus, paraissent beaucoup plus tôt que les quadrupèdes vivipares; ils sont placés sous les bancs crayeux. Dans la craie même, dépôt marin, on trouve d'immenses sauriens, de grandes tortues, qui sont en effet des animaux marins. Dans le calcaire coquillier qui recouvre la craie de nos environs, des mammifères se montrent. Ce sont les premiers de cet ordre. Point encore de mammifères terrestres. Là, encore, il y a un ordre de superposition. Les plus profonds, c'est-à-dire les plus anciens (palæotherium, anthracotherium, etc.), sont ceux qui entrent dans la catégorie des genres perdus. Parmi leurs dépouilles, on en trouve peu qui aient appartenu à des animaux de genres connus. Au-dessus d'eux, viennent les éléphants fossiles, les mastodontes, les mégathériums et autres, qui pourraient se placer à côté de nos espèces actuelles et dans les mêmes genres. Enfin nos espèces et nos genres ferment la série d'évolution.

Telles sont les découvertes qui résultent des travaux de Cuvier. On aperçoit quel vaste champ elles ouvrent aux spéculations sur les anciennes conditions de la vie, sur la formation des animaux, sur les mutations multipliées du globe ; et, lorsqu'on se représente d'un seul coup d'œil ces immenses événements d'une histoire plus vieille que toutes nos histoires, et les merveilles de cette nature détruite et renouvelée tant de fois, on peut dire, en renversant les paroles du psalmiste : « J'ai marché dans de vastes pensées et dans des merveilles qui me passent [1]. »

1. Neque *ambulavi in magnis* neque *in mirabilibus super me.* Ps. cxxx.

VII

Y A-T-IL EU DES HOMMES SUR LA TERRE

AVANT LA DERNIÈRE ÉPOQUE GÉOLOGIQUE [1] ?

1.

La question ici posée en titre a été déjà faite bien des fois, et chaque fois il y a été répondu par une négation. Pour soutenir que les hommes ne sont contemporains d'aucune des époques géologiques qui ont précédé l'époque actuelle, qu'ils n'ont jamais foulé que le sol que nous foulons présentement, qu'aucun des étages, jadis frappés des rayons de notre soleil et aujourd'hui enfouis dans les profondeurs, ne les a portés, et qu'ils n'ont jamais eu à combattre et à vivre qu'avec les animaux qui peuplent nos campagnes, nos eaux et notre atmosphère, on s'est appuyé aussi bien sur les faits que sur la théorie. Il est en effet certain que des ossements humains n'ont pas été trouvés dans les couches inférieures de l'écorce terrestre; ou du moins les trouvailles de ce genre ont été fort rares, et,

---

[1]. *Revue des Deux Mondes*, 1er mars 1858. Cet article est le premier travail, après M. Rigollot, où l'on ait commencé à soutenir devant les savants que les observations de M. Boucher de Perthes méritaient la plus sérieuse attention.

d'ordinaire, incertaines et contestées. Tandis que les fouilles, sur des points très-divers du globe, mettaient à nu les débris de toutes sortes de plantes et d'animaux, elles ne produisaient aucun reste qu'on pût attribuer à la race humaine; fertiles en cela, elles demeuraient stériles en ceci. On sait que Montmartre, par exemple, est un véritable ossuaire qui contient bien des animaux effacés du livre de vie. Jamais jusqu'à présent ne s'est rencontré pareil ossuaire pour notre espèce. De son côté, la théorie n'a eu aucune réclamation à faire contre ce résultat de l'expérience : l'étude a montré une hiérarchie entre les étages géologiques et les populations qui les occupent, c'est-à-dire que, dans les populations les plus profondes et par conséquent les plus anciennes, la partie supérieure de l'échelle de la vie y est bien moins développée, et que ce développement ne s'accroît et ne se complète qu'à mesure qu'on approche de l'état actuel. Dès lors il n'a pas semblé étonnant que l'homme, qui est le couronnement de la série biologique, ne parût pas dans les époques antérieures et parmi les existences préliminaires.

Toutefois, malgré cet apparent accord des faits et de la théorie, il s'est élevé de temps en temps des doutes contre la certitude de la décision qui excluait l'homme de toute existence géologique. Non pas que la théorie ait été le moins du monde ébranlée. Elle reste ce qu'elle était auparavant : un ordre hiérarchique préside à l'évolution de la vie, et la race humaine appartient à ce qu'il y a de plus récent, parce qu'elle appartient à ce qu'il y a de plus élevé en organisation. Mais quelques faits qui se reproduisent avec obstination, et qui, sans être pleinement acceptés encore, obligent la science à se retourner pour en tenir compte, tendent à modifier ce que la décision première a de trop absolu. S'ils sont bien observés, si les conséquences qu'ils comportent sont tirées exactement, on admettra que l'homme est plus ancien sur la terre qu'on ne l'a cru, et que, sans descendre jusque dans ces formations où une faune si dissemblable de la nôtre occupait le terrain, il a vécu avec les mastodontes, avec les éléphants qui habitaient l'Europe, avec le cerf gigantesque dont on exhume les ossements, avec l'ours hôte des cavernes antédiluviennes. Son origine se trouverait de la sorte reculée au moins d'un âge tout entier, et un anneau de plus serait à insérer dans la série de la vie comme dans celle de l'histoire.

Les légendes des anciens hommes avaient placé, dans les espaces indéfinis qui dépassaient leur mémoire et leur tradition, les dieux et les demi-dieux, les géants et les Titans, les héros nés dans de meilleures années, les patriarches à vie démesurément longue, les monstres qui dévastaient la terre, les léviathans, les chimères, les gorgones. C'est ainsi que l'imagination s'était complu à peupler ces régions du temps, prenant à ce qui faisait les croyances dans le présent de quoi remplir un passé ténébreux. Lorsqu'en fouillant la terre, on rencontrait quelqu'une de ces reliques qui maintenant disent tant de choses, on ne s'arrêtait point à un fragment qu'on croyait semblable à tous les autres; ou si, par hasard, le squelette bien conservé présentait des ossements gigantesques, on le rattachait sans difficulté à quelqu'un des géants qui avaient dominé sur la terre. Comment, en effet, la curiosité se serait-elle éveillée? Qu'est-ce qu'un os qu'on remue en remuant le sol? Tous les jours une multitude des habitants de notre planète, hommes, mammifères, oiseaux, poissons, lui rendent leur dépouille; si leurs ossements disséminés de toutes parts se résolvent en terreau, qui empêche que çà et là quelques-uns échappent à la dissolution et viennent de temps en temps rouler sous nos pieds? Sans doute ; mais, lorsque l'œil fut devenu habile à regarder, ce qui avait semblé uniforme se caractérisa par des différences essentielles, et tout un monde étrange et réel apparut dans la longue perspective des âges primordiaux.

Les gisements aussi, à qui aurait su voir, n'étaient pas moins distincts que la structure. Rien dans l'arrangement n'était fortuit. Chaque espèce d'os affectait un ou plusieurs terrains particuliers; point d'interversion, point d'irrégularité, et, dans une certaine limite, les os caractérisaient les terrains, et les terrains caractérisaient les os. Mais qui pouvait songer à discerner, dans cet amas confus de pierres et de terres, des étages symétriquement disposés? Comme un architecte habile qui forme en assises les matériaux de l'édifice à construire, la pesanteur, la chaleur, l'action des eaux, en un mot toutes les forces qui président aux particules de la matière, ont écarté de leur travail séculaire le hasard; et les couches de la terre se montrent arrangées comme il convient aux puissances qui les régissent. A leur tour, ces couches ainsi déterminées ont eu, au fur et à mesure qu'elles furent éclairées par le soleil, leurs propriétés spéciales pour l'entretien de la vie; et chaque étage, avant de devenir souterrain, a nourri des plantes et des animaux qui n'étaient faits que pour lui.

Il fallait beaucoup savoir pour s'intéresser à ce que la pioche découvrait en creusant la terre. Et d'abord les mathématiques devaient avoir acquis une grande consistance et habitué l'esprit à prendre confiance dans le résultat des spéculations abstraites. Sans les mathématiques, sans leur essor préliminaire, la porte restait inexorablement fermée. Encore que ne paraisse aucun lien entre Cuvier, qui, arrivé à temps et à point, exhuma les générations éteintes, et Archimède ou Euclide, qui méditèrent fructueusement sur les propriétés géométriques des courbes, il n'en est pas moins certain que, si ceux-ci et leurs nombreux et illustres successeurs n'avaient pas trouvé l'enchaînement du vrai dans les nombres et dans les figures, celui-là n'aurait jamais trouvé l'enchaînement du vrai entre les genres disparus et les genres existants.

Le premier résultat de ces recherches tout abstraites et tout éloignées, ce semblait, d'applications si considérables, fut quand les géomètres grecs, appuyés sur la connaissance des propriétés du cercle, n'hésitèrent pas à déclarer, contre tous les témoignages apparents, que la terre était une sphère. L'un d'eux, Ératosthène, essaya même de la mesurer, et il en évalua le pourtour à 250,000 stades, c'est-à-dire à 45 millions de mètres, se trompant ainsi de 5 millions de mètres, mais indiquant la voie par laquelle on arriverait à une détermination. On y arriva, en effet, à mesure que les méthodes se perfectionnaient. Et en même temps apparurent de nouveaux éléments et de nouvelles conséquences : la terre n'était point une sphère, c'était un ellipsoïde; cet ellipsoïde n'était pas régulier; il était renflé à son équateur et aplati à ses pôles. De même que la géométrie rudimentaire avait tout d'abord assigné, avec toute certitude, une forme globuleuse à la terre, de même la géométrie supérieure, en considérant la véritable figure, déclara que, pour que cette figure eût été prise, il fallait absolument que le globe terrestre eût été liquide à une époque antérieure de son existence. Ce fut désormais une condition capitale à laquelle la théorie de la terre dut satisfaire, et les hypothèses qui ne s'y conformaient pas étaient, par cela seul, écartées sans discussion. Ce n'est pas tout : les astronomes, mettant la terre dans la balance, l'ont trouvée environ six fois plus lourde que l'eau, c'est-à-dire que le globe terrestre pèse environ six fois plus qu'un globe d'eau de même dimension ; dès lors il a été entendu qu'aucune idée sur la constitution de notre planète n'était valable si elle ne supposait que les parties centrales en étaient occupées par des matières très-lourdes. La densité est plus grande dans les couches profondes que dans les couches superficielles.

Après les astronomes vinrent les physiciens. Ils déterminèrent la chaleur qui l'animait, tant celle qu'elle tenait de son origine et du foyer intérieur que celle qui lui était envoyée du soleil ; les puissances qui font trembler les continents ; l'équilibre des mers ; les courants électriques qui parcourent la surface, et dont l'intervention lie une mince aiguille aimantée à toute la constitution terrestre ; le froid glacial des espaces inter-cosmiques, froid dont nous ne sommes défendus que par l'épaisseur de notre atmosphère. Si bien que le globe se montre comme une masse énorme, animée de forces toujours actives, et réglée dans sa constitution par leur conflit réciproque.

Les chimistes, à leur tour, se chargèrent de dévoiler les propriétés moléculaires de cet immense agrégat. Toutes ces expériences qui constatent le nombre et les qualités des substances élémentaires, qui dissocient ce qui était composé, qui recombinent ce qui avait été dissocié, qui montrent que les particules matérielles, jamais anéanties, ne font que passer d'un corps à un autre, qui en révèlent les antipathies, les sympathies et la subordination secrète aux nombres et aux proportions ; ces expériences délicates et subtiles ne tardèrent pas à franchir les murailles des laboratoires, et elles vinrent contrôler ce qui se passait dans le vaste laboratoire où le feu central, toujours allumé, fond, liquéfie, vaporise sous des pressions infinies et depuis des milliers de milliers d'années.

La biologie, quand elle sortit des langes et eut construit ses doctrines, trouva bientôt l'occasion d'en faire l'application à l'histoire de la terre. Parcourant d'un œil exercé les différents terrains qui sont superposés les uns aux autres; elle y reconnut la trace manifeste de flores et de faunes qui n'étaient ni les flores ni les faunes d'aujourd'hui. Bien plus, en arrivant à une certaine profondeur, on ne rencontrait plus aucun débris organisé; ni plantes, ni bêtes n'avaient vécu dans ces couches-là et à plus forte raison dans celles qui leur étaient inférieures : de sorte qu'il fallut bien convenir que la vie n'était pas contemporaine du globe terrestre; que celui-ci était plus ancien que celle-là, dont il était le support; qu'il fut un temps où les propriétés physiques et chimiques se déployaient seules sur la planète, et où les propriétés vitales, demeurant à l'état latent, n'avaient pas eu les circonstances nécessaires pour se manifester. Il fallut convenir enfin que les flores et les faunes avaient varié de période en période, et étaient assujetties à la loi du changement. Et de fait, pendant que la vie témoignait des modifications successives que le monde primitif avait subies, toutes les autres sciences s'accordaient pour attester que ce monde primitif avait varié, présentant sans cesse un nouveau théâtre à de nouveaux acteurs.

Ainsi la spéculation du cabinet et du laboratoire, amassant, par transmission héréditaire, des trésors de puissance qui sont à tous les points de vue le pouvoir suprême de l'humanité, la spéculation, dis-je, fournit les éléments d'une théorie de la terre. Il ne lui suffit plus, à cette théorie, d'imaginer des hypothèses plus ou moins ingénieuses; il ne lui suffit pas même d'examiner avec soin le globe terrestre, de le parcourir, de le fouiller et d'en noter les particularités. Pour cesser d'être arbitraire et pour devenir positive, elle dut se soumettre à toutes les conditions élémentaires que les sciences abstraites lui fournissaient. Ce fut le lit de Procuste pour les suppositions aventurées, pour les imaginations téméraires ; mais ce fut le cadre heureux où les observations particulières vinrent s'inscrire et d'où sortit la géologie positive.

A peine la géologie positive fut-elle constituée qu'elle refléta une vive lumière sur la biologie ; c'est là, en effet, que la relation entre les milieux et la vie se manifeste de la façon la plus évidente. On avait, à la vérité, remarqué que, toutes les fois qu'on découvrait un continent, comme l'Amérique ou l'Australie, toutes les fois qu'on mettait les pieds dans quelques grandes îles inconnues jusqu'alors, comme Madagascar ou la Nouvelle-Zélande, les espèces vivantes présentaient une apparence spéciale. Chaque découverte de ce genre avait enrichi la botanique et la zoologie ; et il était clair que ces continents, ces grands terrains, ces milieux, pour me servir du terme scolastique, imprimaient leur marque sur les organisations qui en formaient la population. Mais que sont de grandes terres ou des continents entiers à côté de la surface même du globe soumise, durant les époques géologiques, à des conditions tout autres que celles qui prévalent aujourd'hui ? Que sont les différences entre nos compartiments appartenant tous à un même âge, et ces anciens compartiments séparés les uns des autres par d'énormes distances de temps qui équivalent à d'énormes distances dans l'espace? La géologie est donc, à vrai dire, une immense expérience sur l'influence des milieux, expérience à laquelle n'ont manqué ni la durée des périodes, ni la variété des changements.

Quel a été l'effet de cette expérience sur l'homme? Si l'homme a vécu dans la couche immédiatement antérieure à la couche actuelle, il a été soumis à d'autres conditions que celles qui ont prévalu dans l'époque actuelle. Le type humain d'alors a-t-il ses analogies parmi quelqu'une des races qui habitent aujourd'hui la terre? Se rapproche-t-il des plus élevées ou de celles qui sont inférieures? L'homme fossile paraît-il avoir possédé des arts et des instruments qui indiqueraient une intelligence étendue, un développement supérieur et un être tout d'abord en possession des hautes pensées de l'humanité? Tandis que les productions vivantes ont cheminé suivant une incontestable évolution, si bien que les mammifères, les singes, enfin l'homme, ne viennent au jour que dans les âges postérieurs, au contraire l'histoire humaine a-t-elle suivi une marche inverse, si bien que les âges antérieurs auraient vu une humanité plus puissante, plus belle, plus intelligente? Ou bien, inversement, est-il vrai que ces races géologiques, appartenant à un milieu plus uniforme et moins développé, naissant au milieu d'animaux reculés, eux aussi, dans les lointaines époques, n'offrent qu'en ébauche et en rudiment ce qui devait être le propre de l'espèce humaine, à savoir l'industrie, les arts, la science et leur développement continu? Ces questions qui se font trouveraient peut-être quelques réponses, si l'on réunissait un nombre assez considérable de débris d'une humanité fossile [1].

---

1. L'homme fossile est maintenant une certitude; et ce qu'on

2.

On sait que Cuvier, pour les mêmes raisons de fait et de théorie qu'au sujet de l'homme, avait supposé que les singes étaient étrangers aux terrains profonds, et qu'ils avaient apparu seulement avec la période où la race humaine a elle-même apparu ; mais de nouvelles découvertes, démontrant l'existence de singes fossiles, ont réfuté cette opinion de Cuvier. Ces singes ont existé non-seulement en Asie et en Amérique, comme les singes actuels, mais aussi dans le nord de l'Europe, par exemple en Angleterre, jusque sous le 52e degré ; d'où l'on infère, comme de bien d'autres faits, que jadis la température de l'Europe a été plus élevée qu'elle n'est maintenant. Il est vrai de dire que les débris fossiles de cet animal sont rares, surtout en Europe, et qu'il n'a pas dû être abondant, ou que, s'il l'a été, on n'a pas encore rencontré les gisements qui ont conservé ses os.

La trouvaille de singes fossiles a naturellement rendu la trouvaille d'hommes fossiles moins improbable, mais moins improbable seulement. Depuis qu'il est établi que l'ordre des quadrumanes, le plus voisin de l'homme, est représenté parmi d'antiques créations, on est plus autorisé qu'auparavant à chercher si l'ordre des bimanes n'y aurait pas aussi ses représentants. De quelque façon que l'on considère l'ensemble de la zoologie actuelle et passée, on ne peut nier que certaines formes organisées sont en rapport entre elles, et que

sait de lui établit décisivement qu'il occupe les degrés primordiaux et inférieurs dans l'évolution de l'humanité.

certains anneaux de la chaîne se tiennent, ou du moins sont peu écartés l'un de l'autre. Il n'est point de paléontologiste qui, dans l'état des connaissances, ne fût grandement surpris si les mêmes terrains lui offraient, à côté des formes étranges des sauriens de l'ancien monde, les créations de l'époque quaternaire, qui sont marquées d'un sceau tout différent. Et, semblablement, un même sceau, étant empreint sur les gigantesques proboscidiens qui ont cessé d'exister, le mastodonte et le mammouth ou éléphant fossile et autres, annonce la prochaine apparition de nos espèce actuelles. De la même façon, on peut croire que, le singe ayant apparu, l'homme ne devait pas être aussi loin que les recherches présentes le plaçaient.

Mais, dans une matière aussi nouvelle et, il faut le dire, aussi étrange à l'esprit que celle des âges, des mondes et des existences géologiques, les raisonnements valent peu, et le moindre fragment authentique a plus de poids que des analogies qui, au milieu de tout ce qui est encore ignoré, laissent une trop grande place au doute et à l'incertitude.

On trouve, en bien des lieux, des cavernes qui contiennent des quantités, quelquefois très-considérables, d'ossements d'animaux. M. Lund, infatigable chercheur de débris paléontologiques, après avoir examiné plus de huit cents de ces cavernes en Amérique, n'a trouvé d'ossements humains que dans six d'entre elles; et il n'y en a qu'une seule où il ait remarqué, à côté de restes humains, des os d'animaux d'espèces soit éteintes, soit encore existantes. Ce fait, bien qu'unique, le porte à admettre que l'homme remonte au delà des temps historiques, et que la race qui vivait dans le pays à l'époque la plus reculée était, quant à son type général, la même que celle qui l'habitait encore au temps de la découverte par les Européens. Cette race était remarquable par la conformation du front, semblable à celle des figures sculptées qu'on retrouve dans les anciens monuments du Mexique. Les os humains étaient absolument dans le même état que ceux des animaux, soit d'espèces perdues, soit d'espèces existantes, au milieu desquels ils se trouvaient, entre autres des os de cheval identique avec l'espèce actuelle, qui était inconnue aux habitants lors de la conquête. Le cheval, en effet, ne vivait pas en Amérique au moment où les Espagnols y débarquèrent ; mais il y avait vécu. On peut donc penser, si les observations de M. Lund sont exactes, que, tandis que l'espèce cheval disparaissait de l'Amérique et n'y était point remplacée, l'espèce homme, celle du moins qui l'occupait alors, échappait aux causes de destruction, et passait d'un âge géologique à un autre, d'un monde antérieur au monde actuel. Au reste, des paléontologistes sont disposés à admettre quelque chose de semblable pour le chien. Les races de nos chiens domestiques n'ont leur souche dans aucune espèce sauvage actuellement existante. Il est impossible de les attribuer aux renards ; mais on a discuté sur la question de savoir si elles ne proviendraient pas du loup ou du chacal. Or il a existé, à l'époque diluvienne, une ou plusieurs espèces sauvages plus voisines du chien domestique que ne le sont le loup, le chacal et le renard. Aussi M. Pictet se demande si cette espèce sauvage n'aurait pas survécu aux inondations qui ont terminé la période diluvienne en submergeant la plus grande partie de l'Europe, si les premiers hommes qui ont habité notre continent n'ont pas cherché à utiliser cette espèce, qui avait probablement un caractère plus sociable et plus doux que le loup, et si cette même douceur de mœurs ne peut pas être considérée comme une explication de son entière extinction actuelle hors de l'état de domesticité.

Ce n'est pas seulement en Amérique que des ossements humains ont été exhumés; les têtes que l'on a découvertes dans diverses localités de l'Allemagne n'ont rien de commun avec celles des habitants actuels de cette contrée. La conformation en est remarquable en ce qu'elle offre un aplatissement considérable du front, semblable à celui qui existe chez tous les sauvages qui ont adopté la coutume de comprimer cette partie de la tête. Ainsi certains crânes, ceux, par exemple, qu'on a trouvés dans les environs de Baden, en Autriche, ont offert de grandes analogies avec les crânes des races africaines ou nègres, tandis que ceux des bords du Rhin et du Danube ont présenté d'assez fortes ressemblances avec les crânes des Caraïbes ou avec ceux des anciens habitants du Chili et du Pérou. Il est vrai d'ajouter que ces déterminations ont, jusqu'à présent, suscité des objections sur lesquelles les paléontologistes ne veulent point passer : les débris humains sont rares; les gisements en sont incertains; bien des circonstances accidentelles ont pu déplacer ces os, et créer des causes d'erreur là où même le terrain qui les recélait a paru préhistorique. Ces objections obligent à suspendre le jugement, mais n'obligent pas, comme on faisait naguère, à rejeter péremptoirement toute idée d'une humanité antérieure à l'humanité présente, d'autant plus que les caractères de ces crânes sont bien dignes de remarque : ne pas ressembler aux têtes des Européens d'aujourd'hui est un fait qui ne se laisse pas écarter facilement. Sans doute, ces hommes, quels qu'ils aient été, ont pu précéder l'entrée des Celtes en Europe et appartenir néanmoins à la période historique, puis avoir disparu sans laisser ni souvenirs ni traces. Soit, mais les formes qu'ils présentent ne sont pas isolées ; elles ont des analogies avec les crânes nègres ou caraïbes. C'est un témoignage qu'à l'époque où ces hommes ont vécu, les formes dont il s'agit occupaient non-seulement l'Afrique ou l'Amérique, mais aussi l'Europe ; elles se répandaient sur une bien plus grande étendue qu'elles ne font maintenant. Or cette occupation de grandes étendues par des organisations très-voisines les unes des autres et très-peu variées est un signe paléontologique, et ici il vient en aide pour suppléer, jusqu'à un certain point, à ce qui peut manquer en précision aux autres déterminations des débris humains.

Des incertitudes de même nature s'attachent à la trouvaille de M. Spring, professeur à la faculté de médecine de Liége. Une grotte à ossements, située dans la montagne de Chauvaux, province de Namur, à trente ou quarante mètres au-dessus du lit de la Meuse, recelait de nombreux débris humains annonçant une race différente de la nôtre. Voici la description que donne M. Spring d'un de ces crânes : ce crâne était très-petit, d'une manière absolue et relativement au développement de la mâchoire ; le front était fuyant, les temporaux aplatis, les narines larges, les arcades alvéolaires très-prononcées, les dents dirigées obliquement ; l'angle facial ne pouvait guère excéder soixante-dix degrés. A en juger d'après le volume des fémurs et des tibias, la taille de cette race a dû être très-petite. Un calcul approximatif donne cinq pieds au plus, ce qui serait la taille des Groënlandais et des Lapons. Dans cette caverne étaient aussi beaucoup d'ossements d'animaux : cerfs, élans, aurochs, lièvres, oiseaux. Ces os, pêle-mêle avec les débris humains, empâtés de matières calcaires, formaient une brèche osseuse, dont un seul morceau, de la grosseur d'un pavé ordinaire, contenait cinq mâchoires humaines. Dans un autre fragment était un os pariétal enchâssé dans la stalagmite, et où l'on voyait une fracture opérée par un instrument contondant. Cet instrument se trouvait dans le même fragment de brèche : c'était une hache d'un travail grossier, sans trou pour y adapter un manche. Au sujet de ces hommes, qui ont peut-être fait dans cette caverne un repas de cannibales, comme le croit M. Spring, on a objecté, pour dire qu'ils n'étaient pas fossiles, qu'on avait trouvé à côté d'eux des cendres et du charbon ; mais pourquoi les hommes antédiluviens n'auraient-ils pas connu le feu ? et où est l'empêchement de supposer que dès lors on était en possession de cette découverte ? On a argué encore, ce qui est plus grave, que les ossements reposaient non sur l'étage inférieur, mais sur l'étage supérieur du sol de la grotte. Quoi qu'il en soit de l'âge de ces peuplades qui ont jadis occupé la Belgique, il remonte certainement à une bien lointaine antiquité. Qui ne comprend, à la vue de l'exhumation de ces vieux témoins, combien sont étroites les bases que l'école donne à l'histoire ? Qui n'aperçoit que toutes les origines et toutes les durées ont besoin d'être remaniées à l'aide des inductions que fournissent les faits constatés, et qu'il y a un âge et des populations à introduire dans l'étude, soit à l'aurore de l'époque actuelle, soit aussi, comme je le pense, à l'époque qui l'a précédée ?

En effet, la thèse, encore que les observations ci-dessus rapportées et d'autres qui concourent la laissent, si l'on veut, indécise, n'est pas bornée à ces seuls appuis. On a souvent agité la question de savoir si l'on doit reconnaître comme des fossiles les traces et empreintes qui peuvent être restées d'un animal dans les couches de la terre, ou s'il faut pour cela la présence même d'une partie de ses débris. On est généralement d'accord aujourd'hui, dit M. Pictet, pour répondre à cette question dans le sens le plus large, c'est-à-dire pour considérer comme des fossiles toutes les traces qui prouvent évidemment la présence d'une espèce à une certaine époque. L'existence même de l'espèce est le fait essentiel à constater, et tout ce qui la démontre clairement atteint le but. Il importe peu que cette démonstration repose sur un fragment de l'animal ou sur une empreinte qu'il aurait laissée dans des roches avant leur solidification, ou sur toute autre apparence assez évidente pour ne pouvoir être niée.

Ces paroles étaient appliquées aux marques de pas que les animaux ont imprimées, et que les paléontologistes ont suivies comme le chasseur suit la piste du gibier. Elles s'appliqueront aussi sans difficulté aux restes, s'il en est, de l'industrie humaine avant l'époque assignée d'ordinaire aux commencements de l'humanité. Des outils, des instruments, en un mot tout ce qui portera un vestige de la main de l'homme sera suffisant pour attester sa présence. Les animaux ne savent pas se créer, pour améliorer leur condition, des suppléments à leurs membres; ils ne se servent que de leurs dents, de leur bec, de leurs pattes et de leur queue, tandis que l'homme le plus sauvage qu'on ait trouvé a immanquablement quelque ustensile. Ces ustensiles parleraient clairement. S'il advenait qu'une mutation, du genre de celles dont il y a eu déjà beaucoup sur notre globe, couvrît d'un terrain nouveau celui qui nous porte et en fît une couche géologique, les hommes de cette palingénésie, en poursuivant leurs travaux, mettraient à nu les débris de nos villes, de nos chaussées, de nos canaux, de nos arts : ils ne douteraient pas un instant de l'existence d'un monde enseveli. Rien de pareil ne se découvre sans doute ; mais rien de pareil non plus n'est nécessaire, et il suffit de reliques bien moindres pour attester que des peuplades, non pas des nations, ont occupé le sol avant la dernière révolution du globe.

C'est M. Boucher de Perthes qui le premier a dirigé les recherches de ce côté et tiré les conclusions. Il fut frappé par la vue de quelques cailloux qui lui parurent porter l'empreinte d'un travail humain; il les recueillit; plus il en chercha, plus il en trouva. Le nombre de ces objets, à mesure qu'il croissait, écarta les hasards de formes et de lieux. M. Boucher en étudia les gisements, et demeura convaincu à la fois et que ces silex avaient été taillés par des hommes, et qu'ils se rencontraient dans des terrains véritablement anciens. Je ne puis mieux faire que de transcrire ce que je trouve en tête de son livre [1] : « M. Boucher de Perthes n'a négligé ni soins ni travaux pour obtenir la preuve qu'il cherchait; ses explorations, suivies sur une grande échelle, ont duré dix ans. Le nombre de bancs diluviens qu'il a fait ouvrir dans les départements de la Somme, de la Seine et de la Seine-Inférieure est considérable. D'un autre côté, les travaux des ponts et chaussées, ceux du génie militaire, les études du génie civil pour les voies de fer ont facilité ses investigations. Aussi le résultat a-t-il été complet. S'il n'a pas constaté, dans les gisements qu'il a analysés, des ossements humains, il a rencontré l'équivalent; et, parmi les débris d'éléphants et de mastodontes, au milieu de ces fossiles, il a découvert des traces humaines, des armes, des ustensiles, le tout en pierre, non pas sur un seul

---

1 *Antiquités celtiques et antédiluviennes*, publié en 1849.

point, mais sur beaucoup. L'on peut presque affirmer que, dans tous les terrains où existent des fossiles de grands mammifères, on rencontrera, si on les étudie avec persistance, de ces mêmes ébauches d'une industrie primitive. »

Les assertions de M. Boucher de Perthes, qui contrariaient une opinion reçue, excitèrent, comme cela était naturel et juste, beaucoup de défiance. Pourtant il finit peu à peu par gagner à lui quelques savants. Je citerai entre autres le docteur Rigollot, mort tout récemment membre correspondant de l'Académie des inscriptions et belles-lettres. M. le docteur Rigollot était de ceux qui n'ajoutaient aucune foi aux idées de M. Boucher de Perthes, et qui les avaient combattues lors de leur première apparition. Pourtant, lorsqu'on vint lui dire qu'à Saint-Acheul, près Amiens, dans un terrain qui renfermait des ossements et des dents d'éléphants fossiles, on trouvait aussi des haches ou instruments en silex; quand il eut reconnu et fait reconnaître la nature géologique du terrain; quand il eut vu lui-même les silex en question dans leurs gisements, il changea sans hésiter d'opinion et passa du côté de M. Boucher de Perthes. Tous ces silex, décrits par M. Rigollot, sont travaillés de la même manière, c'est-à-dire qu'avec une adresse qui souvent étonne on est parvenu, en en détachant des éclats, non-seulement à les dégrossir, mais à leur donner la forme la plus convenable aux usages pour lesquels ils étaient destinés, armes ou outils. En majeure partie, ils se ressemblent par leur forme générale, qui est le plus ordinairement un ovoïde aplati, dont la partie supérieure ou le gros bout qui est mousse est resté dans son état primitif, et dont les bords et la pointe sont aussi tranchants que le permet une industrie qui n'avait jamais songé à les polir. D'autres ressemblent à un poignard, d'autres encore ont la forme d'une pyramide triangulaire, et les arêtes sont creusées fort irrégulièrement par les éclats du silex. La grandeur moyenne de ces pierres est de 10 à 12 centimètres dans leur plus grand diamètre ; il y en a d'autres où cette dimension n'est que de 8 centimètres, et quelques-unes où elle a 24 centimètres. « L'emplacement, dit M. Rigollot, où s'exploitent les cailloux à Saint-Acheul est de médiocre étendue ; ce qui doit exciter la surprise, c'est la grande quantité de silex taillés qui s'y découvrent journellement ; vous ne pouvez aller sur le terrain sans que les ouvriers vous en présentent qu'ils viennent souvent de ramasser à l'instant, au milieu des cailloux qu'ils jettent sur la claie pour en séparer le sable et le gravier. Depuis le mois d'août qu'ils les recueillent, jusqu'au mois de décembre où j'écris ces paroles, on en a trouvé plus de quatre cents, et pour ma part, depuis que j'en recherche, on m'en a apporté plus de cent cinquante. Ce nombre doit faire présumer qu'ils proviennent d'une localité où les hommes qui vivaient alors s'étaient réunis et avaient formé une espèce d'établissement. »

La question qui s'agite au sujet des hommes antédiluviens se présente maintenant sous deux faces. D'une part, on trouve çà et là quelques débris humains que plusieurs déclarent provenir de couches profondes ; mais la rareté même de ces trouvailles et le caractère indécis des gisements laissent des doutes, et ne permettent pas encore d'établir le fait parmi les certitudes de la science. D'autre part, des armes et des ustensiles, qui sont aussi des témoins irrécusables, ont été exhumés du sol qui les recélait. Ces armes et ces ustensiles ont-ils été trouvés dans des terrains vraiment diluviens, à côté d'os vraiment fossiles ? N'y sont-ils pas arrivés par des déchirures accidentelles dans les diverses couches? Une telle manière de voir n'est-elle pas réfutée par l'abondance singulière avec laquelle ces objets sont répandus dans leurs gisements ? Ou bien, admettant l'authenticité des terrains, ne se méprend-on pas sur le caractère de ces silex? N'y a-t-il pas un simple jeu de la nature dans ce que l'on prend pour le travail de la main humaine? La question est posée ; les pièces du procès s'accumulent, et désormais le jugement ne tardera pas beaucoup à intervenir.

3.

Toute récente qu'elle est, la paléontologie exerce une influence considérable sur les conceptions générales; nécessairement elle modifie les doctrines et, par les doctrines, la raison collective. Ces modifications sont dans la direction que les sciences depuis l'origine ont suivie; elles ne contrarient rien ; elles confirment tout, prolongeant jusque dans des âges qui semblaient fermés aux regards les recherches positives et les inductions. Dès l'abord il fallut, à cette lumière inattendue, remanier ce qui se disait du commencement des choses ; il fallut faire place, dans le temps et dans l'espace, à cette infinité de formes végétales et animales qui se sont succédé sur la terre. Tant que l'on a cru que végétaux et animaux étaient, si je puis parler ainsi, superficiels et ressemblaient à une semence jetée sur des sillons, l'esprit humain d'alors s'est senti à l'aise pour imaginer les formations primordiales et leur scène antique ; mais autre est la condition de l'esprit humain d'aujourd'hui, et, pour concevoir, il est resserré dans des limites plus étroites. Il ne peut, comme cela était si facile jadis, détacher la terre des êtres vivants qui l'habitent. Entre les couches solidifiées qui reposent sur le feu central et la superficie, il est une série d'étages qui ont chacun sa flore et sa faune. La vie s'y montre partout, non quelque chose d'absolu, mais quelque chose de relatif et de soumis aux circonstances et aux propriétés des milieux. A mesure qu'on descend dans des couches plus profondes, on trouve des êtres de plus en plus différents de ceux qui appartiennent à notre âge. Dès que la terre est assez refroidie, le sol assez consolidé, l'atmosphère assez épurée pour que les combinaisons organiques puissent se produire, elles se produisent; mais aussi, à la moindre mutation qui survient dans ce vaste corps, elles sont détruites, à peu près comme ce géant de l'Énéide qui, enseveli sous l'Etna, au moindre changement de position ébranle toute la Sicile :

.... Quoties fessum mutet latus, intremere omnem
Murmure Trinacriam, et cœlum subtexere fumo.

Mais aussi il en renaît d'autres : le terrain a changé, la température n'est plus la même, l'atmosphère s'est ressentie des modifications communes; cela suffit pour que sur cette nouvelle scène une nouvelle population lève sa tête. Sans doute chaque terrain a été à son tour superficiel, frappé par les rayons du soleil et animé par la pullulation des êtres vivants ; mais ces événements toujours analogues sont advenus un grand nombre de fois, c'est-à-dire que la vie, s'éteignant et s'allumant, a varié selon que variait la nature de la surface. L'intervention puissante de la terre dans les manifestations vivantes est donc évidente, et désormais toute théorie générale sur la conception du monde est tenue à conformer scrupuleusement les changements des êtres organisés aux changements de la superficie du globe, à ne point intervertir les dates de cette antique histoire, à ne point mettre au commencement ce qui est à la fin, et à suivre la loi de succession telle que les faits l'ont montrée.

J'irais certainement contre mes intentions les plus arrêtées, si de mes paroles on pouvait inférer qu'il y a quelque induction à tirer de ces faits touchant le mode de formation première des êtres organisés. Ces faits n'autorisent aucune théorie là-dessus pour le présent; et je ne sais s'ils en autoriseront jamais. La philosophie positive m'a enseigné que tout ce qui se rattache à l'origine ou à la finalité est complétement inaccessible à l'esprit humain, et doit être désormais abandonné. La question est maintenant de savoir jusqu'à quelle limite l'apparition des êtres vivants sur notre globe est inaccessible à l'expérience et aux hypothèses positives. Depuis l'ouverture de l'ère de la pensée pour l'humanité, on a beaucoup médité, beaucoup écrit sur ce sujet, singulièrement attrayant; mais les méditations et les écrits ont nécessairement exprimé une conception qui, purement subjective et née des combinaisons de l'esprit, pouvait à la vérité concorder avec le monde réel, mais en fait se trouve n'y pas concorder; et, réciproquement, la conception qui provient de l'étude du monde réel, étant une donnée de l'expérience, n'a aucune prise sur des sujets qui sont, de leur nature, hors de l'expérience. L'une de ces méthodes, qui prétend donner les solutions d'origine et de finalité, est en contradiction avec les choses telles qu'elles sont; l'autre, qui est en rapport avec les choses telles qu'elles sont, se refuse à toute solution de finalité et d'origine.

En cet état, et la double impossibilité étant dûment reconnue, on écartera comme stériles des discussions qui ne peuvent jamais aboutir. Ainsi, pour me tenir dans l'objet dont je m'occupe, on ne cherchera pas à imaginer ce qui ne semble pas imaginable, comment les êtres vivants ont pour la première fois, pour la seconde, pour la troisième ou pour telle autre, apparu sur la terre ; mais ce qu'on cherchera et ce qui importe grandement à la consolidation des doctrines de l'humanité, et, partant, à son existence sociale, ce qu'on cherchera, dis-je, ce sera de circonscrire de plus en plus le terrain où se sont passés les phénomènes d'origine, et d'arriver, s'il est possible, au point où un pas de plus, qui est absolument interdit, conduirait hors de l'expérience. En ceci, la paléontologie est d'un puissant secours ; elle ouvre de vastes aperçus. Certes Cuvier, qui le premier en a embrassé le système, a dû sentir les joies pures et profondes de l'intuition, quand, réveillant la poudre des générations dissemblables, il a pu les compter l'une après l'autre et s'émerveiller que l'écorce de la terre renfermât tant de mondes éteints. Et nous qu'il a introduits à ce grand spectacle, ce n'est pas sans émotion et sans recueillement que nous nous penchons sur le gouffre de ces âges marqués chacun d'un jalon, et que nous mesurons notre courte vie à la vie de notre terre.

Il est certain, quelle que soit la cause du phénomène, que toutes les espèces d'animaux qu'on trouve à l'état fossile ont eu une durée géologique limitée. Il ne faut pas croire que les espèces les premières créées, et qui appartiennent aux terrains les plus anciens, existent encore parmi nous. Il n'en est rien ; elles sont anéanties. Nous n'avons point, sur la surface actuelle de la terre, des animaux (du moins parmi les degrés élevés de l'échelle) dont les aïeux remontent, de génération en génération, jusqu'aux âges où la vie commença d'apparaître. Aucun ne peut se vanter d'une noblesse aussi antique, et tous ceux qui vivent présentement sont de maison relativement récente. Celles d'entre les espèces qui naquirent dans les couches profondes gardèrent d'abord, les unes plus, les autres moins, leur permanence, et se conservèrent dans quelques-unes des couches qui succédaient; mais les changements passaient les uns après les autres sur la face de la terre, les conditions d'existence se modifiaient, et, les milieux devenant de plus en plus impropres à ce qui avait pris naissance dans les circonstances les plus anciennes, une mort définitive les balayait des continents et des mers.

Il suit de là, comme un corollaire, que, quand un type a péri, c'en a été fait de lui, il n'a plus reparu. En d'autres termes, une interruption dans l'existence, à travers les passages d'un monde à un autre, n'est jamais réparée. Le genre éléphant, si abondant à l'époque diluvienne, s'est perpétué dans l'époque présente; mais si, ce qui n'est pas, il eût appartenu à l'époque tertiaire, et qu'il eût été sans représentants dans l'époque diluvienne, il n'existerait pas non plus aujourd'hui, et il compterait parmi les genres éteints. C'est la loi des milieux qui règle tout cela. Un genre passe d'un étage à l'autre et continue à subsister, s'accommodant aux nouvelles modifications, si elles ne sont pas trop considérables; mais vient-il à périr, alors le monde nouveau qui s'est formé diffère notablement du monde ancien qui lui avait donné naissance, et ce qu'il produit n'est plus identique à ce qui fut produit jadis. Les espèces sont dans le même cas : elles peuvent traverser et ont traversé, en effet, le défilé qui enchaîne l'un à l'autre deux renouvellements; mais celles qui ne se sauvent pas ne reparaissent plus. D'autres, du même genre, prennent leur place. Ainsi, dans le genre des éléphants, qui est venu de l'étage diluvien à notre étage, les espèces diluviennes ont été anéanties; le genre éléphant, quand il s'est renouvelé, a eu l'éléphant des Indes et l'éléphant d'Afrique, qui ne sont pas fossiles, et il n'a plus eu le mammouth, qui est demeuré enseveli. Les genres, les espèces, une fois mortes, ne ressuscitent pas.

La paléontologie, concordant en cela avec la physique du globe, indique que les époques anciennes ont été généralement plus chaudes que la nôtre. Pourtant il ne faudrait pas considérer cet accroissement comme régulier et continu; il y a eu une période de froid qui a sévi du moins dans certaines parties du globe. C'est l'époque dite glaciaire, dont l'existence, difficile à expliquer, est attestée par les immenses glaciers et leurs vastes moraines, aujourd'hui vides d'eaux et de glaces. Mais cette anomalie laisse subsister le fait principal : la température fut plus élevée. Le mammouth, qui peuplait la Sibérie, tout velu qu'il était, n'y vivrait pas présentement, attendu que cette contrée est devenue trop froide pour produire les végétaux nécessaires à la nourriture de ce puissant animal, et l'Europe entière a été, pendant l'époque houillère, couverte d'une riche et grande végétation qui ne peut être comparée qu'à celle de quelques pays intertropicaux. Cette élévation de la température dans les régions qui sont maintenant sous un autre climat mettait beaucoup plus d'uniformité sur la surface de la terre; cette uniformité se faisait sentir sur les productions tant végétales qu'animales, et c'est ce que la paléontologie constate de tous côtés, de sorte que la diversité des formes de la vie a crû en même temps que croissait la diversité des circonstances climatologiques. De quelque côté que l'on porte le regard dans ce long flux des âges, tout y paraît muable. Nous vivons sur la foi, je ne dirai pas de notre soleil, dont les changements nous sont dérobés par son immense éloignement et son énorme grosseur; nous vivons sur la foi de notre terre qui nous porte, et de notre atmosphère qui nous abrite, et pourtant ce n'est encore qu'une tente d'un jour.

La succession des terrains superposés, les débuts de la vie dans les plus anciens, l'apparition, dans chacun d'eux, d'organisations dissemblables, portèrent plusieurs zoologistes à établir comme une loi de la paléontologie que les êtres vivants étaient soumis à un perfectionnement graduel. Non pas que les espèces d'alors fussent plus imparfaites que celles d'aujourd'hui : elles sont, si on les considère en elles-mêmes, toutes aussi parfaites les unes que les autres, c'est-à-dire toutes suffisamment disposées pour se perpétuer ; mais on veut dire que, s'élevant des profondeurs à la superficie, on rencontre des types de plus en plus éminents, c'est-à-dire de plus en plus compliqués d'organisation et pourvus de facultés. Ainsi une série régulière et bien ordonnée se déroulerait depuis les premiers âges, dans laquelle le terme précédent serait une sorte d'ébauche par rapport au terme conséquent. Ce n'est point là l'expression de la réalité, et, sous cette forme, l'idée du perfectionnement graduel est en contradiction avec les faits. L'étude montre de grandes et incontestables irrégularités. Les singes, qui sont plus parfaits que les autres animaux et plus imparfaits que l'homme, devraient occuper, dans la série des terrains, une situation intermédiaire, et pourtant on les trouve déjà dans les terrains tertiaires anciens. Les invertébrés, moins parfaits que les vertébrés, devraient leur être antérieurs, et pourtant on trouve des vertébrés (à la vérité ce sont des poissons) à côté des premiers invertébrés. Il y a donc des confusions, des empiétements, et, au lieu de se suivre, les créations, en bien des points, se juxtaposent. Cela est vrai; cependant il est vrai aussi que, dans l'ensemble, il y a une évolution incontestable depuis les végétaux primitifs jusqu'à l'homme, et une série, si l'on considère seulement quelques grands termes qui ne souffrent pas d'interversion : plantes, animaux, vertébrés supérieurs et homme. Ces considérations s'appliquent exactement à ce qu'on nomme l'échelle des êtres; il est certain qu'on ne peut ranger bout à bout toutes les espèces vivantes (plantes et animaux), de manière que la supérieure soit constamment plus parfaite que l'inférieure. D'immenses exceptions, tant végétales qu'animales, ne permettent pas de considérer ainsi les choses, et il faut reconnaître qu'en bien des points plusieurs séries deviennent parallèles et ont des rapports simultanés d'infériorité et de supériorité. Si cela ne peut être nié, on ne peut nier non plus que végétalité, animalité et humanité forment trois termes qui donnent une grande et véritable série. L'idée vient, quand on considère dans leurs analogies la série paléontologique et la série zoologique, l'idée vient que l'ordre linéaire est l'ordre idéal et celui qui aurait prévalu si l'intercurrence de perturbations extérieures n'avait pas dérangé l'évolution propre de la vie. L'ellipse, à laquelle on rapporte le mouvement des planètes dans notre système solaire, n'a rien de réel; il n'y a pas une seule planète qui se meuve dans une courbe parfaitement elliptique; toutes sont déviées de leur course par les attractions réciproques qu'elles exercent les unes sur les autres. Mais ici la simplicité du cas mathématique a permis de reconnaître que l'ellipse était bien en effet le mouvement vrai, et que, si, par exemple, il n'y eût eu dans l'espace que le soleil et la terre, celle-ci décrirait une ellipse régulière; tandis que, dans le domaine de la vie, l'infinie complication ne permet pas à notre intelligence trop faible de dégager l'évolution idéale telle qu'elle se comporterait, indépendamment des actions perturbatrices. Aussi la série paléontologique et la série zoologique ne doivent être considérées que comme des artifices logiques, très-légitimes d'ailleurs, qui ont la double vertu de diriger les recherches et d'assurer l'esprit.

Ce fut le rêve de la poésie primitive de pénétrer par quelqu'une des cavernes béantes dans les espaces souterrains, et d'y évoquer des formes étranges et monstrueuses qui devaient, avec les morts, occuper les ténèbres des abîmes. Ce rêve de la poésie, la science lui a donné la réalité; cette descente vers *les choses couvertes sous une terre profonde et une ombre obscure* (*res alta terra et caligine mersas*), la science l'a effectuée. Si, au moment de s'engager dans ces voies dont on peut dire, aussi justement que le poëte, qu'elles n'avaient jamais été foulées par un pied humain, elle eût annoncé que ce qu'elle allait trouver viendrait se ranger dans les cadres qu'elle avait tracés et se conformerait à la doctrine générale qu'elle avait édifiée, on aurait certainement pensé qu'elle tenait un langage téméraire, et qu'elle donnait pour des vérités ce qui n'était que des hypothèses. Pourtant elle n'eût rien annoncé qu'elle n'ait tenu. En vain un nombre prodigieux de siècles nous sépare de tous ces mondes effacés, en vain les terrains s'entassent sur les terrains, en vain les conditions d'une surface si souvent renouvelée subissent de graves modifications; tout est nouveau sans doute, mais rien n'est hétérogène. En aucun cas, ce qui choquait l'ami des Pisons, l'aimable et judicieux Horace, jamais une femme belle en haut ne se termine par une queue de poisson (*desinet in piscem mulier formosa superne*) : je veux dire que les mêmes lois biologiques sont observées dans ces végétaux et animaux fossiles comme dans ceux de nos jours. Ce qui est incompatible s'exclut alors comme aujourd'hui, et alors comme aujourd'hui ce qui est congénère s'attire et se rejoint. Les fougères peuvent devenir de grands arbres; mais ce sont des fougères; les lézards peuvent prendre des ailes et voler, mais ce sont des lézards; les paresseux et les tatous peuvent devenir gros comme des éléphants, mais ce sont des paresseux et des tatous. Le fil qui conduit est un guide sûr : organisation, texture, relations, fonctions, tout se tient. Rien autre que des plantes monocotylédones ou dicotylédones n'a été offert par ces antiques végétaux, et dans les animaux rien de supérieur aux vertébrés, d'inférieur aux invertébrés, n'a été rencontré. Jamais la réalité de la science ne s'est mieux démontrée qu'en s'appliquant ainsi sans effort à des cas pour lesquels elle n'avait jamais été faite et qu'elle ne soupçonnait pas. Et réciproquement, en présence de cette régularité qu'on peut appeler rétrospective, il faut concevoir que la vie est une force spéciale qui a ses conditions immanentes, comme la gravitation ou la chaleur ont les leurs, qui est profondément modifiée dans ses manifestations par l'influence des milieux, mais qui n'en conserve pas moins, dans les circonstances les plus disparates, son autonomie et ses modes fondamentaux.

4.

Quelque loin que l'homme ait poussé sa civilisation

et doive la pousser encore, les commencements en sont nés, parce qu'il a su se faire des outils et par là agrandir sa force, qui est petite, et qui, grâce aux instruments, croît sans cesse et devient illimitée. Cette capacité lui est inhérente, et il n'est aucun pays, aucun temps où il en paraisse privé, si bien qu'elle appartient même aux hommes et aux âges diluviens, et qu'elle a fourni à M. Boucher de Perthes des témoignages d'une industrie primitive. Si l'homme n'augmentait pas sa force matérielle et intellectuelle, il pourrait bien peu de chose sur la nature, et son enfance serait perpétuelle; stagnation, arrêt, immobilité qu'on observe chez les races ou les peuples qui, à un moment donné de leur histoire, cessent d'accroître leurs ressources en ce genre. C'est d'abord la force matérielle qui se développe : la hache, le coin, l'arc, la pirogue pourvoient aux plus pressants besoins de l'existence. A l'aide de ces premiers outils croît à son tour la force intellectuelle, qui bientôt paye avec usure la protection accordée. Un échange incessant s'établit de l'une à l'autre : le savoir donne des outils, les outils donnent du savoir. Que n'ont pas produit les microscopes et les télescopes! Il n'est pas possible de se représenter l'homme assez absorbé en soi-même pour n'avoir pas songé à se munir de quelques outils; une pareille supposition le réduirait aussitôt au rôle des grands singes et des mammifères supérieurs; comme eux, les nécessités de la vie l'occuperaient tout entier. Mais il se procure le temps de méditer et, partant, l'empire, en se procurant ces instruments dont il arme progressivement ses mains et son esprit. Et de fait, les sciences ne sont qu'une espèce d'outils à l'usage de l'intelligence; véritables machines de plus en plus puissantes, par lesquelles on pénètre dans les propriétés de la matière, on reconnaît les phénomènes et l'on saisit dans leur agence les forces naturelles. Alors, maître de tant de secrets des choses, possesseur de ce feu symbolique que livra Prométhée, le genre humain fait deux parts du trésor accumulé : aux uns il le livre pour qu'ils se satisfassent dans la contemplation spéculative, entretenant et augmentant ces hautes connaissances; aux autres, pour qu'ils transforment en toute sorte d'applications le savoir abstrait.

Ce qui est à la fin n'a pu être au commencement, et l'homme antédiluvien débutait dans la série des inventions dont le germe reposait en son intelligence. Il y a, dans une célèbre ballade de Schiller, des vers où il peint le hardi plongeur qui est allé chercher la coupe d'or, se voyant avec terreur si loin de tout secours, le seul être sentant parmi les monstres de l'abîme, seul sous les vastes flots, seul dans les antres sourds et tout entouré des bêtes dévorantes qui peuplent ces demeures. L'homme primitif, tout sauvage qu'il était, tout approprié qu'il se trouvait à ses conditions d'existence, éprouva sans doute quelque confus sentiment de sa position vis-à-vis la nature tant inanimée que vivante, et il mit la main à l'œuvre. Nous n'avons point certainement la collection des outils qu'il se fabriqua ; mais, la nécessité des instruments se faisait spontanément sentir, où les prendre? Alors, avec une industrie sur laquelle ses descendants ne doivent pas jeter un regard dédaigneux, et qui est le commencement des découvertes ultérieures, il choisit les cailloux les plus durs, il les frappa l'un contre l'autre, et finit par faire des haches et des couteaux qui étendirent notablement son empire. Les premiers ouvriers qui réussirent dans cette fabrique furent les pères du travail. Avec cela on put couper les arbres, façonner le bois, fouir la terre, de-

venir redoutable même à de grands animaux, et sans
doute guerroyer de tribu à tribu. C'était l'âge de pierre.

L'âge de pierre se continua chez l'homme postdiluvien ; et la période de la pierre persiste pour beaucoup de peuplades qui n'avaient, lors de leur contact avec les Européens, pas d'autres instruments tranchants que des pierres taillées. L'âge de la pierre est un stage qu'il faut nécessairement faire, et que, parmi les races antiques, quelques-unes seulement dépassèrent, ouvrant dès lors la voie à d'immenses destins. Le bois ne peut servir à trancher, le métal est enfoui et n'est pas mis en usage sans des manipulations difficiles; mais la pierre est là, toute prête, à l'aide d'opérations simples, à devenir une hache grossière, il est vrai, mais utile. M. Boucher de Perthes prétend, d'ailleurs, distinguer les haches antédiluviennes et les haches postdiluviennes, non-seulement au gisement, cela va sans dire, et c'est le gisement qui permet la distinction, mais encore au travail. Celles-là ne sont pas aiguisées et polies; celles-ci le sont, témoignant par là d'un besoin de perfectionnement qui paraît avoir été étranger à la période antérieure. A ces haches perfectionnées, M. Boucher de Perthes assigne le nom de celtiques. Les unes et les autres sont semées sur le sol de la France actuelle, et montrent qu'à des époques diversement reculées ce sol a été occupé par des hommes maniant la hache de pierre; mais il est fort douteux que l'appellation de celtique soit juste. Les Celtes ne sont pas autochthones de la Gaule; ils viennent de l'Orient; et, lorsqu'ils se portèrent en Occident, ils avaient sans doute l'usage du cuivre : ils durent y trouver la pierre dans les mains de peuplades indigènes; chez eux, s'ils la gardaient encore à côté d'une matière meilleure, c'était par souvenir et tradition.

L'âge de cuivre (l'âge d'or et celui d'argent ne sont que des accidents) est, des deux grands âges métalliques, le premier en date. Ce métal est relativement facile à extraire et facile à travailler. C'était donc à lui que pouvaient s'adresser les hommes, lorsque le progrès des découvertes les conduisit à substituer des instruments plus efficaces aux instruments grossiers des aïeux. Ce fut une grave révolution dans l'industrie primitive, qui de la sorte fut en mesure d'agir avec bien plus de force sur la nature extérieure. On ne peut guère s'empêcher de l'attribuer aux races d'élite qui jetèrent les premiers fondements des empires, les Couschites, les Sémites, les Aryens. De même que l'âge de pierre dura très-inégalement sur la terre, puisque des peuplades y étaient encore demeurées pendant que le reste du genre humain l'avait dépassé depuis bien des siècles, de même l'âge de cuivre eut une durée variable chez les peuples antiques. Au temps de la guerre de Troie, les Grecs n'en étaient pas sortis : dans Homère, tous les engins de guerre sont en cuivre; l'or et l'argent sont employés dans les armes défensives, les lances meurtrières qui atteignent l'adversaire de loin sont pourvues d'un airain aigu et tranchant ; mais le fer n'est nulle part, sauf comme une rareté de grand prix, témoignant du moins que des peuples plus industrieux que les Hellènes avaient déjà extrait et façonné ce métal. Bien plus tard encore, les Gaulois, quand ils passaient les Alpes et guerroyaient contre les Romains, n'avaient que des armes de cuivre, et ce ne fut pas une de leurs moindres infériorités ; mais finalement le cuivre, comme la pierre avant lui, fut dépossédé du service par quelque chose de plus puissant.

L'âge de fer succéda en effet. Aller chercher le minerai, le transformer en métal, façonner ce métal était une entreprise qui, dépassant les ressources et l'habileté des temps anciens, devenait possible à des mains et à des esprits plus exercés. Quand le fer fut entré dans les usages de la vie, la force humaine fut immensément multipliée. La pierre et le cuivre avaient préparé cet accroissement, qui, à son tour, fut la préparation à un état ultérieur. De même que les Grecs devant Troie approchaient de l'âge de fer, de même les Gaulois y arrivaient peu avant que César les conquît ; tant fut lente la propagation des plus utiles découvertes ! Il n'est pas besoin de dire combien grande fut la révolution que le fer, comme instrument et comme arme, produisit dans les affaires du monde ; mais il est besoin de ne pas perdre de vue quelle en est la place dans la série. Rien dans ces termes ne peut être interverti : on n'alla point de l'âge de fer à l'âge de pierre, la nature des choses comme la nature de l'esprit humain s'y opposèrent ; on alla de l'âge de pierre à l'âge de fer par l'intermédiaire du cuivre, la nature des choses comme la nature de l'esprit humain le voulurent. Ces deux conditions, qui réagissent incessamment l'une sur l'autre, déterminent, comme un phénomène régulier et naturel, le développement des sociétés.

Telle est la succession de ces trois âges qui, tout réels qu'ils sont, peuvent presque être appelés mythologiques ; car ils se confondent dans les nébulosités de l'histoire. Ils étaient probablement accomplis, pour les peuples les plus avancés en civilisation, à l'époque où l'empire des Égyptiens nous apparaît fondé sur les bords du Nil, et l'on sait qu'aucune nation n'est historiquement aussi ancienne que la nation égyptienne ; le genre humain n'a point d'autres annales qui remontent aussi haut. Au delà donc s'étend une période immense, remplie par les trois âges successifs. Ils furent tous occupés par la formation de ces mille industries sur lesquelles la vie moderne repose comme sur un fondement solide. Les religions primitives y présidèrent sous des formes qui s'épuraient à mesure qu'un âge remplaçait un autre âge ; elles en furent l'élément moral, que la nature humaine développait et auquel elle se soumettait de plus en plus, selon le progrès général. Il n'est pas probable que dès lors l'élément intellectuel se soit dégagé comme spéculatif et abstrait, et ait cherché la vérité en elle-même et la théorie des choses ; il demeura appliqué à la satisfaction des besoins de la vie et à l'exploration empirique ; *labor improbus et duris urgens in rebus egestas*, a dit très-bien Virgile. Tout au plus peut-on supposer que, vers la fin, des essais de spéculation scientifique commencèrent à naître, et que furent faits quelques rudiments abstraits d'arithmétique d'abord, puis de géométrie ; mais en définitive toute cette période doit être assignée, d'une façon générale, à l'empire des besoins urgents et aux moyens d'y satisfaire.

Entre des périodes ainsi caractérisées et les âges mythologiques du genre humain, y a-t-il lieu de chercher un rapport même éloigné? Est-on autorisé par la similitude apparente à voir dans les légendes antiques, parées de l'imagination des poëtes, quelque chose de plus que des conceptions suggérées uniquement par des besoins moraux et par des inspirations religieuses? En un mot, peut-on y distinguer un certain reflet de souvenirs presque effacés de la mémoire des hommes? La division ordinaire était en or, argent, cuivre et fer. Il est certain que cette division reproduit assez bien l'évolution de la civilisation quant aux métaux ; l'or a précédé le cuivre, lequel a précédé le fer. Et la légende décrit en même temps comment la vie va se compliquant : tout d'abord l'homme n'avait qu'à jouir du printemps perpétuel et fécond de la terre; mais d'âge en âge tout se resserre et se supprime, et simultanément les arts naissent et se multiplient; mais aussi naît et se multiplie la perversité. De ce tableau il ne peut demeurer que trois traits : une espèce de printemps général ou du moins une température plus uniforme répandue sur le globe, la succession des métaux et la complication concomitante de la vie. Le reste est en contradiction avec les témoignages encore inscrits, à défaut de l'histoire, dans les dernières couches du globe. Les premiers hommes, bien loin d'être dans une oisiveté que ne stimulait aucun besoin, taillaient des silex pour se faire des instruments et des armes; bien loin d'être en paix sur une terre toute clémente, ils étaient engagés dans la grande guerre avec les animaux puissants; bien loin d'être supérieurs en intelligence et en moralité à leurs successeurs, ils ouvraient péniblement les premiers sillons de la moralité et de l'intelligence.

Une autre tradition a été suivie par Virgile : lui ne compte que deux âges. Dans le premier, la communauté régnait; le sol n'était pas partagé, et la terre produisait tout libéralement sans qu'on lui demandât rien : c'était le règne de Saturne. Mais vint le règne de Jupiter, qui, ne voulant pas que ses domaines restassent plongés dans la torpeur, changea ces bénignes conditions : il mit le venin aux dents des noirs serpents, il lâcha les loups dévorants, et cacha le feu, afin d'obliger les hommes à trouver les diverses industries à force de méditation. Si l'on voulait tourner ces récits légendaires et poétiques de manière à y trouver une esquisse, une ombre de la réalité, on dirait que le premier âge répond à l'existence des hommes de la période diluvienne, à l'usage primitif de la pierre, alors que, n'ayant que les rudiments de toute chose, ils vivaient d'une vie s'élevant de peu au-dessus de celle des grands animaux, tandis que le second âge représente l'introduction des métaux dans l'ébauche sociale, et simultanément la complication graduelle de tous les rapports. Si l'on voulait poursuivre encore plus loin ces flottantes ressemblances, on dirait que Saturne, cet antique souverain du ciel et de la terre, sous lequel la simplicité et l'uniformité fleurissent, est l'homme ancien, et le type de ces tribus diluviennes qui, plus imparfaitement douées, n'avaient aucune chance de sortir des langes premiers; et que Jupiter, qui chasse si rudement le vieux Saturne, et qui ne souffre pas que ses domaines languissent dans une torpeur immobile (*nec torpere gravi passus sua regna veterno*), est l'homme nouveau et le type de ces tribus entreprenantes qui cherchent, méditent et trouvent. Sans doute, il faut se garder d'attacher trop de réalité à ces légendes qui se prêtent à tant d'explications diverses, et surtout de se laisser faire une illusion semblable à celle de l'alchimiste qui ne rencontrait jamais au fond de son creuset que l'or qu'il y avait mis. Pourtant elles ont je ne sais quel reflet des choses antiques et lointaines qui charme et attire l'esprit, et là, comme en plus d'un autre point, la poésie vient côtoyer la haute science [1].

3.

L'histoire, lorsqu'on la remonte, arrive partout à un

---

1. Il ne serait pas impossible que Virgile se référàt à quelque vieux souvenir de la propriété territoriale par indivis, qui paraît avoir précédé partout la propriété individuelle de la terre.

point où finissent les documents inscrits soit dans les livres, soit sur les pierres ou sur les métaux ; et, quand ils s'arrêtent, elle s'arrête aussi, n'ayant pas d'autres matériaux que les récits, les inscriptions, les pièces, en un mot, qui émanent directement et indirectement des temps antérieurs. C'est un chemin qui se coupe abruptement ; on l'avait suivi jusque-là : tout à coup les monuments font défaut, et le voyageur, je veux dire l'historien, s'arrête déconcerté devant cette lacune qu'il n'a aucun moyen de franchir, tout en conservant la certitude que réellement l'histoire se prolonge bien au delà du terme que l'on atteint. Les hommes ont été longtemps sans savoir écrire ; quand ils l'ont su d'une façon rudimentaire, quand ils ont commencé à retracer leurs idées et leurs annales en peintures, en hiéroglyphes, en quipos, ces documents, dont rien n'assurait la conservation, se sont détruits, et il ne nous est parvenu de corps d'annales que pour les époques, relativement bien postérieures, où des collèges de prêtres, des rois puissants, des aristocraties constituées, ont eu besoin de tenir registre des choses.

Tous les anciens peuples arrivés à un état de société qui comportât des annales se sont tournés du côté de leur passé, et, apercevant ce grand vide à l'origine, ont essayé de le combler. Quelques vagues traditions s'obscurcissant par la transmission de la mémoire, puis surtout l'imagination, y pourvurent. De là ces âges, de là ces jours, ces *avatars*, ces printemps perpétuels, ces longues durées de la vie, ces générations favorisées et ces *années meilleures*[1] qui faisaient le regret et la rêverie du poëte. Ce qui détermine le caractère de tant de légendes merveilleuses, c'est la tendance de tout ce qui

---

1. Nati melioribus annis, dit Virgile.

vieillit à reporter au temps de la jeunesse la chaleur, le charme et la beauté. Sous cette illusion inévitable se colora l'origine des choses, dans des récits astreints d'ailleurs, par des souvenirs flottants, à quelques conditions communes. L'homme, par la constitution même de ses sens et de son esprit, est mis à toute sorte de faux points de vue, dont le plus vulgaire exemple est la croyance nécessaire au mouvement du soleil et au repos de la terre. De même le faux point de vue intellectuel et moral dont je parle l'obligea spontanément à grandir et à parer le passé. Rechercher dans les narrations antiques, dans les poésies primordiales, ce qui est issu du faux point de vue, et ce qui fut donné par des traditions qui surnageaient, est un travail dont on peut tenter l'ébauche, aujourd'hui que l'on connaît mieux l'état toujours relatif de l'esprit humain et certains vestiges des civilisations rudimentaires.

Il n'y a point, jusqu'à présent du moins, de mesure pour les intervalles du temps écoulé. Entre le moment où l'homme se mit à tailler des cailloux pour se faire des instruments et des armes, jusqu'au moment où vous le trouvez occupé, sur les bords du Nil, à ériger des temples et des pyramides et à y inscrire en hiéroglyphes ses souvenirs, est un très-vaste espace. Cet espace s'accroît encore, s'il faut, comme tout l'indique, le couper par un événement géologique qui sépare l'humanité en deux groupes, l'un plus ancien et plus voisin des rudiments, l'autre plus récent et plus développé. L'empire égyptien se donnait dix mille ans d'existence, lorsque ses prêtres conversaient avec Platon; et la critique actuelle, qui le suit avec toute certitude jusqu'à plus de quarante siècles, ne peut voir en ce dire une simple vanterie. C'est donc à un terme ainsi placé approximativement qu'il faut conduire les populations qui peu à peu s'élevèrent, du dénûment primitif, à l'immense et prospère organisation des empires de l'Égypte et de l'Asie. La route est tracée, on voit le point de départ, on connaît le point d'arrivée, des jalons même sont placés çà et là ; mais une ignorance profonde cache les difficultés de la frayer, et, partant, les durées des étapes.

Non-seulement la notion d'une marche en une voie déterminée est acquise, mais encore on peut apercevoir avec netteté dans les linéaments généraux de quoi a été rempli l'immense espace parcouru, l'immense durée employée à jeter les fondements d'un édifice dont les proportions futures étaient inconnues. Tous les arts nécessaires et beaucoup des arts utiles commencèrent alors. On fut occupé à donner satisfaction aux besoins les plus pressants de notre nature. C'était à la fois la chose la plus impérieusement commandée et la moins difficilement exécutée. De cette période datent les débuts de l'industrie, d'où émanent ensuite les autres développements. Cet ensemble est la loi même de l'histoire que, dans quelque autre travail, je m'efforcerai de rattacher à la constitution de l'esprit humain, si bien qu'il a fallu nécessairement que l'évolution fût telle, sans permettre aucune inversion essentielle. Toujours est-il que les recherches nouvelles ont fait faire un grand pas à l'histoire, et ont montré, sinon les événements qui s'étaient passés dans l'espace antéhistorique, du moins la nature des œuvres matérielles et intellectuelles qui s'y étaient accomplies.

Les occupations de l'ère primitive étant de la sorte aperçues dans leur généralité, il est deux ordres d'explorations qui peuvent conduire à en reconnaître la succession graduelle et l'enchaînement régulier. Sans doute on ne saura jamais rien sur les événements, alors que les hommes combattaient contre les mastodontes, ou que les peuplades guerroyaient contre les peuplades, ou que les races supérieures commençaient à envahir le sol et à exterminer ou à disperser devant soi les races inférieures : ils sont effacés à jamais de la mémoire. Mais, si nous les connaissions, ils nous présenteraient un tableau très-semblable à celui des guerres entre Mohicans et Hurons, et n'auraient d'intérêt qu'autant qu'ils serviraient à contrôler la marche progressive des races vers une civilisation meilleure. En lisant, par exemple, les débuts de l'histoire de France, on est saisi d'ennui et de dégoût au récit des luttes de ces princes mérovingiens, sortes de loups humains qui ne sont occupés que de guerres, de proies et de partages ; mais la véritable grandeur de cette histoire se révèle quand, écartant la monotonie apparente qui la recouvre, on cherche à voir comment les Germains se fondent parmi les Gallo-Romains, comment se transforment les institutions de l'empire, comment la féodalité débute, comment le pouvoir spirituel se dégage, comment les langues néo-latines sont en germe, comment en un mot l'ordre social nouveau sort des ruines de l'ancien. De même ici ce qu'il faut chercher, c'est par quels degrés l'homme primitif et dénué est parvenu, quand l'histoire entrevoit les premiers empires, à fonder de puissantes sociétés munies de toute sorte de ressources. et de connaissances. Deux voies d'exploration sont, comme je l'ai dit, ouvertes : l'une est l'étude comparative des sociétés sauvages qui ont existé ou qui existent sur le globe, et leur classement méthodique ; l'autre est l'étude des monuments de l'antique industrie, les vestiges de l'antique existence que l'on exhume du sein de la terre. C'est une archéologie qui se recommande aux méditations de l'historien.

La hache en silex, contemporaine des mastodontes, est le témoin le plus ancien. Nous n'avons rien qui soit plus humble que cet essai d'industrie, ni qui remonte plus haut. Se développer d'un germe et passer de phase en phase est le propre de toute vie et de tout ce qui provient de la vie. C'est ainsi que les sociétés, concurremment avec la transformation héréditaire de la vie individuelle, sont assujetties à la loi de développement suivant les conditions de l'existence qui leur est propre. Le génie humain peut se vanter, comme d'une de ses plus belles découvertes, d'avoir déterminé, sur une durée connue qui ne dépasse guère quatre à cinq mille ans, la marche du phénomène et la direction du mouvement. L'astronome, sur un bout de courbe qu'il observe, calcule l'orbite entière d'un astre. C'est, on peut le dire, sur un bout seulement de la série que non pas la courbe (nous ne sommes plus ici en astronomie), mais l'évolution, malgré toutes les perturbations de lieux, d'événements et de races, a été entrevue. Aussitôt une lumière s'est projetée sur le passé ; une lumière plus indécise, mais réelle pourtant, s'est projetée sur l'avenir. Quand les races humaines ont débuté sur la terre, il était incertain si l'empire devait leur en appartenir ; quand elles ont combattu entre elles pour le sol, pour les eaux, pour la conquête, il était incertain qu'il dût jamais sortir de là que des sociétés partielles, cantonnées et ennemies. Aujourd'hui la terre est conquise, et l'humanité absorbe peu à peu les sociétés partielles et les entraîne vers un but commun.

VIII

DE
LA SCIENCE DE LA VIE

DANS SES RAPPORTS AVEC LA CHIMIE [1]

Un célèbre chimiste, M. Liebig, a publié à peu près sous ce titre des *Lettres* où il expose les services que la chimie rend à la physiologie. Ce n'est pas l'objet que je me propose ici : mon but est d'examiner quelles sont les limites entre la chimie et la biologie, entre la science des actions moléculaires et celle des actions vitales. Les terres *debatables*, pour me servir de l'expression que le grand romancier de l'Écosse a rendue familière même aux oreilles françaises, ne se trouvent pas seulement aux frontières entre deux États, elles se trouvent aussi aux frontières entre deux sciences. La chimie s'occupe des combinaisons qui s'opèrent entre les substances. Or la vie elle-même est une combinaison

1. *Revue des Deux-Mondes*, 1ᵉʳ janvier 1855.

et une décombinaison perpétuelles, combinaison des substances qui entrent, décombinaison des substances qui sortent. Pourquoi donc la chimie n'entreprendrait-elle pas de résoudre ce problème que la nature lui offre, et de le donner tout résolu aux biologistes qui le poursuivent, aux médecins qui voient que tant de maladies sont une perturbation de cette combinaison et décombinaison?

Les débats sur la méthode ne sont jamais des débats oiseux. Quiconque réfléchira sentira promptement que rien n'est plus important et n'a une plus durable influence que tout ce qui touche aux méthodes. Il y a, dans l'empiétement d'une science sur l'autre, un sophisme implicite qui, par ses effets délétères, paralyse tout ce qu'il touche, sophisme qu'avant toute explication ultérieure il est possible d'indiquer. Remarquez-le, ce n'est pas la biologie qui tente d'expliquer les phénomènes chimiques à l'aide des lois qui lui sont propres; il ne se fait de ce côté aucune invasion; il est trop clair que ses procédés ne sont pas applicables; elle compare bien plus qu'elle n'analyse, et jamais ne recompose. Il n'en est pas de même de la chimie; elle a rendu tant de services, elle touche de si près aux actions organiques que, se laissant aller à sa pente, elle intervient dans un domaine qu'elle réclame comme sien en totalité ou en partie. Toutefois qui ne comprend, fût-ce d'intuition seulement et sans examen approfondi, que le cas vital est plus complexe que le cas chimique, et que, par conséquent, essayer de résoudre l'un par l'autre, c'est laisser en dehors une part du problème, et sans doute la plus décisive, celle justement qui fait qu'il y a vie et non purement travail chimique?

Les diverses parties de la science biologique, ou, si

l'on ne veut considérer que deux de ses divisions, l'anatomie et la physiologie, sont très-ignorées, même du public lettré et cultivé. A la vérité, il n'est rien sur quoi le monde ait si facilement une idée ou un avis. Il n'est rien non plus qui nous serre, nous presse, nous intéresse à un tel degré. Les hommes, les animaux qui peuplent avec nous le globe terrestre, les poissons qui habitent les profondeurs, les oiseaux qui planent dans l'air, les végétaux qui sont fixés immobiles au lieu de leur naissance, les races anéanties qui n'ont plus de représentants sur la terre, nous tous nous ne sommes, nous ne fûmes, nous ne serons que conformément aux conditions, aux lois qui gouvernent l'ensemble des êtres vivants, ou qui, abstraitement considérées, constituent la biologie : *in hoc movemur et sumus.* De là une certaine notion usuelle de tout ce qui s'y passe; mais, comme c'est une science bien plus compliquée que la chimie, la physique, l'astronomie ou la mathématique, de là en même temps une méconnaissance radicale des éléments de cette grande doctrine. Écoutez le premier venu discourant sur une maladie quelconque (et une maladie est un cas relevant de la biologie); il vous dira qu'elle provient du sang, de l'humeur, que sais-je? de toutes choses fort mal connues de celui qui parle, fort mal connues surtout dans leurs propriétés actives. Se taire en ce cas, ne pas donner d'explication est si rare, qu'on peut regarder le silence en pareille matière comme la marque d'un esprit discipliné et habitué à réfléchir sur l'étendue de ce qu'il sait réellement. J'essayerai donc de dissiper quelques-uns de ces nuages, et d'exposer un point particulièrement ignoré : comment une science qui, au premier abord, ne se compose que de dissections, de descriptions, d'observations, arrive finalement à l'abstraction, ou, ce qui ici comme dans la plupart des circonstances est synonyme, à la généralité.

Je ne résisterai pas non plus au désir de faire voir comment la maladie (en termes techniques, la pathologie) se rattache à la biologie. Il n'est personne qui, étudiant l'histoire, n'ait remarqué que partout les arts utiles ont précédé les sciences. On a employé la chaleur à toutes sortes d'usages avant d'avoir aucune théorie sur cet agent; la métallurgie et la teinture ont fourni d'abondants produits, avant que les notions chimiques qui en sont le fondement fussent seulement soupçonnées. Puis, la science abstraite faisant des progrès, les rôles se renversent, et les arts, qui d'abord avaient procuré matière et pour ainsi dire prétexte aux sciences, en deviennent les débiteurs, recevant d'elles leurs plus utiles perfectionnements. Il n'en a pas été autrement pour la biologie ; ce n'est pas par elle-même et de son chef qu'elle s'est introduite dans le monde, c'est sous le couvert de la médecine; longtemps elle a vécu à l'abri de cet art bienfaisant que les souffrances de la nature humaine ont fait naître de si bonne heure dans les sociétés primitives, et longtemps a tardé le moment où la médecine put avec sécurité prendre d'elle sa direction. Ce moment est à la fin venu, et la pathologie y trouve, elle y trouvera de plus en plus son guide véritable.

1. *Coup d'œil historique. Comment la biologie marche au-devant de la chimie.*

Laissant ces deux points accessoires, qui se rencontreront en lieu et place, j'en viens au livre de MM. Robin et Verdeil, qui fait le sujet de cette étude[1], aux *principes immédiats*, à la recherche desquels leur livre est consacré, et au rapport de la chimie et de la biologie, question qui dépend du résultat de cette recherche. Mais comment ces deux sciences, qui semblaient si loin l'une de l'autre, en sont-elles venues à se rencontrer? Qu'y a-t-il de commun entre les phénomènes de la vie, si compliqués et si mobiles, et ceux que présentent les éléments et leurs combinaisons, les corps oxydables et les corps oxydants, les bases et les sels! Certes, au temps d'Hippocrate ou d'Aristote, de tels contacts, bien loin d'être prévus, n'étaient pas même entrevus. Par quel acheminement sont-ils devenus réels? Ceci implique non pas seulement une question scientifique, mais aussi une question historique de l'ordre le plus élevé, une de celles qui montrent à la fois la filiation et la connexion des choses, et comment ce qui a été absolument impossible à un moment se trouve possible à un autre.

Par une analyse de plus en plus profonde, les modernes ont réussi à résoudre le corps organisé en ses éléments, de sorte qu'il leur est loisible d'aller, s'ils veulent, dans cette étude du simple au composé; mais il n'en a pas été ainsi à l'origine, et c'est du composé au simple que les premières spéculations ont procédé. En effet, qu'avaient les anciens observateurs devant les yeux? Non pas les parties profondes, les muscles, les nerfs, les viscères, encore moins les parties fines, qu'une dissection soigneuse met à nu, encore bien

---

1. *Traité de chimie anatomique et physiologique, normale et pathologique, ou des principes immédiats normaux et morbides qui constituent le corps de l'homme et des mammifères*, par Ch. Robin et Verdeil, 3 vol. in-8, chez Baillière, 1853, avec un atlas de quarante-cinq planches gravées, en partie coloriées.

moins ces parties si ténues, qu'elles échappent à l'œil et que le microscope seul en révèle l'existence, la forme et la texture ; mais ils avaient le corps entier, cet ensemble si complexe d'organes. C'est au milieu de ce labyrinthe plus inextricable que celui de Thésée, et sans le fil qu'une main secourable avait remis au héros, que nos ancêtres scientifiques se hasardèrent avec un courage qui montre combien, à un certain moment, la passion du vrai devient puissante, et avec un succès qui doit toujours exciter la reconnaissance de leurs services. S'ils firent peu, c'est que peu était possible avec les ressources qu'ils possédaient ; et, si depuis on a fait beaucoup, c'est grâce à eux, grâce à ce procédé d'accumulation qui, dans l'ordre intellectuel comme dans l'ordre matériel, enrichit les générations successives.

Empédocle, Démocrite, Alcméon, Hippocrate sont les plus anciens chercheurs dont l'histoire nous ait gardé le souvenir. Ils allèrent bien au delà de la simple inspection du corps vivant ; ils pénétrèrent bien au-dessous de la première écorce. Et remarquez que ce que dit Virgile de son Orphée, qui aborde l'*antre du Ténare, la demeure sourcilleuse de Pluton et le roi formidable*[1], se peut dire de ceux qui essayaient de porter des mains curieuses dans les dépouilles de la mort. Une opinion vigilante, appuyée sur les croyances religieuses, en défendait les approches, et ne permettait pas que la science violât les froides reliques appartenant à la tombe et aux dieux souterrains. C'était donc sur les animaux que se faisaient les études anatomiques ; et, dans certaines circonstances favorables et à la dérobée seulement, on arrivait à apercevoir quelques parties

---

1. Tænarias etiam fauces, alta ostia Ditis... regemque tremendum.

de l'organisme humain lui-même. Avec des débuts aussi gênés dans une matière aussi difficile, les connaissances conquises ne furent pas grandes. Ainsi, pour donner une idée de l'anatomie d'Hippocrate et de son école, je dirai qu'on n'avait pas distingué le système nerveux, qui restait confondu dans une appellation commune avec les parties tendineuses et fibreuses; qu'on prenait le cerveau pour une glande chargée de distribuer l'humeur pituiteuse par tout le corps; qu'on croyait les artères pleines d'air, et que la distribution des veines était complétement ignorée. Les muscles, aperçus en gros, n'avaient point été séparés et dénommés, de sorte que la théorie des mouvements était tout à fait rudimentaire. Cet échantillon suffit pour montrer comment l'on perçait peu à peu l'écorce qui enveloppait l'organisation, et comment on s'avançait à tâtons dans ce domaine inconnu et si attrayant pour l'intelligence même novice. Par quel côté pourtant les connaissances réelles ont-elles dû s'établir? Je pose cette question pour qu'on s'habitue à considérer la filiation nécessaire des choses, qui est le nœud de l'histoire. Évidemment elles ont dû s'établir par ce qu'il y avait de plus simple et de plus accessible, de plus immédiatement soumis à l'observation, c'est-à-dire par le système osseux. Aussi dans Hippocrate, à côté de cette anatomie dont j'ai exposé la pauvreté, trouve-t-on des notions profondes sur les os, les articulations, leurs usages, notions dont il a tiré le plus heureux parti pour la pathologie chirurgicale dans ses beaux livres *des Fractures* et *des Articulations*. Ces notions profondes sur l'ostéologie ne doivent donc aucunement surprendre, et *a priori*, la loi de l'histoire étant connue, on peut déterminer que par ce point a dû commencer l'anatomie positive.

Peut-être, au premier abord, quelques personnes seront-elles disposées à croire que la dissection n'offre aucune grave difficulté, et que, tenant une partie par un bout, il est facile d'arriver avec le scalpel à l'autre, d'isoler ainsi les organes, et d'en déterminer la situation et la forme. Il n'en est rien pourtant, et le fait seul de la lenteur avec laquelle l'anatomie s'est perfectionnée, suffit pour montrer que les difficultés étaient réelles. Et, en effet, quel obstacle, si ce n'est un obstacle invincible, aurait empêché des gens intelligents, curieux, résolus comme Hippocrate et les siens, de pénétrer plus avant dans ce dédale, et, par exemple, prenant une veine quelconque, de descendre aux extrémités, de remonter aux troncs, traçant ainsi l'arbre entier du système veineux? Et voyez quelles idées différentes de la réalité s'en faisaient les hommes d'alors. Ayez d'abord dans la pensée qu'ils n'ont aucune notion de l'usage de ce système veineux qui est de rapporter au poumon le sang transmis par les artères et dénaturé dans le trajet. Donc ils vont se faire des notions prises pour la plus grande part dans leur imagination, pour une petite part dans quelque fait isolé, mais incomplet, notions qui dès lors les guideront dans leurs dissections. Voici quelles étaient les opinions des hippocratiques sur l'origine des veines ; je dis les opinions, car on en distingue quatre différentes dans la collection qui porte le nom d'Hippocrate. Suivant les uns, le cerveau était l'origine des veines, qui allaient se terminer dans les mains et dans les pieds; suivant les autres, la grosse veine qui longe la colonne vertébrale (sans doute la veine cave) donnait naissance aux veines ; suivant d'autres, les veines (mot qui comprenait aussi les artères) émanaient du cœur ; suivant d'autres enfin, les artères émanaient du cœur, et les veines du foie. Rien de tout cela n'est vrai; mais aussi quelle complication n'était-ce pas de suivre le cours de ces vaisseaux communiquant avec les artères par les capillaires invisibles à l'œil, prenant avec eux la veine-porte, qui est placée par exception entre deux réseaux capillaires, s'interrompant pour recevoir le cœur, se confondant par les veines pulmonaires avec le système artériel, et venant se croiser avec les vaisseaux lymphatiques! Ce dédale devait être longtemps inextricable. Au fond, il était lié à la découverte de la circulation, comme l'a fait voir M. Flourens dans son histoire de ce grave événement physiologique. Et dans une science qui pendant si longtemps n'offre que des faits particuliers, sans qu'aucun fait général puisse surgir, combien les anciens médecins n'ont-ils pas enregistré d'observations qui étaient pour eux sans explication et qui témoignent de leur sagacité et de leur vigilance! Ainsi les hippocratiques, tout en supposant que le cerveau est une glande, n'en avaient pas moins remarqué que dans les lésions de cet organe les effets sont croisés, c'est-à-dire que, si la lésion affecte le côté droit du cerveau, c'est le côté gauche du corps qui est paralysé, et inversement. Bien plus, on trouve dans leurs livres la description d'une maladie qui n'a peut-être été vue que par eux à l'état épidémique, la luxation spontanée des vertèbres cervicales. Or, parmi les symptômes qu'ils y ont observés, ils signalent la paralysie d'une moitié du voile du palais. Les modernes ont noté, en effet, que, quand une moitié de la face est paralysée, la moitié correspondante du voile du palais et de la luette est aussi privée de mouvement. Cela tient à des distributions de filets nerveux dont Hippocrate et ses élèves ne pouvaient même avoir le pressentiment, et cependant le fait ne leur a pas échappé.

Entre les mains d'Aristote, l'anatomie prit un caractère tout différent. Cet esprit, le plus puissant peut-être que l'humanité ait produit dans la voie de la science pure et de la spéculation, saisit un point de vue nouveau, et qui devait faire la fortune de siècles bien postérieurs. Il compara les organes chez les animaux, commençant à établir de vraies généralités sur les conditions auxquelles la vie est soumise dans ses manifestations ; mais, comme toutes les conceptions qui dépassent de beaucoup le niveau des idées contemporaines et les moyens actuels de démonstration, la sienne resta sans imitateur. Personne dans l'antiquité, personne dans le moyen âge ne reprit l'œuvre d'Aristote : *pendent opera interrupta minæque Murorum ingentes.* Ce grand édifice restait ainsi pendant et interrompu, lorsque, enfin, l'anatomie particulière ayant suffisamment étendu son domaine, les modernes purent continuer Aristote et naturellement le dépasser.

C'est un fait bien digne d'attention que cette infécondité temporaire des aperçus les plus étendus, des suggestions les plus heureuses, des pénétrations les plus avancées, quand le moment n'en est pas venu. On s'imaginerait à tort qu'il est permis à des génies vigoureux d'intervertir l'ordre des temps, par exemple à Aristote d'inaugurer le règne de l'anatomie comparée dans une époque où l'anatomie particulière en était aux rudiments. Il est encore un autre exemple fameux, c'est celui du mouvement circulaire de la terre. Plusieurs savants dans l'antiquité avaient bien conçu que ce n'était pas le soleil et l'immense cortége d'étoiles qui devaient tourner autour de notre globe ; mais cette conception avait beau être la vérité, les preuves avaient beau être possibles, un épais rideau les cachait encore aux yeux même les plus perçants, et il fallait tout un ensemble de découvertes mathématiques, astronomiques, physiques, pour que ce grand fait naturel, triomphant du témoignage rebelle des sens, fût reçu par les intelligences. Peu à peu, néanmoins, comme une vaste marée, monte la connaissance positive, rejoignant ce qui était trop avancé, raccordant ce qui était sans accord ; et les générations témoins de ces grandes fortunes d'idées délaissées ou oubliées, s'étonnent que ceux qui en furent les contemporains aient été assez peu clairvoyants pour laisser passer entre leurs doigts des vérités si palpables. C'est là qu'éclate dans tout son jour, dans toute sa force, le principe de la connexion historique, qui fait tout marcher pas à pas, ne permettant point que même les aperceptions des génies sagaces aient aucun effet prématuré.

Ce fut dans l'école d'Alexandrie que se poursuivit le travail d'investigation directe. Les rois d'Égypte, tout vicieux que furent plusieurs d'entre eux, n'en restèrent pas moins fidèles à l'esprit d'Alexandre et de son compagnon, le premier Lagide ; ils protégèrent les lettres et les sciences ; et, si Alexandrie ne rivalisa pas avec Athènes pour ces chefs-d'œuvre, produits d'une veine et d'un âge que rien ne put rappeler, elle eut dans cette maturité scientifique de la Grèce une place prééminente et une influence profonde sur les destinées de la civilisation. Là, l'anatomie prit un essor singulier, laissant bien loin derrière soi les essais de Démocrite et des hippocratiques. Les rois, se mettant au-dessus des préjugés contemporains, autorisèrent la dissection des corps humains. On assure même que les deux anatomistes qui ont dans cette école le principal renom, Érasistrate et Hérophile, allèrent jusqu'à porter une main cruelle et impie sur des criminels vivants que leur livrait la curiosité royale. Je veux croire, pour l'honneur de ces médecins, que c'est une calomnie inventée par les âges postérieurs (le premier qui nous en parle est Celse, et il vivait près de trois cents ans après eux), calomnie suggérée peut-être par leur témérité à interroger les dépouilles de la mort. Toutefois il ne faut pas oublier dans quel temps ils vivaient, quelles étaient les habitudes de cette cour d'Égypte, demi-grecque et, demi-barbare ; combien on faisait peu de cas de la vie des hommes ; comment ailleurs les gladiateurs inondaient de leur sang l'arène du cirque, égorgés, comme dit Byron, pour faire une fête romaine, *butcher'd to make a roman holiday*. Il ne faut pas oublier enfin que, même dans des époques plus civilisées et meilleures, il se commet des actes de barbarie révoltante, quand l'opinion qui s'alimente aux sources pures de la science, de la justice et de l'humanité, a ses défaillances et ses lâchetés[1]. Dans les écoles d'Alexandrie, à la connaissance des os, qui était déjà si précise du temps d'Hippocrate, on ajouta celle des muscles, celle des nerfs, qui furent définitivement séparés des tendons, et dont les propriétés motrices et sensitives furent reconnues ; celle des principaux viscères, et en particulier du cerveau, qui cessa d'être considéré comme une glande. En un mot, le scalpel fit son office, et, l'employant régulièrement, on arriva à discerner ce qui se présenta sous son tranchant.

Sans doute il lui restait bien des services à rendre, et tout ce que le scalpel seul pouvait découvrir n'était

---

1. Au XVIe siècle, le grand-duc de Toscane livra à Fallope un criminel qu'il pourrait tuer comme il voudrait, et qu'il disséquerait. Fallope le tua avec de l'opium. Cela est un peu moins cruel que le fait imputé aux médecins alexandrins, mais l'est encore beaucoup, témoignant de mœurs que la conscience moderne ne tolérerait pas.

certes pas découvert. Il y a même lieu de remarquer combien, malgré trois ou quatre siècles (à compter depuis Empédocle et Hippocrate), on avait encore peu pénétré dans la profondeur du corps organisé. Manifestement, on n'est encore qu'à la première entrée des choses ; on n'a déterminé que ce qu'il y a de plus apparent, et, si je puis parler ainsi, de plus gros, c'est-à-dire qu'on distingue les os, les muscles, les nerfs, les tendons, les aponévroses, les ligaments, les veines, les artères et les viscères. Cette connaissance anatomique est parallèle à une connaissance physiologique de même valeur, et l'on sait qu'un muscle tire telle partie, que tel nerf communique le mouvement, tel autre le sentiment ; que l'estomac digère, que le foie fait la bile. En un mot, on a reconnu les usages tels qu'ils ressortent soit de la considération des parties, soit de cas pathologiques, soit d'expériences diversement instituées ; mais toutes les notions supérieures, qui ne peuvent, en effet, résulter que d'une anatomie également supérieure, font défaut. Les propriétés véritablement spéciales à un corps organisé n'ont point encore été rapportées aux éléments anatomiques qui les manifestent ; car ces éléments eux-mêmes sont ignorés. Bien que l'on commence à posséder une masse assez notable de faits, on n'a donc point de doctrine, ou ce qu'on a sous ce nom émane des métaphysiques contemporaines. Il n'est personne qui ne voie qu'à tout cet ensemble de notions déjà réelles manque l'abstraction, la généralité ; et, tant qu'on n'aura pas pu l'introduire, la biologie ne sera pas constituée, ressemblant plus à de l'érudition qu'à de la science, ayant des faits accumulés, mais point de système positif qui les embrasse et les ordonne.

Cet état de choses dura encore bien longtemps. Galien, qui fut médecin de Marc-Aurèle, ne se signala pas, bien qu'habile anatomiste, par de notables découvertes. Ce qui le rendit justement célèbre fut la coordination qu'il apporta dans l'anatomie, dans la physiologie, dans la pathologie de son temps, et, systématisant, à son point de vue, toute la science de l'antiquité, il la transmit sous cette forme aux âges troublés qui devaient suivre. Ce fut de fait un bien grand trouble que l'invasion des barbares dans l'Occident, et en Orient l'établissement de l'empire arabe. Toutefois, semblables à ces coureurs de Lucrèce qui se passent le flambeau, ni les Latins ni les Arabes ne laissèrent s'éteindre le feu scientifique ; il n'y eut, grâce à eux, pas d'interruption, de solution entre les anciens et les modernes ; mais la culture du moyen âge ne se tourna, ni chez les uns ni chez les autres, du côté de l'anatomie ; et, quand arriva la période que l'on désigne sous le nom de Renaissance à cause de son retour passionné vers l'antiquité, elle trouva la connaissance du corps vivant à peu près au même point où l'avaient mise les grands anatomistes de la Grèce.

Vésale inaugura cette époque par de beaux travaux. Le scalpel reprit son œuvre longtemps interrompue ; des mains habiles le manièrent, et bien des découvertes qui avaient échappé aux anciens, récompensèrent le labeur des successeurs modernes d'Hérophile et d'Érasistrate. Ainsi l'on reconnut les valvules des veines, disposition anatomique si importante pour arriver à la circulation du sang ; on traça le trajet des vaisseaux chylifères, apprenant enfin, ce qui avait été ignoré jusque-là, par quelle voie les matériaux réparateurs pénètrent dans le sang pour aller subvenir partout aux déperditions journalières. On suivit le réseau si ténu des vaisseaux lymphatiques, qui, aboutissant aussi aux grandes veines, apportent au sang la lymphe, produit recueilli en toutes les parties du corps. Et comme déjà un esprit de recherche plus puissant soufflait parmi les savants, comme l'astronomie avait fait de grands progrès, comme Galilée avait trouvé la loi de la chute des graves, un génie sagace, Harvey, mit le doigt sur ce qui avait été presque touché par Galien, par Servet, par Césalpin, et démontra la circulation du sang.

Bien que nous soyons parvenus au xviie siècle et que nous approchions notablement du terme où la biologie doit enfin sortir de ses limbes, il est bien certain, malgré l'éclatante découverte du médecin anglais, que l'état de choses n'est pas alors changé fondamentalement. De plus en plus, les détails deviennent connus, et il arrivera bien un temps où ces détails prendront un corps, se rangeront sous un système, et inspireront la généralité qui fait la science ; mais ce temps n'est pas encore venu. L'avance, au fond, est donc toujours très-lente, bien que des faits sans cesse nouveaux et plus délicats soient enregistrés dans les livres des savants. Cela tient à deux causes qui, d'ailleurs, sont connexes. La première, c'est que la biologie est infiniment compliquée, et qu'elle offre des obstacles tout particuliers à l'investigation. La seconde, plus profonde et plus historique, c'est qu'il était besoin du système entier des sciences inférieures, mathématique, astronomie, physique, chimie, pour que l'esprit humain devînt capable de se mettre au point de vue biologique, tenté qu'il était toujours, dans ses haltes intermédiaires, de prendre pour point de vue celui de la physique ou de la chimie. Or ces sciences inférieures n'arrivaient à une certaine perfection qu'à fur et mesure ; et les dernières même n'y atteignaient que dans les XVIIe et XVIIIe siècles. Ces deux causes sont connexes ; car, parmi les sciences, les unes ne sont inférieures qu'en raison de leur simplicité relative, les autres ne sont supérieures qu'en raison de leur complication ; et voilà pourquoi la doctrine ou systématisation des unes est nécessairement postérieure à celle des autres. Un habile anatomiste se comparait ingénieusement, lui et ses confrères, aux portefaix qui, connaissant très-bien les rues de Paris, y circulent sans s'égarer, mais qui ne pénètrent point dans l'intérieur des maisons et ne savent pas ce qui s'y passe. Le scalpel cheminait, en effet, avec une grande sûreté dans les rues du corps humain, il en suivait les replis et les sinuosités ; mais les maisons lui étaient fermées, ou, du moins, s'il les ouvrait, il ne savait pas ce qui s'y faisait ; et les ouvriers qui manipulaient les matériaux de la vie et entretenaient le jeu de l'organisme lui demeuraient invisibles.

Enfin, tout étant préparé, les travaux de détail ayant été poussés suffisamment, le système des sciences inférieures étant solidement établi, et en particulier celui de la chimie venant d'être inauguré avec un grand éclat, il se trouva un génie profondément spéculatif, Bichat, qui, abandonnant la voie suivie, se détourna des parties spéciales, et considéra les tissus dont la réunion constitue l'ensemble du corps. L'œil embrassa dès lors, au lieu des muscles innombrables, le tissu musculaire doué de la propriété motrice ; au lieu des filets nerveux disséminés de tous côtés, le tissu nerveux doué de la faculté de transmettre le sentiment et le mouvement ; au lieu des membranes diverses, le tissu séreux doué de la propriété d'isoler les organes et de fournir un liquide lubrifiant ; au lieu de la peau et des membranes qui tapissent les voies digestives et respiratoires, le tissu dermoïde, qui, au dedans comme au dehors, est l'intermédiaire entre les parties profondes et les milieux ambiants. Ainsi des propriétés déterminées furent assignées positivement à des tissus déterminés, et, ce qui était le vrai point de la doctrine, des propriétés générales furent reconnues à des tissus généraux, si bien que la fonction de la vie commença à se montrer dans son ensemble, et non plus, comme il était arrivé aux âges précédents, dans ses parties et ses fragments.

C'était pour en venir à ce pas décisif que tous les autres pas antécédents avaient été faits avec tant de lenteur. Pourtant ce pas décisif dépendait, comme il a été dit plus haut, de l'accomplissement d'un autre travail qui se poursuivait, celui qui avait pour objet de constituer la physique et la chimie; et, s'il avait été possible historiquement que l'établissement de ces deux sciences fût reculé davantage, le génie individuel, non encore suffisamment pourvu par le génie collectif, n'aurait pu venir à bout de résoudre le problème; il eût laissé aux générations futures le soin et la gloire de réussir. Ainsi, d'une part, il est pleinement manifeste que le génie, qui paraît être si libre dans son développement et avoir si peu besoin d'aide et de concours, est pourtant, dans le fait, étroitement subordonné à la marche générale; ni Bichat, ni Newton, ni Descartes, venus plus tôt, n'auraient immortalisé leurs noms par les découvertes qui y sont attachées. D'autre part, on aperçoit simultanément qu'il serait possible de tracer le linéament idéal de l'évolution humaine, du moins dans sa partie scientifique, et, au moyen de ce linéament, de faire la critique de cette évolution, c'est-à-dire de montrer en quoi elle s'est fourvoyée, en quoi des questions ont été prématurément entamées que l'état de civilisation ne permettait pas de traiter, et comment, de la sorte, des forces ont été mal employées et perdues. On pourrait donc affirmer que la biologie, dans sa période rudimentaire, a occupé trop d'esprits, qu'il aurait mieux valu s'adonner aux travaux susceptibles d'avancement, et que par cette impossibilité, longtemps prolongée, d'aucun succès définitif s'expliquent les lenteurs et même les interruptions de sa marche; mais ceci m'entraînerait trop loin de mon sujet. Je ne puis cependant m'empêcher d'ajouter que la meilleure préparation à l'étude de l'histoire générale est l'étude de l'histoire scientifique.

Le corps vivant n'est pas seulement composé de solides; les liquides y entrent pour une très-forte proportion, et quelques-uns y jouent un rôle excessivement important; il suffit de nommer le sang, qui circule avec une grande célérité à travers tous les organes, qui, à chaque tour par le poumon, passe sous l'action vivifiante de l'air, qui reçoit par les chylifères les sucs extraits des aliments, qui fournit à toutes les nutritions, à toutes les sécrétions, et qui, par l'intermédiaire des capillaires, est constamment divisé en deux parts : l'une artérielle, rutilante et propre à tous les usages; l'autre veineuse, d'un rouge foncé, usée, si je puis parler ainsi, et allant chercher sa révivification dans les cellules pulmonaires. Or les *humeurs*, c'est le nom qui sert à désigner ces liquides, ne furent pas moins difficiles à étudier que le reste ; on peut même dire qu'elles le furent davantage; car on n'est arrivé qu'après la connaissance générale des solides à la connaissance générale des humeurs. Au milieu de cette infinie variété de substances, les unes propres à l'état de santé, les autres propres à l'état de maladie, les unes demeurant closes dans les tissus, les autres destinées à venir au dehors, il fallut déterminer ce qui était constituant et ce qui ne l'était pas; et de ce travail surgit la notion de quatre humeurs qui sont douées de la propriété élémentaire de toute vie, c'est-à-dire d'un mouvement double et continu de composition et de décomposition. Ces humeurs sont le sang, le chyle, la lymphe, et ce que les anatomistes nomment le *blastème*, c'est-à-dire un liquide général apte à fournir les genèses.

La voie était ainsi largement ouverte, et on s'y précipita de tous côtés. Un instrument que la physique avait créé depuis quelque temps (remarquez que jusque-là il n'avait été que d'un très-faible usage à la biologie, qui n'était pas assez avancée pour en profiter), le microscope, devint l'agent indispensable des découvertes ultérieures. Lui seul permettait de suivre la nature sur le terrain où la nouvelle position de la question avait transporté les recherches. Ce n'était pas avec l'œil simple qu'il était possible de classer les tissus, et de poursuivre la dissection jusqu'aux éléments. Ces éléments furent enfin trouvés, et il fut reconnu qu'ils se réduisaient à trois : l'élément végétatif, qui compose les végétaux et une grande part du corps des animaux, et qui est doué de la propriété fondamentale de tout organisme vivant, la nutrition, c'est-à-dire un travail double et continu de composition et de décomposition; l'élément musculaire, qui est doué de la contractilité et qui exécute les mouvements nécessaires, soit qu'il s'agisse de mouvoir le corps ou les membres, soit qu'il faille lancer le sang circulairement dans le système sanguin ou faire cheminer les matières alimentaires dans les conduits digestifs; enfin l'élément nerveux, qui possède la sensibilité, apporte la volonté aux muscles, conduit les sensations, et est l'organe de la pensée. C'est à ces trois éléments que se réduisent toutes ces choses si complexes qui constituent l'organisme. On a ainsi sous les yeux la trame entière de la vie : l'élément végétatif ou cellulaire, qui est partout l'agent de la nutrition, l'élément musculaire, qui est l'agent de la contraction, et l'élément nerveux, qui est l'agent de la sensibilité.

On sait que la chimie, peu de temps après qu'elle eut été constituée à la fin du dernier siècle, apprit à ceux qui étudiaient les corps organisés de quelles substances ces corps étaient formés. Elle fit voir qu'on n'y trouvait aucune substance particulière, aucune qui ne fût déjà dans le règne de la nature universelle, aucune qui fût spéciale à ce petit règne dit règne organique. Toutes les parties qui avaient eu vie furent désagrégées et réduites finalement en oxygène, en hydrogène, en azote, en carbone, plus quelques métaux, quelques bases, quelques sels. Il en jaillit un grand enseignement. D'abord on vit (ce fut ce qui se vit d'abord) que la matière des corps organisés n'était nouvelle que dans sa forme et nullement dans ses éléments, qui étaient ceux de la matière générale, et qu'il y avait entre ces deux matières un vaste mouvement de circulation, la matière vivante prenant et rendant sans cesse à la matière générale, qui est là comme un immense réservoir, semblable à la mer par rapport aux nuages et aux cours d'eaux. On vit ensuite (et cela était déjà plus reculé et plus caché) qu'au fond la vie n'appartenait pas indifféremment à toute espèce de substance, qu'elle avait une certaine vertu élective, et que ses rapports essentiels étaient avec l'oxygène, l'hydrogène, l'azote et le carbone. Ceci rétrécissait infiniment le champ qui lui restait ouvert, et l'on put reconnaître aussitôt la condition naturelle qui fait que la masse vivante est si petite par rapport à la masse non vivante. On vit enfin (et cela était d'une philosophie plus élevée et plus abstraite) que, puisque les corps organisés étaient faits de la matière générale, seulement modifiée d'une manière nouvelle, de toute nécessité ils étaient soumis à deux ordres de lois, les unes qui sont celles de la matière générale, les autres qui sont celles de la matière organisée. Les premières sont préexistantes aux autres, en sont le fondement, et on est sûr de les rencontrer dans les corps vivants; les autres sont une superposition, on ne peut les connaître qu'à la condition de connaître les premières, dont elles sont par cela même distinctes. Cet aperçu, suivi avec la profondeur qu'il comporte, suffirait pour vider le débat de la chimie et de la biologie, en montrant ce qui est du domaine de chacune; mais ce n'est pas par ce côté que j'ai entrepris de traiter la question.

Entre les *principes médiats* du corps vivant[1] et les dernières parties générales auxquelles nous sommes arrivés, éléments végétatif, musculaire et nerveux, il est un intervalle qui doit être comblé pour que l'on puisse définitivement poser le problème de la nutrition, et par suite celui de la maladie. Les intermédiaires cherchés sont les *principes immédiats* nommés *principes* parce qu'ils sont les parties constituantes de l'organisme, et *immédiats* parce que c'est sous leur forme propre et en nature qu'on les y rencontre. MM. Robin et Verdeil les définissent : « Derniers corps constituant ou ayant constitué l'organisme auxquels on puisse, par l'analyse anatomique, ramener la sub-

---

1. Ainsi nommés parce qu'ils y entrent non pas sous la forme d'oxygène, d'hydrogène, etc., mais sous celle de combinaisons très-complexes, muscles, chairs, peau, tendons, membranes, etc.

stance organisée, et qu'on ne peut subdiviser davantage en plusieurs sortes de matières sans décomposition chimique. » Les *principes immédiats* sont fort nombreux, surtout si, ne se bornant pas aux animaux, on rassemble ceux des végétaux, ce qu'il faudra bien faire quand on voudra avoir une anatomie générale véritablement complète. Les deux auteurs du *Traité de Chimie anatomique* en nomment quatre-vingt-seize ; ils remarquent qu'ils sont au nombre de quatre-vingt-cinq ou quatre-vingt-dix dans le corps humain, et de quatre-vingt-dix ou cent, en considérant l'ensemble des mammifères. Ils ajoutent que ce nombre ne peut pas être fixé d'une manière absolue présentement, pour deux raisons, d'abord parce qu'on en découvrira quelques-uns de plus dans des résidus ou extraits encore imparfaitement analysés, puis parce que, entre les corps décrits, comme *principes immédiats,* il en est quelques-uns dont l'existence est douteuse. Je ne transcrirai pas la liste donnée par MM. Robin et Verdeil ; je dirai seulement que les uns sont une substance organisée, par exemple la fibrine qui se trouve dans le sang, l'albumine qui se trouve dans le blanc d'œuf et les sérosités ; que d'autres sont des sels, par exemple le phosphate de chaux, qui donne aux os leur solidité ; que d'autres, enfin, sont des gaz, par exemple l'oxygène, qui circule dans le sang.

Nous voilà parvenus aux bases mêmes de l'anatomie générale. C'est une longue course à travers le temps, mais c'est aussi une longue course à travers les choses. Il faut remonter jusqu'aux premiers âges de la culture scientifique chez les Grecs pour rencontrer les rudiments de la recherche biologique. Le temps s'écoule, et les résultats s'amassent lentement, de sorte que vingt-cinq siècles environ nous séparent de l'origine ; mais aussi combien le commencement de la route était loin du terme actuel ! combien de difficultés l'embarrassaient! Il fallait de toute nécessité aller du composé au simple, et quel composé : la vie sous toutes ses formes végétales et animales, l'organisme et toutes ses parties! Quel amas de faits particuliers! et, quand ces faits particuliers eurent été suffisamment étudiés et reconnus, quel effort de systématisation pour y saisir les vraies notions générales qui pouvaient ramener tout cela à un certain nombre de lois!

En même temps que nous touchons aux bases de l'anatomie générale, nous touchons aussi aux limites mêmes de la chimie. En effet, nous sommes en présence de gaz, de sels, de substances qui s'associent et se dissocient. C'est là le domaine de la chimie; elle seule nous apprend à reconnaître ceux de ces corps qui sont simples, à séparer les éléments de ceux qui sont composés, et à distinguer comment ils se composent en se combinant et se décombinant. Les contacts entre les deux sciences sont donc évidents; la coopération de la chimie est indispensable; et, si, quand il s'agira de tracer les limites de cette coopération, elle prétend s'arroger la plus grosse part, qui ne comprend ce qui a rendu ses prétentions naturelles et ce qui soulève un important débat de méthode et de philosophie? Qui ne voit en même temps que ce conflit provient de la marche des choses, conflit aussi inévitable aujourd'hui qu'il fut impossible jadis? C'est à ce point de vue que l'on aperçoit dans tout leur jour ce que je nomme les connexions et, si l'on veut, les incompatibilités historiques. Ainsi la chimie et la biologie ne pouvaient avoir une véritable rencontre qu'au moment où, d'une part, la chimie serait devenue assez habile pour isoler les corps composants, et où, d'autre part, la biologie aurait séparé les éléments qui constituent les corps organisés. Les deux opérations ont marché l'une vers l'autre; d'âge en âge elles se rapprochent, et on peut compter sur l'une ou sur l'autre les étapes qui se font. Quand définitivement elles viennent au contact, c'est là véritablement une grande époque pour le développement scientifique. En effet, la science positive avait eu jusqu'alors deux tronçons : l'un, le plus considérable et le plus cohérent, composé de la mathématique et de ce qu'on appelle sciences inorganiques ; l'autre plus court et plus rudimentaire, formé du domaine organique. On sent combien cette duplicité jetait d'incertitude dans l'esprit humain, et combien il gagna de consistance à la supprimer. La série devint immédiatement linéaire, c'est-à-dire unique, de double qu'elle était, et la biologie se superposa aux sciences antécédentes, comme leur suite aussi bien historique que dogmatique.

En suivant du regard la décomposition successive opérée par les anatomistes, on trouve d'abord le *corps*, ensemble très-complexe qui se présente le premier à l'étude. Puis viennent les *appareils;* ce sont des mécanismes qui ont pour but d'accomplir une *fonction*. Tel est l'appareil respiratoire, qui exécute la fonction de respiration et qui comprend les poumons, les bronches, les muscles inspirateurs et expirateurs, la portion du système nerveux qui l'anime; ou bien l'appareil circulatoire, qui pourvoit au mouvement des liquides et qui est formé du cœur, des artères, des veines, etc. Les appareils à leur tour se décomposent en organes qui servent à un usage : par exemple le cœur à lancer le sang dans les vaisseaux, le poumon à opérer l'introduction de l'oxygène dans le sang, le foie à fournir la bile qui est un des agents de la chylification et le sucre qui est versé dans le sang, le pancréas à donner le liquide qui digère les corps gras, etc. Mais l'on comprend bien que les premiers anatomistes n'ont pas connu les appareils, et que, du corps considéré en bloc, ils sont allés directement aux organes : il a fallu un retour sur soi pour composer les organes en appareils. La notion d'appareils est une intercalation faite après coup dans la méthode d'étudier. Je note ceci pour qu'on se garde bien de confondre l'ordre dogmatique, qui est l'ordre d'enseignement des choses trouvées, avec l'ordre historique, qui est l'ordre de leur découverte successive.

Après les *organes*, la suite que j'ai mise sous les yeux du lecteur nous conduit aux *tissus* et *humeurs*, puis aux *éléments anatomiques* et aux *principes immédiats*. A vrai dire pourtant, ce n'est qu'une suite apparente; dans le passage des uns aux autres, il y a changement complet de terrain. Aussi, dans les *Tableaux d'Anatomie* de M. Ch. Robin, excellents d'ailleurs et auquel j'emprunte beaucoup, je regrette de ne pas trouver cette transition caractérisée, comme, à mon sens, elle devrait l'être. On dira peut-être que l'organe se partage réellement en tissus, et que le cœur, par exemple, se décompose en tissu musculaire, en tissu séreux qui l'enveloppe, en tissu vasculaire qui le nourrit, en tissu nerveux qui l'anime; mais au fond cela n'est qu'une apparence. Dans la conception réelle des tissus, ce n'est pas l'organe particulier qui, se décomposant, offre la notion cherchée; c'est, au contraire, l'idée du tissu qui, conçue isolément de tout organe, vient y porter la lumière. On ne peut donc pas dire que de l'organe on passe au tissu; car, de fait, ce qui est le véritable passage, c'est que de l'idée particulière on passe à l'idée générale.

2. *Comment les idées générales s'introduisent dans la biologie.*

Ceci même me conduit à considérer ce que je m'étais proposé, c'est-à-dire comment, dans une science telle que la biologie, on était parvenu à former des abstractions suffisamment positives pour servir de base à une doctrine. Il faut bien se représenter les conditions du problème. D'abord, cette science ne pouvait marcher que du composé au simple ; ce qu'elle étudia d'abord, c'est le corps organisé dans son ensemble ; puis, quand elle essaya de pénétrer dans cet ensemble, elle ne rencontra que des parties fort complexes. Ainsi la moindre portion qui s'offrait aux anciens anatomistes était, dans la réalité, bien autrement compliquée qu'elle ne paraissait. Un muscle, quel qu'il soit, présente nonseulement la fibre musculaire qui est tout ce qu'on croit d'abord y trouver, mais un tissu cellulaire, des artères, des veines et des nerfs. De la sorte, par une illusion qui est si fréquente dans l'étude de la nature, ce qui était l'élément naturel n'était pas l'élément scientifique, celui qui pouvait fournir l'abstraction, la généralité. La Fontaine a dit :

> Quand l'eau courbe un bâton, ma raison le redresse ;
> La raison décide en maîtresse ;
> Mes yeux, moyennant ce secours,
> Ne me trompent jamais en me mentant toujours.

C'est à faire que ce *mensonge perpétuel* nous *trompe* de moins en moins que la science travaille.

Quand, en effet, il est devenu visible que l'élément naturel ne fournit pas des généralités ou n'en fournit que de fictives, et qui, sans aucune valeur pour la biologie même, n'en ont une certaine qu'à titre d'exercice pour l'esprit humain, c'est l'étude des particularités qui prévaut. Ces particularités n'ont qu'un mérite, c'est d'être réelles ; à part cela, elles ne donnent aucune doctrine qui éclaire et guide dans les ténèbres. Il est vrai qu'il n'en faut pas faire fi, car il viendra un temps où elles prendront corps et vie et entreront, comme autant de particules nécessaires, dans le système ; mais, avant ce moment-là, on conçoit fort bien comment des esprits avides de savoir et impatients du temps et des obstacles ont pu les prendre en dédain et les frapper d'anathème. Tel fut le cas de Platon ; il avait un mépris infini pour tout ce qui portait le caractère du fait particulier, et, comme il disait, de l'empirisme. Il est vrai qu'alors l'empirisme était bien humble, n'ayant fourni de solides déductions qu'en géométrie et en astronomie. Aussi était-ce la période où les conceptions métaphysiques (j'entends par métaphysiques celles qui sont abstraites sans s'appuyer sur la réalité) avaient le plus ample domaine et la fortune la plus haute.

Il n'est pas hors de propos de donner un échantillon des conceptions générales qui se formaient sur ce sujet alors qu'elles étaient impossibles, dans l'antiquité, par exemple, où l'on était le plus loin du terme. Il y a, dans la collection hippocratique, un livre intitulé : *Des Chairs*, qui contient une tentative de ce genre. L'auteur, qui n'est pas Hippocrate, mais qui n'en appartient pas moins à une époque très-reculée, essaye d'expliquer la formation des organes : « Ce que nous appelons le chaud, dit-il, est, à mon avis, immortel, a l'intelligence de tout, voit, entend, connaît tout, le présent comme l'avenir ; quand toutes choses se confondirent, la plus grande partie du chaud gagna la circonférence supérieure : c'est ce que les anciens me paraissent avoir nommé éther. Le second élément, placé inférieurement, s'appelle la terre, froid, sec et plein de mouvement, et, de fait, il a une grande quantité de chaud. Le troisième élément, qui est l'air, occupe, étant un peu chaud et humide, l'espace intermédiaire. Le quatrième, l'eau, qui est le plus près de la terre, est le plus humide et le plus épais. » Ce sont, pour me servir de l'expression moderne, les *principes médiats* de l'auteur, principes qui, comme on le voit, ne peuvent servir à rien, puisqu'ils comprennent un agent impondérable, le chaud, l'eau et l'air, qui sont chacun formés de deux gaz, et enfin la terre, qui est un amas de substances diverses. Puis de là il ne passe pas aux *principes immédiats*, notion qui est, en effet, inaccessible pour lui; mais il passe aux organes mêmes, le cœur, les veines, etc., dont il explique la formation en supposant que les proportions de chaud varient dans les parties de terre. La généralité est ici patente : c'est le chaud, principe actif et intelligent, qui, se mêlant à la terre, l'anime et lui donne toutes les formes vivantes des organes. La généralité, dis-je, est patente; mais la réalité fait défaut ; et, puisque de telles spéculations ont paru dignes d'occuper et ceux qui les écrivaient et ceux qui les lisaient, elles témoignent combien toute biologie positive était encore fermée aux esprits les plus actifs.

Pourtant ces spéculations qui touchent à l'histoire par ce témoignage y touchent aussi par un autre point qui a son importance. L'auteur, sentant qu'il était nécessaire de leur donner une base, avait dit : « Je n'ai besoin de parler des choses célestes qu'autant qu'il faut pour démontrer quelles parties sont nées et se sont formées, ce qu'est l'âme, ce qu'est la santé et la maladie, ce qu'est le mal et le bien dans l'homme, et par quelle cause il meurt. » Remarquez quelle est sa base : l'étude des choses célestes, c'est-à-dire l'astronomie. Or l'astronomie était la seule science qui, après les mathématiques, eût à cette époque acquis une certaine consistance. Sa base ne peut être la physique ni la chimie, qui n'existent pas, et qui, cependant, constituent autant de degrés pour monter à la conception de la biologie. Il y a donc un vaste intervalle que l'auteur essaye en vain de franchir et qu'il comble à l'aide d'hypothèses sans autorité et sans valeur. La faiblesse même de ces hypothèses, la vaste distance à laquelle elles sont de la réalité, donnent la mesure de la difficulté relative du problème, de l'insuffisance provisoire de l'esprit scientifique ; mais n'en considérez pas moins comme un fait très-instructif cette nécessité qui oblige un auteur hippocratique à s'adresser à l'astronomie, pour concevoir la formation des parties vivantes, quand il pourrait, ce semble, se livrer sans contrôle à son imagination. Si l'on demande comment il se fait que les penseurs spéculant sur les êtres organisés prennent cette voie, on comprendra qu'ainsi le voulait l'état général de la science contemporaine, le point du développement simultané.

Encore un exemple (celui-là, je l'emprunte à Galien) de la distance énorme qui se trouvait entre les idées générales de l'antiquité et les phénomènes réels. Cet auteur, dans son opuscule sur les *Mœurs de l'Ame*, où, s'occupant des facultés intellectuelles, il s'occupe de la partie la plus difficile de la biologie, de celle qui, par conséquent, lui était la plus inaccessible, est d'opinion que plus le tempérament est sec, plus l'âme devient sage. « Lors même, dit-il, qu'on ne voudrait pas concéder que la sécheresse est une cause d'intelligence, je pourrais du moins invoquer le témoignage d'Héraclite lui-même ; car, n'a-t-il pas dit : *Ame sèche, âme très-sage*, pensant que la sécheresse est la cause de l'intelligence ? Et il faut croire que cette opinion est la meilleure, si nous songeons que les astres qui sont resplendissants et secs, ont une intelligence parfaite; car, si quelqu'un disait que les astres n'ont point d'intelligence, il paraîtrait ne pas comprendre la puissance des dieux. » Comme toujours, c'est dans l'ensemble cosmique tel qu'il le conçoit, et spécialement dans les astres, que l'auteur va chercher la généralité; comme toujours, cette généralité, qui est ici une assimilation de la *sécheresse* avec les phénomènes réels, ne se rapporte à l'objet dont il est question que dans l'esprit de celui qui tente de telles combinaisons abstraites. Et si, analysant de plus près ce rapport, on voulait en déterminer la nature, on verrait qu'il n'est pas, comme la conception même, chimérique et illusoire ; qu'il est positif en tant qu'historique, dénotant la concordance nécessaire entre toutes les notions. Il explique d'une manière satisfaisante la singulière aberration qui fait prendre à des hommes, d'ailleurs très-éclairés et très-pénétrants, de vains mots pour des choses. Sans cela, tout est mystère dans les premiers essais de généralisation ; avec cette clé, tout s'éclaircit. Les mots sont vains pour nous qui avons une tout autre conception du monde que n'en avaient nos aïeux ; ils étaient des choses pour eux, qui, ne connaissant pas l'agence intermédiaire de la physique et de la chimie, n'apercevaient, du monde, que les relations de la terre avec le ciel.

Si c'était ici le lieu, je ferais l'énumération des systèmes de biologie ou de médecine (on peut prendre les uns pour les autres, longtemps ils se confondirent), et je montrerais comment ils descendent successivement de ces stériles hauteurs pour se rapprocher sans cesse à l'aide des sciences nouvelles qui se constituent. Déjà les systèmes physiques sont plus près de la réalité que ces systèmes de l'antiquité, qui s'appuyaient sur les éléments et sur les astres. Les systèmes chimiques, venus plus avant dans les mouvements intimes de la matière, donnent, sur la vie, des conceptions plus spéciales et qui serrent davantage le problème. On a là un moyen de comprendre et de classer les systèmes de médecine ; ils cessent d'être une aride série, qui, n'offrant point d'enchaînement, n'offre point d'instruction. Liés entre eux par leur rapport constamment historique avec l'ensemble de la connaissance, ils montrent la pensée biologique suivant, comme une aiguille aimantée, toutes les phases du savoir, et se tournant successivement vers celle des sciences qui l'amène à de plus grandes profondeurs, jusqu'à ce qu'enfin, les temps étant accomplis et ces notions préparatoires étant acquises, une illumination se fait dans quelque esprit puissant, et on met définitivement le pied sur le véritable domaine des idées générales de la biologie et, partant, de la médecine.

La considération du corps organisé en son ensemble étant beaucoup trop complexe pour suggérer aucune généralisation satisfaisante, et, par suite, la dissection ayant cherché et isolé un nombre infini de parties dans ce tout, il fallut, on le voit, qu'une méthode plus puissante que celles qu'on avait employées jusqu'alors s'appliquât au problème. Cette méthode fut la *comparaison*. Entre les parties ainsi disséquées et isolées, elle nota des analogies, des ressemblances qui lui permirent d'analyser le corps tout autrement que n'avait fait la simple dissection. Au lieu de le partager en organes et en fragments d'organes, elle le partagea en tissus, qui s'étendent sur des groupes d'organes, et qui partout offrent la même disposition, le même arrangement, et, je dois ajouter, les mêmes propriétés. A ce point de vue, le corps ne se présente pas comme une réunion d'organes ayant des configurations spéciales, mais il se présente comme une réunion de tissus ayant chacun sa texture. On peut dire, en se servant du langage mathématique, que la dissection simple est l'anatomie élémentaire, et que la dissection par comparaison est l'anatomie transcendante. C'est par cette voie que s'introduisit finalement l'abstraction ou généralisation dans l'étude de la biologie, qui, dès lors, cela est évident de soi, se trouva constituée comme science. Elle n'eut plus à craindre d'être considérée comme un cas particulier, soit de la physique, soit de la chimie, suivant que prévalaient les doctrines physiques et chimiques. L'esprit scientifique était, par ce dernier échelon, arrivé non-seulement à voir, ainsi que faisaient nos devanciers, la vitalité comme attribut total du corps, attribut que tantôt, cherchant le côté positif, on confondait avec les phénomènes de chaleur, d'électricité, de chimie, et tantôt, cherchant le côté général, on adjugeait à la métaphysique ; mais encore il était arrivé, combinant le côté positif et le côté général, à distinguer certaines textures communes correspondant à certaines propriétés communes aussi.

En effet, c'est uniquement par une vue de l'esprit et pour la facilité de l'étude que l'on sépare l'anatomie de la physiologie, l'état inactif et immobile de l'état mobile et actif. Embrasser simultanément le tissu et sa propriété est ce qui distingue toute spéculation positive de toute spéculation métaphysique ou de toute spéculation physique et chimique sur la biologie. Quand on ne considère que les propriétés ou facultés sans considérer la texture, on laisse une part du phénomène réel, part qui le limite, le resserre, et le rattache à ses conditions immanentes. Quand, au contraire, on ne voit que la texture et qu'on ne la rapporte pas à ses propriétés, qui sont spéciales, on rétrécit le champ, on abaisse la recherche, et, faisant qu'elle ne porte plus sur le fait total, on ramène une question de vitalité à une question d'électricité ou d'affinité, et cela sans profit, puisque c'est appliquer à la serrure une clé qui ne l'ouvre pas. Mais, remarquez-le bien, la conception des propriétés de tissu, qui est si profonde parce qu'elle est si réelle, ne se rapporte aucunement à ce qu'on appelle usage d'un organe ; elle est d'un ordre bien plus relevé. Ainsi le cœur a pour usage de lancer le sang dans les vaisseaux, et cet usage, pour peu qu'il survienne quelque désordre dans la disposition du viscère, éprouve une perturbation correspondante ; si quelqu'une des valvules qui ouvrent et ferment les orifices cardiaques est lésée, il y aura trouble dans la circulation, changement dans l'impulsion, altération des bruits qui se produisent dans ce qu'on nomme les battements du cœur. Ce sont là des rapports manifestes et constants entre l'organe et l'usage ; il n'en faut pas moins se garder de confondre cet usage (et tout organe a un usage) avec les propriétés primordiales des tissus. Chaque organe remplit des usages spéciaux, mais il les remplit en vertu de ces propriétés mêmes qui lui sont inhérentes par l'intermédiaire des tissus qui le composent.

Ayant ainsi touché les fondements de l'anatomie générale, qui reposent sur une certaine manière de comparer, on peut revenir au mode de comparaison qu'Aristote avait institué de si bonne heure. On ne confondra pas ces deux modes ; car ils sont essentiellement différents ; et au philosophe grec dont le génie a entrevu le premier, le second était interdit par la nature des choses et par l'évolution historique. De même que, voulant écrire son traité de politique, il rassembla toutes les constitutions à lui connues, afin de donner une base expérimentale à ses aperçus ; de même, voulant spéculer sur la structure des animaux, il rapprocha les descriptions des parties semblables. Dire comment il s'arrêta dans le chemin de la biologie, c'est dire comment il s'arrêta aussi dans le chemin de l'histoire et de l'organisation sociale ; de son temps, rien n'était prêt pour la solution, il ne put que montrer la rectitude de son jugement, la puissance de son esprit, et écrire ce qui, après avoir été un aliment pour tant de générations, a perdu enfin cet office et pris désormais celui de document impérissable de l'histoire scientifique. Le procédé de comparaison employé par Aristote menait, non pas à créer l'anatomie générale, mais à voir comment un même appareil et par suite une même fonction se modifient dans la série vivante pour s'accommoder aux circonstances diverses de l'être. Ainsi, par exemple, c'est la comparaison qui nous apprendra ce que devient l'appareil respiratoire dans les mammifères, dans les oiseaux, dans les reptiles, dans les poissons ; en un mot, par elle nous saurons toutes les conditions auxquelles l'organisation est assujettie, comment la vie se fait jour entre les nécessités imposées par les lois du monde inorganique où elle est implantée et par la force qui lui est inhérente, comment, obligée pour durer d'absorber l'oxygène, elle transformera l'organe respiratoire, suivant que ce gaz est dans l'air ou dans l'eau. C'est la comparaison qui, de déduction en déduction, a suggéré la conception de la hiérarchie des êtres vivants; mais, pour porter tous ses fruits, elle avait besoin d'être assise sur l'anatomie générale, qu'elle ne pouvait fournir. Aussi la tentative d'Aristote, qui, toute grande qu'elle fut, ne dépassait pas les connaissances de son temps, ne devait point avoir de suites immédiates, non plus que la doctrine qu'il établit dans son traité *De l'Ame*, et où il touche de bien près les propriétés essentielles à la matière vivante. Il ne lui manque qu'une chose pour y arriver; mais cette chose est justement ce qui devait occuper tant de siècles et demander tant d'acquisitions préparatoires : c'est de rapporter à des éléments déterminés les propriétés qu'il entrevoit. Ne le pouvant, attendu que ces éléments n'étaient pas connus, sa conception, toute réelle qu'elle est, rentre dans ces vues avancées que la science du temps n'a aucun moyen de prouver. C'est ainsi, je le répète, que les savants qui, dans l'antiquité, croyaient que la terre tournait autour du soleil, disaient vrai sans pouvoir prouver et établir ce qu'ils disaient. Par ce côté aussi on aperçoit ce qui est la base de toute biologie positive, à savoir le rapport entre la propriété et la texture. Voyez Aristote : il touche un des côtés, mais l'autre lui demeure inconnu, et par le fait tout lui échappe.

Je me suis, je pense, expliqué jusqu'à ce moment d'une manière assez précise pour qu'on ne se méprenne pas sur le but de la biologie. Ce but est non pas de montrer ce qu'est la vie en soi, mais de montrer quelles sont les conditions de la vie. Ce sont deux ordres d'idées tout à fait différents : le premier appartient à l'enfance de la science; le second, à sa maturité. On entend des hommes, même éclairés, se récrier sur l'imperfection de la médecine, maintes fois confondue avec la biologie, et demander qu'elle nous révèle enfin le mystère de l'organisation vivante. A cette question il n'est point de réponse; et, pour cela, la biologie n'est pas moins avancée que ses sœurs; car celles-ci aussi n'ont point de réponse à donner, quand on les interroge sur la notion intime de ce qui fait l'objet de leur étude. Ni l'astronomie ne sait dire ce qu'est en soi la gravitation; ni la physique, ce qu'est en soi le calorique, l'électricité, la lumière; ni la chimie, ce qu'est en soi la puissance ou propriété de se combiner ou de ne pas se combiner que porte avec lui tel ou tel corps. Rechercher l'essence des choses, les causes premières, les causes finales, appartient à l'esprit humain quand, n'ayant pas encore mesuré ses forces, il suppose accessible ce qui, dans le fait, lui est complétement interdit. Il n'a aucun sens qui lui découvre une trace vers de pareilles régions; il n'a aucun moyen direct ou indirect qui l'y conduise. Toutes les fois qu'il croit avoir trouvé un échelon, cet échelon ou se brise sous lui ou lui ouvre seulement d'autres perspectives, sans que jamais apparaisse la vue dernière qui doit le satisfaire. Aussi, instruit par l'expérience et arrivé à sa maturité, il cesse de poursuivre d'insaisissables objets; il rejette loin de lui les vains désirs qui ne sont pas de sa condition; et c'est alors que sa résignation résolue, portant les plus beaux fruits, lui révèle toutes ces agences qui accomplissent l'œuvre du monde, et qu'il crée l'ensemble des sciences, précieux et puissant intermédiaire entre la pensée qui contemple et le bras qui agit.

3. *Comment la chimie atteint de son côté la biologie.
— De la condition supérieure des actes chimiques dans le corps vivant.*

Tandis que la biologie parvenait, après un long labeur, à déterminer les parties élémentaires des corps vivants, la chimie les atteignait aussi par une autre voie; mais on touche aussitôt l'extrême différence des deux points de vue biologique et chimique. Dans le premier, ces parties élémentaires sont les plus simples où l'organisme puisse se résoudre; dans le second, elles sont les plus complexes que la chimie ait à étudier. L'alchimie, inconnue à l'antiquité, est une production du moyen âge, et à son tour la chimie est une production de l'alchimie. L'étude chimique des corps organisés, la nature des choses l'indique, dut être postérieure à l'étude chimique des corps bruts; car, c'est la loi générale de l'esprit humain, il va toujours du plus facile au plus difficile, et, si l'on me permet cette expression, de ce qui est clé à ce qui est serrure. Quand, se fourvoyant, dans son ignorance préliminaire, il entame des études prématurées, il en est puni par des retards qui finissent par tout remettre bout à bout. Or la première clé pour l'analyse des substances organiques est l'analyse même des substances brutes, celles-là ne pouvant exister sans celles-ci (ce qui, par parenthèse, montre la subordination nécessaire du monde animé au monde inanimé). D'abord la chimie traita rudement les matières délicates qui arrivaient dans son laboratoire. Accoutumée à manier les sels et les alcalis, les gaz et les métaux, qui, sublimés par le feu ou dissous dans l'eau, se retrouvent toujours, elle vit les agrégats bien plus mobiles et bien plus complexes qui constituent les organismes se dissiper ou se dénaturer sous ces épreuves trop grossières. Mobiles, ils disparaissaient sous ses doigts, ne laissant pour trace de leur existence que ces principes médiats, ces corps indécomposés en lesquels tout se résout; complexes, ils se modifiaient sous l'analyse même, et prenaient des formes et des compositions toutes différentes de ce qu'ils étaient réellement quand ils faisaient partie de la substance vivante. Enfin, sous la direction de l'anatomie, qui voyait de jour en jour plus clairement ce qu'elle avait à demander, la chimie parvint à isoler, sans les altérer, les parties élémentaires, les principes immédiats des animaux.

Maintenant, ces parties élémentaires, ces principes immédiats étant ainsi isolés, à qui en revient l'étude? Est-ce à la chimie? est-ce à la biologie? Laquelle des deux doit en poursuivre les actions, en déterminer les combinaisons, en rechercher les propriétés? A la vérité, il est bien manifeste que, sans la chimie, la biologie n'en aurait jamais obtenu la notion; on n'a qu'à se représenter où elle en était là-dessus à l'époque où, nulle chimie n'existant, on essayait cependant de pénétrer dans la science de la vie. L'intervention de la chimie est donc ici nécessaire; elle indique d'une manière patente la subordination hiérarchique de la biologie, c'est-à-dire que celle-ci ne peut cheminer sans celle-là. Mais de cette intervention, toute nécessaire qu'elle est, il ne suit pas que les principes immédiats, en tant que parties du corps vivant, n'obéissent qu'aux lois chimiques et ne soient pas soumis à d'autres puissances que celles qui règlent les combinaisons et décombinaisons des corps inorganiques. En d'autres termes, ou bien il serait possible que la chimie fût ici un instrument sans doute indispensable, sans lequel l'exploration serait stérile et n'avancerait pas, mais pourtant un simple instrument, dont le rôle ne saurait être interverti sans dommage; ou bien, au contraire, il serait possible qu'à cette extrémité de l'analyse anatomique, quand on touche aux éléments et aux principes, la biologie perdît ses droits, et qu'à ces confins de l'ordre organique et de l'ordre inorganique les affinités fussent ce qui prédominât uniquement.

Ce débat est très-loin d'être simplement un débat d'attributions, en ce sens qu'il soit peu important de décider à laquelle des deux sciences l'étude des principes immédiats sera dévolue, étant de nature à être aussi bien traitée par l'une que par l'autre. Non, la solution sera toute différente suivant la juridiction devant laquelle la cause sera portée. En effet, si les principes immédiats relèvent de la chimie, comme en définitive c'est dans leur enchevêtrement que se passent les phénomènes essentiels à toute vitalité, à savoir ceux de la nutrition, il faudra bien convenir que ces phénomènes appartiennent à cette science. Dès lors la nutrition devient un cas chimique ; il y a empiétement d'une science inférieure dans une science supérieure, introduction de lois relativement plus grossières en des phénomènes relativement plus délicats et plus compliqués. Si la chose est possible, c'est un bien ; car on réduira les difficultés, la chimie étant une science plus simple que la biologie. Si, au contraire, la chose est impossible, les efforts seront sans doute en pure perte, mais fourvoieront pour un temps les esprits, et, pour ce temps, abaisseront la dignité de la science. Je m'explique ; car je ne voudrais pas qu'on vît dans cette expression une intention de rehausser une science aux dépens d'une autre ; elles se valent toutes, et dans leur ensemble hiérarchique elles forment un tout parfait où l'on ne peut ôter une pierre sans ruiner l'édifice, qui est le système de la vraie philosophie. Mais dans ce système, justement parce qu'il est hiérarchique, parce que les sciences se supposent l'une l'autre, ne pouvant se développer que l'une après l'autre, le plus grand méfait théorique que l'on puisse commettre, c'est d'importer la méthode de la science inférieure dans la science supérieure. On prendra, si l'on veut, pour exemple cette tentative qui n'est pas loin de nous, et par laquelle on assimilait le principe de vie au principe électrique, l'électricité devenant dans le corps vivant un prétendu fluide nerveux qui n'est pas suffisamment expulsé et qui hante encore plus d'une intelligence. De la sorte, un agent aussi universel que l'électricité, dont aucune particule de matière n'est privée, se trouverait, par surcroît, limité au service d'une substance aussi circonscrite dans sa masse que l'est la substance organique ! Un agent aussi simple dans son opération produirait les phénomènes si compliqués de la vie ! Un agent, si visiblement physique en ses effets, pourrait assez se transformer pour animer le corps vivant d'instincts, de sensations, de passions, d'intelligence ! Il y a constamment eu des protestations contre de pareilles conséquences. Importer les procédés d'une science inférieure dans une science supérieure séduit toujours quelques esprits par une apparence positive, attendu qu'on applique ce qu'on sait mieux à ce qu'on sait moins ; mais ce n'est qu'une apparence ; car là est un hiatus dont on ne tient pas compte, et l'on saute d'un ordre de phénomènes dans un autre. Aussi ce vice de logique était-il senti instinctivement par les gens qui, sans pouvoir le démontrer, refusaient leur assentiment, et se jetaient dans l'excès contraire de l'abstraction nuageuse et de la métaphysique sans consistance; mais la conciliation est obtenue, la satisfaction est donnée aux deux besoins essentiels de l'esprit : avoir une doctrine qui soit à la fois positive et au niveau de l'ordre des phénomènes, puisque la biologie a ses lois propres dont la complication supérieure constitue le caractère.

MM. Robin et Verdeil ont consacré de longs prolégomènes au débat dont il s'agit ici : « Il sera impossible, disent-ils, de parvenir à la solution des grandes questions d'anatomie générale, de physiologie et de pathologie, tant que l'on ne saura pas de quelle manière les principes immédiats sont unis les uns aux autres pour former la substance organisée; tant que l'on ne saura pas comment ceux d'origine minérale sont unis à ceux qui, cristallisant aussi, ne se trouvent pourtant que dans les corps organisés; tant qu'on ne saura pas comment ces derniers se réunissent ensemble, en toutes proportions, pour former un troisième groupe de principes non cristallisables; comment enfin les principes des trois classes ci-dessus s'unissent ensemble pour former la matière organisée susceptible de vivre, c'est-à-dire de renouveler incessamment ses matériaux par un double acte de combinaison et de décombinaison. Tant que ces questions ne seront pas traitées à fond, nous continuerons à rester dans une stérile agitation ou dans la torpeur, agitation prise pour le progrès, torpeur prise pour la stabilité. Depuis l'étude des principes jusqu'à celle des humeurs et des tissus, c'est en vain que vous demanderez à la chimie ou à la physique de résoudre les questions qui s'y rapportent; car elles sont anatomiques et physiologiques : anatomiques en elles-mêmes, physiologiques quant aux actes ou aux propriétés que manifestent ces corps. C'est à nous-mêmes, anatomistes et médecins, de les poser, à nous qui manifestons notre impuissance en réclamant de la chimie ce qu'elle ne peut nous donner, et qui nous plaignons à tort de ce qu'elle brûle ce qu'elle devrait nous décrire, lorsque c'est à nous qu'en revient la description. Cette étude, il est vrai, nous la devons faire à l'aide des instruments de la chimie, mais indépendamment des hypothèses chimiques. »

Dans la série d'arguments que les deux savants auteurs ont développés avec soin, je n'en choisirai qu'un, le jugeant à la fois le plus capable de décider la controverse et de figurer dans cette *Revue*. Toute substance vivante, végétale ou animale, est caractérisée par une propriété essentielle qui ne fait jamais défaut et qui est le fondement de toute vie, à savoir, la nutrition. Cette nutrition, à son tour, est caractérisée par un double mouvement de composition et de décomposition, c'est-à-dire qu'à chaque moment des particules qui sont usées et qui ne peuvent plus être utiles, sont disjointes et entraînées au dehors par les émonctoires qui servent d'issue, tandis que d'autres particules introduites par la respiration et par l'alimentation prennent les aptitudes nécessaires pour entrer dans la trame organisée, et viennent quotidiennement remplacer les pertes quotidiennes. La nutrition, telle que les physiologistes l'entendent, est, on le voit, différente de l'alimentation : celle-ci n'est qu'un acte préparatoire; celle-là, se passant dans l'intimité des tissus, est l'acte définitif; mais cet acte définitif n'est pas seulement une incorporation de ce qui arrive, c'est aussi l'élimination de ce qui n'a plus d'office. Ces deux phénomènes sont connexes et inséparables; et la vie ne serait pas plus possible si les matières nouvelles cessaient d'arriver que si les matières anciennes cessaient de s'en aller. Le sang est le réservoir commun des unes et des autres; tout ce qui doit être assimilé vient par lui, tout ce qui est désassimilé s'en va par lui. Il n'y a point de vie sans ce double mouvement; et, réciproquement, ce double mouvement n'est que dans la substance vivante. Il faut donc, sous un repos apparent, concevoir la composition et la décomposition incessantes. Mais que parlé-je de repos apparent? le cœur bat, le sang circule à flots pressés, le diaphragme s'élève et s'abaisse, tout se meut suivant un mécanisme régulier dont la fin est la nutrition, c'est-à-dire admission et expulsion simultanées de particules matérielles.

Qu'on le remarque bien toutefois, les lois chimiques ne sont ni suspendues ni interverties. Tout, à part ce double mouvement que je viens de caractériser, tout se passe comme les choses se passeraient si les substances n'étaient pas au milieu de ce conflit qu'on appelle la vie. L'oxygène se dissout dans le sang; les acides se combinent avec les bases, les sels se décomposent réciproquement suivant la loi de double décomposition. Des substances étrangères s'introduisent-elles dans l'organisme soit comme médicaments, soit par voie d'empoisonnement, elles vont s'unir molécule à molécule avec les tissus selon les conditions chimiques, et, les changeant ainsi dans leur état et leur composition, elles les changent aussi dans leurs propriétés; ce qui se manifeste par des phénomènes spéciaux de solution, de crise, de retour à la santé, si le médicament, appliqué à propos, réussit; de douleurs, de souffrances, de troubles mortels, si le poison triomphe des ressources de la nature. Dans tout ceci règne la chimie; et, quand on se représente ce grand phénomène, cette persévérance des lois chimiques dans l'intérieur de l'économie végétale ou animale, on comprend (je ne saurais trop insister sur ce point, qui est capital dans l'histoire des sciences) comment la biologie est subordonnée à la chimie, comment il était indispensable que celle-ci se développât pour que celle-là prît de la consistance. On a sous les yeux tout le travail de la nutrition, tous les phénomènes qui dépendent de l'introduction des médicaments et des poisons, et l'on y voit régulièrement prévaloir les lois chimiques : elles commandent dans le domaine qui leur est laissé, domaine subalterne, il est vrai, puisqu'une condition supérieure, celle du double mouvement, les domine elles-mêmes, mais qui n'en est pas moins fondamental et tel que, sans lui, le reste ne peut plus se concevoir. C'est là une grande part, mais ce n'est qu'une part. Les faits biologiques doivent d'abord satisfaire aux lois chimiques ; à cela est tenue toute bonne interprétation ; mais la réciproque n'est pas vraie, et le fait chimique ne satisfait pas aux lois biologiques, manquant de ce quelque chose qui est le caractère de la vie.

Ce quelque chose est la mobilité du composé vivant, l'instabilité des molécules qui le forment. Là, la fixité est absente; et, quand, d'une manière relative du moins, elle commence à s'établir, c'est que l'énergie vitale diminue : la vieillesse s'achemine, et bientôt, la moindre circonstance venant à contrarier un mouvement qui de lui-même tend à s'arrêter, la mort survient. A peine est-elle survenue, que la chimie, délivrée du contrôle, rentre dans tous ses droits, dissocie les éléments suivant les combinaisons stables qui lui sont propres, et rend au fonds commun les matériaux qui avaient été prêtés pour un moment à l'individu. Au contraire, quand la fixité est à son moindre degré,

quand la combinaison et la décombinaison sont livrées
à un flux rapide, alors l'être vivant, dans la plénitude
de son essor, passe de l'état de graine ou d'ovule, où
il est à peine perceptible, à celui où, devenu chêne,
éléphant, baleine, homme, il n'a plus qu'à s'accroître
et à vieillir. Les parties les plus dures participent, seulement avec plus de lenteur, à l'incessante rénovation
des particules matérielles; et l'on peut, à l'aide d'aliments appropriés qui laissent sur les os une trace colorée, suivre pas à pas dans ces organes, qui semblent si immobiles, le flux et le reflux. Rien, dans le
corps, n'est ni longtemps liquide, ni longtemps solide;
les liquides se solidifient et vont, suivant la place, se
transformer en os, en muscles, en nerfs; les solides se
fluidifient, et de chaque os, de chaque muscle, de
chaque nerf sortent des particules qui entrent dans le
sang veineux. De l'arsenic a-t-il été avalé, si le patient
résiste aux accidents qui ne manquent pas de surve-
nir, on verra bientôt, à mesure que la guérison fera
des progrès, la substance vénéneuse sortir chaque
jour peu à peu des organes où elle s'était fixée : le
mouvement d'assimilation, agissant ici en aveugle et
devenu funeste, avait porté le poison jusque dans les
plus profondes retraites de la vie ; le mouvement de
désassimilation, non moins aveugle, mais ici salutaire,
l'arrache de ces retraites et le chasse de la même
façon qu'il avait été introduit. Ainsi toutes ces combinaisons que nous avons dit faire le fondement de la
vie sont instables et mobiles; elles sont, il est vrai,
chimiques dans leur forme et dans leur condition,
mais elles se pressent, elles se changent, elles se font
et se défont par une cause supérieure qui n'est pas la
chimie.

C'est dans cette cause supérieure qu'est le point inaccessible à la chimie. En vain réussirait-elle (et elle n'y réussit que dans des cas excessivement rares et excessivement simples) à reproduire de toute pièce dans son creuset les substances organiques : elle ne pourrait pas pour cela les animer, c'est-à-dire y susciter le mouvement qui sans cesse les combine et les décombine. Moins heureuse que le Salmonée de Virgile, qui, se complaisant au vain bruit imitateur du tonnerre,

> .... nimbos et non imitabile fulmen
> Ære et cornipedum pulsu simularat equorum,

elle ne peut ni faire ni se faire aucune illusion sur la nature de ses produits. Au-dessus d'elle se passe le courant de toutes ces transformations. Elle est la servante industrieuse qui compose et décompose selon, il est vrai, des règles qui lui sont propres, mais d'après une impulsion qui lui est tout à fait étrangère. Abandonnée à elle-même, elle arriverait bientôt au terme, et ne tarderait pas à changer tous ces composés mobiles, qui sont ceux de la vie, en composés fixes, qui sont les siens à elle. Chaque fois d'ailleurs que, voulant mettre sa marque et son titre, elle manie tous les principes immédiats dont la réunion constitue le corps, elle les voit échapper de ses mains impuissantes à les retenir. Elle serait tentée de leur reprocher cette fuite rapide, et de leur demander pourquoi ils s'empressent tellement de se fondre, de se liquéfier, de se solidifier, sans qu'elle ait le temps de leur assigner ces proportions définies, ces quantités bien limitées qui sont son triomphe et sa gloire dans le règne inorganique. Avez-vous jamais vu un enfant dont le doigt indiscret, maniant un baromètre, a cassé le tube et laissé échapper le mercure? Désireux de réparer hâtivement sa faute, il s'empresse après le métal qui s'est répandu ; mais vaine poursuite ! il le saisit, le serre entre les doigts et espère le rapporter peu à peu dans le réservoir ; à chaque fois il n'a fait que le partager en globules plus petits et plus roulants, jusqu'à ce qu'enfin, désespérant de réussir, il en considère d'un œil dépité la fuite et la dispersion. Il faut comparer aux efforts de cet enfant tous les efforts qu'a faits ou que ferait encore la chimie pour s'élever hors de son niveau, pour sortir de son domaine. Là où elle commande légitimement et où son autorité est réelle, les particules matérielles ne trompent pas sa vigilance ; elle mesure, elle pèse, elle connaît les proportions, elle prévoit les combinaisons qui se font et celles qui vont se défaire ; sa vue est nette, sa main est sûre, son empire est déterminé. Mais, dans le milieu vivant, toutes ces qualités qu'elle possède à un degré si éminent tournent contre elle : ce qu'elle veut mesurer ou peser n'est ni mesurable ni pondérable ; ce qu'elle veut assujettir à des proportions a pour caractère d'en changer sous les moindres influences ; ce qu'elle veut prévoir n'est pas susceptible de prévision par le côté chimique. Et si l'on veut prévoir, mais alors prévoir avec moins de sûreté et d'étendue que ne fait la chimie dans son domaine, attendu qu'il s'agit de choses plus compliquées que les choses chimiques, c'est à la biologie qu'il faut s'adresser.

De déduction en déduction le lecteur est arrivé au point où il touche du doigt la différence radicale entre la matière brute et la matière vivante. La matière brute est inanimée, en ce sens qu'aucun flux intestin ne s'y manifeste et que rien ne s'y rend et rien n'en sort, molécule à molécule. La matière organique est animée, en ce sens que les particules en sont soumises à un flux incessant, que l'une arrive et l'autre s'en va par un travail simultané qui est à la fois composant et décomposant, ou, comme on dit dans le langage technique, assimilant et désassimilant. C'est là la propriété qui caractérise toute vie et qui en est le fondement ; mais, bien entendu, cette propriété est inconnue dans son essence ; car, je l'ai déjà dit et ne crains pas de le redire, tant la chose me paraît philosophiquement importante, la science, arrivée à l'âge adulte, renonce à toute enquête sur l'intimité de cette propriété, qui est pour elle une cause première, au même titre que la gravitation l'est pour l'astronome, le calorique pour le physicien, l'affinité pour le chimiste. Justement même, en raison de cette sage renonciation qui abandonne les nuages pour les réalités, elle pénètre avec ardeur et succès dans les conditions de chacune de ces forces de la nature, en détermine les modes, les réduit en théorie, et les livre, ainsi théorisées, à tous les besoins des arts et de l'industrie. On remarquera que la substance vivante, douée de cette propriété qui l'anime, se présente avec une constitution qui lui est propre et qui ne se trouve en nulle autre ; car ces deux choses sont ici connexes : la propriété et la constitution. Ainsi, avec la forme de tissu végétatif (donnant ce nom à ce qui n'est ni muscle ni nerf), une seule propriété se manifeste, c'est celle de la nutrition (la génération n'en est qu'un cas particulier). Avec une forme différente, la nutrition restant toujours active (c'est, je l'ai dit, la base de tout le reste), apparaît le tissu musculaire, dont la fibre est contractile et cause le mouvement. Enfin avec une troisième forme se montre le tissu nerveux, qui transmet les impressions, communique les volontés aux muscles, établit le consentement et l'association entre toutes les parties, et se concentre en organe de la pensée dans le cerveau. Ce sont là les trois conditions primordiales de la vie telle qu'elle se manifeste dans les végétaux et les animaux : une propriété de nutrition, une propriété de mouvement, une propriété de sensibilité, et, en regard, l'élément végétatif, l'élément musculaire et l'élément nerveux.

Tout le monde sait qu'il y a une chimie organique, c'est-à-dire une chimie qui s'occupe des substances organisées. Il faut bien s'entendre sur ce terme. Si l'on veut dire par là que les phénomènes organiques, en tant que soumis à la loi de composition et de décomposition simultanées, relèvent de la chimie, que les substances qui sont actuellement en proie à ce double mouvement sont des substances chimiques, que les actes par lesquels elles se maintiennent entre la combinaison et la décombinaison continues sont des actes chimiques, on se trompe, et on a une fausse vue aussi bien de la chimie que de la biologie. Il n'y a point de chimie organique en ce sens; il y a des propriétés supérieures, une constitution moléculaire supérieure qui, tout en dépendant, pour exister, des actes chimiques, n'en est en aucune façon la conséquence, c'est-à-dire que vainement on supposerait une extension quelconque des phénomènes chimiques; à quelque limite idéale qu'on les portât, ils ne se changeraient jamais en phénomènes vitaux. Si, au contraire, l'on veut dire que, une fois tirées du corps et privées de vie, c'est-à-dire ne présentant plus le flux moléculaire, les substances organiques, végétales et animales, n'offrent plus rien qui ne rentre dans le domaine chimique, on a raison, en ce sens il y a une chimie organique, pleine de difficulté et d'intérêt. C'est la mort qui les transporte d'un domaine à l'autre; mais la vie, tant qu'elle a fait sentir son souffle, a créé, justement parce qu'elle est d'un ordre supérieur, des combinaisons d'une complication supérieure aussi et dépassant à cet égard tout ce qui se voit ailleurs. Elle a donc élaboré d'avance un champ tout prêt pour la chimie, un champ qui la force à se replier sur elle-même et à tenter toutes sortes de voies pour conduire ses théories à travers ce dédale. Ainsi se fait le partage entre la chimie et la biologie : la substance organique morte appartient à la première; la substance organique vivante appartient à la seconde.

4. De la maladie. — Conclusion.

Il est, dans cette chimie organique, deux grands phénomènes qui, placés pour ainsi dire sur la limite de la vie, peuvent par cela même servir à mieux déterminer cette limite : ce sont la putréfaction et la fermentation. Quand des substances qui ont été vivantes se trouvent soumises à un degré convenable de chaleur et d'humidité, elles sont bientôt saisies d'un mouvement intestin, qui, tout en donnant des émanations odieuses et souvent malfaisantes, tout en étalant à l'œil humain un repoussant spectacle, accomplit l'office incessant de dissocier les éléments organiques et de les rendre à la terre, à l'air et à l'eau. De même encore, si à ces substances qui ont été vivantes on mêle un ferment, vous les verrez reprendre une sorte de vie, s'échauffer, fumer, bouillir et développer des produits spéciaux, tels que le vin, des acides, etc. Remarquez-le, ces substances, qui tombent si facilement sous l'empire de la putréfaction et de la fermentation, n'y sont aucunement sujettes tant qu'elles font partie du corps vivant, où cependant existent et la chaleur et l'humidité nécessaires. Toutefois il arrivera, dans des cas où la vie aura reçu quelque atteinte menaçante, où se sera introduit dans ses profondeurs quelque principe délétère, que, sa force se relâchant, les liquides et les solides auront tendance, sinon à se corrompre et à fermenter, du moins à s'altérer, à se gâter de proche en proche et finalement dans leur masse, comme il arrive justement dans la fermentation et la putréfaction. Ces fièvres de mauvaise nature, connues sous le nom de *typhus*, de *fièvre typhoïde*, de *variole*, de *peste*, n'ont pas d'autre origine; et alors, chose digne de toute l'attention, une quantité très-petite de matière altérée, putride, virulente, une simple particule suffit pour communiquer ces graves affections, graves par cela surtout qu'elles sont, suivant le langage des médecins, générales, c'est-à-dire que ces matières altérées, putrides, virulentes, ont la funeste vertu de susciter dans les parties vivantes un état semblable au leur, ou, si l'on veut, que les parties vivantes ne sont pas douées de manière à résister à cette action funeste. Sous cette influence à laquelle ils répondent chacun à sa façon, les principes immédiats changent dans leur constitution, et partout leurs propriétés se modifient; modifications qui, sous un autre nom, sont les *symptômes*. Ainsi se propage la morve chevaline de cheval à cheval, de cheval à homme, et d'homme à homme; ainsi se prend la rage par la salive empoisonnée du chien malade; ainsi s'inocule le bienfaisant vaccin qui substitue une affection bénigne à la redoutable variole; ainsi meurt plus d'un étudiant en médecine qu'une piqûre putride livre à la fièvre suppurative, si rapidement dangereuse; ainsi s'engendrent les mauvaises fièvres dans les hôpitaux, dans les prisons encombrées; ainsi vole la contagion sur ses ailes agiles et meurtrières.

Toutes ces causes morbifiques si différentes ont aussi des expressions différentes et un enchaînement de phénomènes qui varie de l'une à l'autre, et qui est caractéristique de chacune. Ce qu'on nomme une maladie a sa marche naturelle quand elle est abandonnée à elle-même, ses modifications artificielles quand elle est susceptible d'être modifiée par un traitement, en un mot ses phases, dont la prévision, au dire d'Hippocrate, était la grande preuve du savoir médical. Et en ceci le médecin grec fait éclater sa rare sagacité et admirer la profondeur de ses aperçus ; il a saisi ce qu'il y a spéculativement de capital dans la maladie, à savoir : sa régularité. Si chaque maladie a son évolution propre, il faut bien que cela tienne à des conditions permanentes, qui sont : la cause morbifique, la substance organique et la perturbation qui en naît ; et, pour que la perturbation en naisse toujours la même, il faut bien que la substance organique se modifie toujours de même sous la cause morbifique. Ce seul point, poursuivi dans toute sa portée, suffirait à fonder le vrai rapport entre la pathologie et la physiologie.

Il y a dans la maladie, non pas apparition de lois nouvelles, mais perversion et dérangement des lois préexistantes. En d'autres termes, elle n'est qu'un cas particulier de la physiologie, seulement un cas plus compliqué ; car, outre la condition physiologique, qui doit être connue, il faut connaître le mode que détermine la cause morbifique par son action. Dans les temps anciens, les hommes, à l'aspect des phénomènes inattendus, étranges, menaçants, que présente la maladie, crurent qu'elle provenait soit de la colère des puissances célestes, soit de la méchanceté d'êtres surnaturels et malfaisants. A ce point de vue, la maladie était, dans son essence, aussi éloignée que possible du corps qu'elle frappait, dépendant, non pas du travail qui se passait en ce corps, mais de volontés extérieures et supérieures. Plus tard, l'étude des choses faisant des progrès, les idées se modifièrent, et Hippocrate fut un de ceux qui, dans l'antiquité, s'efforcèrent le plus de faire prévaloir l'opinion que toutes les maladies sont de cause naturelle; mais, tout en se rapprochant ainsi de la vérité, comme au fond on n'avait pas encore la connaissance des lois physiologiques, on avait encore moins celle des lois pathologiques qui en dérivent, et la maladie fut considérée comme quelque chose d'essentiel n'ayant rien de commun avec les conditions mêmes de la santé. Enfin un pas de plus a conduit au fait réel, qui est que, dans la maladie, il n'y a rien d'essentiel, rien de créé à nouveau, et que tout y est encore dû aux propriétés inhérentes à l'organisme, mais alors sollicitées par des causes hétérogènes, nuisibles, délétères.

Aussi est-ce la fin des systèmes en médecine. Les systèmes, je l'ai dit plus haut, ne furent rien d'arbitraire et de capricieux, vu que ce qui les suggérait, c'était l'ensemble du savoir contemporain; mais il n'en est pas moins vrai qu'au fond, tout en prétendant ou résumer ou diriger la médecine, ils ne lui appartenaient vraiment pas, vu qu'ils provenaient de toute autre source que la source biologique. Ils étaient donc facilement périssables, se succédant les uns aux autres selon des conditions toutes provisoires. Présentement ils sont écartés d'une façon définitive; car la médecine ne dépend plus, justement dans la partie théorique, qui est celle des systèmes, que de la biologie. Le lien de la subordination entre les deux est indissoluble désormais. La médecine ne peut rien tenter dans la voie spéculative sans se retourner aussitôt et demander si ce qu'elle propose est d'accord avec les lois biologiques. Autrefois, au contraire, le champ de la spéculation était pour elle bien autrement vaste; elle pouvait, suivant les temps et les influences mentales, s'adresser à la physique, à la chimie, à la métaphysique. C'est grâce à cette obligation de satisfaire aux lois de la biologie qu'on ne voit plus parmi les médecins ces discordances d'opinions qui jetaient toujours un certain discrédit sur leur art, quoiqu'elles provinssent naturellement de l'absence d'un point de départ commun. Aujourd'hui ce point de départ commun est trouvé; et, à part les cas exceptionnels, difficiles, obscurs, les médecins suffisamment éclairés tombent d'accord sur le diagnostic et sur les principaux moyens à employer. J'ajouterai que, quand une notion générale de biologie entrera, comme il faut l'espérer, dans l'éducation des gens du monde, ils auront en cela la meilleure pierre de touche pour juger les conceptions illusoires qui se donnent pour des systèmes, et secoueront loin d'eux tant de superstitions médicales qui les assiégent.

J'ai conduit mon lecteur sur les régions ardues de la biologie. Les hauteurs de la pensée sont comme les hauteurs de la terre : on y arrive par une ascension laborieuse, on y respire non sans quelque gêne; mais de ces sommités sereines où s'élève la doctrine des sages, selon l'expression du grand poëte précurseur de Virgile (*edita doctrina sapientum templa serena*), s'aperçoit un horizon sans borne de pure lumière, et descendent mille ruisseaux qui vont porter leur tribut fécondant à toutes les choses utiles de la vie.

IX

DE

LA PHYSIOLOGIE

IMPORTANCE ET PROGRÈS DES ÉTUDES PHYSIOLOGIQUES [1]

1. Considérations préliminaires.

Les plantes, les vers, les insectes, les poissons, les reptiles, les oiseaux, les quadrupèdes et l'homme, tel est l'objet de la physiologie, ou mieux biologie. Rechercher ce qu'ont de commun ces êtres si divers, déterminer les conditions de la vie, en trouver, si je puis parler ainsi, les voies et moyens, et, avec des phénomènes aussi complexes, fonder une doctrine scientifique, certes c'est un des plus laborieux et difficiles problèmes que l'esprit humain se soit proposés, et l'avoir

---

1. *Revue des Deux-Mondes*, 15 avril 1846. — *Manuel de physiologie*, par J. Müller, professeur d'anatomie et de physiologie à l'université de Berlin ; traduit de l'allemand, avec des annotations par A.-J.-L. Jourdan, de l'Académie royale de Médecine. — Paris, chez J.-B. Baillière, 1845, 2 vol. in-8.

résolu est une de ses grandes gloires. Non qu'il faille entendre que la physiologie soit arrivée à la perfection, loin de là : elle est véritablement à son début; mais il faut entendre que, désormais constituée, elle possède sa méthode et ses principes. Elle a cessé d'être ce qu'elle a été durant tant de siècles, une demi-science. Un mot sur son histoire me fera comprendre. Cette histoire est déjà longue, et le vaste intervalle de temps employé témoigne des immenses difficultés qu'offrit à l'esprit humain l'infinie complication des choses vivantes.

La Grèce a été le berceau de la physiologie. Les sciences se sont développées en raison de leur simplicité; la plus facile de toutes, les mathématiques, a eu des rudiments en Égypte, en Phénicie, en Chaldée, avant que les Grecs, s'en emparant, y eussent fait tant et de si rapides progrès; de même, des essais astronomiques précédèrent les découvertes de l'école grecque. Rien de pareil ne se voit pour la physiologie; elle naquit de la médecine (les sciences sont nées des arts) à peu près vers l'époque où florissait Hippocrate. Toutefois le premier travail physiologique qui nous soit parvenu appartient à Aristote, et ce premier travail est un chef-d'œuvre. Description d'un nombre immense d'animaux, comparaison des parties entre elles, vues profondes sur les propriétés essentielles à la matière vivante, tout cela se trouve dans les admirables ouvrages du précepteur d'Alexandre. Cependant les notions étaient encore si imparfaites, qu'Aristote ne connaît pas les nerfs; or, imaginez quelle lacune doit faire, dans l'intelligence du mécanisme animal, l'ignorance d'un rouage si essentiel. Mais les travaux succèdent aux travaux, les observations aux observations, et l'école d'Alexandrie détermine anatomiquement et physiologiquement les principales propriétés du système nerveux. Environ quatre cents ans plus tard, Galien agrandit, systématise, résume la science, dont l'ère antique allait se clore. Le monde occidental entrait dans une période de révolutions sans exemple. Pendant qu'une nouvelle religion s'établissait, et, créant une puissance spirituelle à côté de la temporelle, changeait les conditions de la société romaine, les barbares du Nord rompaient les digues et apportaient à tant de désordres un nouvel élément de perturbation. Dès lors tout fut à refaire, sociétés, empires, religion, langues même. Au sein de cette pénible élaboration, il n'y avait pas place pour l'agrandissement des sciences. Ce qu'on pouvait désirer, c'est qu'elles s'entretinssent comme un feu caché sous la cendre; et, de fait, elles s'entretinrent, la tradition ne fut pas rompue. Dans cet interrègne, les Arabes saisirent un moment le sceptre scientifique, et ce fut Galien qui reparut à la lumière dans les livres des musulmans. L'Occident, qui sortait de son chaos par ses propres efforts, stimulé de plus par l'influence des Arabes, prit part à l'œuvre, et ici encore Galien devint le docteur irréfragable. Ainsi la science moderne conservait pour base la science antique.

Ce fut, en effet, de là qu'à la Renaissance les travaux partirent. Ils furent complétement dans la direction ancienne, c'est-à-dire qu'on s'efforça de plus en plus de découvrir le mécanisme anatomique du corps vivant. Cette direction, suivie avec ardeur, continua de donner de beaux et grands résultats. Ainsi fut dévoilée la circulation du sang, qui, à chaque tour, prend de l'air dans les vaisseaux capillaires du poumon, et le perd dans les vaisseaux capillaires du reste du corps; ainsi furent reconnues les voies par où le chyle parvient des intestins dans le courant circulatoire; enfin, de nos jours même, ainsi fut constatée cette distinction capitale entre les nerfs, les uns consacrés au mouvement, les autres à la sensibilité. Malgré tous les services rendus par cette étude, malgré tous ceux qu'elle rendra encore, la physiologie serait restée incomplète et boiteuse, si une autre route ne lui avait été frayée. La recherche anatomique des fonctions laisse dans une ignorance absolue sur des questions fondamentales. Dès les premiers temps, les observateurs s'aperçurent que les plantes puisent leur aliment dans l'air et dans la terre, et que les animaux se nourrissent de substances végétales; de la sorte, en définitive, c'est avec les éléments inorganiques que se composent les corps organisés. Quelles substances les corps végétaux prennent-ils dans le sol? quel agent l'air atmosphérique fournit-il aux êtres vivants? quelle combinaison les éléments subissent-ils en entrant dans les corps animés? et, en ces corps mêmes, quelles affinités s'exercent? Comment la séve donne-t-elle naissance aux gommes, aux sucres, aux jus de toute espèce, et le sang, à la bile, à la salive, aux larmes? Toutes ces questions devaient rester sans réponse; car elles ressortissaient à une science dont la constitution définitive n'a pas encore un siècle. Ainsi, on le voit, les anciens avaient abordé la physiologie par le seul côté qui leur fût accessible, par l'anatomie; et, quelque progrès qu'on pût faire, on ne devait jamais avoir qu'un fragment de science. Cependant, lorsque la chimie eut été créée, quand on eut reconnu dans les corps vivants l'oxygène, l'hydrogène, l'azote et le carbone, qui jouent un si grand rôle dans la nature inorganique, alors la physiologie fut pourvue de tous ses moyens et maîtresse de son domaine. A ce point de vue, elle est postérieure à la chimie, qui, elle-même, l'est à la physique, qui l'est à l'astronomie, qui l'est aux mathématiques. Ces sciences se sont succédé dans l'ordre de leur complication et de leur difficulté, d'autant plus tôt amenées à un haut point de culture qu'elles sont plus simples et par là d'un abord plus facile à l'esprit humain. Et ici on ne peut pas ne pas être frappé d'une réflexion, c'est qu'à vrai dire nous en sommes seulement au vestibule des sciences. Laissant de côté les mathématiques et l'astronomie, qui, elles du moins, commencent à avoir quelque antiquité, voyez les autres. C'est vers le temps de Galilée que naît la physique, c'est dans le XVIIIe siècle que se constitue la chimie, c'est de nos jours que les bases de la physiologie se complètent; enfin, pour avoir le cadre entier des connaissances spéculatives, il faut y faire entrer la science sociale ou sociologie, et c'est un auteur contemporain, M. Auguste Comte, qui en a tracé les premiers linéaments dans sa *Philosophie positive*.

Parmi ceux qui ont notablement contribué aux récents progrès de la physiologie est rangé M. Müller, célèbre non-seulement en Allemagne, mais encore dans toute l'Europe. Quatre éditions de son traité témoignent de la haute réputation de l'auteur et du succès de son enseignement; la traduction, on n'en peut pas douter, rencontrera de l'accueil en France. Je me servirai de l'excellent livre de M. Müller comme d'un texte, pour exposer, en suivant les grandes divisions de l'auteur allemand et le plan qu'il s'est tracé, les notions les plus générales de la science.

Des *Prolégomènes* sont consacrés à l'examen de diverses questions préparatoires, et servent d'entrée en matière. Le premier résultat de la constitution de la physiologie a été de la séparer nettement des autres sciences dans lesquelles, jusque-là, elle était sans cesse menacée de retomber. C'était tantôt la mécanique, tantôt la physique, tantôt la chimie, en faveur desquelles elle se montrait disposée à abdiquer toute individualité ; et de nos jours, depuis les importantes découvertes de l'électricité en mouvement et de son action sur les muscles, combien n'a-t-on pas vu éclore de tentatives destinées à confondre l'agent vital avec l'agent électrique ! « Rien ne nous autorise, dit M. Müller, à admettre l'identité de la vie avec les substances impondérables qui nous sont connues, avec les forces générales de la nature, chaleur, lumière, électricité. Loin de là, le moindre examen suffit pour faire rejeter toute idée d'un semblable rapprochement. Le magnétisme dit animal sembla d'abord répandre quelque jour sur ce sujet énigmatique. On crut que le frottement d'un homme par un autre, l'apposition des mains, etc., produisaient des effets dépendant de la transmission d'un prétendu fluide, que quelques personnes s'imaginaient même pouvoir accumuler à l'aide de certains appareils. Mais l'histoire du magnétisme animal présente un déplorable tissu de mensonges et de déceptions : elle n'a montré qu'une seule chose, c'est combien peu la plupart des médecins ont d'aptitudes pour les observations empiriques, et combien ils sont loin de posséder l'esprit d'examen si généralement appliqué dans les autres sciences physiques. Il n'est aucun fait dans cette histoire qui ne soulève des doutes, et l'on n'a la certitude que d'une seule chose, le nombre infini des illusions. »

L'esprit d'examen n'est pas moins répandu parmi les médecins que parmi les autres savants ; mais, chez eux, il rencontre des difficultés particulières qu'il est bon d'indiquer. L'expérimentation en physiologie ne peut aucunement être comparée à l'expérimentation en physique ou en chimie. Pour qu'une expérience fournisse des résultats nets et précis, il faut que, de toutes les conditions du problème, une seule soit changée; le changement correspondant qui se manifeste dans les effets met en lumière le point cherché. Un baromètre porté sur une montagne, tout restant égal d'ailleurs, démontre la pesanteur de l'air. Le même pendule qui, dans une minute, donne un certain nombre de battements à Paris en donne moins à l'équateur, et prouve par là que la pesanteur y est plus faible, qu'on y est plus loin du centre de la terre, et que le globe est renflé dans son milieu. Rien de pareil ne se rencontre dans les expérimentations physiologiques ou médicales; il n'est, pour ainsi dire, pas un cas où l'on soit maître de ne modifier qu'une seule condition. Toutes les fois qu'en un point on porte une atteinte à un corps vivant, l'atteinte va de proche en proche se faire sentir à tout l'organisme; il est très-souvent impossible de la borner au lieu soumis à l'expérience, et la solidarité qui lie toutes les parties d'un être animé, solidarité d'autant plus forte et plus prompte que l'être est plus élevé dans l'échelle, et, partant, plus complexe, intervient aussitôt, de sorte qu'on ne sait plus si l'effet produit est dû à l'expérience même ou aux perturbations secondaires qui ont été excitées. Ce n'est pas tout : le sujet même n'est pas invariable; un homme, à ce point de vue, ne peut jamais être dit semblable à un homme, un cheval à un cheval, et les infinies variétés de la constitution individuelle viennent encore compliquer de nouvelles difficultés un problème déjà si difficile. Il me suffira, pour cette cause d'incertitude, de citer un seul exemple, encore présent à la mémoire de tous. Quand le choléra s'abattit sur Paris, il atteignit non la population entière, mais seulement une portion des habitants. Pourquoi ceux-ci et non pas ceux-là? La cause qui soudainement empoisonna le milieu où nous vivions semblait ne devoir pas faire acception de personnes; pourtant l'un échappa, l'autre fut atteint. Et, parmi les victimes du mystérieux agent, quelle variété de symptômes et d'accidents, depuis ceux qui, foudroyés en quelque sorte, expirèrent en une ou deux heures, jusqu'à ceux qui ne sentirent passer sur eux qu'un souffle de l'épidémie, tant la constitution individuelle, par sa réaction propre, modifia les effets de l'influence commune à tous! En présence de tant de causes de méprise, l'expérimentation physiologique a besoin d'être constamment soumise à une critique sévère; plus elle est inévitablement troublée par des éléments étrangers, plus il faut s'en défier et démêler d'un ferme regard les incertitudes qu'elle comporte. Aussi n'est-ce, en général, qu'à l'aide d'une multitude de cas analogues qu'on parvient, dans une certaine limite, à écarter les erreurs. Ce qu'on peut reprocher aux médecins, c'est de trop croire leur expérimentation semblable à celle des physiciens et des chimistes. Autant l'une est nette et précise, autant l'autre a de la peine à écarter les objections; autant l'une répond directement à ce qu'on lui demande, autant l'autre met de réserves à ses réponses. Si une grave lacune n'existait pas dans les études des médecins, s'ils étaient plus familiarisés avec la physique et la chimie, ils auraient une notion claire de ce que sont les expériences rigoureuses, et n'hésiteraient pas à faire, dans leurs propres recherches, déduction de la part de discussion qui y est inhérente. De leur côté, si les hommes versés dans les sciences inorganiques avaient quelque teinture de la science de la vie, ils ne lui demanderaient pas de la rigueur en des cas qui n'en comportent point. En effet, pour la physiologie, l'expérimentation est une méthode qui lui est singulièrement utile, mais qu'elle emprunte. Sa propre méthode, à elle, est la comparaison. Là, toute rigueur lui est possible, et lui est en effet imposée; depuis la plante, qui est vraiment le dernier des animaux, jusqu'à l'homme, qui est le premier, depuis l'ovule imperceptible, germe d'un nouvel être, jusqu'à la décrépitude la plus avancée, depuis l'organisation la plus régulière jusqu'à la monstruosité la plus étrange, depuis la santé la plus parfaite jusqu'à la maladie la plus compliquée, depuis les influences des climats les plus froids jusqu'à celles des climats les plus chauds, se déroule une longue suite d'analogies et de différences qui sont le vrai domaine de la physiologie. Tout cas bien étudié donne quelque lumière; ainsi a crû la science, qui doit à sa méthode la comparaison des êtres vivants, partant la notion de leur hiérarchie; la comparaison des tissus, partant la connaissance de leurs propriétés spéciales et de leur identité fondamentale; la comparaison des âges, partant l'histoire du développement de chaque appareil anatomique.

Des personnes mal informées demandent souvent à la physiologie quelle est la cause de la vie, et, s'étonnant de ne point recevoir de réponse, s'imaginent que pour cela elle est inférieure aux autres sciences, comme si aucune science rendait raison de la cause essentielle et dernière des phénomènes qu'elle étudie. Pour l'astronome la pesanteur, pour le physicien l'électricité, le calorique et la lumière, pour le chimiste l'affinité moléculaire, sont les faits primordiaux au delà desquels il n'est pas donné de pénétrer. En effet, quand bien même quelque découverte irait plus loin et réussirait, par exemple, à confondre le calorique avec la lumière ou la force électrique avec l'affinité chimique, on n'en serait pas plus avancé pour l'explication de la cause dernière. Un pas de plus, sans doute, aurait été fait, très-important quant à l'élaboration scientifique, mais nul quant à l'objet que se propose la philosophie métaphysique ; l'essence des choses ne nous en serait pas plus dévoilée. La science peut se réjouir grandement et à juste titre de substituer un fait plus général à un fait qui l'est moins ; mais elle connaît trop bien la portée de ses forces pour se croire en état d'aborder jamais les problèmes que l'esprit humain s'est posés dans son enfance, et dont il continue à poursuivre la solution par tradition et par habitude. Déjà même on peut entrevoir la fin du combat établi par le développement historique des sociétés entre la raison soutenue par le sentiment et l'imagination et la raison soutenue par l'expérience : la première, d'abord seule maîtresse, crée les théologies et les métaphysiques ; la seconde, qui ne devient prépondérante que postérieurement, crée les sciences, dissipant à fur et mesure les aperceptions primitives, les formes vides et purement apparentes, *cava sub imagine formas*.

Aussi est-ce un progrès décisif pour la physiologie d'être arrivée à reconnaître une propriété dernière de la matière, complétement distincte de toutes les autres ; propriété absolument inconnue dans sa nature intime et de laquelle il s'agit seulement de constater les conditions et les effets. Tant que la physiologie n'était pas parvenue à ce terme, touché déjà par les autres sciences, la porte restait ouverte aux hypothèses, comme jadis, en l'absence de la notion de la pesanteur, on attribuait le mouvement des corps célestes soit à des interventions divines, soit à des tourbillons mécaniques. De bons esprits ont même pu penser qu'elle finirait par rentrer dans quelqu'une des catégories scientifiques déjà établies; et en réalité, à diverses époques, beaucoup de tentatives ont été faites dans cette direction, toutes inutiles et à chaque fois constatant davantage la spécificité de l'agent vital. Ainsi pourvue, la physiologie rend à la philosophie positive le service déjà rendu par les sciences plus anciennement constituées : dans un certain ordre de faits, elle signale à l'esprit humain la limite qu'il ne peut franchir, et ne lui permet plus de s'aventurer dans le domaine des vaines hypothèses et des imaginations chimériques. Tout se trouve tranché, autant du moins qu'il est donné à l'homme de trancher une question. La vie est, de recherche en recherche et de découverte en découverte, rapportée à une propriété de la matière ; là s'arrêtent nos connaissances et nos explications. Au delà tout est supposition gratuite, sans appui dans la réalité et sans démonstration possible, pure combinaison de l'esprit humain. L'inanité réelle de ces combinaisons logiques se reconnaît à mesure que s'établissent les notions positives ; et, quand il sera constaté que le mouvement des sociétés n'a rien de fortuit et que la force qui les meut est un principe dont on peut apprécier les conditions principales, on aura clos l'ère des anciennes idées et définitivement inauguré l'avénement d'une rénovation qui, dans la spéculation, met les lois positives des choses en place des idées théologiques et métaphysiques, et, dans la pratique, use délibérément de ces lois pour modifier en mieux le système brut et naturel.

En cette rénovation, la biologie a rempli une fonction indispensable. Si elle n'avait pas été créée, si les difficultés qu'elle offre avaient été insurmontables à l'esprit humain, on peut dire que l'histoire du monde aurait été autre qu'elle n'a été. Jamais les idées théologiques et métaphysiques qui ont servi de soutien à l'ancienne société, curieuses et remarquables conceptions tenant la place de réalités ignorées[1], n'auraient été sérieusement attaquées; et la civilisation du genre humain aurait oscillé entre ces limites où nous trouvons dans les temps anciens l'Égypte, dans les temps modernes l'Inde et la Chine. Ce seul aperçu indique combien encore nous manquons de véritable histoire : on s'attache exclusivement à consigner les révolutions des empires et les luttes des armées, et on laisse inaperçu ce travail souterrain des sciences qui, modifiant l'état mental du genre humain, en modifie l'état social bien plus que ne font les événements militaires et les calculs politiques.

2. *Division générale.*

Après ce coup d'œil jeté rapidement sur l'histoire et le rôle de la physiologie, entrons dans l'examen des parties qui la constituent. On donne le nom de fonctions à des engrenages particuliers dont le concours forme le système total; telles sont la respiration, la circulation, la digestion, etc. Dans le classement de ces actes, M. Müller a implicitement suivi l'ancienne division en trois fonctions générales, à savoir la vie

---

1. « *Des kranken Weltplans schlau erdachte Retter*, » a dit Schiller en parlant des conceptions théologiques : *Sauveurs adroitement imaginés pour le salut d'un monde malade.* Si on changeait *adroitement* en *spontanément* dans le vers du poëte allemand, la création des hypothèses primitives serait exactement représentée. Mais *adroitement* lui est suggéré par les idées du xviiie siècle, qui pensait que des hommes habiles avaient imaginé les religions sans y croire et pour dominer les foules ignorantes et superstitieuses.

végétative ou nutrition, la vie de relation ou sensibilité et mouvement, la vie de l'espèce ou génération. La nutrition et la génération sont seules dans les plantes; la sensibilité est en plus dans les animaux. On se tromperait toutefois si on regardait cette dernière fonction comme quelque chose de totalement à part et hétérogène, et si l'on voyait dans l'animal une juxtaposition de deux êtres différents. La sensibilité procède de la nutrition, l'animal du végétal; les tissus nerveux et musculaires sont, comme la plante, soumis au principe commun de la nutrition. Il y a plus : chez les animaux supérieurs l'exercice de la sensibilité dépend d'une condition indispensable, à savoir le contact incessant du sang oxygéné. Si la respiration s'interrompt, le cœur a beau battre et envoyer le sang dans toutes les parties, l'animal succombe rapidement asphyxié. De la sorte se trouvent unies étroitement la nutrition et la sensibilité.

En somme, se nourrir, se propager, sentir, sont les trois propriétés caractéristiques de ce qu'on appelle la vie. Ceci est un mot abstrait sur lequel il faut s'entendre. Quand Newton, ayant découvert que les corps gravitaient entre eux, eut fondé le système du monde, il donna le nom d'attraction à cette propriété fondamentale de la matière. On sait que les découvertes du géomètre anglais eurent peine à prendre pied en France. Les philosophes et physiciens français crurent voir, dans cette notion de l'attraction, une résurrection des qualités occultes, et, formés à l'école de Descartes, ils montrèrent peu de disposition à remplacer par l'idée d'une simple force l'idée d'un mécanisme telle que l'avait inculquée le puissant génie encore tout glorifié de sa victoire sur les doctrines scolastiques. C'est une répugnance de même nature qui empêche de recevoir la force vitale, comme les astronomes reçoivent la gravitation. L'exemple de l'astronomie, la plus parfaite des sciences après les mathématiques, est décisif en ceci, sans qu'il soit besoin d'aucune autre argumentation.

A vrai dire, la gravitation est une qualité occulte, en ce sens qu'il n'y a aucun moyen de l'expliquer ; et la scolastique n'aurait encouru aucun blâme pour avoir dénommé autant de qualités occultes qu'elle constatait d'effets à elle inexplicables : c'eût été l'affaire de la science subséquente d'en réduire le nombre ; mais, sous l'impulsion des doctrines théologiques qui régnaient alors, elle supposait des intentions tout à fait gratuites. Dire, quand l'eau refuse de monter dans un corps de pompe au delà d'une certaine hauteur, que la nature a horreur du vide, c'est introduire dans l'observation une chose qui n'y est pas, ce n'est pas représenter fidèlement le fait tel qu'il est vu, tandis qu'en donnant le nom de gravitation à la force qui pousse les masses les unes contre les autres, on ne fait que reproduire abstraitement la chose même.

A côté de l'horreur pour le vide, il faut mettre (car je veux me tenir dans le domaine de la biologie) la force médicatrice attribuée à l'économie vivante. C'est un autre exemple de cette erreur qui fait outre-passer à l'esprit les données de l'expérience. Admettre que les lésions pathologiques sont réparées intentionnellement, c'est changer le caractère de l'observation pure. Quelques mots vont le démontrer. Ce qui favorisa l'illusion et l'entretint jusque dans ces derniers temps, c'est qu'en effet il s'exécute dans le corps malade des travaux de réparation compliqués. Un os est rompu ; bientôt un liquide s'épanche, se solidifie peu à peu, et réunit les deux fragments ; un canal médullaire se creuse dans la substance de nouvelle formation, et à la longue la soudure est complète.

Maintenant tournons la médaille et voyons-en le revers. Un serpent à venin subtil enfonce ses crochets dans la chair ; comme il n'y a de danger que si la substance malfaisante est absorbée et entre dans la circulation, que faut-il faire ? Détruire le venin dans la partie blessée, et, pour cela, nous qui n'avons que des ressources bornées, nous y portons le feu ou un caustique chimique. Au contraire, que fait la nature ? elle se hâte de pomper le poison comme elle pomperait une matière salutaire, et bientôt éclatent les accidents redoutables qui amènent la mort. Quand du fluide de petite vérole est inoculé, au lieu de le circonscrire et de l'éliminer, elle l'introduit dans l'économie, et, comme un de ces animaux ombrageux qui, effarouchés, se lancent au hasard dans toutes les directions pour échapper aux apparences du péril, elle s'agite sous l'impression de l'agent délétère, bouleverse l'économie et compromet la peau, les intestins, les voies aériennes, le cerveau, en proie qu'elle est à un ennemi qu'elle n'aurait pas dû recevoir. De l'opium arrive dans l'estomac : si le viscère s'en débarrasse en toute hâte, aucun mal n'en résultera ; mais point ! la nature, cette prétendue gardienne, n'éveille pas de mouvement antipéristaltique, ne suspend pas l'absorption, laisse pénétrer le poison jusqu'au système nerveux, et, le narcotisme une fois accompli, suscite d'inutiles convulsions. Une anse intestinale s'enroule, et le trajet alimentaire est intercepté, accident qui pourrait n'être pas grave, si la nature procédait avec adresse et précaution ; mais ce qu'elle fait empire la situation du patient en proie aux plus affreuses douleurs : elle engorge les vaisseaux, épaissit les tuniques, produit des exsudations agglutinatives, et le tout ne tarde pas à former un nœud inextricable. En présence de ces faits tellement palpables, il a fallu une singulière préoccupation d'esprit pour laisser dans l'ombre tout un côté de la question, et ne pas voir, avec la nature bienfaisante, la nature malfaisante, c'est-à-dire uniquement des propriétés en action.

Cette réalité des choses est bien caractérisée dans un certain langage philosophique, quand on donne le nom de mécanisme à la doctrine qui admet que les choses sont mues par des forces extrinsèques, et celui d'organisme à la doctrine qui admet qu'elles le sont par des forces intrinsèques, en d'autres termes par des propriétés inhérentes. Si l'on veut avoir une idée précise de cette distinction, qu'on se représente l'astronomie ancienne attribuant les mouvements célestes à des sphères solides ou à des tourbillons qui entraînaient les corps, et l'astronomie moderne plaçant la cause des mouvements dans une propriété essentielle, la gravitation. C'est là la différence capitale entre le mécanisme et l'organisme.

L'étude de cet organisme est tout le savoir humain. La gravitation ou pesanteur, le calorique, l'électricité, le magnétisme, la lumière, l'affinité chimique, la vie, telles sont les propriétés qui, inhérentes à la matière, en déterminent les formes, les mouvements et les actions. Faites précéder cette énumération de l'étendue géométrique et du nombre, faites-la suivre de la loi qui règle l'évolution des sociétés, et vous aurez, débarrassée de toute hypothèse, la science générale ou philosophie. Si vous tentez d'aller au delà, comme on l'a tenté constamment dans l'ère des théologies et des métaphysiques, vous avez des systèmes incompatibles avec les sciences particulières, dont le progrès les a renversés; si vous restez en deçà, vous avez ce qui est aujourd'hui, pêle-mêle les ruines des anciennes choses et les rudiments des nouvelles. M. Auguste Comte, dans son grand travail de réorganisation philosophique, a tout à la fois éliminé les notions hypothétiques et inaccessibles, et coordonné l'ensemble des notions positives. Je recommande son ouvrage à la méditation sérieuse des hommes voulant se rendre compte de la décadence spontanée qui a frappé les théologies, et de l'anarchie mentale qui présentement les remplace.

Ce mode de philosophie choque, je le sais, l'enseignement courant et les habitudes actuelles de l'esprit. Néanmoins je prie le lecteur, quelque impression qu'il doive en recevoir, d'en apprécier nettement le caractère. Peut-être ne sait-on pas tout d'abord en quoi il importe d'être parvenu à déterminer les propriétés irréductibles des choses[1], et comment la philosophie en est renouvelée. Par là sont remplis deux offices nécessairement corrélatifs, à savoir l'établissement de la méthode positive et la déchéance de la méthode hypothétique. D'une part, le monde se montre tel qu'il est, ou du moins tel qu'il nous est donné de le voir, se suffisant à lui-même et entretenu par les propriétés qu'il possède ; d'autre part, tombent les hypothèses métaphysiques, soit spiritualistes, soit matérialistes. L'explication qui attribue les phénomènes à des entités spirituelles est aussi illusoire que celle qui les attribue à l'arrangement des atomes; dans les deux cas, on se paye de mots et on accepte ce qui ne peut se démontrer. La méthode positive, au contraire, est partout démontrable, aussi bien à son origine, à son point de

---

1. *Irréductible* veut dire : qu'on ne peut réduire actuellement, à l'exemple de la chimie, qui nomme irréductibles les corps actuellement indécomposables.

départ que dans ses conséquences. Ceux-là sentiront la valeur d'un pareil titre, qui savent quelles nécessités mentales ont ruiné les conceptions antiques.

3. *De la nutrition*.

La nutrition est la fonction par laquelle le corps s'entretient. M. Müller étudie dans le premier livre les liquides qui la rendent possible, dans le second les actes divers qui la constituent. Un des éléments essentiels de l'existence d'un être animé est un certain mélange de solides et de liquides. Séve ou sang, l'emploi est le même : à savoir, servir à l'accroissement et à la nutrition. C'est surtout dans les animaux que le phénomène est remarquable ; là, entre les deux ordres de substances, l'échange est continuel, et, par un mouvement qui ne s'interrompt qu'à la mort, les fluides se solidifient, les solides se fluidifient. Le sang, sorte de fleuve remontant incessamment à sa source, reçoit tout et donne tout ; il est l'intermédiaire où aboutit et ce qui va être employé et ce qui a été employé. Si d'une part il porte par mille canaux la nourriture à tous les organes, se transformant par une chimie spéciale en tissus et en humeurs, d'une autre part, à mesure que les particules organiques sont décomposées, elles rentrent dans le courant sanguin, qui les emporte. Ainsi se fait et se défait cette toile de Pénélope, trame toujours sur le métier et ne subsistant qu'à la condition d'avoir ses fils incessamment renouvelés. Sans doute, dans ce conflit entre les liquides et les solides, s'établit un certain état qui constitue l'animal ; mais cet état, combien n'est-il pas fragile ! mais cet équilibre, combien n'est-il pas instable ! mais cette ordonnance que la théorie des

causes finales a si longtemps présentée comme un chef-
d'œuvre, combien n'est-elle pas défectueuse! C'est un
point suffisamment démontré par les innombrables
maladies qui affligent les espèces vivantes.

Si les particules qui sont entrées dans le corps con-
tinuaient à garder leurs propriétés, l'animal, avec le
sang qui les reçoit et qui les rend, pourrait une fois
adulte, se clore et s'entretenir de sa propre substance,
sans avoir besoin d'une introduction continuelle de
matériaux étrangers; mais il n'en est pas ainsi. Ces
particules, après avoir vécu un certain temps, perdent
toute aptitude à vivre ultérieurement, et il faut que le
liquide nourricier en soit débarrassé par quelqu'une
des voies qui sont ouvertes au dehors. Dès lors cette
soustraction incessante amène la nécessité d'une réparation non moins continue, afin que le fleuve qui alimente se trouve toujours au même niveau. Cette condition fait ressembler un organisme vivant à nos machines à feu, sauf le moteur, qui, dans le premier cas,
est l'agent vital, et dans le second une force mécanique.
De même que le foyer exige un approvisionnement
continuellement renouvelé de combustible, de même
il faut au poumon un apport incessant de matières.
Ces matières sont de trois sortes : des substances organiques, végétales ou animales, pénétrant par la voie
des intestins dans le courant circulatoire; de l'eau, qui
suit le même trajet; enfin de l'air, absorbé par le sang
à travers les délicates membranes des canaux pulmonaires. A chaque aspiration, de l'air est combiné, et
ainsi fonctionne la machine avec ses trois sensations
concomitantes de la réparation, à savoir la faim, la soif
et le besoin de respirer.

A la vue de ces actions chimiques qui ne cessent
jamais, de ces liqueurs qui circulent dans d'étroits

canaux, à la vue de solides toujours si près de devenir liquides et de liquides toujours si près de devenir solides, on comprend combien l'être vivant est susceptible de subir des modifications et des dérangements. C'est pour cette cause que, soumis aux influences diverses des climats, il éprouve des changements si considérables ; c'est pour cette cause qu'assujetti aux mille influences de l'alimentation et des habitudes, il en reçoit l'empreinte ; c'est pour cette cause enfin que tant de maladies viennent l'assaillir ; car qu'est la maladie, sinon une modification portée au delà de la limite des oscillations compatibles avec la santé ?

Parmi les substances qui constituent le globe terrestre, il en est bon nombre qui sont délétères : des minéraux, des acides, des alcalis, des sels, en contact, sous forme solide, liquide ou gazeuse, avec l'organisme animal, produisent des désordres divers et la mort. Le règne végétal n'est pas moins mi-parti, et il offre, lui aussi, des agents excessivement meurtriers. L'acide hydrocyanique foudroie, pour ainsi dire, l'animal. Le suc du pavot plonge dans un engourdissement funeste, et conduit à la mort par une espèce de sommeil. On trempe les flèches dans un poison subtil, et la plus légère blessure de cette arme arrête dans sa course rapide la proie que poursuit le chasseur, sans qu'un agent aussi promptement destructeur rende dangereuse la chair du gibier ainsi tué. Les innombrables végétaux disséminés sur le globe sont autant de laboratoires chimiques où se fabriquent les sucs les plus divers ; et, comme cela ne peut guère manquer dans le mélange des éléments à tant de proportions, cette élaboration produit tantôt des substances salutaires, tantôt des poisons formidables. Le mal, comme le bien, est partout l'effet nécessaire des conditions de notre monde ; et une sage appréciation du milieu où nous sommes plongés montre qu'il n'y a jamais lieu soit à maudire, soit à bénir la nature, où tout est déterminé par le concours d'invariables propriétés.

Si le jeu des combinaisons végétales donne ainsi des produits de la nature la plus opposée, on concevra sans peine qu'il en soit de même des combinaisons animales. Là aussi des venins subtils résultent de l'élaboration des éléments. Ce sont surtout les insectes et les reptiles qui sont pourvus de ces substances dangereuses, quelques-unes tellement actives que, peu de minutes après l'introduction, le blessé succombe. Mais ces venins, qu'on pourrait appeler réguliers, ne sont qu'une petite partie des venins animaux; il s'en développe accidentellement d'une nature très-redoutable, d'autant plus funestes qu'ils se créent au milieu des sociétés, et que l'occasion de nuire leur est plus souvent offerte. Ainsi le chien devient spontanément enragé, et quelques gouttes de sa salive communiquent la maladie. Une fois introduit, le venin demeure caché pendant de longs jours; il semble que rien n'ait été dérangé dans l'économie, et cependant une atteinte mortelle a été portée : au milieu d'une sécurité profonde, la mine chargée éclate, et il faut avoir assisté à des spectacles pareils pour concevoir combien est déchirante une agonie où le patient, à la vue de l'eau, au bruit d'un liquide, au reflet d'un corps brillant et poli, est saisi de spasmes, et passe incessamment de l'angoisse à la convulsion et de la convulsion à l'angoisse, ne redoutant qu'une chose, c'est que l'accès qui approche ne soit pas le dernier. Ailleurs, un cheval devient morveux : prenez garde, ce n'est point une maladie qui reste close et renfermée tout entière dans l'animal atteint; après être allée du cheval à celui qui le touche, elle ira du malheureux qui est venu mourir à l'hôpital au jeune médecin qui l'a soigné et fera une victime de plus. Ici un bœuf est attaqué du charbon : prenez garde encore ; cette tache charbonneuse n'est pas, comme elle le semble, une substance inerte ; elle vit, se meut, a des propriétés secrètes qui la propagent, et sans peine elle marche de proche en proche et de contact en contact. Vous placez un équipage dans un vaisseau, la terre fuit, la mer est fatigante, les vents contrarient, l'humidité pénètre, les provisions fraîches s'épuisent, et ces hommes tout à l'heure vigoureux et pleins de courage sont frappés d'une incurable langueur, vacillent sur leurs jambes, saignent de partout, et souvent meurent au moindre mouvement dans leur hamac. Les hasards de la guerre accumulent dans les hôpitaux des hommes blessés, malades, découragés ; quels inconvénients à craindre de cet entassement ? des services gênés ? les patients moins bien soignés ? C'est là le moindre mal. L'encombrement va, par la combinaison de tant d'éléments animaux ainsi réunis, engendrer un agent de destruction qui dépeuplera l'hôpital et moissonnera infirmiers et médecins. Bientôt le typhus franchit l'enceinte ; il suit les armées, surtout l'armée vaincue ; il gagne les villes et les villages que les troupes traversent, et c'est ainsi que la cause de mort née sur les bords de la Vistule vient atteindre les populations sur ceux du Rhin, de la Marne et de la Seine. Outre ces causes évidentes, il en est encore de complétement occultes : nous-mêmes avons vu, sans que rien en apparence fût changé autour de nous, des individus tomber par milliers, leurs yeux s'enfoncer dans l'orbite, le froid glacer leurs membres, et le sang se figer dans les veines sous l'action du choléra. Peu d'années auparavant, en 1828 et 1829, la population de Paris et de la banlieue avait été frappée d'une maladie bien moins grave sans doute, mais étrange : les pieds et les mains devenaient écailleux, douloureux, tout travail était impossible, et quelques-uns même succombèrent; phénomène pathologique qui a disparu comme il était venu, et qui peut faire songer à une affection endémique en Lombardie, en Asturie et dans le département des Landes, à la pellagre [1]. C'est ainsi qu'à la fin du XVᵉ siècle naquit en un coin de l'Angleterre une horrible maladie, la suette, d'abord si spéciale aux Anglais, qu'elle les frappait seuls dans Calais, alors occupé par eux; mais bientôt elle se répandit sur le continent, sans acception de nation. Les malades, à la lettre, fondaient en eau, et, au milieu de cette excessive transpiration, périssaient pour la plupart en vingt-quatre ou trente-six heures. Voilà quelques preuves de l'extrême mobilité de la matière vivante, qui, à la moindre impulsion, est jetée dans toute sorte de fluctuations, quelques preuves des profonds dérangements qui résultent nécessairement de la complication des agents et des rouages.

Telle est la condition des choses : sous nos pieds sont placés une multitude de pièges, vraies chausse-trapes où l'on se prend de la façon la plus inopinée, et d'où l'on ne sort que sanglant et mutilé, quand on en sort. Peu, bien peu, ayant pour eux la chance favorable, *quos æquus amavit Jupiter*, arrivent au terme de la vie sans avoir fait de ces funestes rencontres. Il suffit du moindre retour sur son passé pour reconnaître le point où un malheureux hasard vous a jetés, vous et

---

1. Le docteur Costallat a précisé davantage la détermination ; il a montré que cette maladie est très-voisine d'une maladie qui règne dans le nord de l'Espagne et qui est due à un empoisonnement par la carie du blé ; elle est dite dans le pays *flema salada*.

les vôtres, dans une série de maux quelquefois à jamais irréparables. C'est surtout aux yeux du médecin que se déroulent ces accidents de l'existence individuelle; il sait combien de jours, combien de mois ont été enlevés à chacun par la maladie; il sait avec quelle peine la vie a été défendue contre ces agents de destruction qui surgissent de tous côtés, de l'air ambiant, du froid, du chaud, des aliments, des peines morales et des chocs de la société; il sait quels germes de souffrance et de ruine met dans l'organisation telle rencontre malheureuse, et, au moment où quelques symptômes fugitifs se manifestent au milieu de la jeunesse la plus florissante, il voit dans le passé de l'être ainsi menacé et dans une triste hérédité le gage d'un dépérissement prochain que trop souvent rien ne peut arrêter. Ainsi, dans ce tourbillon d'éléments incessamment transformés en matière vivante et incessamment rendus au monde inorganique, s'entre-croisent mille causes de douleur et de mort, trop inhérentes à la nature des choses pour être à jamais abolies, mais qu'un emploi judicieux de nos connaissances et de nos ressources peut atténuer.

Cette atténuation (je me sers du seul mot que comporte la condition des animaux en général et de l'homme en particulier), cette atténuation est la tâche de la médecine. Justement parce que le corps vivant est modifiable, l'industrie humaine a trouvé une prise. Tant et de si grands changements produits par le concours fortuit des éléments ont naturellement suggéré l'idée d'employer d'une façon raisonnée ces actions irrégulières. L'effet a répondu à l'espérance : si le miasme des marais provoque la fièvre, le quinquina neutralise cet empoisonnement; si la petite vérole se communique, le vaccin, excitant une fermentation analogue, rend le corps impropre à recevoir cette contagion ; si le sable déchire les reins, un sel facilite la dissolution de ces concrétions qui causent de si cruelles douleurs. Ainsi, de même que dans le corps malade tout est jeu des affinités et des propriétés de la substance vivante, de même dans le traitement tout est action des qualités des remèdes sur les tissus et les humeurs. Et, comme il est vrai que les ébranlements moraux produisent dans le système nerveux les troubles les plus étranges et les plus graves, il est vrai aussi que les moyens moraux ont en ce genre un empire considérable. De la sorte, rien n'échappe à l'enchaînement des causes et des effets, à la nature des actions et des réactions ; et la condition qui régit le monde inorganique est aussi la condition qui régit le monde organique. Il faut donc rejeter bien loin toutes ces superstitions qui, encore aujourd'hui, troublent tant d'esprits. Je ne parle pas seulement de la sorcellerie, qui hante tant d'imaginations, ni des miracles que la foi croit enfanter ; je parle de ces aberrations auxquelles des personnes même éclairées se laissent si facilement aller. Chassé de son ancien domaine, astrologie, alchimie, magie, l'amour du merveilleux cherche un refuge, et, en place de ces fausses sciences, se crée une fausse médecine. La tâche de la physiologie est, en se perfectionnant, en se répandant, de remettre les hommes au véritable point de vue, et d'éteindre, au sein des populations, des préjugés ridicules et dangereux. C'est ainsi que, grâce à l'astronomie, les folles terreurs que causaient encore les éclipses de soleil il n'y a pas plus de deux cents ans ont disparu, remplacées, comme l'a dit récemment dans l'*Annuaire du Bureau des Longitudes* un astronome renommé, par la vive curiosité qu'excite un si grand phénomène.

Tout, dans le corps vivant, étant réglé, les actions de la santé, les causes de la maladie et les effets du traitement, on comprendra sans peine l'influence exercée par un médecin célèbre qui vient seulement de disparaître de la scène scientifique. Ce que Broussais poursuivit surtout et avec le plus grand succès, ce furent les idées vagues de maladies essentielles. Autant qu'il fut en lui, il chassa les fausses qualités occultes de tous les coins où elles s'étaient réfugiées, et il sentit avec netteté qu'il n'y avait dans le corps vivant en action que la matière vivante. En d'autres termes, il maintint que la pathologie n'est qu'une face de la physiologie. Sa célèbre théorie de la gastro-entérite, si complétement ruinée par l'observation subséquente, n'est, à la bien apprécier aujourd'hui, qu'une hypothèse hardie, destinée à représenter provisoirement comment il entendait que les fièvres qualifiées d'essentielles devaient être rapportées à une modification de l'état physiologique. Sans doute, les faits ont montré que la gastro-entérite n'était pas la cause de ces fièvres; mais ils ont montré aussi qu'elles n'avaient d'essentiel que le nom, et que si, pour expliquer la santé, on étudie le jeu des humeurs et des organes dans leur intégrité, on doit, pour expliquer la maladie, étudier le jeu de ces mêmes humeurs, de ces mêmes organes, tels que la cause morbifique les a modifiés. Bien que l'hypothèse soit tombée, le principe qui la suggéra est resté debout, à savoir que la pathologie est encore de la physiologie. Le tort de Broussais fut donc de vouloir appliquer sans retard à la thérapeutique des idées qui, étant très-générales, n'avaient pas d'emploi particulier dans le mode du traitement. Son mérite éminent fut d'avoir mis la théorie des maladies dans le droit chemin. Aussi sa renommée, se dépouillant, comme une eau qui chemine, de tout limon, est désormais reconnue et accueillie là même où jadis, dans tout le fracas de sa polémique, il avait été repoussé.

La médecine n'est pas bornée au traitement des individus, elle a aussi une fonction publique dont certainement nous ne possédons qu'une ébauche; mais il viendra un temps où ce qui n'est qu'en germe se développera, comme il est arrivé pour les sciences physiques et chimiques. Jadis ce qu'elles fournissaient d'applications était dû à des hasards favorables; les industries procédaient d'un côté et les sciences de l'autre. Aujourd'hui commence une application systématique et générale de la physique et de la chimie à la pratique. Aussi les découvertes succèdent aux découvertes, la face des choses change pour ainsi dire d'année en année, et déjà ce n'est plus une illusion que d'entrevoir une époque où le globe sera régulièrement exploité comme l'est une métairie particulière. Ce qui se fait avec les sciences physiques se fera avec la science biologique; une étude générale de la santé permettra de régulariser nos habitudes, nos villes, nos demeures, nos lieux de récréation, nos métiers, de manière à procurer le plus de bien et à écarter le plus de mal; médecine préventive, meilleure à la fois et plus efficace que la médecine curative.

Ayant examiné le sang dans le premier livre, M. Müller étudie, dans le second, toutes les opérations chimiques qui se font au sein du corps vivant : comment des gaz sont aspirés et exhalés dans l'acte de la respiration; comment les aliments sont métamorphosés en chyle; comment le sang veineux et noir se change en sang artériel et rutilant; comment les particules vont successivement remplacer, soit dans les humeurs, soit dans les organes, celles qui ont été rendues impropres à la vie ; comment les diverses sécrétions s'effectuent ; bref, en général, comment cet actif laboratoire qu'on appelle l'organisme reçoit, emploie et rejette les substances qui l'entretiennent. La nutrition n'est, de fait, qu'un travail de composition et de décomposition, la nutrition, fondement de toute vie et la seule fonction qui, avec la génération, appartienne aux végétaux, privés qu'ils sont de la faculté de se mouvoir et de sentir. Cette élaboration chimique est la racine des existences organiques ; sans elle, la force qui produit les phénomènes vitaux ne peut avoir aucune manifestation ; sans elle, les facultés supérieures de la sensibilité n'auraient pas de support, et tout commence, aussi bien dans la série vivante que dans l'évolution d'un être individuel, par la cellule douée de la propriété d'absorber, d'exhaler et de modifier les substances alimentaires.

Plus les études biologiques ont fait de progrès, plus on a senti la nécessité d'y employer les connaissances chimiques. La lumineuse classification des sciences établie par M. Comte explique cette tendance instinctive, et doit la transformer en une application indispensable. La théorie philosophique montre qu'à vrai dire il n'est point de physiologie sans chimie, et que les diverses sciences qui forment le tout du savoir humain sont, par rapport les unes aux autres, comme autant d'échelons. Un de ces degrés ne peut être sauté sans dommage pour l'intelligence et l'instruction. Il est donc manifeste que l'état actuel devra cesser, état de transition où les chimistes ne sont pas biologistes, où les biologistes ne sont pas chimistes, de sorte qu'en maintes questions celui qui sait faire les expériences n'est pas apte à les interpréter dans leur véritable esprit, et celui qui saurait les interpréter véritablement n'est pas apte à les conduire. Il n'est pas rare de voir un biologiste et un chimiste se réunir pour traiter ensemble un point qui, au fait, n'est que de la compétence du premier. Nous ne sommes certainement pas loin du temps où les études seront assez systématiquement établies pour que le biologiste n'ait plus besoin d'un pareil concours; un enseignement régulier fera de la chimie la base de la physiologie, comme il fait des mathématiques la base de la physique.

Quelles que soient les apparences diverses des parties végétales et animales, bois, fleurs, fruits, os, tendons, ligaments, muscles, il n'en est pas moins certain, la chimie l'a démontré, que tout cela est formé de substances inorganiques, surtout d'oxygène, d'hydrogène, de carbone et d'azote, et que la différence tient essentiellement aux proportions des éléments. Toutefois une distinction est à établir : les animaux ne se comportent pas comme les végétaux. L'air atmosphérique et l'eau, avec quelques sels, sont les seules substances brutes que les premiers puissent absorber sans préparation aucune; au contraire, les seconds puisent directement et sans intermédiaire leur aliment dans le réservoir commun de toutes choses, et, placés moins haut dans l'échelle de la vie, ils peuvent se contenter de matériaux moins élaborés. Pour les animaux, la terre et les particules diverses qu'elle renferme seraient vainement douées des facultés nutritives que réellement elles possèdent à l'égard au moins d'une autre classe d'être vivants; il leur faut, soit des produits végétaux, soit même la chair d'autres animaux, et, à côté de toutes ces ressources alimentaires qui si facilement se transforment en racines, en fruits et en feuilles, ils succomberaient à la faim et à l'épuisement, incapables qu'ils sont, par leur organisation même, d'attirer dans le tourbillon de la nutrition les matières inorganiques. Aussi les recherches géologiques ont montré que les premiers êtres vivants qui aient apparu sur la terre sont des végétaux, forme plus simple de la vie, apte à s'emparer directement des matériaux du sol, et premier degré d'une élaboration ultérieure.

Sans vouloir entrer aucunement dans la recherche de l'essence des choses, recherche inaccessible, exercice désormais stérile, et dont tout esprit scientifiquement cultivé doit se défendre, on peut considérer les résultats amenés dans le monde par la constitution des êtres vivants et par les conditions de la biologie. La nécessité où sont tant d'animaux de se nourrir de proie vivante donne une physionomie toute particulière au globe que nous habitons. Dès lors une portion de ses habitants, livrée uniquement, hormis le besoin de la reproduction, au soin de sa nourriture, passe sa vie à poursuivre ou à guetter, suivant le mot de La Fontaine, *la douce et l'innocente proie;* et, comme dans l'organisation vivante les parties sont en rapport et que le tout forme un système, à ces besoins répondent un moral déterminé, la ruse, la soif du sang, l'ardeur à la chasse, la patience infatigable à guetter, l'habileté à dresser des piéges. Toutes ces passions appartiennent aux races carnivores; la faim pour la chair est l'associée d'instincts tout spéciaux, et dans l'histoire même de l'homme elle a laissé une trace profonde, non encore complétement effacée, l'anthropophagie. D'autre part, qu'on se représente les terreurs de la bête poursuivie, de celle que chassent le tigre dans les forêts, l'aigle dans les airs, le requin au sein des eaux, de celle qu'égorge le grand-duc dans le silence de la nuit, et l'on verra ainsi régnant de toutes parts un état sanglant de guerres et de souffrances par une nécessité à laquelle on ne peut se soustraire, mais qui révolte singulièrement notre bienveillance acquise. Certes, aucune intelligence humaine n'aurait aussi cruellement institué les rapports des êtres; et aujourd'hui même tous les efforts des sociétés civilisées tendent à se servir des forces brutes de la nature pour ôter ou atténuer les maux inhérents à cette même nature; mais ici, comme partout, les propriétés des choses sont la loi immuable : la condition de la vie est le passage incessant de matériaux sans cesse renouvelés, et il s'est trouvé que ce tourbillon, outre les substances végétales, a attiré à lui les chairs vivantes et palpitantes des animaux; de là le sort des populations de notre globe.

4. *Du système nerveux.*

Dans le végétal, la nutrition (à part encore une fois la reproduction) est tout; il ne s'y passe point d'autre phénomène que cette élaboration des matériaux inorganiques qui les transforme en composés très-divers, et nulle autre activité ne s'y manifeste. Constamment docile aux influences extérieures, on le voit, à mesure que le soleil printanier frappe ses extrémités supérieures, ouvrir de proche en proche ses canaux, et bientôt les racines pompent dans le sol les fluides qui constituent la séve. Réciproquement, au retour de la mauvaise saison, le froid le resserre, les feuilles se détachent, la succion des racines s'interrompt, et le végétal tombe dans la torpeur de l'hiver. Cependant déjà quelques obscurs symptômes manifestent une certaine sensibilité, si je puis me servir de ce mot exclusivement réservé aux animaux. Le végétal est sensible à la lumière et il la cherche; la nuit, quand le bruit et la chaleur se sont retirés de notre hémisphère, et que notre portion du globe regarde les espaces non éclairés du ciel, le végétal, lui aussi, ressent l'influence des ténèbres et du silence général; ses feuilles s'affaissent, et il semble avec le reste de la nature rentrer dans le repos. Enfin quelques plantes, plus délicates encore, exécutent, au moindre contact, des mouvements rapides qui ont l'apparence, mais rien que l'apparence, des mouvements musculaires.

Autre est le tableau présenté par le règne animal. A la nutrition se joignent de nouvelles fonctions et des instincts multipliés, mais tellement disposés, qu'ils sont principalement tournés vers la satisfaction des besoins d'alimentation et de reproduction. L'animal a de l'intelligence, la faculté de se mouvoir, des sens qui l'éclairent; mais tout cela, hors le temps du rut et de la nourriture des petits, est presque uniquement dirigé vers les moyens de saisir la proie. Il passe sa vie à remplir son estomac; ce grand but absorbe toutes ses facultés, et il ne semble les posséder que pour être en état de pourvoir à cet impérieux besoin. Cependant, de même que dans la vie végétale apparaissaient déjà quelques aspirations vers l'agrandissement, de même dans la vie animale se montrent aussi des tendances vers un état ultérieur. Plusieurs témoignent de l'aptitude à l'industrie : des oiseaux construisent leur nid avec habileté; les castors font de grandes bâtisses sur les eaux, et, comme dit le fabuliste en parlant des sauvages voisins de la république amphibie,

...... Nos pareils ont beau le voir,
Jusqu'à présent tout leur savoir
Est de passer l'onde à la nage.

Certains arts même commencent à poindre, et le goût de la musique est remarquablement développé chez le rossignol.

Un pas de plus, et l'espèce humaine est constituée. S'il est vrai que l'homme sauvage, au plus profond de la barbarie originelle, n'a que peu de prérogatives au-dessus des animaux supérieurs, et si son industrie ne dépasse pas de beaucoup la leur, il est vrai aussi qu'il a en lui des germes susceptibles d'évolution, et qu'une raison plus étendue et plus capable de combinaisons (*mentisque capacius altæ*) recule pour lui la limite du développement, et lui permet de faire des accumulations au profit de l'espèce. A fur et mesure qu'il s'élève, le cercle s'agrandit autour de lui ; les besoins matériels cessent d'absorber tout son temps, et il lui reste du loisir pour accroître son industrie, réfléchir sur lui-même, cultiver les arts, créer les sciences, et améliorer sa vie dans les quatre directions de l'utile, de l'honnête, du beau et du vrai. Supposez, ce qui est la réalité, supposez que les acquisitions successives aient une tendance à modifier héréditairement l'état mental de l'homme, et vous aurez dans sa racine une cause de l'évolution des sociétés, évolution où chaque degré rend l'esprit humain plus dispos et plus apte à atteindre un degré ultérieur. L'hérédité est ici une condition importante, et, si elle n'agissait pas, les populations manqueraient d'un élément de progrès. C'est inutilement que sans transition l'on essaye d'imposer aux peuplades sauvages une civilisation avancée ; c'est inutilement aussi que des esprits heureusement doués auraient mis le genre humain dans la voie de la culture, si cette culture à son tour n'avait modifié le genre humain, le rendant à la fois plus docile et plus fécond.

Donc, pour reprendre notre sujet, descendons l'échelle que tout à l'heure nous avons montée; allons de l'homme civilisé au sauvage, du sauvage à l'animal, de l'animal à la plante, et d'un seul coup d'œil nous embrasserons un ensemble immense gouverné par une force unique, la vie. Le végétal a déjà quelque rudiment de sensibilité; la sensibilité devient manifeste dans les animaux inférieurs, elle croît et grandit jusqu'aux instincts, aux passions et à l'intelligence, bornée sans doute, mais réelle, chez les animaux supérieurs; enfin elle atteint le dernier terme que nous en connaissions, la raison dans le genre humain. Certes, il y a bien loin entre les termes extrêmes, et c'est un puissant effort de l'esprit d'induction que d'avoir pu, à l'aide des transitions, rattacher les uns aux autres les anneaux d'une aussi longue chaîne.

L'agent des facultés de sensibilité est le système nerveux, qui occupe le troisième livre de M. Müller. Cet agent imprime un caractère tout particulier à la vie de l'animal. Dans le végétal, rien n'est centralisé; aussi les organes peuvent se transformer sans peine : à volonté, des feuilles deviennent des fleurs, et des fleurs deviennent des feuilles. On retourne une plante de manière que ses branches soient dans la terre et ses racines en l'air; bientôt l'échange des fonctions s'exécute, et les rameaux et les racines s'accommodent respectivement au milieu où ils sont plongés. Un scion séparé du tronc ne meurt pas nécessairement, et, mis en terre, il donne naissance à un nouvel individu. Rien de pareil dans l'animal; là les organes, bien plus particularisés, résistent à toute transformation. Ce qui est séparé du corps meurt aussitôt; le corps lui-même ne possède que dans une limite très-restreinte un pouvoir de restauration et de cicatrice. Cette infériorité de l'animal, qui le rend bien plus sujet aux maladies et qui le soumet à un plus grand nombre de causes de mort, tient à la complication de son organisme en général et en particulier à la présence d'un centre nerveux. Ce n'est pas qu'ici aussi les gradations ne se manifestent, et les animaux inférieurs sont autant d'intermédiaires où l'on voit des phénomènes très-analogues à ceux que la plante présente. A mesure que l'être s'élève dans l'échelle de l'organisation, le système nerveux se centralise davantage, et alors s'allongent de toutes parts ces cordons qui ont pour office de mettre le centre en communication avec la circonférence. La sensation et la volonté ont chacune un agent spécial, et des nerfs qui jamais ne se confondent transmettent, les uns, du dehors au dedans, les impressions qui se font sur les sens, les autres, du dedans au dehors, les ordres aux muscles qui obéissent. Bien plus, chaque fibre nerveuse primitive est affectée à un service déterminé, et le trajet entre l'encéphale et un point du corps, quelle qu'en soit l'étendue, est desservi par une seule fibrille, que ne peuvent remplacer les fibrilles parallèles et voisines.

Avec de nouvelles propriétés apparaissent des tissus nouveaux, car ces deux choses, propriétés et tissus, sont inséparablement unies. Il se fit une véritable éclaircie dans la science, quand Bichat, au sein d'une masse jusqu'alors confuse, établit ses mémorables distinctions. Aux yeux de ce génie, si heureusement doué pour les explorations biologiques, apparurent les analogies caractéristiques, et il put résoudre le corps vivant en un assemblage de tissus pourvus d'une organisation et d'une propriété spéciales. Quelques transformations qu'ils subissent, il les suivit partout. La méthode comparative, qui est l'instrument principal de la biologie, se trouva dès lors bien plus puissante, et sans retard elle fit, dans la pathologie, mettre le doigt sur des solutions inespérées, montrant toute une classe de rapports complétement méconnus. Là ne s'arrêta pas l'effet de cette grande découverte. L'étude positive de la matière vivante acquit dès lors une force irrésistible, et l'on se mit partout en quête des voies et moyens par lesquels s'effectuent les opérations dans les corps animés. Avec quel succès, c'est ce que peut témoigner chacun de nous qui avons commencé, il y a vingt-cinq ou trente ans, nos études. La science s'est, à la lettre, renouvelée sous nos yeux.

5. *Du système musculaire.*

A côté du système nerveux doué de la sensibilité, M. Müller place, dans son quatrième livre, le tissu musculaire doué de l'irritabilité. Tandis que le premier est sensible, c'est-à-dire accomplit, soit comme centre, soit comme conducteur, tous les actes de sensibilité, depuis la sensation jusqu'à l'intelligence, l'autre est irritable, c'est-à-dire se contracte et se raccourcit sous l'action des agents qui le stimulent. Son stimulant le plus ordinaire est le système nerveux, avec lequel il est en rapport par les cordons spécialement chargés de la conduite de la volonté. Tels sont les deux grands systèmes qui appartiennent en propre à l'animal. Si on y joint le tissu cellulaire, duquel le règne végétal est uniquement composé, et qui, sous diverses modifications, constitue la plus grande partie des organismes animaux, on aura partagé en trois propriétés capitales et en trois formes essentielles toute la nature vivante. Le tissu cellulaire est, comme le témoignent les végétaux, l'agent essentiel de la nutrition ; le tissu nerveux préside à tous les actes de la sensibilité, et la fibre musculaire, contractile, met l'animal en état d'exécuter ses volontés. Cette grande division, fondée aussi bien sur l'observation anatomique que sur l'observation physiologique, est devenue une des bases de la science, et ne peut plus être abandonnée.

On s'étonnera peut-être que M. Müller ait intercalé le système musculaire, c'est-à-dire l'agent de la locomotion, entre le système nerveux et les organes des sens. C'est qu'il le regarde comme une sorte d'appendice du système nerveux, admettant que la fibre contractile l'est seulement par sa jonction avec la fibre nerveuse. La question est controversée entre les physiologistes; bon nombre pensent que le muscle possède par lui-même la faculté de se contracter, et que la volonté, conduite par le nerf, n'est qu'un des stimulants propres à exciter la contraction. Pour moi, je partage cette dernière opinion, et dès lors on comprend que, si elle était adoptée, elle entraînerait un autre arrangement que celui de M. Müller [1].

6. *Des sens.*

Le cinquième livre est consacré aux sens. On connaît la célèbre théorie qui a régné dans le XVIIIe siècle, et l'hypothèse qui, pourvoyant à fur et mesure, de chacun des sens, la statue humaine, lui recomposait tout son être intellectuel et moral. Rien de plus erroné : en vain ouvrira-t-on les cinq portes qui mettent en com-

---

1. Depuis que ceci a été écrit, plusieurs expérimentateurs ont démontré décisivement que le muscle ne tient pas des nerfs son irritabilité et la possède par lui-même.

munication avec le monde extérieur; cela ne créera point les facultés qui auront manqué primitivement. Les animaux qui occupent un rang élevé dans l'échelle ont les cinq mêmes sens, et pourtant quelle différence entre eux! quels instincts divers! et quelles parts inégales d'intelligence! La physiologie a donné un démenti complet à la théorie de la sensation, et, quoiqu'il soit vrai de dire que des écoles philosophiques l'ont combattue et réfutée, il est vrai aussi que le vague des démonstrations métaphysiques laisse toujours place aux objections et aux dissentiments. L'impossibilité de faire un être égal à l'homme avec un singe, tout pourvu qu'il est de nos cinq sens, et la possibilité de donner une intelligence complétement humaine (comme cela s'est vu) à un individu privé de trois sens, l'ouïe, la vue et l'odorat, réfutent suffisamment les aberrations où était tombée la métaphysique à cet égard. Quand on cherche dans quelques formules logiques suggérées par l'esprit les explications des choses, on est perpétuellement exposé à méconnaître la réalité.

Ce n'est pas que les sens n'aient un certain rapport avec le développement de l'organisme; les végétaux en sont absolument privés; les animaux très-inférieurs ne les ont pas tous, et la réunion n'en est complète que dans les classes supérieures. Toutefois ils n'auraient jamais suggéré l'idée, fondamentale en biologie, d'une hiérarchie des êtres. Il ne faut pas voir en cette idée de hiérarchie quelque notion tirée de l'essence même de la vie et de laquelle il résulterait que les choses n'ont pas pu être disposées autrement. La hiérarchie des êtres vivants est une conception tout à fait empirique, un produit de l'expérience, une conclusion tirée des faits observés. On demandera peut-être à quels signes se reconnaît lequel de deux êtres vivants est supérieur à l'autre; on se dira qu'au fond il n'y a nulle raison logique de mettre un animal au-dessus d'une plante, ou un mammifère au-dessus d'un crustacé. De raisons logiques pour établir un pareil ordre, il n'y en a pas ; mais il y en a de biologiques : le principe sur lequel repose la classification hiérarchique est celui de la division des fonctions. Plus les appareils se multiplient et se distinguent, plus haut est le rang de l'être ; au contraire, son degré est d'autant plus bas que les appareils se confondent davantage et diminuent en nombre. Dans le végétal, point de système nerveux, point de système musculaire; tout est réduit aux organes de la reproduction et de la nutrition; et cette nutrition même, combien simple, comparée avec ce qui est dans les animaux ! Tandis que le végétal prend directement au sol les substances alimentaires et les conduit par des canaux ramifiés dans tous les organes où elles se transforment en parties intégrantes, l'animal a un appareil de mastication, un appareil de digestion dans l'estomac, un appareil de chylification dans les intestins, et un système de conduits qui transportent le chyle dans le sang : tout cela, pour arriver au point où le végétal se trouve tout d'abord après la succion exercée par les radicules ! Que d'intermédiaires ! que de rouages compliqués ! que de division dans le travail !

De même, dans le règne animal, le système nerveux va se compliquant, et en même temps croissent les instincts, les passions, les facultés intellectuelles. De la sorte, l'anatomie et la physiologie (ce ne sont, à vrai dire, que les deux côtés d'un même sujet) marquent le niveau qu'occupe un être particulier dans la série vivante. Ce n'est pas que cette série fasse une ligne droite et continue; mais, toute courbe et brisée, elle n'en représente pas moins un trajet où se placent les espèces par groupes différents. Elle est un système dans lequel le plus ou le moins de complication décide du bas et du haut. La considération de la hiérarchie met aussitôt un terme à toutes les hypothèses biologiques : au-dessus et au-dessous, rien ne se peut raisonnablement imaginer, on ne saurait construire ni un animal au-dessus des mammifères, ni un végétal au-dessous des derniers végétaux ; mais, dans l'intérieur de la série, il est loisible de se figurer des êtres hypothétiques parfaitement en rapport avec les conditions de la vie ; la paléontologie n'a-t-elle pas fait, pour ainsi dire, droit à ces hypothèses? Je n'ai pas besoin d'ajouter que de pareils êtres n'auraient rien de commun avec les imaginations fantastiques des âges primitifs, où l'on voit, accouplées ensemble, des formes radicalement incompatibles. En un mot, la série organique donne à la fois toutes les réalités que le monde présente, et toutes les possibilités que l'esprit serait en droit de concevoir.

De cet arrangement systématique est née une question célèbre, à savoir s'il était vrai que tous les êtres vivants fussent construits sur le même plan. Dans l'hypothèse de l'uniformité de plan, il s'agit de retrouver, d'animal en animal, les organes correspondants. Ainsi, le bras dans l'homme, que devient-il chez les autres mammifères? que devient-il chez les oiseaux? que devient-il chez les reptiles et les amphibies? On peut, jusqu'à un certain point, comparer cette recherche à l'étymologie. Si on demande l'étymologie du mot *jour*, on le rapprochera sans peine de l'italien *giorno*, mot où la prononciation fait entendre un *d*, et qui est identique au latin *diurnus*; *diurnus*, à son tour, dérive de *dies*, et *dies* est congénère du *day* germanique de la langue anglaise ; dès lors nous sommes amenés au mot sanscrit *div*, qui signifie *luire*, *briller*. De même, si l'on demande l'étymologie anatomique (qu'on me passe cette expression) du bras humain, on retrouvera sans peine cette partie dans le pied de devant des mammifères terrestres. Chez les mammifères marins, qu'on ne s'arrête pas à l'apparence, qu'on fende la peau qui recouvre leurs prétendues nageoires, et l'on y verra un humérus, un avant-bras et des doigts. L'aile des oiseaux, bien qu'elle s'éloigne davantage, est parfaitement réductible au type du bras. Bref, le fil de l'analogie ne se rompt pas, tant qu'on se tient dans le domaine des vertébrés ; mais, quand on passe aux invertébrés, les analogies perdent l'évidence, et enfin, dans le règne végétal (car il n'y a aucune raison pour s'arrêter aux animaux) toutes choses se confondent.

Quoi qu'il en soit de ces recherches difficiles, il est certain que des corrélations fondamentales lient entre eux les êtres vivants. Le végétal se retrouve tout entier dans l'animal : les innombrables cellules du poumon et les innombrables vaisseaux du chyle représentent, les unes le feuillage aspirant les gaz atmosphériques, les autres la racine aspirant les sucs de la terre. La fonction est semblable, et l'homme, en définitive, ne se nourrit pas autrement que la plante. Si le végétal explique toute la nutrition chez l'homme, les animaux intermédiaires, de leur côté, expliquent les fonctions du mouvement, de la sensibilité et de l'intelligence. En un mot, si, au lieu de comparer organe à organe (ce qui devient très-difficile dans le passage aux invertébrés, et impossible dans le passage aux plantes), on compare les quatre grandes fonctions, nutrition, génération, locomotion et sensibilité, et les quatre grands appareils qui les desservent, on reconnaît partout l'analogie : l'animal se nourrissant et se reproduisant comme le végétal, et l'animal supérieur se mouvant et sentant comme l'inférieur. A ce point de vue, l'identité de plan est manifeste; rien ne se nourrit que par les tissus organiques, rien ne se reproduit que par une scission, rien ne se meut que par la fibre musculaire, et rien ne sent que par la fibre nerveuse.

Cette identité est reconnaissable encore dans les périodes qui ont précédé notre histoire. L'histoire de l'homme, celle du moins dont il se souvient, ne remonte pas à une époque très-reculée. Quelques milliers d'années, c'est là tout ce que donne la mémoire des peuples; mais, en compensation de ces annales qu'on cherche vainement, on a trouvé des annales qu'on ne cherchait pas, celles de la terre. Nombreuses ont été les périodes qu'elle a traversées, profondes les modifications qu'elle a subies, diverses les races qu'elle a nourries. On aurait pu penser que ces populations d'un autre âge trancheraient radicalement avec celles des temps historiques. Il n'en est rien. Et pourtant, si l'on en croit tous les indices, les conditions du milieu différaient grandement de ce qu'elles sont aujourd'hui : une terre plus chaude, une atmosphère autrement composée, une distribution différente des eaux. Néanmoins l'organisation des êtres appartenant à ces antiques périodes est telle qu'ils viennent sans peine se ranger dans les classifications. Alors verdoyaient des fougères colossales, alors rampaient dans le limon des eaux d'énormes amphibies; mais ces fougères et ces amphibies ne sont que des organismes à mettre à côté de ceux qui vivent avec nous; et, si la curiosité a pu se figurer que de pareils êtres devaient être étrangers à la construction des êtres actuels, elle a été déçue. Cette découverte singulière et inattendue est venue donner à la science un point d'appui de plus, et montrer que, dans un passé lointain et sous des conditions notablement différentes, les propriétés de la matière vivante conservèrent leur identité. Telles nous les voyons, telles les virent des âges où l'espèce humaine n'existait pas.

Je ne quitterai pas ce chapitre sans indiquer une particularité très-remarquable de l'histoire des sens. Les nerfs qui les desservent présentent une disposition anatomique respectivement différente; et, de fait, ils sont tellement spéciaux, qu'une excitation quelconque y produit l'impression propre à chacun. Je m'explique : si on fait agir l'électricité sur le nerf optique, le patient voit de la lumière; si sur le nerf auditif, il entend un son; si sur l'olfactif, il perçoit une odeur; si sur le nerf du goût, une saveur; si sur un nerf tactile, une douleur. Ainsi un même agent, ne possédant aucune des propriétés qui se perçoivent par les sens, développe, s'il est mis en contact avec le nerf de chaque sens, l'impression spéciale à ce nerf. De la sorte, on peut entendre toute espèce de sons sans aucun son effectif; on peut voir toute espèce de lumières sans aucune lumière effective; il suffit pour cela d'une excitation soit externe, soit interne. A la catégorie des excitations externes appartiennent des cas comme celui qui fut soumis à M. Müller lui-même : un homme, ayant reçu dans l'obscurité un coup sur l'œil, prétendit avoir reconnu le voleur à la lueur produite par le choc; c'était une illusion, et une pareille lumière n'éclaire pas plus les objets qu'une douleur ressentie par moi ne cause de la douleur à un autre. La catégorie des excitations internes est importante pour la théorie des hallucinations, qui, à titre de communications avec un monde invisible, ont joué un grand rôle dans l'histoire passée. En définitive, plus on approfondit les conditions de la vie, plus on reconnaît avec quelle rigueur est appliquée la spécialité des organes et des fonctions.

7. *Des facultés intellectuelles.*

C'est avec les facultés intellectuelles, objet du sixième livre, que M. Müller termine la section de la sensibilité ou fonction du système nerveux. Ceci est un dernier terrain que la théologie et la métaphysique disputent à la biologie; elles ont depuis longtemps abandonné les autres postes. L'astronomie a gagné sa dernière victoire lors du procès de Galilée, et elle n'a plus à craindre de retour offensif. La physique a également chassé toutes les notions imaginaires; et la foudre, que Boileau croyait encore une dispensation de la Providence, est un phénomène électrique tellement docile, qu'il se laisse guider par la pointe d'un paratonnerre. La géologie a reculé indéfiniment l'antiquité du globe; loin d'avoir, comme le physicien florentin, un procès à soutenir et une amende honorable à faire, elle se voit courtisée, et l'on s'efforce d'accommoder ses périodes à un texte dont l'auteur semble avoir voulu prévenir toute interprétation en écrivant à chaque jour : *factum est vespere et mane*. La chimie a relégué au rang des exercices provisoires de l'esprit l'alchimie, qui en était véritablement la métaphysique. Enfin on renonce aux parties inférieures de la biologie, à la nutrition, aux maladies, même aux maladies mentales; on fait abandon des possédés et des démoniaques. Cette longue retraite de plus en plus ressemble à une déroute; et, comme dans l'histoire de l'expulsion des Maures hors de l'Espagne, la science positive, d'abord faible et cantonnée dans un domaine exigu, étend avec lenteur ses conquêtes; puis, quand elle a fini par obtenir une véritable puissance, ses progrès s'accélèrent avec rapidité. Les mathématiques ont été l'étroite localité, la région retirée d'où elle est partie pour gagner les plaines sous-jacentes, et déjà elle accule ses rivales à la mer opposée.

Nous sommes les témoins d'une de ces invasions, la biologie arrivant à réclamer la doctrine des facultés affectives et intellectuelles. Si on lui conteste ce droit, la première réponse qu'elle ait à faire est celle de Diogène aux philosophes qui niaient le mouvement : Diogène marcha; la biologie traite de l'intelligence et du moral de l'homme; il n'est plus de livre de physiologie qui n'ait une section consacrée à cet objet. Ainsi se trouvent institués sur ce point, comme sur beaucoup d'autres, deux enseignements radicalement contraires, l'un positif, l'autre théologique ou métaphysique.

C'est sans aucun dessein prémédité que la biologie s'est ainsi étendue. La curiosité scientifique conduisit à agiter ces questions, qu'on voit poindre dès une haute antiquité. Démocrite s'en occupa, et, au dire de La Fontaine,

...... Hippocrate arriva dans le temps
Que celui qu'on disait n'avoir raison ni sens
   Cherchait dans l'homme et dans la bête
Quel siége a la raison, soit le cœur, soit la tête.
Sous un ombrage épais, assis près d'un ruisseau,
   Les labyrinthes d'un cerveau
L'occupaient......

Ce sont, en effet, les labyrinthes du cerveau qui ont amené la physiologie sur le terrain de ce qu'on appelle dans les écoles psychologie. Sans s'inquiéter si la théorie des facultés mentales n'avait pas une solution complète dans les livres des théologiens et des métaphysiciens, sans y songer même, elle a édifié, conduite par le rapport des organes et des fonctions, une doctrine indépendante des doctrines reçues. Trois ordres de faits l'ont mise simultanément dans la voie. En premier lieu, la pathologie est venue apporter son contingent. Les lésions mentales qui suivent les lésions du cerveau, l'affaiblissement de l'intelligence dans l'apoplexie même guérie, le délire dans les inflammations des méninges, la stupeur dans la compression, sont des faits perpétuels. Et non-seulement les actions directement portées sur le cerveau le troublent, mais encore des influences réfléchies, comme on dit en physiologie, vont, des viscères abdominaux par exemple, gagner l'encéphale et déterminer un état mental tout particulier. Enfin différentes substances introduites dans l'économie pervertissent les facultés : tels sont le vin, le haschich, l'opium. En présence de ces observations, force a été à la physiologie de se demander quelles conditions règlent les manifestations du moral et de l'intelligence, et quelles causes y portent le trouble, laissant, bien entendu, la question d'origine et ne pouvant à aucun prix s'engager dans l'hypothèse qui place hors de l'organe la fonction. Une autre voie l'a conduite au même terme, à savoir la comparaison de l'état mental et de l'état du cerveau aux différents âges. Là, en effet, une correspondance se manifeste, du même ordre que la correspondance entre les lésions de l'organe et les lésions des facultés. C'est seulement par degrés que l'enfant acquiert les différents pouvoirs qui constituent l'adulte, et par degrés aussi le système nerveux, d'abord confondu sans distinction aucune dans la masse de l'ovule, se dégage, se dessine, s'accroît, et enfin se complète. L'âge auquel la formation et

PROGRÈS DES ÉTUDES PHYSIOLOGIQUES. 291

l'accroissement du cerveau marchent avec le plus de
rapidité est l'époque de la vie où la force d'impression
que possède l'intelligence a le moins de solidité, une
assez longue portion de l'existence ne laissant aucune
trace dans la mémoire. Aucun effort ne pourrait arracher au petit enfant des actes intellectuels qui ne seraient
pas de l'enfance, et le progrès des facultés est l'aiguille
qui indique le progrès de l'organe. A l'enfant succède
l'adulte, à l'adulte le vieillard, et alors tout avertit de
la décroissance :

> Ne te donna-t-on pas des avis, quand la cause
>   Du marcher et du mouvement,
>   Quand les esprits, le sentiment,
> Quand tout faillit en toi ? Plus de goût, plus d'ouie;
> Toute chose pour toi semble être évanouie;
> Pour toi l'astre du jour prend des soins superflus.
> Tu regrettes des biens qui ne te touchent plus.

Là encore on a été amené à reconnaître une suite de
phases, et dès lors à constater une condition de plus
qui coordonne avec l'état physiologique les manifestations mentales. Enfin les études de zoologie comparée
ont contribué de leur côté à éclaircir les idées. Pour
éviter l'argument inévitable qui se tire de la nature
morale et intellectuelle des animaux, il n'aurait fallu
rien de moins qu'accepter la fameuse hypothèse de Descartes, qui n'y voulut voir que de pures machines. A
ce prix, l'argument tombait; rien n'était à conclure des
animaux à l'homme. Mais l'hypothèse cartésienne faisait trop de violence au sens commun pour avoir quelque portée. C'est au nom de ce sens commun qu'elle
s'est attiré la critique de La Fontaine:

> L'animal se sent agité
> De mouvements que le vulgaire appelle

> Tristesse, joie, amour, plaisir, douleur cruelle,
> Ou quelque autre de ces états.
> Mais ce n'est point cela, ne vous y trompez pas.
> Qu'est-ce donc? une montre. Et nous? c'est autre chose.

Et ailleurs :

> Qu'on m'aille soutenir, après un tel récit,
> Que les bêtes n'ont point d'esprit.
> Pour moi, si j'en étais le maître,
> Je leur en donnerais aussi bien qu'aux enfants.
> Ceux-ci pensent-ils pas dès leurs plus jeunes ans?
> Quelqu'un peut donc penser, ne se pouvant connaître.

L'hypothèse de Descartes n'aurait pas mérité d'être rappelée, si elle ne témoignait quel effort désespéré tenta le grand philosophe pour échapper à la conviction spontanée que fait naître le spectacle de la nature animale. Mais il faut rentrer dans la réalité, et examiner quelles sont les facultés des animaux et quelle est leur organisation nerveuse. Or, de même que la pathologie a témoigné d'une relation entre la lésion organique et le trouble fonctionnel, de même que les âges ont montré les facultés se dégageant du sein de la cellule germinale et arrivant par des degrés successifs à l'état complet, de même aussi, dans la série des êtres, la nature animale croît et s'étend avec l'organisation. Si on appliquait à cette série animale le principe de ceux qui ont voulu faire de l'espèce humaine une catégorie à part, il n'y aurait aucune raison pour ne pas trouver je ne sais combien de tronçons. En refusant d'admettre que les parties communes fassent le lien, on sépare, par exemple, le poisson du mammifère. En effet, la nature est singulièrement brute dans le poisson : rien que les appétits de la nutrition et le degré d'intelligence nécessaire pour les satisfaire. Le besoin même de la reproduction n'entraine pas les conséquences qu'il a dans d'autres êtres, et les petits éclosent d'œufs déposés dans un lieu favorable, sans que les parents en aient connaissance ni souci. Si l'on compare cette nature sauvage et stérile avec un mammifère, avec le chien, quelle différence ! Amour de la progéniture, soins pour l'élever, attachement à un maître poussé jusqu'au dévouement le plus absolu, aptitude à s'instruire, mémoire, combinaison d'idées. Ne semble-t-il pas qu'il appartient à une essence supérieure et totalement distincte ? Il n'en est rien cependant, et le fond intellectuel et moral du poisson est dans le chien, fond sur lequel se sont édifiées de nouvelles facultés. De même les appétits fondamentaux du poisson, les facultés plus développées du mammifère sont dans l'homme, et en plus une certaine somme d'aptitudes sans analogues dans le bout inférieur de la série vivante. Ajoutons que l'homme offre un cerveau qui est construit fondamentalement sur le type mammifère, mais qui a des parties plus compliquées que dans le reste des animaux.

Les éléments de doctrine s'étant ainsi accumulés et convergeant vers une seule et même direction, un homme célèbre entreprit d'en tirer les conséquences qu'ils renfermaient. Gall rendit un éminent service à la physiologie cérébrale, quand il plaça dans le cerveau non-seulement toutes les facultés, mais encore tous les instincts et toutes les passions. Une très-ancienne doctrine, dont Aristote fut le défenseur, attribuait à d'autres organes diverses fonctions de la sensibilité. On avait départi à la poitrine et au ventre une part du moral. Or, rien n'était plus contraire à toute saine notion des tissus et de leurs fonctions, que de placer le siége des passions dans un viscère musculeux comme le cœur, et dans des viscères celluleux comme le foie et la rate ; c'était unir des choses incompatibles, confondre les propriétés, et commettre en physiologie une faute comparable à celle que commettaient en histoire naturelle les peintres et les poëtes, quand ils mettaient une tête d'homme sur un corps d'oiseau. Là Gall fut complétement dans le vrai. Quant à la localisation des facultés, c'est autre chose ; les faits et la critique n'ont pas été favorables à l'hypothèse, et il n'est pas une seule des localisations de Gall qui ait soutenu l'épreuve. Quelle qu'ait été, à lui, son opinion sur sa propre conception, pour nous ce n'est pas autre chose qu'une supposition indiquant une manière de traiter la physiologie cérébrale. Et déjà des mains plus sûres, poursuivant dans le cerveau le prolongement des nerfs, ont indiqué la région où s'arrêtent les sensations, et réservé d'autres parties aux faculté intellectuelles et affectives, traçant ainsi des localisations qui n'ont plus rien d'hypothétique. Gall a signalé le but, mais ne l'a pas atteint. Ce qu'on peut reprocher à Gall, comme aussi à Broussais avec sa théorie de la gastro-entérite, c'est de n'avoir point eu une vue claire de leurs propres conceptions, et de n'avoir pas donné fermement comme une hypothèse ce qui, dans le fait, n'était qu'une hypothèse. Leur procédé, s'ils l'eussent ainsi conçu, eût été nettement scientifique. Des suppositions susceptibles d'être vérifiées sont toujours légitimes, et, quand elles résultent, comme celles de Gall et de Broussais, d'une appréciation exacte du problème, elles interviennent dans la direction des idées, et, bien qu'improductives par elles-mêmes, elles fécondent pourtant le champ de la science.

8. — *De la génération.*

L'histoire de la génération clôt l'ouvrage de M. Müller. C'est la fonction par laquelle il y a des espèces, et qui, à côté de l'existence individuelle, établit une existence collective. Grâce à elle, *stat fortuna domus, et avi numerantur avorum;* grâce à elle, la vie soutient sur l'abime du temps les races animées, comme la gravitation soutient sur l'abîme de l'espace les globes planétaires. C'est dans le temps que se meut la vie ; le végétal, tout immobile qu'il est à sa place, n'en accomplit pas moins son voyage à travers les années et les siècles, et il va, lui aussi, de l'enfance à la décrépitude. Le temps est l'espace, si je puis m'exprimer ainsi, où agit la force vitale. Chaque existence individuelle croît d'abord avec une rapidité inouïe, se ralentit peu à peu, parvient à son point culminant, puis décroît de plus en plus rapidement, jusqu'à ce qu'elle rentre dans l'immobilité d'où elle était partie, décrivant ainsi une sorte de parabole dans le temps, comme les projectiles en décrivent une dans l'espace.

Quelque divers que soient les procédés de la génération, ils équivalent tous, en définitive, à une véritable scission. Ce qui arrive lorsqu'on plante un scion d'un arbre arrive aussi lorsque dans un animal un nouvel être se produit. C'est toujours la séparation d'une substance animée portant en elle la faculté de croître conformément au type de l'espèce. Ce caractère, digne de la plus sérieuse attention, est un de ceux qui appartiennent essentiellement à la vie, et qui la distinguent profondément de toutes les autres propriétés de la matière. L'organisme n'a pas seulement la faculté de s'entretenir jusqu'au terme fixé par les conditions individuelles ; mais il a aussi celle de déposer dans une partie de lui-même, bourgeon ou ovule, une aptitude à se développer. La fécondation, dans le règne vivant, n'est qu'un cas particulier. Chez les végétaux, et même chez certains animaux, les bourgeons ont la vertu de reproduire le type de l'espèce aussi bien que l'ovule fécondé. Le bourgeon et l'ovule ne sont que des cellules primitives, et, pour complément d'analogie, ces deux modes marchent d'un pas égal : dès que la plante pousse un rejeton, les germes des bourgeons prochains surgissent, et à côté de ceux de l'année présente on voit poindre ceux de l'année qui vient ; de même on trouve déjà dans l'ovaire de l'enfant les germes d'une nouvelle génération.

A la reproduction se rattache l'hérédité, faculté importante à connaître, importante à consulter. Jusqu'à présent elle n'est guère intervenue dans les relations des hommes ; seulement les médecins ont élevé la voix pour faire comprendre quelques-unes des conséquences qu'elle entraîne. De fait aussi, le sujet est peu étudié, et les principes en sont épars. On peut le recommander sans crainte à la méditation des biologistes ; certainement ils y trouveront de quoi récompenser leurs efforts.

L'hérédité se meut constamment entre deux influences, l'une qui tend à conserver le type de l'espèce, l'autre qui tend à le modifier. La première est la force déposée par l'organisme dans le germe ; la seconde se compose de toutes les conditions éventuelles qui agissent sur l'individu. Que l'on suppose des blancs s'établissant parmi une population noire, ou des noirs parmi une population blanche, et se croisant par les mariages. Au bout d'un certain temps plus ou moins long, les étrangers n'auront laissé aucune trace de leur passage, et cela se conçoit : le croisement dès la neuvième génération impliquera 256 individus, de sorte que le nègre ou le blanc qui aura mêlé son sang ne sera plus, au neuvième degré, que pour un 256me. Telle est la force que la tendance héréditaire à reproduire l'espèce possède pour effacer les variétés individuelles. C'est par là qu'un peuple, malgré le mélange des étrangers, garde son caractère national tant au physique qu'au moral; au bout d'un certain intervalle, ces étrangers, quelque type qu'ils aient apporté, se sont fondus dans la masse commune, et cessent d'y être reconnaissables. Il faudrait que l'immigration fût très-considérable, pour qu'il se formât un type conservant des caractères apparents d'hybridité.

D'un autre côté, le croisement des races, les conditions du sol, le genre de nourriture, les professions, en un mot les mille accidents de la vie, créent des variétés qui, à leur tour, ont de la tendance à se perpétuer par la génération. La cause qui les fait disparaître indique suffisamment quelle sera la cause qui les fixera. Si en se croisant elles se résolvent nécessairement et s'effacent, en ne se croisant pas elles se maintiendront et finiront par devenir permanentes. Ainsi on a fixé des variétés végétales qui s'étaient produites; ainsi on a obtenu des moutons et des bœufs pourvus de qualités spéciales; ainsi, enfin, on a établi le cheval anglais. Il suffit de clore le cercle des alliances pour donner de la permanence à des états qui autrement seraient transitoires et disparaîtraient à la seconde ou à la troisième génération; il suffirait, pour les détruire, d'ouvrir le cercle fermé, et d'introduire cette sorte de peuplade étrangère dans le sein du reste de la population; elle s'y fondrait bientôt, et toute trace en serait effacée, car c'est à grand labeur que l'homme maintient les créations de son industrie contre les tendances puissantes des agents généraux, toujours prêts à reprendre le dessus; situation comparée admirablement par Virgile à celle du marinier qui remonte le courant d'un fleuve: pour peu qu'il se relâche et suspende ses efforts, l'onde qui suit sa pente emporte la nacelle.

En pathologie, l'hérédité transmet les dispositions maladives, et c'est de la sorte que tant de maux passent des parents aux enfants. Parmi les douloureux spectacles que le monde présente, un des plus pénibles est celui de ces petits êtres entrés dans la vie pour devenir la proie des plaies, des distorsions et des mille tortures qu'infligent les scrofules et la phthisie héréditaires. A la vue des cruautés humaines qui s'étendent jusque sur l'enfance, l'auteur de *la Pharsale* s'est écrié : *Crimine quo parvi cœdem potuere mereri ;* et après lui un harmonieux écho a répété :

> Hélas! si jeune encore,
> Par quel crime ai-je pu mériter mon malheur?

Vaine enquête, plainte inutile! Les combinaisons qui règlent les affinités dans les corps vivants ont voulu que, sous l'influence d'une mauvaise nourriture, d'une habitation humide, d'un travail forcé et parfois aussi de conditions inconnues, l'affection tuberculeuse ou scrofuleuse se développât chez les parents. De là les souffrances des enfants, voilà le *crime* qui leur vaut une existence courte et douloureuse. Telle est l'ignorance, que ce danger si grand, qui compromet à chaque instant les familles, n'est l'objet d'aucune précaution. Ni les institutions publiques, ni la prudence particulière n'interviennent pour prévenir tant de maux. Je sais tout ce que commandent de réserve les sentiments humains; je sais qu'une pareille question ne peut pas être traitée au point de vue purement médical. Cependant, quand on considère avec quelle attention les intérêts pécuniaires sont consultés dans les unions, on peut croire que des intérêts encore plus grands, ceux de la santé, ne le seraient pas moins, si la fatalité cruelle qui s'attache à l'hérédité était mieux appréciée.

La transmission héréditaire des dispositions acquises est un fait qui éclaire, sinon la question des races humaines, au moins le problème des populations qui demeurèrent longtemps ou qui demeurent encore inférieures et arriérées. L'hérédité joue dans ce phénomène historique un rôle qui ne doit pas être méconnu. Il fut un temps, qui même n'est pas très reculé, où les aïeux des Allemands, des Français, des Anglais, vivaient dans une condition à demi sauvage. Combien cet état dura-t-il? l'histoire ne le dit pas; mais certes bien des siècles s'écoulèrent, sans que rien vînt modifier l'uniformité des mœurs et la monotonie des forêts primitives. La masse de populations répandues depuis le Volga jusqu'aux Alpes, jusqu'aux Pyrénées, jusqu'aux Iles Britanniques, demeura immobile des milliers d'années; et peut-être encore aujourd'hui les druides sacrifieraient des hommes et cueilleraient en grande pompe le gui dans les bois consacrés du pays chartrain, si la conquête romaine n'était venue changer l'avenir de ces peuples. Néanmoins la transition ne fut pas subite. Il fallut des siècles pour transformer des Gaulois et des Bretons en Romains; et, quand les Germains se furent répandus sur l'empire, il fallut des siècles encore pour qu'ils fussent absorbés par la vie civilisée. De même, les populations sauvages du nouveau monde et de l'Océanie se sont montrées longtemps rebelles aux tentatives civilisatrices, ne gagnant que peu à peu l'aptitude à s'approprier des idées générales et abstraites; de même encore, les nègres, dans les possessions européennes, commencent (et sous quel régime s'est faite leur éducation!) à grandir dans l'humanité, et la république qu'ils ont fondée, n'allant pas bien, ne va pas beaucoup plus mal que tel État du nouveau monde. Aristote disait, il y a près de vingt-deux siècles, que certaines populations ont la destination de fournir des esclaves, étant dépourvues des qualités supérieures qui font l'homme libre et propre à se gouverner lui-même. Ces populations de race pour lui naturellement servile étaient les Scythes et les Celtes, c'est-à-dire les ancêtres des nations aujourd'hui les plus cultivées. Le temps a cassé l'arrêt du précepteur d'Alexandre, et déjà le temps casse l'arrêt de ceux qui ont frappé d'autres races d'une incapacité absolue, et leur ont dénié un perfectionnement relatif.

9. *Conclusion.*

Une matière spéciale douée d'une propriété spéciale aussi, la vie; ayant la faculté de se nourrir, de se reproduire et de sentir; se nourrissant par un mécanisme identique dans toute la série des êtres animés, c'est-à-dire par un tissu capable d'absorber, de modifier et de rejeter certains éléments; se reproduisant, dans toute la série aussi, d'une manière analogue, par la scission du jeune d'avec le parent; jouissant, chez les animaux exclusivement, de la sensibilité et de la locomotion à l'aide de deux tissus, la fibre nerveuse et la fibre musculaire; se déployant en une succession de combinaisons depuis la plante jusqu'à l'homme; soumise, dans cette longue chaîne, à des conditions de structure qui lient le végétal à l'animal, et l'animal inférieur au supérieur; allant dans l'échelle de la vie depuis l'organisation la plus obscure et la plus simple jusqu'à la plus complexe, et dans l'échelle des âges depuis l'ovule, où tout est indistinct, jusqu'à l'adulte le plus complet, jusqu'à la vieillesse et à la mort ; n'agissant que conformément aux lois qui résultent de la nature de la propriété vitale et de celle des éléments intégrants; produisant des actes d'autant plus nombreux et plus étendus que l'organisme est plus compliqué; en revanche, sujette, en raison même de cette complication, à d'autant plus de dérangements et de maladies; modifiable dans des limites très-étendues à cause des composés multiples qu'elle emploie ; portant l'empreinte des climats, de l'air, de l'eau, du sol, de l'élévation au-dessus des mers, et l'on pourrait dire, si on avait le moyen d'étendre la comparaison jusqu'aux autres corps célestes, de la planète même : tel est l'ensemble, telle est la vue générale de la biologie.

Toute science a sous elle des arts qui en dépendent et qui ne peuvent se passer de ses lumières. De la biologie relèvent, en premier lieu, la médecine; en second lieu, l'art vétérinaire, qui, bien cultivé, doit être d'un si grand secours à la médecine, à cause de la facilité d'expérimenter; en troisième lieu, l'agriculture, l'élève des bestiaux, l'art du forestier, la culture des jardins, lui empruntent des notions essentielles. De plus, ainsi que M. Comte l'a démontré, la biologie est à la science sociale ce que la chimie est à la biologie elle-même : elle fournit les bases et les conditions. J'ai moi-même fait ressortir çà et là, dans le courant de ce travail, quelques points essentiels par où elles sont dépendantes l'une de l'autre. Il n'est pas de science sociale sans une connaissance réelle et profonde de l'être humain, de ses tendances nécessaires, des voies qui lui sont ouvertes et de celles qui lui sont fermées. C'est contre ces données fondamentales si souvent méconnues qu'est venu échouer ce qu'il y avait d'impraticable dans chaque système politique, à quelque mobile qu'il se soit adressé. Voilà donc le vaste domaine qu'embrasse la physiologie. Certes, quand, mus par une curiosité instinctive, quelques hommes s'avisèrent de jeter le regard sur l'organisation des animaux et spéculèrent sur les résultats de leurs observations, il était peu facile de prévoir que d'aussi grands intérêts étaient engagés dans des recherches en apparence frivoles et stériles. C'est une importante leçon donnée par l'histoire ; elle nous apprend que le vrai doit toujours être poursuivi pour lui-même, et que nul ne peut prévoir les services qui seront rendus. Ceci soit dit pour ceux que les applications préoccupent surtout ; car, en réalité, une disposition native que nous révèle une étude bien faite de la physiologie psychique entraîne les hommes vers la recherche du vrai en soi, sans aucun souci de l'utile, et est la source d'où ont découlé toutes les sciences.

L'enchaînement des lois biologiques, les arts mêmes qui en dérivent, la possibilité de modifier à coup sûr les organismes, tout cela définitivement a ruiné la doctrine des causes finales, qui, chassée des autres sciences, prit si longtemps refuge dans la structure des corps vivants. Ne parlons donc pas des explications parfois ridicules où elle conduisit de bons esprits, par exemple celle-ci : un physiologiste renommé du dix-septième siècle loue la Providence de ce que l'opération de la pierre peut être pratiquée sans que le patient soit rendu impuissant ; si la Providence est louable en ceci, elle le serait bien davantage d'avoir disposé les choses de manière à prévenir une opération aussi douloureuse que la taille. Encore une fois, laissons dormir ce passé. C'est une des grandes œuvres de la science positive d'avoir chassé de partout ces intentions prétendues, et d'avoir substitué le fait à l'hypothèse.

Une fois que cette notion fondamentale est acquise et que toutes les forces qui meuvent notre monde ont été aperçues, le point de vue change ; l'ancien effroi et l'ancienne admiration se dissipent, et l'on juge le spectacle qui nous entoure. Alors il est possible à la critique de passer des travaux et des conceptions humaines à la constitution même du monde. Sans doute, à un certain point de vue, il importe peu que les choses soient disposées d'une façon ou d'une autre ; et, quand la terre tremble, engloutit les villes, lance des laves brûlantes et déplace la mer, il n'y a là, en définitive, que le jeu du calorique, de l'élasticité des gaz et de la pesanteur ; mais c'est justement parce que les choses sont ainsi disposées que la critique peut s'appliquer à leur arrangement. Ce qui arrive dans les accidents de chemins de fer se reproduit sans cesse dans le conflit des forces cosmiques. L'eau manque, la vapeur fuit, la barre de fer se rompt, le wagon sort des rails, les locomotives se heurtent, l'incendie s'allume, les voyageurs sont écrasés ou brûlés. Tout cela sans doute est l'effet nécessaire des propriétés de la matière ; mais certainement le mécanicien serait autrement habile et puissant, s'il lui était donné de rendre impossibles de pareils accidents. Toute perturbation dans un système indique que des propriétés de la matière et non des intentions finales sont en jeu ; or, le système du monde est plein de perturbations d'autant plus nombreuses et profondes, que la complication des agents est plus grande. C'est ainsi que les dérangements et les irrégularités, peu considérables entre les corps célestes, arrivent au plus haut point dans l'organisation des animaux. Tout gît dans les conditions auxquelles les choses sont soumises. Assis quelques moments sur le bord de la mer, on peut voir la vague se soulever, l'eau tomber sur la rive, la barrière de galets s'ébranler, l'écume légère s'en aller en flocons, et tout cela sous l'impulsion du vent qui fraîchit ; de même on peut, s'absorbant dans sa pensée, contempler le tumulte éternel des existences sous l'impulsion des forces élémentaires.

Certes, il serait aussi ridicule d'assombrir le tableau de la situation de l'homme que de s'extasier devant la bienveillance de la nature. Le soleil luit et échauffe, la terre est verdoyante et parée ; et, quand, descendant avec elle la pente du soir, vers nous arrivent la nuit sombre et cette scène étoilée toujours nouvelle à voir, alors un esprit contemplatif est saisi d'un ravissement suprême. Mais le soleil brûle et dévore ; le sol est sablonneux et stérile, et notre planète ambulante tourne obliquement, mal protégée, comme le prouvent les régions polaires, par son atmosphère et son soleil contre le froid de soixante degrés qui occupe les espaces interplanétaires. En un tel état, ce qui importe, c'est de connaître les conditions du monde pour, suivant l'occurrence, s'y résigner ou s'y accommoder, les atténuer ou les utiliser. La biologie intervient pour sa part dans cette œuvre ; elle dissipe bien des illusions et met à néant bien des sophismes. Elle, qui démontre que la théorie du xviiie siècle, touchant la sensation, est fausse en fait, démontre aussi que la théorie de l'intérêt, bien entendu, l'est également. L'être humain porte en soi des dispositions morales innées qui règlent le gros de la conduite. Ce sont elles qui, instinctives et inaperçues, ont spontanément fondé et entretenu les sociétés passées ; ce sont elles qui, améliorées dans le cours de l'histoire, garantissent, malgré le désarroi des esprits et la ruine de tous les vieux étais, la société présente. En terminant par cette remarque, je ne m'écarte point de mon sujet ; car ici je me suis proposé principalement de relever l'importance philosophique de la biologie.

X

DE QUELQUES POINTS DE PHYSIOLOGIE PSYCHIQUE [1]

1. *Préambule.*

Peut-être l'expression de *physiologie psychique* paraîtra-t-elle insolite. Aussi n'entends-je pas l'employer sans quelques explications préliminaires. J'y répugne d'autant moins, que cette question est une question de chose et de méthode.

J'aurais pu me servir du terme de *psychologie* employé depuis Wolf pour désigner l'étude des facultés intellectuelles et morales. Moi-même j'ai écrit ce mot plusieurs fois, et, à cause de l'usage commun qu'on en fait, quand le contexte ne laissera aucune obscurité

---

1. *La Philosophie positive*, mars-avril 1860.

sur ma pensée, je l'écrirai encore. Le mot ψυχὴ, qui le compose, est, il est vrai, approprié à la théologie et à la métaphysique; mais on peut aussi l'approprier à la physiologie en lui donnant le sens d'ensemble des facultés intellectuelles et morales, locution beaucoup trop longue et trop complexe, pour qu'on ne la remplace pas, en mainte circonstance, par un terme plus simple.

Pourtant, comme il est certain que la psychologie a été à l'origine et est encore l'étude de l'esprit considéré indépendamment de la substance nerveuse, je ne veux pas, je ne dois pas user d'un terme qui est le propre d'une philosophie toute différente de celle qui emprunte son nom aux sciences positives. Là, c'est à dire dans les sciences positives, on ne connaît aucune propriété sans matière, non point parce que, *à priori*, on y a l'idée préconçue qu'il n'existe aucune substance spirituelle indépendante, mais parce que, *à posteriori*, on n'a jamais rencontré la gravitation sans corps pesant, la chaleur sans corps chaud, l'électricité sans corps électrique, l'affinité sans substances de combinaison, la vie, la sensibilité, la pensée, sans être vivant, sentant et pensant.

Il m'a paru nécessaire que, dans le titre de ce travail, le mot de physiologie figurât. J'avais bien sous la main celui de physiologie cérébrale. Mais la physiologie cérébrale implique bien plus que je ne compte embrasser ici. Le cerveau a toutes sortes d'actions dont je ne prétends pas m'occuper, me bornant à la part qu'il prend dans l'impression, et, ce qui en résulte, la notion du monde extérieur et du moi.

C'est pour cela que je me suis déterminé à choisir la locution *physiologie psychique* ou, plus brièvement, *psychophysiologie*. *Psychique*, c'est-à-dire relatif aux sentiments et aux idées; *physiologie*, c'est-à-dire formation et combinaison de ces sentiments et de ces idées en rapport avec la constitution et la fonction du cerveau. Ce n'est pas que j'aie la prétention d'introduire dans la science une nouvelle expression : tout ce que je veux ici, c'est d'une part circonscrire nettement mon sujet, et d'autre part inculquer que la description des phénomènes psychiques, avec leur subordination et leur enchaînement, est de la pure physiologie et l'étude d'une fonction et de ses effets. Plus la psychologie, celle du moins qui relève de l'école de Locke, a fait des progrès, rompant avec les idées innées, plus elle s'est rapprochée de la physiologie. Plus la physiologie s'est rendu compte de l'étendue de son domaine, moins elle s'est effrayée des anathèmes de la psychologie, qui lui interdisait les hautes spéculations. Et aujourd'hui il n'est plus douteux que les phénomènes intellectuels et moraux sont des phénomènes appartenant au tissu nerveux ; que le cas humain n'est qu'un anneau, le plus considérable, il est vrai, d'une chaîne qui s'étend, sans limite bien tranchée, jusqu'aux derniers animaux ; et que, à quelque titre que l'on procède, pourvu que l'on emploie la méthode de description, d'observation et d'expérience, on est physiologiste. Je ne conçois plus une physiologie où la théorie des sentiments et des idées, en ce qu'elle a de plus élevé, n'occuperait pas une grande place.

2. *Notion du monde extérieur, ou objet, ou non-moi.*

Il est arrivé à Molière d'incorporer à quelqu'une de ses œuvres une scène, une situation qu'il rencontrait dans tel ou tel de ses prédécesseurs ; et alors il s'excusait en disant qu'il prenait son bien où il le trouvait. La physiologie psychique en dit autant en faisant sienne la doctrine de Berkeley sur la notion du monde extérieur, ou objet, ou non-moi. Berkeley est un philosophe métaphysicien de la fin du xviie siècle qui, effrayé des armes que la psychologie de Locke fournissait au matérialisme, essaya de les émousser. De fait, il aperçut dans les opinions de cette école un défaut dont il se promit un grand triomphe au profit du spiritualisme. Les philosophes de l'école de Locke admettaient, comme le vulgaire, que le monde extérieur nous est connu en soi et comme une réalité assise en face de l'esprit qui connaît. Analysant avec sagacité la notion de l'objet et la réduisant à son dernier terme, il établit qu'en définitive, quand nous disons que nous connaissons l'objet, nous ne connaissons effectivement que nos propres sensations, et qu'il nous est impossible d'aller au delà et d'arriver à l'objet lui-même immédiatement saisi.

A la vérité, Berkeley, outre-passant la limite de sa découverte et emporté par son zèle spiritualiste, en conclut que la matière n'existait pas et que seul l'esprit existait. Profitant de cette faute, Hume rétorqua l'argumentation de Berkeley, et fit voir qu'en raisonnant comme Berkeley, en sens inverse, on démontrerait qu'il n'y a pas, non plus, d'esprit. Mais cette réduction à l'absurde n'atteignait pas le principe même de Berkeley; depuis lors, il n'a pas été possible de démontrer que, pour notre connaissance des objets, il y eût primitivement autre chose que notre impression ; et les philosophes qui l'ont repoussé se sont contentés de soutenir que l'opinion de l'extériorité ou réalisme était suffisamment établie par la croyance générale.

Cette théorie de Berkeley dormit, mais ne mourut point. Un des philosophes de la génération qui nous précède, Destutt de Tracy, bien éloigné du spiritualisme, l'adopta, et il s'en explique en ces termes : « Nous ne
« connaissons notre existence que par les impressions
« que nous éprouvons, et celle des autres êtres que
« nous, que par les impressions qu'ils nous causent...
« Il s'ensuit de là que nos perceptions sont tout pour
« nous ; que nous ne connaissons jamais rien que nos
« perceptions ; qu'elles sont les seules choses vraiment
« réelles pour nous, et que la réalité que nous recon-
« naissons dans les êtres qui nous les causent, n'est que
« secondaire et ne consiste que dans le pouvoir perma-
« nent de faire toujours les mêmes impressions dans
« les mêmes circonstances, soit à nous, soit à d'autres
« êtres sensibles qui nous en rendent compte (encore
« par des impressions qu'il nous causent), quand nous
« sommes parvenus à nous mettre en communication
« avec eux par des signes (*Idéologie, Suppl. à la première section*, t. IV, p. 164-165, éd. 1825). »

M. Bain, à qui j'emprunte cette citation de Destutt de Tracy, et qui compte parmi les psychologistes les plus éminents de l'Angleterre, donne, comme l'idéologiste français, son assentiment à la doctrine de Berkeley. Ceux qui refusent le leur attribuent à la notion du monde extérieur l'extériorité, l'indépendance et la réalité, comme étant des conceptions simples, dernières, irréductibles. M. Bain conteste l'irréductibilité de ces trois notions (*the Senses and the Intellect*, p. 632). L'extériorité, qui n'est que notre expérience à l'égard de l'étendue, ne s'appliquerait qu'en opposition à l'esprit considéré comme un organe enclos dans le corps ; or, nous ne savons pas par l'intuition en notre conscience, que l'esprit soit, en effet, un organe enclos. L'indépen-

dance n'est pas davantage une notion élémentaire ; c'est une abstraction déduite d'une certaine classe de faits qui se découvrent graduellement dans notre expérience. Enfin, la réalité n'est pas non plus une notion première, capable d'entrer dans une vérité axiomatique de la conscience ; c'est une conception subtile et complexe, obtenue à l'aide de l'examen d'un vaste enchaînement de faits. « Ainsi, dit M. Bain, en terminant
« j'objecte à la croyance réaliste de nous présenter un
« énoncé impliquant des termes de signification com-
« plexe et dérivée. Je ne puis dire que la théorie
« soit fausse, pas plus que je ne puis dire qu'elle soit
« vraie. Elle est simplement à côté de la question.
« C'est un mode grossier et figuré d'exprimer la plus
« grande distinction que nous puissions tracer au sein
« de notre conscience ; elle s'adapte aux vues ordinaires
« du genre humain ; mais, dans mon opinion, elle est
« tout à fait indigne du nom de philosophie. »

Pour bien faire comprendre le point de la discussion, je prends l'exemple choisi par M. Bain (*the Senses and the Intellect*, p. 384). Pour assurer à nous et aux autres que, toutes les fois que nous ouvrirons l'œil, la sensation de lumière se produira, nous disons que la lumière existe comme quelque chose d'indépendant, avec ou sans un œil pour la voir. Mais cette assertion dépasse ce que nous savons. S'il n'y a plus d'œil pour recevoir la lumière, plus de nerf optique pour éprouver la sensation lumineuse, il nous est absolument impossible de savoir ce qu'est la lumière, et s'il y a une lumière. La lumière est quelque chose de purement relatif à notre œil, à notre nerf optique. L'œil, le nerf optique supprimés, nous ne savons plus ce qu'il y a.

Ou plus généralement encore, supposant que l'homme et les animaux qui sont organisés sur le même type ont disparu du monde, il nous est impossible de concevoir ce que ce monde serait pour des êtres constitués différemment, ou, absolument, ce qu'il serait en soi. En disparaissant, nous en emportons toute la phénoménalité qui n'est que relative à notre impression ; et derrière cette phénoménalité ce qui est, personne ne peut le concevoir.

Par ces exemples, on touche le point qui est la force de l'argumentation de Berkeley. Il est certain que, quand se produit en nous la notion du monde extérieur, cette notion n'a pas d'autre forme qu'une impression. C'est cela uniquement que nous connaissons ; et, lorsque nous allons au delà, nous faisons une hypothèse à tout jamais invérifiable. La phénoménalité, seule accessible, se présente sous une forme que nous appelons matière ; et il nous est commode, pour tous les usages de la vie, de la considérer comme un être, comme une substance ; mais, dans le fond, nous n'en savons pas tant. Donner un nom à l'ensemble constant de nos impressions externes, n'est qu'un artifice de notre esprit.

On sait que les chimistes se représentent la matière comme composée d'atomes. Leur motif pour admettre cette opinion, c'est qu'elle rend raison d'une multitude de faits réfractaires à toute autre explication, et qu'elle n'est contredite jusqu'à présent par aucune observation ni expérience. Mais il n'en est pas moins indéniable que la constitution atomistique des corps est une vue de l'esprit, une hypothèse. Bien plus, nous n'avons aucun moyen de la vérifier jamais ; et, quand bien même, dans l'avenir, il ne s'élèverait contre elle aucun fait, nos investigations resteront toujours bien loin d'atteindre les atomes autrement que comme conception.

De même que les chimistes se regardent comme contraints mentalement de conclure à l'existence des atomes, de même chaque homme, bien plus chaque animal d'ordre supérieur est contraint de conclure à l'existence d'un monde extérieur, sans pouvoir jamais savoir ce qu'est en soi ce monde extérieur. Des deux parts, c'est une conclusion qui naît des phénomènes. La conclusion relative au monde extérieur est commune à tous les hommes, à tous les animaux possédant un cerveau d'un type analogue au nôtre; elle se forme spontanément et sans travail réfléchi; elle remonte à une époque de la vie individuelle dont aucun de nous n'a gardé le souvenir.

Qui dit inférence dit chose secondaire; et en ceci je ne fais que répéter sous une autre forme ce que Destutt de Tracy a énoncé. Mais quelle est la nature de cette inférence? elle est purement expérimentale. L'impression de résistance que nous traduisons par l'idée de monde extérieur s'étant fait sentir un nombre suffisant de fois avec des caractères constamment identiques, il résulte de cette expérience (car c'est une véritable expérience) une induction spontanée qui est la première de toutes les inductions et le fondement de toutes les autres.

On s'étonnera peut-être qu'ici je ne commence pas à faire intervenir les conditions organiques, mais je ne le puis encore. Des impressions, voilà tout ce que je connais pour le moment; et ce ne sera que, quand j'aurai établi psychiquement ce que valent ces impressions, la notion du monde extérieur et l'expérience qui la produit, qu'il me sera loisible d'user de ce nouvel élément de connaissance, et de traiter l'étude psychique comme partie du monde extérieur ou objet.

On sent bien qu'il ne s'agit pas dans cette discussion

de révoquer en doute l'existence d'un monde extérieur. Ce qu'il importe de connaître, c'est le classement de nos certitudes et la distinction entre ce qui est premier et ce qui est second. Or la vérité est, et cela de prime abord bouleverse l'opinion commune, que la notion d'un monde extérieur n'est pas première, et qu'elle dépend de quelque chose qui la prime et qui lui communique un caractère inévitable de relativité.

3. *Notion du monde intérieur, ou sujet, ou moi.*

La spéculation psychique, dans l'espèce de dissection qu'elle poursuit, ne va pas plus loin que la notion du monde extérieur, ainsi réduite à ne pouvoir être séparée primordialement des impressions et ne naissant que secondairement, sans autre garantie que la constance de ces mêmes impressions; mais elle ne s'est point étendue au monde intérieur, ou sujet, ou moi. A mon avis, c'est s'arrêter à mi-chemin, et il me paraît que le monde intérieur, ou sujet, ou moi est exactement soumis à la même condition que l'objet, et qu'il est également né secondairement et sous la loi de la constance des impressions. Quand j'ai eu tracé en mon esprit ce parallèle, il m'a été impossible de ne pas étendre au sujet la doctrine de l'objet.

La notion de l'objet provient de l'impression qu'on nomme résistance. La notion du sujet naît de l'impression qu'on nomme plaisir ou douleur, ou, en général, sensibilité interne.

La formation de la notion relative à l'objet naît de la répétition des impressions dites extérieures; la formation de la notion relative au sujet naît de la répétition des impressions dites intérieures.

De même que l'analyse nous montre la naissance du monde extérieur en nous, de même elle nous y montre la naissance du monde intérieur.

De même que nous n'avons gardé aucun souvenir du moment et de la progression qui a suscité en nous la notion de l'objet, de même nous n'avons gardé aucun souvenir du moment et de la progression qui a suscité la notion du sujet.

Je ne doute pas que le lecteur qui se détermine à me suivre dans ces recherches n'ait été tenté de m'interrompre pour me dire : comment ne voyez-vous pas que vous tombez dans une pétition de principe, et que la doctrine relative au monde extérieur se conçoit, puisque la notion de ce monde trouve un moi pour la recevoir ; mais que, si on la pousse plus loin et qu'on l'applique au sujet, il n'y a plus rien où elle puisse aboutir, et elle tombe dans le vide ? Voilà l'objection, je me la suis faite, et je n'ai procédé que quand j'en ai cru apercevoir la solution.

Oui, il y a quelque chose de primordial ; mais ce n'est ni le sujet ni l'objet, ni le moi ni le non-moi : c'est l'impression perçue. Une impression perçue n'est nullement la notion du sujet ou de l'objet, elle n'en est que l'élément ; et cette notion ne naîtra que quand l'impression extérieure et l'impression intérieure se seront répétées un certain nombre de fois. Il y a donc un percevant[1] ; mais ce percevant fait, sous le coup des impressions, son éducation qui, à un moment donné, produit en lui la notion de l'objet et du sujet.

Il ne faut pas perdre de vue que tout à l'heure nous allons trouver l'expérience, c'est-à-dire considérer, non plus la conscience en soi et sans aucune référence à

---

1. Anatomiquement, ce percevant est le mésocéphale.

l'extérieur et à l'organisme, mais les conditions que la phénoménalité y fait voir. Or l'esprit, dans son développement, se présente à nous sous deux formes : l'une, celle de l'enfant depuis l'état embryonnaire jusqu'au moment où il est pleinement développé ; l'autre, celle de la hiérarchie animale depuis l'état le plus rudimentaire des facultés psychiques jusqu'aux organismes où ces facultés atteignent le plus haut degré. Ces deux séries doivent concourir non-seulement entre elles, mais encore avec l'analyse psychique faite indépendamment de toute référence objective. Que ces deux séries concourent entre elles, cela est manifeste. Tant que le cerveau chez l'enfant est imparfaitement organisé, ni la conscience, ni la pensée ne lui appartiennent, et pourtant les impressions y sont perçues, comme le témoignent les mouvements qui commencent dans la matrice ; plus tard la personnalité, la conscience, la pensée apparaissent visiblement, mais tellement précaires que personne ne peut conduire sa conscience, sa personnalité jusqu'à ces premières années. Si l'enfant restait à ce point de développement, la conscience, la personnalité se renouvelleraient de jour à jour, de moment à moment, et ne se tisseraient pas en un fil continu ; c'est, du reste, ce que l'on voit arriver chez certains vieillards en qui le cerveau usé ne laisse qu'une conscience, qu'une personnalité fragmentaire. Un spectacle analogue est offert par la série animale ; à mesure que l'on quitte l'homme et qu'on descend les échelons zoologiques, on voit se rétrécir le champ de la conscience, de la personnalité, de la pensée ; et l'on finit par atteindre ces êtres où les centres nerveux disparaissent, et où il ne reste plus qu'une sensibilité générale incapable de se réfléchir en conscience et en personnalité. Maintenant, plaçant cette double série à côté de l'analyse psychique qui a montré les impressions du dedans créant la notion du sujet, les impressions du dehors créant la notion de l'objet, et vous avez, sur l'étroit théâtre de cette analyse, la représentation de ce qui se passe dans le développement de l'embryon à l'adulte, de l'annélide à l'homme.

A ce point, il est loisible de transformer d'une façon positive la célèbre formule psychologique de Descartes : *Je pense, donc je suis;* et l'on peut dire : *Je sens, donc je pense*, c'est-à-dire, j'ai la notion du moi et du non-moi. La formule métaphysique suppose une âme pensante qui préexiste et qui donne l'être au sujet humain. La formule psychique suppose comme fait primordial et irréductible la sensation, l'impression, d'où résulte, selon les conditions de chaque organisme, l'ensemble psychique.

M. Bain (*the Senses and the Intellect*, p. 1), par opposition au monde extérieur ou objet qui est étendu, définit l'esprit : Ce qui n'est pas étendu ; définition négative à laquelle il ajoute, comme complément positif, la division en parties, qui sont le sentiment, la volition et la pensée. Je n'ai rien à dire sur cette partition ; je me réserve de parler sur l'inextension de l'esprit dans le paragraphe 4 que j'intitule *Expérience;* mais je ne puis me contenter de la définition négative, et je pense qu'il est possible de donner une définition positive. Elle ressort, selon moi, de ce fait que tout est pareil, ou du moins parallèle entre la notion de l'objet et celle du sujet ; de sorte que l'esprit est la faculté de recevoir une impression et de l'élaborer. Car remarquez, il ne suffit pas que la définition s'applique à l'esprit humain, il faut encore qu'elle embrasse tous les êtres qui sont doués de facultés psychiques.

En voyant l'âme animale et, au-dessus d'elle, l'âme

humaine, se former par un procédé purement psychique, on ne s'étonnera pas de la voir, dans la suite de la durée, soumise à l'influence d'une foule d'agents psychiques, qui sont pour elle ce que sont les agents physiques et chimiques pour le corps.

Ainsi, le fait fondamental de toute conscience, celui qui n'en suppose aucun autre, celui qui est irréductible, est l'impression et son élaboration. Puis, au bout d'un certain développement, cet embryon psychique se segmente en deux portions corrélatives, la notion du monde extérieur et celle du monde intérieur. A ce point, l'individu psychique a reçu les éléments essentiels de sa constitution.

Bien que la volition ne rentre pas dans mon sujet, cependant je ne veux pas la laisser passer sans noter comment, elle aussi, se comporte dans la conscience. De même que la notion du monde extérieur se produit par un ordre déterminé d'impressions spéciales, et qu'un ordre également déterminé d'impressions spéciales produit la notion du monde intérieur, c'est encore à un genre particulier d'impression qu'il faut rattacher la volition. Celle-ci est dépendante, quant à son origine, de l'impression que la conscience reçoit de sa relation avec le système musculaire. Vouloir commence par la sollicitation à mouvoir les muscles.

La relativité nous est imposée par toutes les conditions de notre nature. Voilà un cerveau auquel aboutissent directement ou indirectement des nerfs, les uns allant à la périphérie, les autres à l'intérieur, les autres au système musculaire. Eh bien, il suffit de cette simple disposition pour que, d'un côté, nous recevions la notion du monde extérieur, d'un autre côté, la notion du monde intérieur, et d'un troisième côté, la volition. L'homogénéité est complète, la conscience élabore ce qui lui est transmis; mais, pas plus pour l'objet que pour le sujet, ou pour le vouloir, elle ne possède une spontanéité antérieure qui fournisse des éléments indépendants.

4. *Notion psychique de l'expérience.*

Après tout ce qui vient d'être dit, il est possible de donner une définition de l'expérience en sa constitution psychique. L'expérience est une série d'impressions se répétant identiquement dans un ordre déterminé, et provoquant une notion permanente qui acquiert le caractère de certitude, justement parce qu'elle est le produit d'identités irrécusables. Le premier effet de l'expérience est de créer en nous la notion du sujet et de l'objet. C'est par elle que nous sortons de la simple et irréductible impression.

Ceci posé, il en découle non-seulement la légitimité de l'expérience dans l'ordre scientifique, mais encore la claire perception qu'elle est la seule voie par laquelle il nous soit donné d'arriver à de vraies connaissances. On le savait déjà empiriquement, grâce à toutes les sciences positives qui ont démontré à la métaphysique le mouvement en marchant. Mais il est bon de trouver, dans l'évolution psychique elle-même, la condition de ce mode de progression.

La manière dont l'expérience est constituée psychiquement témoigne que la phénoménalité seule est de son domaine. Si on peut appeler certitude première l'impression qui est à l'origine de toute conscience, on donnera à l'expérience le nom de certitude seconde.

Il y a tendance, dans le langage philosophique, à

confondre réalité ou substantialité avec certitude. La réalité ou substantialité nous échappe, et cela par la raison péremptoire que nous ne connaissons jamais que nos impressions. Mais la certitude ne nous échappe pas; elle est secondaire, dérivée, induite, et ne porte que sur la phénoménalité. Là, notre terrain est solide, et jamais l'expérience bien conduite ne nous a déçus. Ne nous avoir jamais déçus est à la fois la garantie et la limite de la certitude humaine.

Il se pouvait que les phénomènes n'eussent ni régularité, ni constance, et ce fut même longtemps l'opinion du genre humain. Contrairement à cette vieille et superficielle opinion, il se trouve que la régularité et la constance appartiennent aux phénomènes. De même que, dans certains de nos subtils instruments, le phénomène étudié inscrit lui-même sa marche et son progrès sur un tableau approprié, de même cette régularité et cette constance s'inscrivent elles-mêmes par l'expérience dans notre conscience.

L'esprit, ou, si l'on me permet ce néologisme qui rend mieux ma pensée, le psychisme n'est pas borné à l'homme adulte, et s'étend jusqu'à la plus tendre et plus rudimentaire formation de l'enfant; il n'est pas borné à l'être humain, il s'étend à tous les êtres qui possèdent de la substance nerveuse. Plus on descend dans cette échelle, plus la distinction entre le moi et le non-moi se rétrécit, jusqu'au point où elle cesse d'exister.

On a vu plus haut que M. Bain définit l'esprit en disant qu'il est inétendu, par opposition au monde extérieur, auquel appartient l'extension. Il faut considérer cette définition psychiquement, c'est-à-dire quant à l'esprit considéré en lui-même, et expérimentalement, c'est-à-dire quant à l'esprit considéré comme un objet.

Psychiquement, on ne peut dire que l'impression, qui est le fait primordial et irréductible de l'esprit, soit étendue ou inétendue ; c'est une question qui n'est pas soluble par la conscience elle-même à ce premier degré. Se connaître étendue ou inétendue, c'est plus qu'elle ne peut dire, tant qu'elle n'est pas sortie d'elle-même. La notion positive et la notion négative de l'étendue lui sont également étrangères.

Il faut descendre d'un degré, quitter le domaine psychique, et passer à celui de l'expérience. Expérimentalement, l'esprit ne nous apparaît jamais que lié à une substance matérielle ; nous ne connaissons aucun esprit qui ne soit en un corps, et, précisément, en un tissu nerveux. Dans tous les cas où nous rencontrons un corps doué d'une ou de plusieurs activités, nous disons que ces activités sont les propriétés ou les forces de ce corps. A ce titre, l'esprit est la propriété ou la force de la substance organisée. A la vérité, nous pouvons, par l'abstraction, séparer l'esprit de l'organisme, comme nous séparons la pesanteur des corps pesants ; et nous dirons de cette façon que la pesanteur, comme l'esprit, est inétendue. Mais c'est une abstraction qui ne répond à rien de réel dans la nature.

5. *Bornes de l'esprit humain.*

Ce qui vient d'être dit l'a été comme doctrine propre, et sans référence aux déductions. Mais ces déductions ne s'en présentent pas moins avec une grande force, montrant que l'esprit humain est enfermé dans les bornes les plus étroites de la relativité, et que l'expérience est à l'origine du premier pas qu'il fait pour sortir de l'impression simple et pure.

Qui dit relativité dit limites. L'esprit humain a eu bien de la peine à comprendre cette position relative et limitée qui lui est prescrite par sa propre constitution, et aujourd'hui il se laisse aller à penser, ou bien que la matière a partout la même phénoménalité; ou bien qu'une vie universelle semblable à sa vie circule en toute chose et vient s'épanouir en une pensée suprême qui est la sienne, ou, enfin, que ce qu'il appelle cause est transportable à l'origine et fournit une explication de lui et de son univers. Sous ces trois caractéristiques, je désigne le matérialisme, le panthéisme et le théologisme.

L'axiome essentiel du matérialisme est l'éternité de la matière, à savoir qu'elle n'a point eu d'origine et qu'elle n'aura point de fin. On sait que telle n'a point toujours été l'opinion des hommes, et qu'on a cru jadis aux créations et aux destructions de substances. Et en effet, comment sommes-nous arrivés à cet axiome qui a maintenant un ascendant irrésistible sur notre esprit? par l'expérience, *à posteriori*. Nos observations les plus délicates et les plus précises ne nous montrent que transformations. Rien ne se crée; tout naît de quelque chose qui préexiste. Rien ne s'anéantit; tout, après dissolution, retourne en d'autres combinaisons. Tant que nous nous tenons dans le contingent, dans le relatif, dans l'expérimental, notre certitude est complète, et aucun doute ne peut l'ébranler. Mais si l'on prétend aller au delà de cette expérience même et transformer un axiome relatif en un axiome absolu, alors on dépasse la portée de l'esprit humain, et on lui attribue une vue de l'éternité et de la substance qu'il ne possède en aucune façon.

Quoi donc, me dira-t-on, admettez-vous la création, la production hors du néant? En aucune façon, et même il n'est pas possible de traiter semblablement les deux hypothèses, l'éternité de la matière et sa création. Avant toute expérience, elles avaient un égal droit sur notre intelligence; mais l'expérience a mis entre elles une différence considérable. Jamais nous n'avons expérimenté qu'aucune substance se produisît du néant, et constamment nous avons expérimenté que toutes les substances persistent, ne faisant que se transformer. Nous n'avons donc aucune raison valable de penser qu'il y ait eu création; et, au contraire, nous avons toute raison de penser que la matière est permanente. C'est même une certitude pour nous; mais, comme je l'ai dit, certitude seconde, certitude contingente, certitude expérimentale. Nous connaissons la matière comme un phénomène, et non comme une substance. Dès lors comment serions-nous autorisés à parler de l'éternité passée ou de l'éternité future d'une chose dont nous ne saisissons que le côté phénoménal?

On me pressera de nouveau et l'on me dira : il faut pourtant que la matière soit éternelle ou qu'elle soit créée; il n'y a pas d'autre alternative. Je sais, en effet, que pour l'esprit moderne, en son état actuel, il n'y a pas d'autre alternative; mais je n'en récuse pas moins la fourche caudine de cette dichotomie. Sans rappeler que, dans le cours de son éducation, l'intelligence a successivement admis des choses qui lui parurent longtemps inconcevables, et rejeté des choses qui lui parurent longtemps seules concevables, je me fonderai sur l'incapacité psychique. Ajouter l'un à l'autre indéfiniment des bouts de temps, restera toujours une chétive image de l'éternité; et notre faculté de concevoir est une pauvre garantie pour assurer que ces bouts de temps ne pourront jamais faillir.

Je ne saurais trop le répéter, car c'est un des résultats les plus essentiels de la physiologie psychique, ce qui est concevable ou inconcevable n'a d'application que dans nos propres limites. Là, ces termes ont vérité, certitude, sûreté; mais, quand nous essayons de les porter au delà, nous n'avons plus d'assurance qu'ils aient une signification quelconque, et ils retombent sur nous comme une arme vainement lancée dans l'espace. On le sait bien, l'esprit humain ne devine pas le monde, il le découvre par l'expérience; et l'expérience, on le sait aussi, n'a prise aucune sur les questions d'essence et d'origine.

Tandis que la doctrine de l'éternité de la matière représente la prédominance exclusive de la notion de l'objet qui fait partie intégrante de l'esprit humain, le panthéisme représente la prédominance exclusive de la notion de vie et de sensibilité qui forme l'autre partie intégrante de ce même esprit. Comme il ne s'agit point ici de rapporter toutes les formes du panthéisme, je me bornerai à la dernière sous laquelle il s'est montré. Dans cette hypothèse, une autre éternité apparaît, c'est celle de l'esprit. Obscurément confondu dans la masse qu'il anime, il commence à s'en dégager dans les êtres qui sentent, qui veulent, qui pensent, et finalement il arrive à la pleine possession de lui-même, à la pleine conscience de soi dans l'intelligence humaine, qui se trouve ainsi adéquate à la suprême existence, à la suprême pensée. Certes, il est loisible à un philosophe qui trouve de la pensée dans l'homme et dans la bête, d'imaginer que la source en est infuse à toute chose, et que cet esprit fait éruption par les échappées qu'on nomme des êtres sensibles et vivants, tout comme la chaleur centrale du globe fait éruption au dehors par les fissures enflammées des volcans. Mais imaginer n'est pas conclure ; et la seule conclusion qui soit permise, c'est que rien ne nous autorise à étendre la théorie psychique de nous et de nos congénères les animaux, à toutes les substances, à tous les temps, à tous les espaces.

« Prendrons-nous, a dit Bonnet dans une de ses
« *Lettres diverses,* notre faible, très-faible connaissance
« de la nature pour la mesure des possibilités physi-
« ques ? » Et moi, à mon tour, je dis comme lui : prendrons-nous notre faible, très-faible connaissance de cette même nature pour la mesure des possibilités psychiques ? Nous sommes bornés autant d'un côté comme de l'autre.

La troisième branche du trépied de l'esprit humain, à savoir la volonté, s'est inscrite dans l'histoire sous le nom de théologie. Le vouloir qui est en nous a été transféré de ce domaine intérieur dans le domaine extérieur ; tous les phénomènes ont été considérés comme déterminés par une volonté ; tous les événements, comme dirigés par une providence ; et, finalement, tout l'univers visible et invisible, comme couronné par une suprême unité. Quand nous cherchions expérimentalement la volonté, nous ne la trouvons, hors de nous, que chez des animaux qui ont avec nous de grandes analogies de structure. Passé cela, nous ne rencontrons plus que des propriétés et des mouvements ; or, de propriétés et de mouvements, conclure à une volonté est une conclusion où aucun lien ne se montre entre la prémisse et la conséquence. Bien loin de là, la seule chose qu'il serait possible d'arguer du spectacle qui est sous nos yeux, serait que la volonté, comme d'ailleurs l'intelligence, va toujours en diminuant à mesure qu'on descend l'échelle organique, s'éteint dans la plante, et va se perdre avec la vie dans le sein de la masse où règnent les propriétés chimiques et physiques. Aussi, au lieu de descendre l'échelle, les hommes ont-ils essayé de la remonter, concevant des génies, des anges, des démons, intelligences de plus en plus supérieures jusqu'à une intelligence unique. Mais il est bien évident que l'expérience, telle que les modernes la conduisent, n'a pas confirmé ces conceptions; il n'y a que les légendes où l'on voit les anges et les démons aller et venir du ciel à la terre.

Non que je nie qu'il y ait de l'intelligence ailleurs que sur notre chétive terre. Il est probable que plusieurs des planètes nos sœurs contiennent des êtres vivants. Mais, cette probabilité, telle qu'elle se comporte, étant reconnue, quels sont-ils? Ici, chez nous, pour faire de la vie, il faut fondamentalement une combinaison d'oxygène, d'hydrogène, d'azote et de carbone; qui nous répondra qu'ailleurs, sous des conditions différentes, les autres substances élémentaires ne sont pas capables de fournir une trame organique? et, cela admis, quel serait le mode de sentir et de raisonner avec une trame organique toute dissemblable? Ces ignorances déjà si grandes, quelles proportions ne prennent-elles pas, si, en imagination, nous nous transportons dans les autres systèmes solaires? Enfin que deviennent nos hypothèses et nos prétendues nécessités mentales, si, quittant notre nébuleuse, nous nous engageons dans les espaces reculés par delà nos soleils?

« Il est impossible par le devoir de Dieu..., » dit Pascal (*Pensées*, XXIII, 11, édition Havet). Le devoir de Dieu! Étant admise l'opinion qui pour Pascal était une vérité, à savoir, l'existence d'un souverain maître des choses, par quel moyen pouvait-il savoir quel était le devoir de cet être suprême dont, suivant une vieille définition qu'il adoptait, le centre est partout et la circonférence nulle part? Ce centre qui est partout et cette circonférence qui n'est nulle part expriment assez bien, sous leur forme métaphysique, la situation de l'homme au sein de la nature; quoi qu'il fasse, il est toujours au centre, et ne peut gagner la circonférence. Aussi tout ce qu'il rêve, imagine, exprime touchant cette circonférence est hypothèse sans vérification et partant illusoire.

Ayant ainsi indiqué les limites qui nous enserrent, il faut aussi indiquer l'étendue dans l'espace et dans le temps qui nous est ouverte. Cette étendue est devenue fort grande, eu égard à notre petitesse et à notre peu de durée. Des attaches prises dans les faits positifs et dans une sage et féconde expérience nous montrent, dans l'espace, une nébuleuse dont nous faisons partie, composée de millions de soleils qui sont séparés les uns des autres par d'énormes distances; dans le temps, un très-lointain passé et un très-lointain avenir. Ceux que l'immensité occupe (et je suis du nombre) ont de quoi se perdre et dans ce temps et dans cet espace. Les astronomes et les physiciens ne doutent pas que le soleil soit une masse enflammée qui s'est allumée il y a des millions de siècles, et qui s'éteindra dans des millions de siècles; car chaque jour il verse dans le froid des espaces une chaleur qu'il ne répare jamais. D'un coin de l'imperceptible planète qui nous porte, la pensée entrevoit le matin et le soir de nos soleils, et s'arrête impuissante et ignorante devant la nuit qui précéda et la nuit qui suivra en ce coin d'univers. Ce coin est notre immensité.

6. *Retour sur la philosophie positive.*

M. Cousin fut un éminent philosophe parmi les siens; je le prends pour exemple, parce que son nom retentit encore autour de nous; il publia des livres, il occupa des chaires, il eut un grand enseignement. Et pourtant il était d'une profonde ignorance dans toutes les sciences positives, la plus simple comme la plus compliquée. Au sein du positivisme, cela l'eût absolument empêché de prétendre à la philosophie; mais, au sein de la métaphysique, il put se mouvoir librement et produire une philosophie dite éclectisme qu'il appuya sur Descartes, et qui, du moins en l'esprit du maître et de la plupart de ses élèves, inclina de plus en plus vers les doctrines théologiques. D'où vient cette différence si grande que, dans un camp, il occupe un rang distingué, et que, dans l'autre, il ne serait même pas admis comme écolier? Cela tient au point de départ. Suivant que l'on procède de la psychologie ou de l'étude du monde extérieur, on aborde la philosophie soit de plain-pied et sans autres préliminaires que des notions prises dans le moi, soit après s'être façonné aux méthodes positives dans l'étude des sciences particulières.

Tant que la psychologie est restée rudimentaire, elle a fourni tout ce qu'on voulait à l'édification de la métaphysique, et l'on a puisé sans défiance et sans réserve à cette source à la fois peu profonde et peu fidèle. Mais, aujourd'hui que, grâce aux travaux des biologistes et des disciples de Locke, la psychologie est devenue positive, et qu'il s'est publié, sur la doctrine de l'esprit, des livres comme ceux de M. Bain, en Angleterre, par exemple, tous les hommes qui se tiennent au courant se détournent des vieilles conceptions d'idées innées, d'idées nécessaires, et commencent à interpréter, par les procédés de l'élaboration psychique, les notions complexes qui se forment dans l'intelligence de l'homme.

Mais, s'il est vrai que la vieille psychologie ne peut pas servir de fondement à la philosophie, est-il vrai aussi que la nouvelle psychologie, la psychologie positive, ne puisse pas remplir cet office ? La solution de cette question ne va pas de soi ; car, manifestement, aujourd'hui les études psychiques flottent indécises entre la science particulière de la biologie et la philosophie proprement dite. Et cela se conçoit ; car, de quelque côté que l'on se tourne, l'esprit est toujours à la fois étudiant et étudié.

Il est une science où, en partant de quelques faits très-simples d'observation, nommés axiomes, on arrive par un long enchaînement à des résultats merveilleux et puissants. C'est la mathématique. Est-il possible d'agir de même avec l'étude psychique, et renferme-t-elle des données fondamentales dont on puisse tirer par déduction toute une philosophie ? Examinant donc l'esprit à ce point de vue, les seules données fondamentales qu'on puisse considérer comme afférentes à l'objet dont il s'agit, sont celles qui concernent la théorie de la connaissance ou formes logiques. Mais de ces formes, aucune voie ne conduit à la philosophie ou science des principes généraux, et elles restent vides si on ne les remplit.

Où donc irons-nous prendre les bases de la philosophie, puisque, d'une part, la psychologie positive ne peut les fournir, et que, d'autre part, sont écartés les êtres de raison produits par l'école ? Nous les prendrons dans la coordination du savoir, c'est-à-dire dans les sciences positives soumises à une élaboration qui en mette en lumière les principes généraux, et qui dispose ces principes généraux en une série cohérente. C'est dans cette série que l'esprit, montant de degré en degré, arrive à se rencontrer lui-même, soit comme esprit individuel dans la biologie, soit comme esprit collectif dans la sociologie. A la fois étudiant et étudié, ai-je dit tout à l'heure: quand il se met en route pour suivre cette longue et lumineuse série, il est étudiant; quand il arrive à ce double sommet, individuel et collectif, il est étudié.

Ç'a été un trait de lumière et un sensible progrès, quand, dans les sciences expérimentales, il a été reconnu que les instruments les plus délicats avaient leurs erreurs; bien plus, il fallut se mettre en garde contre l'œil et sa manière de voir, contre l'observateur et son mode d'attention. L'esprit aussi est un instrument. A ce titre, il importe grandement de connaître la mesure de son exactitude, la nature et la portée de ses erreurs. C'est l'analyse psychique qui remplit cet office de vérification.

Au XVIIIe siècle, l'idéologie se nommait métaphysique; de nos jours, en Angleterre, la psychologie reçoit souvent ce même nom; et, dans l'esprit de ceux qui se servent de cette appellation, métaphysique est synonyme de philosophie. Mais ni la théorie des idées ni la théorie de l'esprit ne constituent la philosophie; c'est, pour une part, un élément de la philosophie totale ou positive, laquelle, mettant chaque chose à son rang, donne à chaque chose sa portée et sa valeur.

XI

ORIGINE

DE

L'IDÉE DE JUSTICE[1]

L'origine des idées morales est soumise à la même discussion que l'origine des idées intellectuelles. C'est au point de vue de l'origine que j'examine la notion du juste et de l'injuste, portion considérable de la morale. Je n'ai pas besoin de rappeler que, là-dessus, les philosophes se partagent. Les idéalistes admettent qu'il y a en nous un sens primitif du juste et de l'injuste qui nous dicte ses lois et gouverne notre conduite. Les sensualistes rapportent la justice à l'intérêt individuel bien entendu; et les utilitaires, à l'intérêt collectif. La doctrine de Gall reste en dehors; car je n'ai pas souvenance qu'elle ait assigné un organe cérébral et une faculté à cette notion.

1. *La Philosophie positive*, janvier 1870.

Plus j'examine la justice, plus il me semble que, loin d'être primordiale, innée, élémentaire, elle est secondaire, acquise et complexe. Je pourrais donc chercher à la décomposer, et m'efforcer, d'analyse en analyse, d'arriver au fait psychique fondamental d'où elle procède. Un psychologiste exercé suivrait cette méthode, qui, pour être convaincante, a besoin de beaucoup de finesse et de sûreté. Les habitudes de mon esprit ne m'y rendent pas propre, et je me méfierais de chacun des pas que je ferais dans cette voie. En conséquence, au lieu de conduire moi-même cette analyse, j'aime mieux m'adresser à l'expérience et à l'histoire, et, de cette façon, me mettre à l'abri des erreurs de raisonnement en m'appuyant sur les faits par lesquels l'idée de justice s'est manifestée sociologiquement.

La justice, dit le latin, est la vertu par laquelle nous attribuons à chacun ce qui lui revient. Cette définition est suffisante, et je m'en sers comme de point de départ à la discussion. Voyons donc cette idée en fonction dans l'histoire, et recherchons si elle est primitive et réglant les rapports à l'origine historique, ou si, au contraire, elle est secondaire et née du conflit de ces mêmes rapports. Plus les lois et ordonnances sont antiques, plus elles seront pour nous instructives; et, en particulier, dans ces lois, la criminalité est un étalon commode à employer pour mesurer le développement de la justice.

Au début, du moins dans les sociétés sauvages qu'il nous est donné d'observer, la criminalité n'existe pas ; ce qui existe, c'est l'offense et la vengeance. L'offenseur a à craindre l'offensé ; mais il n'a rien à craindre, si celui-ci ne ressent point l'injure. Je me rappelle avoir vu un exemple frappant de cette disposition morale, dans un récit qui nous vint, il y a une quinzaine d'années, de Noukahiva, et qui parut dans la *Revue des Deux Mondes*. Un chef déjà âgé avait, par droit de polygamie, épousé une jeune femme. Celle-ci, jalouse des enfants que son mari avait de ses premiers mariages, se mit à les empoisonner, au su et au vu du père. Il laissa faire, n'apercevant là qu'un accident comme aurait été une fluxion de poitrine ou une fièvre. S'il avait plus aimé ses enfants que sa femme, leur mort aurait été une offense, et il aurait puni ou plutôt se serait vengé ; mais, comme il aimait plus sa femme que ses enfants, il ne reçut aucune offense de leur mort, et l'idée de crime n'intervint pas pour rendre odieuse la perversité morale. Le père ne se plaignant pas, nul dans la tribu ne se plaignit. Il se voit aussi parmi nous de criminelles connivences pour faire disparaître une femme, un mari, un enfant qui gênent; mais elles se cachent soigneusement devant l'œil d'une opinion morale qui les déteste, d'une justice qui les punit.

Ceux qui ont vécu avec les hommes des civilisations rudimentaires, prétendent que, parmi eux, il n'y a guère moins de violences, de spoliations, de meurtres, qu'il n'y en a chez nous parmi les gens qui viennent figurer devant les cours d'assises. Cependant ce serait une grave erreur sociologique de les assimiler les uns aux autres. Les premiers, ne connaissant pas une moralité qui n'est pas encore née, obéissent aux diverses impulsions qui s'élèvent dans la nature humaine, et, justement dans ce conflit auquel ils sont livrés, ils se prépareraient les idées de justice et d'humanité qui luiraient sur leurs descendants si déjà le travail n'était tout fait dans des civilisations supérieures ; les autres, au contraire, sont des misérables déchus les uns par leur faute, les autres par la faute de la société, d'autres, enfin, par le vice d'une organisation malheureuse et imparfaite.

Passons donc sur la phase rudimentaire, et arrivons tout de suite à des peuplades historiquement connues et nous offrant des documents écrits et certains. Un des premiers exemples qu'on peut citer est celui des Hellènes, au temps de la guerre de Troie. Alors, Homère nous en est témoin, un meurtre était une affaire privée à laquelle la moralité publique n'avait rien à voir ; on dédommageait les parents du mort, et l'on allait ensuite partout tête levée. « On reçoit, dit Ajax, « la compensation pour le meurtre d'un frère ou d'un « fils ; le meurtrier reste parmi les siens, ayant payé « une large compensation ; et l'offensé, ainsi dédom- « magé, s'apaise et renonce à son ressentiment [1]. »

Peine, qui vient du latin *pœna*, lequel à son tour est le grec ποινή, employé, comme on voit, dans Homère, ne signifie pas autre chose que compensation pour une offense. Quand Achille égorge douze jeunes Troyens sur le bûcher de Patrocle, c'est comme compensation, ποινή, du meurtre de son ami par Hector ; et, quand Xerxès demande satisfaction aux Athéniens pour ses hérauts qu'ils avaient mis à mort contre le droit des gens, c'est de ce même mot que se sert Hérodote, VII, 134. On voit déjà là comment, de l'idée de compensation, on est arrivé au sens de justice et de peine : il était juste que les Athéniens fissent réparation de ce crime, et il était juste encore qu'ils souffrissent pour cela quelque dommage. La notion de criminalité et de

---

[1] ..... καὶ μέν τίς τε κασιγνήτοιο φονῆος
Ποινὴν ἢ οὗ παιδὸς ἐδέξατο τεθνηῶτος·
Καί ῥ' ὁ μὲν ἐν δήμῳ μένει αὐτοῦ, πολλ' ἀποτίσας·
Τοῦ δέ τ' ἐρητύεται κραδίη καὶ θυμὸς ἀγήνωρ,
Ποινὴν δεξαμένου. Il. IX, 632-636.

justice se perfectionne par le progrès des événements et des institutions.

Elle se perfectionna, en effet, chez les Grecs ; et la composition y fit place à une administration de justice où la punition du méfait devint le point principal, et l'indemnité à celui qui en avait été la victime le point secondaire. Mais les complications historiques firent qu'environ dix ou douze siècles après Homère cette composition, qui avait disparu du droit des peuples civilisés, se montra tout à coup au milieu d'eux. Ce furent les Germains qui amenèrent ce retour à une antique barbarie. Au moment où ils commencèrent avec les Romains le grand conflit qui finit par la chute de l'empire, ils étaient à un état de civilisation ne différant pas beaucoup de celui des Hellènes au temps d'Homère et de leurs roitelets. Aussi, au grand scandale du droit romain, la composition prit-elle place dans les codes divers qui servirent de transition et de lien entre les barbares et les civilisés.

Cette coutume, les Germains l'apportaient de la Germanie, antique séjour, où une longue suite de siècles avait passé sur leur tête sans qu'ils eussent rien ajouté aux impulsions aryennes qu'ils avaient apportées. Tacite nous le dit : « On expie un homicide par un nombre déterminé de bœufs et de moutons, et toute la famille reçoit la satisfaction[1]. » Dès lors cela se pratique en Gaule, en Italie, en Espagne, sous les gouvernements germains qui s'y établirent. On n'a qu'à ouvrir les lois et les historiens de ces temps pour voir comment fonctionnait cette justice, dont le principe était : apaiser l'offensé ou ses héritiers à l'aide d'une transac-

---

[1]. Luitur homicidium certo armentorum ac pecorum numero, recipitque satisfactionem universa domus, *German.* 21.

tion qui lui procurait une indemnité en argent ou en autre valeur. La transaction opérée, la morale du temps était satisfaite, et on peut entendre, dans Grégoire de Tours, un homme disant à un autre ainsi désintéressé : « Tu me dois rendre beaucoup de grâces de « ce que j'ai tué tes parents; car, par le moyen de la « composition que tu as reçue, l'or et l'argent abondent « en ta maison. » (*Hist.* VII, 19.)

Dans les sociétés sauvages et barbares, quand l'offense porta, soit sur la tribu collectivement, soit sur les dieux qu'elle adore, alors il est arrivé souvent qu'aucune compensation ne fut jugée suffisante, et que le coupable expia corporellement son crime. Les relations nous disent que, chez les Américains du Nord, il était souvent infligé une peine au lâche; chez les Germains, on l'étouffait dans la boue d'un marais. On doit penser que c'est par cette voie, l'offense aux êtres vénérés (la tribu ou les divinités), que l'idée de criminalité et de pénalité s'est introduite parmi les hommes; là, le dédommagement prit facilement la forme de châtiment.

Au reste, l'idée de dédommager la divinité de l'offense qu'on lui a faite en transgressant ses ordonnances s'est perpétuée dans les religions, jusque dans celles qui sont nos contemporaines. On impose ou on s'impose des pénitences ou inflictions, on fait des offrandes dans l'espoir d'offrir au Dieu vengeur une sorte de composition qui apaise sa colère.

Si les antiques Hellènes s'étaient, par eux-mêmes, élevés au-dessus de la ποινή ou composition, à plus forte raison les populations romaines et chrétiennes devaient-elles échapper à des législations que leur condition historique repoussait. Le travail d'élimination se poursuivit sans relâche; et le principe de la pénalité, non de l'indemnité, finit par prévaloir dans tout l'Occident, y compris la Germanie elle-même. De sorte que ce qui s'était passé en Grèce, il y avait plus de mille ans, se renouvela parmi les populations mixtes de Germains et de Latins. L'idée de justice suivit son développement; et, malgré l'invasion violente d'un droit propre aux anciens hommes, le droit propre aux hommes modernes ou civilisés reprit le dessus. Commencer par la composition et finir par la pénalité est la marche historique.

Le même phénomène se trouve dans les lois des Indiens. Eux aussi ont eu une période où l'on transigeait pour les méfaits; eux aussi franchirent le pas et s'élevèrent à une notion plus haute et plus compliquée.

J'arrête ici un moment le lecteur pour qu'il saisisse bien la différence morale qui existe entre les deux manières d'administrer la justice. Sous le régime barbare ou de la composition, le meurtrier, le voleur, le ravisseur, l'incendiaire, une fois qu'il avait désintéressé ceux qu'il avait offensés, était quitte, non-seulement pécuniairement, mais aussi moralement. Il rentrait dans la vie commune, sans trouble pour lui comme pour les autres; car il avait affaire, non à une société qui a conçu des notions supérieures de droit, mais à des individus avec lesquels il suffisait de s'arranger pour éteindre la poursuite.

A la composition est alliée un autre ordre de satisfactions dans les méfaits, je veux parler du talion. Le talion est exprimé de la manière la plus nette dans la loi hébraïque; le Lévitique dit : « A celui qui cause « une lésion à son prochain, il sera fait comme il a fait « lui-même : fracture pour fracture, œil pour œil, « dent pour dent (XXIV, 19, 20). » Le talion n'est étranger ni aux lois grecques ni, chez les Romains, à celles des

Douze Tables. Il est à noter, comme conception fort naturelle, dans le chemin qu'a parcouru l'idée de justice.

Il faut analyser ces faits antiques, et tâcher de les ramener aux conditions psychiques dont ils sont la représentation. Chez des peuples très-différents, à des époques très-éloignées l'une de l'autre, mais dans un état social suffisamment analogue, ce que nous nommons crime est considéré surtout comme un cas de dédommagement, de réparation, d'indemnité. On évalue le moins mal qu'on peut le dommage causé ; et l'offenseur fournit la composition. Même l'irréparable homicide, comme dit Ajax dans le passage que j'ai cité, est l'objet d'une transaction qui apaise la famille du mort et qui décharge le meurtrier. En d'autres termes, l'idée d'une justice punissante n'existe pas encore; il n'existe que l'idée d'une justice indemnisante.

Surtout considéré comme un cas de dédommagement, viens-je de dire, en parlant du crime. Cette restriction est nécessaire ; car, en traitant de choses aussi complexes que les choses sociales, il faut, à chaque instant, faire des abstractions où ensuite il importe de réintégrer la réalité. Cette réalité est ici l'égoïsme et l'altruisme [1], qui ne pouvaient manquer de jouer leur rôle. De l'égoïsme s'élançait la vengeance ; seules, l'impuissance et la faiblesse se résignaient au coup qui les frappait; mais la force, le courage, la ruse, épiaient les moments et combinaient les représailles : le meurtre répondait au meurtre, l'incendie à l'incendie; et, quand les individus n'y suffisaient pas, les familles se transmettaient l'héritage des poursuites acharnées. De son

---

1. C'est le nom que M. Comte donne à 'ensemble des sentiments bienveillants innés dans l'homme, lesquels [se rapportent essentiellement à autrui.

côté, l'altruisme n'est pas demeuré inactif; son propre est de susciter un sentiment d'aversion pour tout ce qui le blesse, et d'introduire ainsi dans le crime l'idée d'offense à la morale, et, dans la répression du crime, l'idée de répression morale.

Ainsi les populations barbares commencent la justice par le dédommagement, et les peuples civilisés la couronnent par la pénalité. Notre idée de justice est donc une idée complexe née par association, comme toutes les idées complexes. L'histoire en fait ici l'analyse.

Il importe de noter une importante distinction qu'a établie la notion de justice passée de la composition à la pénalité. Chez les populations barbares, les hommes étaient violents, les impulsions soudaines, et les meurtres fréquents; cela arrivait parmi les meilleurs ; puis, comme dit Ajax, on composait avec les parents du mort, tout était effacé, et nul n'avait perdu ni son rang, ni sa considération. Mais, sous l'empire de notions de moralité qui imposent la pénalité, tout crime emporte la perte de la considération et du rang, de sorte qu'il se concentre dans une sorte de population de criminels placés en dehors de la société.

Maintenant, pour ôter tout caractère arbitraire à l'idée de justice, c'est-à-dire pour lui trouver un point primordial, il s'agit de déterminer à quel élément psychique elle correspond. Or, du moment que l'analyse historique, plus visible, à mon gré, que la pure analyse logique, a montré que l'idée primordiale de justice est compensation, dédommagement, indemnité, il n'est pas difficile de discerner l'élément psychique qui lui a donné naissance. C'est celui qui fait que nous reconnaissons intuitivement la ressemblance ou la différence de deux objets. A égale A, ou A diffère de B est le dernier terme auquel tous nos raisonnements aboutissent comme futur point de départ. Cette intuition est irréductible; on ne peut pas la dissoudre, l'analyser en d'autres éléments; c'est une des bases de notre système psychique ou logique.

La notion de justice est donc une notion purement intellectuelle portée dans le domaine de l'action et de la morale. Ce transport n'a rien que de naturel et de facile. On sait que, anatomiquement, les facultés intellectuelles et les facultés affectives ont le même siége, et que, par cette disposition, elles agissent les unes sur les autres, de quelque façon que l'on conçoive leur juxta-position, soit que l'on imagine, suivant la doctrine de la spécialité, que les cellules intellectuelles sont distinctes des cellules affectives, soit, au contraire, que, identiques dans leur texture, le fonctionnement n'en diffère que suivant l'impression nerveuse, interne ou externe, qu'elles reçoivent. Quoi qu'il en soit, la notion de justice retient de son origine une impartialité, une froideur, une rigueur qui la caractérisent : *fiat justitia, ruat cœlum*, dit l'adage latin.

Ici encore je retrouve la doctrine utilitaire, qui s'est donné pour tâche « d'expliquer d'une manière scien-
« tifique, c'est-à-dire d appuyer sur des raisonnements
« rigoureux et des faits positifs les idées qui compo-
« sent la morale vulgaire, les solutions auxquelles
« l'humanité a abouti, guidée par la nature, par l'expé-
« rience, par cette sorte d'instinct intellectuel qu'on
« appelle le bon sens. » Je me sers des termes de M. Wiart, l'habile interprète de cette doctrine, dans son *Vrai critérium en morale*, p. 281. « Tout jugement
« moral, dit-il, vrai ou faux, général ou particulier, se
« forme par l'application de ce principe : *chacun doit
« contribuer de son mieux au bien universel*, combiné avec

« l'observation des faits et l'étude des instincts de tous
« et de chacun. » Ce principe n'est point évident de
soi, cela est incontestable, et M. Wiart en convient lui-
même. Il faut donc le prouver, et on essaye de le prouver, dans la doctrine utilitaire, en montrant qu'un
grand nombre de jugements particuliers et concrets
que portent à chaque instant les hommes les plus différents par la culture intellectuelle présupposent ce
principe et ne peuvent s'expliquer que par lui. A cette
doctrine une objection se présente tout d'abord : il y
a des utilités de bien public qui ne sont ni justes ni in-
justes; comment alors distinguera-t-on celles qui ont le
caractère de la justice, puisque être utile au bien public
appartient à d'autres choses qu'aux choses justes? Cette
objection négative suffirait pour faire soupçonner une
intime difficulté à la confusion entre le juste et l'utile;
mais l'objection positive, qui la remplace par un principe psychique direct, et qui voit dans sa forme définitive le produit d'une association d'idées, établit la différence essentielle entre l'utile et le juste. Le juste est
de l'ordre intellectuel, de la nature du vrai, et il est
aussi distinct de l'utile que le vrai l'est lui-même. Au
fond, la justice a le même principe que la science;
seulement celle-ci est restée dans le domaine objectif,
tandis que l'autre est entrée dans le domaine des actes
moraux. Quand nous obéissons à la justice, nous obéissons à des convictions très-semblables à celles que
que nous impose la vue d'une vérité. Des deux côtés,
l'assentiment est commandé : ici il s'appelle démonstration; là il s'appelle devoir.

En soutenant de cette manière la distinction entre
l'utile et le juste, je suis bien éloigné de prétendre que
l'utile n'occupe pas une place considérable dans le
droit. A chaque instant on l'y rencontre. Qu'est, pour

citer du moins un exemple, la prescription autre chose sinon une mesure d'utilité ? Même elle est contraire à la justice ; car ne semble-t-il pas qu'une dette, qu'un crime, qu'une possession illégitime ne doivent pas se prescrire ? Oui, sans doute, et c'est ce que dit au premier abord le sens intime de la justice tel qu'il s'est développé en nous. Mais une longue expérience a démontré aux législateurs qu'il y avait moins d'inconvénients, dans certains cas, à laisser dormir les règles de la justice absolue, qu'à troubler la sécurité des transactions et des personnes. Le moindre inconvénient a paru, à bon titre, une raison suffisante ; et c'est ainsi que la prescription s'est établie.

Deux principes, cela est manifeste, pénètrent tout le droit : l'un est le juste, l'autre est l'utile. Le premier est fondamental, le second est accessoire et agit comme modificateur des règles du premier. La doctrine utilitaire les confond en un seul, celui de l'utilité publique ; mais c'est au détriment de la rigueur des notions et de la clarté des choses.

L'idée d'égalité de deux termes amène l'idée de dédommagement ; l'idée de droit au dédommagement amène l'idée du droit de punir, conféré à la société, soit que l'on considère qu'elle le tient du consentement des membres qui la composent, soit que l'on fasse intervenir un principe d'utilité pour cette fonction, vu que la société a plus de lumières, de régularité, de modération que les individus n'en auraient dans leurs causes particulières.

La société, ainsi substituée au lieu et place de la partie lésée, arbitre la peine, qui perd le caractère de dédommagement, et prend celui de châtiment. Dans cet arbitrage de la peine, la société elle-même n'a été ni toujours sage, ni toujours juste ; et, à chaque degré de civilisation, il importe d'examiner ce qui convient aux conditions de la masse criminelle et aux lumières de la puissance publique. Mais, en définitive, le droit de punir provient originellement du dommage à réparer ; la justice voulant que tout dommage soit réparé, même quand il a été causé involontairement et sans aucune criminalité.

Mauvaise comparaison, me dira-t-on ; car, dans le cas du dommage involontaire, il n'y a infliction d'aucune peine, et toute la condamnation porte sur la quotité de l'indemnité. Oui, sans doute ; mais, dans le méfait, comme je l'ai dit, l'idée de dédommagement s'est associée d'une part avec le besoin de vengeance, et d'autre part avec l'aversion qu'inspire l'immoralité. On se tromperait beaucoup en croyant que l'idée de la vengeance privée a complétement disparu de la justice moderne ; et, si la société ne prenait pas fait et cause pour les victimes de meurtres, de guets-apens, de rapts, d'incendies, de vols, je ne sais si on ne verrait pas apparaître des représailles. Quant à l'immoralité, elle est spontanément haïe ou méprisée ; mais, seule et par soi, elle n'attire pas le châtiment ; il n'en est plus de même quand elle est jointe au dommage, alors la réparation prend le caractère de la pénalité.

La question de justice ne peut pas se poser sans éveiller celle de libre arbitre. Quoi qu'on en pense, soit qu'on admette la liberté métaphysique, soit qu'on se range du côté du déterminisme, toujours est-il que, de par la constitution de l'esprit humain, la société a droit sur le malfaiteur. Elle l'a, comme je l'ai dit, en vertu de deux principes primordiaux, celui de dédommagement ou de justice, celui de vengeance ou de talion. C'est à elle à aviser à ce qu'elle fera, d'abord pour elle, puis pour ce malheureux, ainsi tombé en forfaiture. A ce double point de vue, la pénalité acquiert un caractère de généralité qui la rend susceptible de discussions, de théories et d'accommodations successives à la mesure des degrés de civilisation. Ainsi munie, la société poursuit deux buts accessoires, mais importants : d'abord, en ôtant tantôt la liberté, tantôt la vie aux malfaiteurs, elle met fin aux dommages qu'ils causent, et procure à chacun une sûreté relative d'après la vigilance et la bonne gestion des magistrats de judicature et de police. Ensuite, par la crainte, elle arrête un certain nombre de gens en qui la tentation au mal est vaincue par la peur du châtiment. Nier la réalité de cette action serait nier les faits les plus vulgaires et les plus constants qui, chez l'homme et chez les animaux, particulièrement dans l'éducation, attestent l'influence, pour modifier l'individu, de la peine et de la récompense; mais dire que cette influence est absolue et qu'elle n'a point de limites, c'est commettre une non moins grande erreur. Les statistiques de la criminalité, en nous montrant que, tant que les conditions sociales restent les mêmes, le nombre des offenses varie très-peu, prouvent surabondamment que la crainte des châtiments est soumise, dans son efficacité répressive, à des conditions dépendantes de la nature des choses. Cela apparaît d'une façon remarquable en ce fait que, à mesure que la civilisation se développe, on diminue les peines sans que pour cela la criminalité augmente.

D'ailleurs, la société n'est pas responsable (je dirai tout à l'heure où commence sa responsabilité) des conditions fondamentales de son existence. Elle ne les a pas faites, elle les reçoit. Ce n'est pas elle qui est cause que les hommes sont ignorants, passionnés, faciles aux tentations et au mal. Loin de là, c'est sous son égide qu'ils deviennent progressivement moins ignorants et, partant, plus humains dans le sens noble de ce mot. Un élément irréductible qui est dans l'esprit de l'homme le soumet à l'idée de justice, et cette idée lui sert à régler les rapports sociaux, si compliqués et si délicats. L'irréductibilité est ce qui fait qu'un principe s'impose; en d'autres termes, elle constitue l'évidence primitive, d'où résultent toutes les évidences secondaires que la marche de la civilisation amène au jour. La justice, ainsi établie et exercée, est purement relative et ne sort pas des relations des hommes entre eux, et, jusqu'à un certain point, des hommes avec les animaux placés au-dessous de l'humanité.

Voilà le côté irresponsable de la société; en voici le côté responsable : L'analyse expérimentale de la volonté a montré qu'il n'y avait d'autre action sur elle que l'action des motifs, et qu'au moment de la décision, c'était le plus fort qui l'emportait. Tel est le déterminisme naturel, celui que la nature a établi. Mais, à côté de ce déterminisme brut, il en est un perfectionné par l'homme et meilleur, comme à côté des lois naturelles dont l'empire s'exerce rigoureusement, il est des modifications que la science humaine leur impose en les opposant l'une à l'autre. La liberté de l'homme ne consiste pas en ce qu'un motif plus faible l'emporte sur un plus fort; cela est impossible : elle consiste à augmenter le nombre des motifs dans l'esprit de l'individu, afin que leur conflit l'éclaire et le soustraie à la toute-puissance d'un motif unique. Plus un être vivant est bas dans l'échelle zoologique, plus un être humain est bas dans l'échelle psychique, moins il a de motifs à sa disposition, et plus il est exposé à être la proie d'un seul, qui, s'il est mauvais, l'entraînera à tout mal. Or, le moyen capital d'augmenter pour chacun la somme des motifs est l'éducation. Non que ce soit une panacée infaillible et universelle ; il n'y a pas plus de panacée en sociologie qu'en médecine ; mais elle guérit beaucoup de maux, si elle ne les guérit pas tous, imprimant au déterminisme naturel une profonde modification, et créant un déterminisme mobile et progressif, où les motifs éclairés et bons gagnent de la puissance sur les motifs ignorants et mauvais. La société fait peu pour l'éducation ; et pourtant il est vrai de dire qu'elle ne pourrait jamais faire assez. A ce devoir il en faut ajouter un autre, essentiel aussi, c'est celui de diminuer la force et le nombre des mauvais motifs en réglant mieux la répartition de l'avoir commun, en établissant la plus stricte justice entre les classes, en donnant la prérogative au travail, et en la retirant au parasitisme.

J'arrête ici ces quelques pages sur la justice. J'ai tenu à n'en faire que peu, écartant les développements et mettant en saillie les seuls linéaments. Mon but a été de ramener l'idée de justice à un fait psychique irréductible. Je dis, irréductible ; tous les autres principes, soit celui de l'idéalisme ou sens intime, soit celui de l'utilité, ne portent pas le caractère de l'irréductibilité, et sont, à cause de cela, des témoins reprochables dans le débat. J'ai essayé de montrer que, parmi les hommes, l'idée de justice n'est pas autre chose que la dérivation d'un fait purement intellectuel, extrêmement simple, véritablement intuitif, celui qui constate l'identité de deux objets. C'est de la même façon que, dans un précédent travail [1], j'avais essayé de montrer que toute la morale est une dérivation de deux impulsions, l'égoïsme et l'altruisme, qui eux-mêmes proviennent : l'un de la

---

1. *La philosophie positive*, janvier 1870.

nécessité de nutrition qui est imposée à la substance organisée pour qu'elle subsiste comme individu, et l'autre, de la nécessité d'aimer qui lui est imposée fondamentalement par l'union des sexes pour qu'elle subsiste comme espèce. Mais cela, dira-t-on, pour le premier cas, est bien rudimentaire, et, pour le second, bien grossier. Bien grossier? je rencontre cette expression en un passage de Bossuet, dans cet écrit sur la *Comédie* où il s'est montré si violemment hostile à tous les instincts modernes, et où il a, en termes si cruels, envoyé Molière de la scène joyeuse où il rendit presque le dernier soupir, aux mains d'un juge impitoyable pour le rire et la joie : « Ces passions, « dit-il, qu'on veut appeler délicates, et dont le fond « est si grossier (§ 4). » Mais, théologien imprévoyant des objections, de qui, si votre théologie est vraie, tenons-nous ce fond grossier que vous nous reprochez? et qui, car il faut bien que j'anthropomorphise pour vous répondre, qui a imaginé de nous obliger aux conditions de la nutrition et de la sexualité? Laissons ces dires, qui jadis ont été l'aliment d'une autre civilisation et qui sont désormais sans vertu réelle et progressive. Grossier ou non, c'est d'un fond simple que tout part pour croître en complexité et en raffinement. Je n'ignore pas qu'entreprendre la subtile analyse des phénomènes psychiques, c'est s'engager dans des voies facilement décevantes. Aussi, je ne propose mes idées que comme des études qui m'ont servi, souhaitant qu'elles servent à quelques autres. Mais, à côté de cela, ce qui est ma conviction bien arrêtée, c'est qu'en m'efforçant de tout ramener, dans ce domaine, à des conditions de physiologie psychique, je me conforme à la vraie méthode de recherche.

XII

DE LA

CONDITION ESSENTIELLE

QUI SÉPARE

LA SOCIOLOGIE DE LA BIOLOGIE [1]

En mettant la plume à la main pour traiter le sujet exprimé par ce titre, j'éprouve une satisfaction profonde à considérer la fécondité de la doctrine qui a fondé la philosophie sur l'ensemble du savoir positif. Soit que l'on s'occupe des rapports de cette philosophie avec la science ou de la science avec cette philosophie, soit que l'on étudie les relations générales de chaque science avec sa voisine d'en bas ou avec sa voisine d'en haut, soit enfin que l'on recherche, dans l'intérieur de chaque science, la méthode, l'évolution et l'histoire, aussitôt se présentent une foule d'aperçus qui captivent

1. *La Philosophie positive*, mars-avril 1868.

l'intelligence à la fois par leur nouveauté et par leur réalité. Il me souvient qu'assistant, il y a près de cinquante ans, à un cours de M. Biot sur l'électricité, le professeur, après avoir indiqué combien d'objets de recherches l'électrologie offrait à l'homme studieux, ajouta : Il n'y a vraiment qu'à se baisser et à prendre. Ce mot du célèbre physicien, je le fais mien ici ; parmi tant de questions de grande importance que suscite le développement de la philosophie positive, il n'y a qu'à se baisser et à prendre. De grande importance, ai-je dit ; car quiconque augmente, pour si peu que soit, la somme de la positivité dans les esprits, travaille dans le sens général de la civilisation et rend un service social.

J'ai, en commençant, parlé de la fécondité de la doctrine positive; à quoi correspond, ai-je besoin de l'ajouter? la stérilité de la doctrine métaphysique. Ce n'est pas que je méconnaisse aucunement le point de vue exclusif auquel chaque esprit est placé ; et le métaphysicien est tout aussi disposé à se complaire dans son domaine que je le suis à me complaire dans le mien. Si bien que je n'aurais fait qu'échanger un dire contre un dire, si je ne définissais ce qu'il faut entendre par fécondité et stérilité philosophiques, transportant dès lors le débat sur un point déterminé et soumis au jugement de chacun. Une philosophie est féconde ou stérile, suivant qu'elle entretient ou n'entretient pas avec les sciences par la méthode une relation constante, et suivant encore qu'elle les domine ou ne les domine pas par l'idée générale qui les lie, les coordonne et les hiérarchise. A ces deux titres, la philosophie positive est aussi féconde que la métaphysique est stérile. Une philosophie qui n'a pas la méthode des sciences positives, et qui, justement par ce défaut de conformité essentielle, n'en peut donner le lien et la hiérarchie, est une entité, dont il ne sort plus que des redites, toujours de moins en moins valables et écoutées.

L'œuvre de positivité avance par un progrès que rien n'arrête. Dans la condition présente des esprits, il faut distinguer l'une de l'autre l'œuvre de positivité et la philosophie positive. L'une est le mouvement d'élaboration qui introduit, dans les idées, dans le savoir, dans l'industrie, dans la pratique, dans la politique, toute sorte de faits et de doctrines qui, fondés sur l'expérience et liés par la théorie, tantôt se substituent aux idées fictives de la théologie et de la métaphysique, tantôt les obligent aux plus singuliers compromis : cela se fait tous les jours, en tous lieux, dans tous les domaines ; et je n'ai point grossi l'expression quand j'ai parlé d'un progrès que rien n'arrête. L'autre est cette même œuvre de positivité élevée à la conscience d'elle-même ; M. Comte a montré qu'elle pouvait, qu'elle devait devenir la maîtresse universelle des esprits en généralisant la méthode, en coordonnant le savoir, en déterminant le but. Généraliser la méthode, c'est donner à la philosophie la même méthode qu'aux sciences particulières ; coordonner le savoir, c'est disposer les sciences suivant leur hiérarchie ; et déterminer le but, c'est établir que nous devons à la fois nous soumettre aux lois naturelles avec toute l'humilité qui convient à notre faiblesse, et les faire servir à notre bien avec toute la force intellectuelle qui nous est propre. Maintenant, qu'on le veuille ou qu'on ne le veuille pas, inconsciemment ou consciemment, toute l'œuvre de la positivité marche vers la philosophie positive.

1. *L'évolution sociologique est-elle de même condition que l'évolution des âges dans l'individu?*

M. Comte, qui a fondé la sociologie, a, selon le plan invariable de son grand ouvrage, établi la subordination où est cette science à l'égard de celle qui la précède immédiatement, je veux dire la biologie. Il n'y a pas à revenir sur cette lumineuse discussion : la sociologie doit satisfaire aux conditions biologiques, pour avoir droit de se développer dans son propre domaine. Le sujet en est, il est vrai, la société ; mais cette société est composée d'individus humains, dont la nature réelle n'est pénétrée que par la biologie. C'est là que la positivité sociologique a son premier fondement. Plus on ira, plus l'on sentira que les études biologiques sont l'indispensable préliminaire des études sociologiques ou historiques.

Plus la sociologie a de liens avec la biologie, plus il importe d'en marquer nettement l'indépendance. M. Comte n'a pas failli à cette tâche, qu'il a remplie avec sa sûreté ordinaire. Il suffit ici de rappeler sa proposition conclusive, à savoir qu'il est impossible de tirer des lois biologiques, par voie de déduction, les lois sociologiques, lesquelles doivent être observées directement dans les sociétés. Ceux qui pensent que la biologie ou la psychologie sont capables de fournir, de conséquence en conséquence, l'enchaînement des faits sociaux, se trompent. La sociologie n'est point une science de déduction : c'est une science d'observation, et, si l'on prend les phénomènes historiques pour des expériences, une science d'expérimentation.

Le fait fondamental de la sociologie est l'évolution. Et qu'on ne dise pas que l'état évolutif est primé par l'état statique, puisqu'il faut que la société existe pour qu'elle puisse avoir une évolution. De ces deux propositions, la seconde est vraie sans doute, mais n'infirme en rien la première; et là se montre une des différences essentielles entre la sociologie et la biologie, dans laquelle l'état statique ou anatomique est le fondement de l'état fonctionnel. En effet, si l'évolution ne se produisait pas, si l'association humaine ne dépassait pas ce degré qui appartient aux sociétés animales ou même, si l'on veut, aux tribus sauvages, il n'y aurait pas de science sociologique, aussi bien parce que ce premier rudiment ne dépasserait pas la valeur d'un fait biologique, que parce que nulle intelligence ne serait là pour l'observer, l'intelligence humaine n'étant devenue apte à la science sociologique, comme du reste à toutes les sciences, que par l'évolution elle-même.

Du moment que l'évolution est conçue comme l'élément premier, essentiel, de la sociologie, il est évident que l'idée de l'histoire se transforme, ne pouvant plus rester ce qu'elle a été pour nos prédécesseurs. Depuis que les hommes savent écrire, ils se sont complu à transmettre à leur postérité le récit du passé et du présent; et, depuis qu'ils savent lire, ils se sont complu à compulser les annales dont chaque siècle fournit les matériaux. Tout cela a toujours été singulièrement curieux et grandement utile: utile par la tradition qui est si importante pour lier les générations les unes aux autres; curieux par le drame de cette scène que les cités, les nations, les empires, personnages du spectacle, ne laissent jamais vide. Plus d'une main habile, chez les différents peuples et aux différentes époques, s'est appliquée à retracer les événements; et le génie de la narration a su inscrire les faits et leurs chroniques en des pages qui nous captivent. Mais, laissant de côté la juste curiosité du passé et le charme des beaux récits, les sages se sont demandé quelle était l'utilité précise de cette connaissance, et ils se sont répondu que l'histoire était la conseillère des peuples et des princes, enseignant par l'expérience du passé à se conduire dans les occurrences à venir. Jamais réponse n'a été plus insuffisante. En effet, ce qui fait que l'histoire ne peut être la conseillère des princes ou des peuples au sens que les sages y attachaient, c'est que l'évolution, inaperçue sans doute, mais toujours agissante, dérobe incessamment le terrain sous les pieds des acteurs historiques. A quoi la connaissance du régime républicain et polythéistique de la Grèce et de l'Italie pouvait-elle servir à la politique de l'Occident chrétien et féodal ? Puis, derechef, en quoi la connaissance de ce moyen-âge était-elle capable de guider les homme de la réforme protestante et des monarchies modernes, où la foi catholique était ébranlée et la féodalité détruite ? Et, pour continuer la comparaison même en un fait plus particulier, de quel enseignement la tempête religieuse qui sévit sur la France durant le xvie siècle, a-t-elle été pour la tempête révolutionnaire qui y éclata à la fin du xviiie siècle ? Évidemment, les siècles sont trop dissemblables pour que l'utilité imaginée par les sages ait une véritable et féconde application.

Tout change quand la notion de l'évolution pénètre dans le domaine de l'histoire. Non pas qu'il faille dédaigner le génie de la narration et déchoir des grands modèles ; mais quelque chose de plus est imposé à l'historien ; et, soit qu'il refasse pour notre usage les antiques annales, soit qu'il nous raconte les événements de notre temps, l'évolution doit se montrer, l'évolution qui substitue un régime à un autre; l'évolution qui marche dans un sens déterminé par la croissance du savoir positif; l'évolution qui est la cause, l'explication, la lumière de l'histoire. Qui ne voit, en effet, aussitôt apparaître la grande et profonde utilité qui lui est inhérente? Non, elle ne sert pas à fournir, par les cas semblables, des exemples de conduite à tenir; mais elle enseigne quel est le sens des inévitables mutations; et, par la prévision, suprême honneur de toute science positive, elle indique aux peuples et aux princes (je reprends la vieille formule pour un nouvel usage) le cours des choses, l'impossibilité de le remonter, le danger de se méprendre sur sa direction, et les ouvertures progressives qu'il importe de lui préparer, non sans de justes ménagements pour le passé, qui a contracté de si intimes adhérences avec les générations successives.

Quelle est donc la condition sociologique de ce beau phénomène de l'histoire qui rend les individus solidaires des nations, et les nations solidaires de l'humanité? La biologie est si près de la sociologie, qu'il a été naturel de prendre dans l'une le type de l'autre, et de comparer la série de l'évolution collective à la série des âges, qui forme l'évolution individuelle. C'est à cette idée que M. Comte fait allusion dans ce passage : « Cette « grande notion de la série sociale retrouve, soit pour « la science, ou même pour la seule méthode, son vé- « ritable équivalent en biologie, *non dans l'analyse des* « *âges*, mais uniquement dans la conception de la série « organique fondamentale. » (*Cours de Philosophie positive*, t. IV, p. 368, 1re édition.) Comme on voit, il la condamne, et avec raison. En effet, ce qui rend tout à fait inapplicable la série des âges à la série sociologique, c'est que, dans la première, l'individu arrive à un point culminant, d'où il décline jusqu'à la vieillesse et à la mort; au lieu que, dans l'évolution sociologique, il n'y a ni vieillesse ni mort. A la vérité, l'on objectera que, en parlant ainsi, je préjuge une grave question, et que peut-être l'avenir est destiné à voir l'évolution historique diminuer, déchoir et s'éteindre. A une pareille hypothèse, ne sachant pas si elle est impossible, je n'ai rien autre chose à répondre, sinon que jusqu'à présent les faits sont contre elle, et que, depuis le millier de siècles qu'a duré le genre humain (car les nouvelles découvertes sur la préhistoire obligent déjà à multiplier par quelque nombre de ce genre les années de la légende théologique), rien de pareil ne s'est manifesté. Cette réponse est valable, puisqu'elle ne pourrait être réfutée que par une expérience qui ne s'est pas encore produite. Et pourquoi n'est-il pas permis d'arguer de l'âge individuel au progrès collectif? C'est que l'évolution est, non un fait biologique, mais un fait sociologique, et dès lors dépendant de toute autre chose que de la vitalité. Sans doute un temps a été où les conditions du globe ne permettaient pas la vie; et l'on peut penser qu'un temps sera où il ne les permettra plus; mais la marche évolutive des sociétés durera autant que ces conditions dureront.

Le phénomène de la mort a beaucoup préoccupé les physiologistes; je dis de la mort naturelle. En effet, chacun comprend, sans difficulté, que, si le cerveau est déchiré par une apoplexie ou une blessure, si le poumon est détruit par des tubercules, si les valvules du cœur sont envahies par des ossifications, la vie cesse d'être possible, par défaut des instruments chargés de l'entretenir. On a quelquefois objecté qu'il n'y a pas de mort naturelle, et que les vieillesses sont, comme les jeunesses, tranchées par des maladies intercurrentes.

Cela est vrai, sans doute, et le cas le plus fréquent. Pourtant il y a certainement des morts naturelles, c'est-à-dire par simple épuisement, témoin Fontenelle qui, mourant à quatre-vingt-dix-neuf ans et interrogé sur ce qu'il éprouvait, répondit : Une difficulté d'être. Puis, même dans les morts par accident, chez les vieilles gens, tout annonce la décadence, l'usure et la fin prochaine ; et le fabuliste a été un fidèle interprète de la nature, quand la Mort dit au centenaire mourant ces vers qui sont connus de tous, et que j'ai cités plus haut[1].

La mort naturelle est donc un fait certain, conséquence inévitable de l'affaiblissement sénile. Mais par quelle cause, passé un certain moment de la vie, cet épuisement progressif commence-t-il, pour se terminer en une totale extinction ? Stahl (*Theoria medica vera*, Halle, 1737, p. 454) a consacré à cette question un chapitre dont on voit l'idée par le titre : « Qu'il ne peut
« être rendu raison de la nécessité naturelle de la
« mort. » Tout le fondement de son argumentation est dans ce passage : « Aucune raison physique prise soit
« à la matière, soit aux mouvements selon la matière,
« n'explique non-seulement pourquoi ces mouvements
« cessent dans un espace de temps limité, mais même
« pourquoi ils cessent jamais. Non-seulement le mou-
« vement lui-même, mais encore la disposition des
« parties aussi bien dans leur substance que pour ces
« mouvements vitaux, dépendent manifestement de
« ce même principe qui s'oppose simplement à la cor-
« ruptibilité matérielle du corps. C'est donc un fait
« certain que tout ce qui pourrait se perdre de cette
« disposition matérielle nécessaire à un mouvement

---

[1]. Voy. p. 291.

« perpétuel, pourrait et devrait être restauré en tout
« temps par cet agent moteur; agent moteur qui non-
« seulement est capable d'opérer cette restauration,
« mais encore qui a coutume d'y pourvoir pendant un
« long temps. Si donc cette œuvre de conservation et
« de restitution finit par s'arrêter, la faute en est, non
« à aucun vice matériel, mais à cet agent qui opère
« avec une énergie décroissante et qui abandonne
« même complétement son office. » L'anatomie pathologique montre que la mort naturelle est le résultat
d'une foule d'altérations qui, rendant les fonctions impossibles, mettent ainsi fin à la vie. Il faut se garder de
prendre la cause pour l'effet : ces dégénérescences ne
surviennent que parce que la vie, s'affaiblissant, n'est
plus en état de restaurer les molécules qui s'en vont
par des molécules d'égale valeur. Mais, au point de
vue des matériaux de cette composition et décomposition qui est la nutrition, Stahl ne voit pas comment il
se fait que la restauration vivante ne soit pas indéfinie.
La cause en est pourtant dans ces matériaux mêmes,
mais par une condition qu'il n'a pas aperçue et que
j'indiquerai tout à l'heure.

On sera peut-être disposé à penser qu'au commencement du xviiie siècle, Stahl n'était pas muni de connaissances assez précises en physiologie et en anatomie
pathologique pour approfondir la question proposée.
Mais voici un homme versé dans tout ce que la science
moderne a de meilleur, M. Müller, qui s'y est aussi
exercé. « Dans le germe, dit-il, la force qui contient le
« fond nécessaire à la production de toutes les parties
« existe indivise. Le principe organique est, dans le
« germe, pour ainsi dire, à l'état de la plus grande
« concentration. La puissance de développement est
« alors à son maximum, le développement à son mini-

« mum ; or, quand cette force a agi pendant un cer-
« tain temps, quand l'organisme a dépassé la jeunesse,
« nous avons sous les yeux, non plus quelque chose
« de simple avec la force indivise du tout, mais quel-
« que chose de multiple avec des forces divisées. Plus
« la force du tout est disséminée, et moins il existe
« encore de force organique non employée, plus aussi
« l'organisme semble perdre la faculté d'être vivifié
« par l'influence des stimulants généraux de la vie, et
« plus diminue l'espèce d'affinité qui existe entre la
« matière organique et ces stimulants, et qui entre-
« tient la vie comme une flamme. Aussi, le dévelop-
« pement étant accompli, quand la vie immortelle doit
« être assurée, la génération d'un germe devient né-
« cessaire, lequel, à son tour, possède, en raison de la
« force encore indivise, la plus grande affinité pour les
« stimulants vitaux, affinité qui diminue à mesure que
« l'organisme se développe. Cela ressemble à une ex-
« plication ; mais, au fond, ce n'est qu'une exposition
« de l'enchaînement des phénomènes, et l'on ne peut
« pas même soutenir d'une manière précise que cette
« exposition soit exacte. »

M. Müller a raison : portée dans ces régions, l'explication n'est qu'une exposition de l'enchaînement des
phénomènes ; mais c'en est une exposition abstraite,
et, en cette qualité, elle a la vertu d'une formule
mathématique, c'est-à-dire qu'elle peut être discutée à
l'effet d'en tirer les inductions qu'elle renferme. Dis-
cutons-la donc, et poussons plus avant les vues de Stahl
et de Müller.

Il faut d'abord montrer par laquelle de ses activités
la cause de la vie, de quelque nom qu'on la nomme,
s'use peu à peu et défaut. Elle a trois activités principales : celle de composition et de décomposition, dite

nutrition ; celle par laquelle le corps vivant se meut en partie ou en totalité, dite motricité, et celle par laquelle il reçoit les impressions du dehors, pense et veut, dite sensibilité. La question est immédiatement tranchée par ce fait, qu'un très-grand nombre d'êtres vivants, les végétaux par exemple, n'ont ni motricité ni sensibilité, et n'en meurent pas moins naturellement. Le phénomène de la mort naturelle est donc exclusivement attaché au phénomène de composition et de décomposition.

Comme dit M. Müller, dans le germe la force d'évolution est à sa plus grande puissance. Il suffit de comparer quelques périodes pour s'en convaincre. L'ovule fécondé, à peu près microscopique, devient en neuf mois (l'homme est un aussi bon exemple qu'un autre) un corps bien des fois plus gros qu'il n'était. Hors du sein de la mère, l'évolution est encore rapide, mais bien moins ; elle l'est encore moins de l'enfance à la puberté ; enfin, à l'état adulte, elle s'arrête et ne fait plus que compenser les pertes ; enfin, elle cesse de les compenser, la dégradation organique commence, jusqu'à l'impossibilité d'être, suivant la philosophique expression de Fontenelle. Ainsi cette évolution pourrait très-bien être représentée par la courbe d'un projectile dont le mouvement est le plus énergique au moment du départ, se ralentit graduellement et finit par s'arrêter tout à fait.

C'est un axiome de physique que tout mouvement, une fois communiqué, durerait sans fin, s'il n'était pas peu à peu détruit par les résistances qu'il rencontre. Il n'en est pas, il n'en peut pas être autrement de cette force que nous nommons la vie ; elle aussi durerait indéfiniment, si elle n'était pas détruite par le milieu résistant qu'elle traverse. Et ce milieu, c'est celui des molécules que, par son essence, elle est destinée à échanger incessamment l'une pour l'autre. Ainsi la cause de la mort naturelle est la résistance du milieu moléculaire.

Qu'on ne croie pas pourtant que j'assimile la force de vie à une force de projection et le germe à un projectile. Une différence essentielle les sépare ; c'est que, tandis que la force de projection a l'espace pour domaine, et que le projectile est chargé d'arriver à un certain lieu, la force de vie a le temps pour domaine et le germe est chargé d'arriver à un certain terme dans la durée. Se mouvoir dans l'espace ou se mouvoir dans le temps, constitue deux modes distincts des forces cosmiques.

Les conditions de la mort montrent que l'essence de la vie est dans le mouvement de composition et de décomposition, et non point dans les facultés psychiques. Celles-ci en naissent comme une efflorescence. Par conséquent, décroître, vieillir et s'éteindre, ce qui est le propre des âges chez l'individu, n'a rien d'applicable à l'évolution sociologique, telle que nous la connaissons depuis l'homme préhistorique jusqu'à nos jours, vu qu'elle dépend directement des facultés psychiques. A leur tour, les facultés psychiques croissent en force sous l'influence de l'évolution ; de sorte que cette évolution marchera tant que la race humaine ne subira aucune dégradation, c'est-à-dire tant que les milieux permettront au mouvement de composition et de décomposition de s'effectuer librement et régulièrement.

2. *L'évolution sociologique est-elle de même condition que l'évolution dans la série organique?*

« C'est un fait que les différents êtres vivants présentent une série hiérarchique, au bas de laquelle sont ceux dont l'organisation est la plus simple et les fonctions les plus bornées, et au sommet sont ceux dont l'organisation est la plus compliquée et les fonctions les plus étendues. Cela se voit nettement dans les végétaux, dans les animaux inférieurs, dans les animaux supérieurs. A ces différences de complication sont conjointes des différences d'époques ; la paléontologie en fournit de nombreux témoignages ; et d'ailleurs il est évident que les animaux qui vivent de végétaux n'ont pu venir qu'après les créations végétales, et semblablement les carnassiers sont postérieurs à ceux sans lesquels leur vie ne pourrait se soutenir. Ainsi il y a complication croissante, et cette complication croissante s'est produite dans le temps.

Puisque la contemplation du monde organique nous prouve qu'une idée de développement est inhérente à l'idée d'hiérarchie vivante, il est naturel d'en faire l'application au développement sociologique, et de dire que l'évolution du genre humain est produite par ce même principe agissant sur les sociétés. Mais ce n'est là qu'un aperçu vague ; et, quand on essaye de le déterminer, on trouve qu'il ne tient pas la promesse qu'il semble faire. En effet, la hiérarchie vivante peut se représenter, autant qu'il nous suffit ici, par trois degrés enchaînés comme suit : le domaine des végétaux, où il n'y a que les appareils de composition et de décomposition ; le domaine des animaux inférieurs, où à ces appareils se joint le système nerveux ganglionnaire ; enfin le domaine des animaux supérieurs, où à ces appareils et à ce système s'ajoute l'axe cérébro-spinal avec ses nerfs centripètes et centrifuges. De l'un à l'autre on observe complication de texture, complication d'organes, complication de fonctions. Rien de pareil ne se montre dans la série sociologique ; et il serait futile d'exposer que l'enchaînement de ces domaines n'y a aucune représentation. D'ailleurs la hiérarchie organique est purement d'ordre biologique, et ici il nous faut quelque chose qui soit purement d'ordre sociologique ; autrement, la démarcation entre la biologie et la sociologie serait tout empirique, c'est-à-dire uniquement fondée sur l'impossibilité de construire la sociologie à l'aide de conséquences biologiques. Je ne dédaigne aucunement cet empirisme, et j'en reconnais la valeur ; mais c'est en donner la meilleure justification que de le fonder sur un fait primitif de sociologie.

Je sais bien, à propos du rapport entre la série organique et la série sociologique, que M. Comte a écrit : « La succession nécessaire des divers états sociaux cor« respond exactement, sous le point de vue scienti« fique, à la coordination graduelle des divers orga« nismes eu égard à la différence des deux sciences : « la série sociale, convenablement établie, ne saurait « être certes ni moins réelle, ni moins utile que la « série animale[1]. » (T. IV, p. 467.) Mais il n'y a là rien qui assimile les deux séries ; et le passage n'a pour but

---

1. Au lieu de *série animale*, il faut mettre *série organique*, puisque la hiérarchie comprend les végétaux. Mais ce n'est qu'un lapsus de la plume ; et lui-même il dit ailleurs : « En biologie, la série organique, dont la série sociologique constitue l'équivalent philosophique... » (T. IV, p. 380.)

que d'inculquer cette proposition, que j'accepte pleinement, à savoir que, comme la série organique rend par la comparaison les plus utiles services à la science biologique, semblablement, par la comparaison aussi, la série sociologique offre à l'histoire le fondement de sa vraie philosophie.

A côté de cette vue qui prend la hiérarchie organique comme un fait, il y en a une autre qui aspire à donner l'interprétation de ce fait, et à passer de l'empirisme à la doctrine : c'est celle de Lamarck et de Darwin. Suivant elle, toutes les espèces, fossiles ou actuelles, proviennent d'organismes les plus simples par voie de perfectionnement successif, grâce à l'exercice de la vie et à la sélection qu'exerce le combat pour la vie entre les bien organisés et les mal organisés. Passant de là à la série sociologique, on pourrait dire que la force qui la perfectionne n'est autre que celle qui a perfectionné la série organique. Mais, sans entrer dans la question de savoir si l'application de l'une à l'autre serait valable, il me suffit de remarquer que la vue de Lamarck et de Darwin n'est pas encore sortie de l'état d'hypothèse et de système, et qu'il n'est pas temps d'en arguer pour édifier quelque chose sur ce fondement.

Toutefois, laissant de côté la permutation graduelle des espèces, on peut, pour expliquer le progrès des sociétés, invoquer le bénéfice de l'exercice et l'hérédité qui le fixe dans les races. C'est ce qu'a fait M. Comte dans ce remarquable passage : « Quant à une certaine
« amélioration graduelle et fort lente de la nature hu-
« maine, entre des limites très-étroites, mais ultérieu-
« rement appréciables, quoique peu connues jusqu'à
« présent, il me semble rationnellement impossible,
« du point de vue de la vraie philosophie biologique,
« de ne point admettre ici, jusqu'à un certain degré,

« le principe irrécusable de l'illustre Lamarck, malgré
« ses immenses et évidentes exagérations, sur l'in-
« fluence nécessaire d'un exercice homogène et con-
« tinu pour produire, dans tout organisme animal et
« surtout chez l'homme, un perfectionnement orga-
« nique, susceptible d'être graduellement fixé dans la
« race, après une persistance suffisamment prolongée.
« En considérant surtout, pour une question aussi dé-
« licate, le cas le mieux caractérisé, c'est-à-dire celui
« du développement intellectuel, on ne peut, ce me
« semble, refuser d'admettre, sans que toutefois l'ex-
« périence ait encore suffisamment prononcé, une plus
« grande aptitude naturelle aux combinaisons d'esprit
« chez les peuples très-civilisés, indépendamment de
« toute culture quelconque, ou, ce qui est équivalent,
« une moindre aptitude chez les nations peu avancées,
« pourvu que la comparaison soit toujours établie, au-
« tant que possible, entre des individus d'un orga-
« nisme cérébral analogue, et surtout, par exemple,
« chez les intelligences moyennes. Quoique les facultés
« intellectuelles doivent être, sans doute, principale-
« ment modifiées par l'évolution sociale, cependant
« leur moindre intensité relative dans la constitution
« fondamentale de l'homme me semble autoriser à
« conclure, en quelque sorte *à fortiori*, de leur amé-
« lioration supposée, au perfectionnement proportion-
« nel des aptitudes plus prononcées et non moins
« exercées, sauf toutefois l'éventuelle révision ulté-
« rieure d'un tel aperçu philosophique, d'après la con-
« venable exécution directe d'un indispensable examen
« scientifique. Sous le rapport moral surtout, il me
« paraît incontestable que le développement graduel
« de l'humanité tend à déterminer constamment, et
« réalise en effet, à un certain degré, une prépondé-

« rance croissante des plus nobles penchants de notre
« nature. Quoique les plus mauvais instincts continuent
« nécessairement à subsister, en modifiant seulement
« leurs manifestations, cependant un exercice moins
« soutenu et plus comprimé doit tendre à les amortir
« graduellement; et leur régularisation croissante finit
« certainement par les faire concourir involontaire-
« ment au maintien de la bonne économie sociale,
« surtout dans les organismes peu prononcés, qui con-
« stituent l'immense majorité. » (T. IV, p. 383.)

Cette théorie est complétement en dehors de l'hypothèse de Lamarck et de Darwin, et, par conséquent, pourrait sans difficulté être employée comme fondement de déductions positives. Mais elle est sujette à une autre objection, c'est qu'elle appartient non à l'ordre sociologique, mais à l'ordre biologique. Le développement par l'exercice et la fixation par l'hérédité, sont des phénomènes purement physiologiques. Sans doute, le principe, quel qu'il soit, que nous cherchons, s'appuiera sur une base biologique; vu la subordination de la sociologie à la biologie, cela ne peut pas être autrement; mais en même temps il en sera distinct. Je me ferai nettement comprendre par un exemple, et cet exemple m'est fourni par M. Comte lui-même, qui, dans un autre passage, signale « le phénomène
« principal de la sociologie, celui qui établit avec la
« plus haute évidence son originalité scientifique,
« c'est-à-dire l'influence graduelle et continue des gé-
« nérations humaines les unes sur les autres. » (T. IV,
p. 483.) Voilà un principe purement sociologique; c'est celui-là qu'il fallait mettre en avant, puis chercher dans la physiologie les racines de ce principe qui sont, sans doute, l'exercice et l'hérédité. Je rapproche ce qui est fort séparé dans le livre de M. Comte, et, par ce

rapprochement je fais toucher du doigt ce qui est de la biologie et ce qui est de la sociologie.

Je n'ai aucune objection au sujet de cette influence graduelle des générations les unes sur les autres. Mais l'expression n'est pas déterminée, et il reste toujours à chercher quel est le mode de cette influence. Aussi M. Comte a-t-il essayé de développer sa pensée, et de donner une notion plus précise : « Analyser les impul-
« sions individuelles qui deviennent les éléments pro-
« pres de cette force progressive de l'espèce humaine,
« en les rapportant à cet instinct fondamental, résultat
« éminemment complexe du concours nécessaire de
« toutes nos tendances naturelles, qui pousse directe-
« ment l'homme à améliorer sans cesse, sous tous les
« rapports, sa condition quelconque, ou, en termes
« plus rationnels, mais équivalents, à toujours déve-
« lopper, à tous égards, l'ensemble de sa vie physique,
« morale et intellectuelle, autant que le comporte alors
« le système des circonstances où il se trouve placé. »
(T. IV, p. 366.) Dans ce passage, l'accumulation de l'influence des générations les unes sur les autres est expliquée par l'amélioration progressive de la vie physique, morale et intellectuelle de l'homme; je n'y contredis pas. Mais la question que j'ai faite au sujet de l'accumulation, je la répète au sujet de l'amélioration, et je demande quel en est le mode sociologique.

3. *De la condition sociologique qui détermine l'évolution.*

L'exercice, le perfectionnement qui en résulte dans les organes, l'impulsion naturelle vers une meilleure satisfaction de la vie, suffisent très-bien pour expliquer les rudiments de progrès que présentent les sociétés des animaux supérieurs et celle de l'homme à son début. Aussi longtemps que les choses demeurent en cet état, la sociologie peut être considérée comme une annexe de la biologie, tant il est facile de déduire l'une de l'autre. Mais peu à peu ces rudiments se compliquent ; les villes se fondent, les métiers surgissent, les États se gouvernent, les religions interviennent, la poésie et les arts naissent, les sciences pointent, les régimes sociaux se succèdent ; et, dans cette immense évolution, il n'est plus possible de suivre ces facteurs si apparents au commencement ; désormais ils descendent à leur rôle véritable, qui est de servir d'auxiliaires biologiques au mouvement sociologique.

La condition fondamentale qui produit l'évolution du genre humain est la *faculté qu'ont les sociétés de créer des ensembles de choses qui peuvent et qui doivent être apprises*. La tradition, les monuments et l'écriture sont les serviteurs indispensables de cette faculté ; c'est là qu'elle s'incarne.

Pour se représenter ce phénomène, il suffit de passer en revue, dans leur ordre hiérarchique, les quatre grands domaines qui embrassent toute notre activité. D'abord, dans le domaine des besoins, l'homme crée des outils, des armes, des métiers, des abris contre l'intempérie des saisons, des tissus pour se garantir et se parer ; plus tout cela s'accroît et se complique, plus il faut que chaque génération l'enseigne à la suivante ; toute l'industrie première naît ainsi et se fortifie ; il n'est pas besoin de la poursuivre plus loin. Le second domaine embrasse les rapports de l'homme avec la famille et la société, et les rapports de l'homme avec les puissances naturelles sous la domination desquelles il est placé ; les premiers engendrent le gouvernement domestique et celui de la tribu, de la cité, de la nation ; les seconds engendrent les religions ou l'idée d'un certain régime de l'univers ; on sait avec quel soin les institutions politiques et religieuses furent conservées et transmises ; et l'on voit quel immense accroissement reçoit par là le fonds commun. Le troisième domaine, celui de la poésie et des beaux-arts, offre le même spectacle ; il s'y forme à la fois des procédés et des modèles ; il faut savoir les procédés et il faut étudier les modèles ; ainsi s'établit la tradition du beau. Enfin le domaine le plus récent, celui du savoir abstrait, complète cette série et constitue le dernier membre des choses qui peuvent et doivent être apprises.

La création d'un fonds commun de choses à apprendre est purement sociologique, et en même temps, par cela même, est essentiellement évolutive. A cette création est corrélatif un enseignement d'abord instinctif et inconscient, puis déterminé et conscient, qui ne s'est jamais interrompu. C'est la société seule qui crée ce qui doit être appris, et qui oblige à apprendre ce qui est ainsi créé.

M. Comte attache une grande valeur philosophique à la conception de la série historique, et il a pleinement raison. Cette série est, chez lui, expérimentale en partie, celle-là il la reçoit de l'histoire ; rationnelle en partie, celle-là il la forme en prolongeant les civilisations que donne l'histoire et en y ajoutant, comme échelon antérieur, la sauvagerie et le fétichisme. Je crois ce procédé légitime ; et, profitant des acquisitions récentes, je tracerais volontiers le diagramme de la série ainsi qu'il suit : L'idée biologique qu'on a de l'homme est devenue assez précise pour que l'on construise par la pensée l'état de l'homme physiologique, c'est-à-dire un état où cet être n'avait encore aucune acquisition transmissible; il ne possédait que ce que la nature lui avait départi ; c'est là le premier degré, celui d'où part l'évolution. Un pas se fait, et du progrès accompli nous avons la représentation dans ce qui nous reste de l'homme préhistorique, l'âge des cavernes, l'âge de pierre, l'âge des outils en pierre et en os. Un troisième degré se montre dans les sauvages, tels que les contrées reculées du globe nous les offrent encore aujourd'hui, divisés en tribus, se bâtissant des cabanes et en possession de certaines armes de guerre. Au quatrième degré appartiennent ceux que les anciens nommaient des barbares; on en a une idée suffisante dans les Celtes, les Germains et les Scythes, tels que les écrivains grecs ou latins nous les peignent. Puis, cinquièmement, apparaît sur la scène l'homme civilisé antique, dont le type est par excellence l'Égyptien; c'est la grande ère de la religion, c'est aussi celle des cités, des castes et d'une singulière perfection des principaux métiers. Enfin, arrive la période de la pensée abstraite et du savoir positif; je l'appellerai la période moderne et la ferai commencer en Grèce. Elle se divise, à ce point de vue, en trois périodes : l'homme moderne polythéiste, l'homme moderne monothéiste et l'homme moderne révolutionnaire.

Ce diagramme est, comme je viens de le dire, en partie un fait, en partie une induction, en partie réel, en partie hypothétique. Il est parfaitement établi de l'ère moderne au moyen âge, du moyen âge à Rome et à la Grèce, de la Grèce à Babylone et à Tyr, de la Syrie à l'Égypte. Mais là il s'arrête; l'histoire fait défaut, et tout le reste est arrangement systématique. Je me trompe : un point est connu au delà de l'histoire; c'est l'homme géologique. Il précède d'un temps immense les plus anciens temps de la civilisation égyptienne, et il se trouve justement comme la théorie le demande, c'est-à-dire aussi dénué au physique et au moral qu'une époque si lointaine le veut. Voilà deux termes fixes, l'époque de l'humanité fossile et celle de la première histoire sur les bords du Nil; mais l'intervalle est tout à fait vide. Les trois grandes races qui ont rendu le plus de services à la civilisation, celles qui l'ont véritablement fondée, sont les Chamites ou Égyptiens, les Sémites, les Aryens, et, à ce qu'il paraît d'après les nouvelles recherches assyriologiques, les Touraniens ou Scythes. Mais il est bien certain qu'en ceci l'Égypte a la primauté ; car c'est elle qui a enseigné à tout le genre humain l'art d'écrire, et sans doute aussi de mesurer et de peser. Tandis que l'Égypte ne se montre à nous que civilisée, avec ses pharaons, ses prêtres, ses hiéroglyphes et ses monuments, sans période connue de barbarie ou de sauvagerie, les Aryens ne se montrent, à l'origine, qu'à l'état de barbarie, sans période sauvage antécédente ; pour eux aussi, il y a un intervalle vide, c'est l'intervalle entre l'homme fossile et l'homme barbare. Ces remarques ont pour but de faire voir que, dans les époques antiques, la série historique n'est encore qu'ébauchée ; que seulement deux points fixes y sont connus : l'homme fossile et l'Égyptien pharaonique, et que c'est à l'examen des monuments, des langues et des mythologies de déterminer quelques jalons dans ce vaste passé. Il n'est pas de plus belle étude.

C'est ici, pour achever de faire bien comprendre la marche de mes idées, l'occasion de comparer le procédé biologique et le procédé sociologique pour le perfectionnement d'une race. Le procédé biologique consiste, comme on sait, dans la sélection. L'éleveur choisit des mâles et des femelles doués de certaines qualités qu'il recherche ; aux produits qu'il obtient il interdit semblablement les accouplements vulgaires; et, par un soin analogue suffisamment prolongé, il fixe, grâce à l'hérédité, les qualités voulues dans la race artificielle qu'il a formée. Voilà le procédé biologique; mais, sans compter que pour l'espèce humaine il n'y avait point d'éleveur qui fît la sélection, cette sélection, si on la supposait, que donnerait-elle? Elle produirait des races douées de certaines aptitudes physiques ou morales déterminées; mais elle ne produirait rien de ce qui fait l'évolution; tout au plus rendrait-elle plus propre à l'évolution quand l'évolution se manifesterait. Le procédé sociologique, justement parce qu'il n'est pas biologique, n'a rien de commun avec la sélection. Créer ce qui doit s'apprendre est son office, et rien dans la biologie ne peut le suppléer. Aussi, en vertu des propriétés inhérentes aux sociétés humaines, s'est-il organisé de lui-même, et a-t-il opéré les grands changements qui signalent l'histoire. Les sociétés sont stationnaires quand la somme de ce qui doit être appris reste la même; elles rétrogradent quand cette somme diminue; elles avancent quand cette somme grossit.

Il faut remarquer que le procédé biologique n'est pas applicable à l'espèce humaine; et, inversement, le procédé sociologique ne l'est pas aux animaux. Cela nous permet de donner la caractéristique qui distingue l'une de l'autre la raison humaine et la raison animale (car qu'il y ait une raison animale ne peut être douteux pour un biologiste). La raison animale n'est capable que d'être au service des besoins organiques et d'un certain nombre de besoins moraux. La raison humaine, qui, elle aussi, est au service des mêmes besoins, est en outre capable de s'exercer gratuitement pour la seule satisfaction de ce qui fait son objet supérieur, connaître et savoir.

Rien n'empêche maintenant de déterminer la part qui affère à l'exercice produisant une amélioration et à l'hérédité la fixant. Ni l'exercice ni l'hérédité ne peuvent soit créer le mouvement d'évolution, soit lui donner une direction qui marche toujours en un même sens. Mais, quand une fois l'évolution est commencée et à mesure qu'elle se déroule, l'exercice qu'elle provoque améliore les organes qui y servent, et l'hérédité intervient pour fixer dans les races les aptitudes dérivées que je nommerai des aptitudes de civilisation. Ainsi se trouve marqué le rôle important, mais secondaire, que la biologie joue dans le fait fondamental de la sociologie.

4. *Conclusion.*

Tous ceux pour qui l'esprit humain a été l'objet de quelque étude ont remarqué qu'il lui était absolument impossible de rien créer qui ne fût ou la représentation, ou l'image, ou l'extension, ou l'abstraction de ce qui lui est fourni ou par la nature extérieure, ou par la nature intérieure, ou par le système social. C'est un chimiste qui compose et décompose, mais qui, ne créant aucune substance, ne retrouve jamais dans son creuset que ce qu'il y a mis. A côté de cette insurmontable impuissance se trouve une très-grande puissance à pénétrer dans les faits naturels, à les analyser, à les théoriser et à les réduire en lois. Cette impuissance et cette puissance sont connexes et tiennent l'une et l'autre au mode suivant lequel l'être humain est constitué. S'il n'y avait aucun intermédiaire entre lui et les forces cosmiques élémentaires; en d'autres termes, si notre terre n'offrait pour tout exemplaire de la vie que l'homme, il serait fort difficile de se faire une idée de ce qui, d'une part, lui ferme la voie, et, d'autre part, la lui ouvre. Mais il n'en est point ainsi : l'animalité supérieure se superpose à l'animalité inférieure ; l'animalité inférieure, à la végétalité ; et la végétalité, à la chimicité. Tout cela s'enchaîne l'un à l'autre par des conditions nécessaires, si bien que la pensée, ne pouvant naître que sous ces conditions étroitement déterminées, est à la fois incapable d'aller en dehors et capable d'aller en dedans. La pénétration des lois naturelles par l'esprit humain est la confirmation la plus inattendue et la plus forte des doctrines anatomico-physiologiques sur l'entendement.

J'ai exprimé plus haut comment on doit concevoir la distinction entre la raison de l'animalité supérieure et la raison de l'humanité. Cette définition, qui montre la relation de subordination entre les deux, a, de droit, une place dans l'ordre d'idées que je viens d'exposer ; et, me servant du beau langage d'Ovide, je dirai à propos de l'infériorité animale et de la supériorité humaine :

> Sanctius his animal mentisque capacius altæ
> Deerat adhuc, et quod dominari in cætera posset.

La paléontologie a démontré que la vie n'est pas contemporaine du globe terrestre. Il faut certainement en reculer l'apparition à bien des milliers de siècles ; mais cette date, toute lointaine qu'elle est, est encore à vrai dire récente, si on la compare aux âges géologiques qui la précédèrent. Il importe de ne pas s'arrêter là dans les degrés, et il faut, outre la période où la vie n'existait pas, en concevoir une autre bien plus ancienne et la précédant immédiatement, où la chimicité n'existait pas non plus. S'il faut en croire les plus récentes observations et les doctrines qui en découlent, le soleil est une masse incandescente qui sans doute se refroidit incessamment, mais qui n'en possède pas moins une incalculable chaleur : or, avec une pareille chaleur, aucune combinaison chimique n'est possible ; les propriétés chimiques des substances qui composent le soleil, y sont en puissance, non en acte, et elles s'y exerceront dès que la température sera tombée à un degré compatible avec leurs opérations. Ainsi de la terre, car, si le soleil est incandescent, la terre l'a été : donc, jadis incandescente, il n'y avait chez elle ni combinaison chimique ni cristallisation ; et la chimie n'y apparut que quand les violentes forces de Vulcain se furent notablement consumées. La complication chimique, car c'est une vraie complication, est postérieure à un état de simplicité relative où la chaleur et la gravitation se faisaient seules sentir ; la complication vitale, encore plus grande, lui est postérieure à son tour. Les lointaines méditations, qui s'élèvent de hauteur en hauteur sur les degrés du savoir positif, sans dommage pour la réalité qui les domine toujours, ont un charme qui fait passer, comme un rapide moment, les heures laborieuses à la lueur de la lampe nocturne.

La nature s'imite elle-même, a dit Pascal. D'après cet axiome, la série sociologique, à l'imitation de ce qui s'opère en passant de l'ordre physique à l'ordre chimique, de l'ordre chimique à l'ordre vital, et, dans le sein de l'ordre vital même, en passant du degré inférieur au degré supérieur ; la série sociologique, dis-je, ne peut être que la complication ascendante des éléments qui lui sont propres. Et ainsi a-t-il été fait.

L'esprit collectif de l'humanité avait à produire inconsciemment (et voyez combien l'inconscience a réussi dans une opération aussi compliquée) tout un organisme de civilisation. Cet organisme a commencé petitement, il a grandi lentement, et désormais il s'entretient et croît par le labeur incessant de tout ce qu'il y a de meilleur dans l'humanité. Il est tout entier dans l'enchaînement nécessaire qui le porte de la satisfaction des plus humbles besoins aux hauteurs de la morale, de l'art et de la science.

DE L'ANCIEN ORIENT [1]

MANUEL D'HISTOIRE ANCIENNE DE L'ORIENT JUSQU'AUX GUERRES MÉDIQUES, PAR FRANÇOIS LENORMANT.

Préambule.

Qu'entend-on par ancien Orient au sens que le prend M. François Lenormant? On entend un groupe de contrées liées entre elles par d'étroits rapports, bien qu'elles ne soient pas toutes asiatiques, à savoir l'Égypte, l'Assyrie, la Phénicie, la Judée, la Médie et la Perse. Ce groupe est le premier civilisé; il rayonne beaucoup, surtout vers l'Occident; il y porte l'écriture, les poids et mesures, différents arts, et des notions rudimentaires de sciences.

Depuis une quarantaine d'années, l'histoire si importante de ces peuples antiques a été beaucoup prolongée. Mais, dira-t-on, comment se fait-il qu'on ait

1. *La Philosophie positive*, mai-juin 1869.

donné des suppléments aux annales déjà connues? Est-ce que Rollin n'a pas résumé d'une façon satisfaisante tous les documents que nous a transmis l'antiquité? Oui, Rollin a résumé consciencieusement les livres conservés, et ce n'est pas de ce côté que sont venues les nouvelles lumières. Elle ont été fournies non par des intermédiaires, mais directement par la main de ces nations disparues.

L'histoire authentique ne se prolonge qu'à l'aide de textes échelonnés dans le temps. Autrement, on n'a que des traditions qui ne remontent jamais bien haut sans se confondre et s'obscurcir. On ne peut leur accorder qu'une confiance très-limitée. Il n'en est pas de même des documents écrits. Ceux-là sont des témoins, et l'histoire ne se fait qu'à l'aide de ces témoins enchaînés les uns aux autres à travers les âges. Elle s'arrête là où ils s'arrêtent. Au delà on n'a plus qu'une histoire hypothétique, c'est-à-dire consistant en diagrammes qui représentent l'évolution de l'humanité depuis l'état le plus dénué jusqu'au premier chaînon de l'histoire effective. Et ces diagrammes dépendent toujours du plus ou moins d'avancement des doctrines sociologiques.

Le sol que nous, Français, nous habitons, est un bon exemple à citer. Nous sommes Gaulois, mais nous ne savons de notre propre histoire que ce que nous en ont appris les Grecs et les Latins. Les Gaulois n'écrivaient pas. Ils empruntèrent tardivement l'alphabet grec aux Marseillais et l'alphabet latin aux Romains, et ils s'en servirent pour graver, sur leurs médailles, des noms d'hommes et de localités, et, sur quelques pierres, de courtes inscriptions. C'est César qui nous raconte comment ils furent conquis; ce sont les Grecs qui nous disent que des bandes gauloises envahirent la Grèce et l'Asie-Mineure ; ce sont des Romains qui consignent dans leurs annales qu'une expédition gauloise saccagea Rome, et que, longtemps auparavant, une population gauloise s'était répandue sur le nord de l'Italie. Mais les Gaulois eux-mêmes sont muets. Comment aujourd'hui pourrions-nous apprendre quelque chose de plus sur leur compte, si ce n'est par des textes, par des inscriptions que nous rendraient des fouilles heureuses? Les druides possédaient un grand poëme religieux qu'ils se transmettaient de mémoire, mais qu'ils n'écrivaient pas. Si Ausone eût demandé à son ami le druide quelques fragments de ce poëme et nous les eût transmis en latin, nous lui en saurions bien plus de gré que de ses vers de décadence que les manuscrits nous ont conservés. Combien ce poëme, si nous le recouvrions, reculerait pour nous l'antiquité gauloise, et quel grand prolongement en recevrait l'histoire de nos aïeux !

Ce qu'on ne peut espérer pour les Gaulois s'est effectué pour les Égyptiens et les Assyriens. Des pièces d'écriture qui n'avaient jamais été lues depuis l'antiquité l'ont été de nos jours. On a touché, sans l'intermédiaire des Grecs, ces vieilles civilisations ; et ce qu'ils nous avaient dit, on l'a confirmé, rectifié, étendu.

Peu de temps avant que l'archéologie de l'histoire eût retiré de l'oubli tant de pages notables, une autre archéologie, relative à des temps encore plus anciens, avait, du sein de la terre, tiré des documents positifs sur les phases de la vie, documents inattendus qui vinrent faire esclandre d'abord, révolution ensuite au milieu des anciennes opinions. Cette découverte des biologistes ne fut pas sans influence sur celle des linguistes ; elle leur apprit la puissance des rapports et des comparaisons, et aiguisa leur désir de s'enfoncer.

eux aussi, dans l'antiquité inconnue et l'histoire oubliée.

Du reste, les deux recherches ont concouru dans leur résultat général. Tandis que la paléontologie allongeait prodigieusement les temps, et, en les allongeant, montrait, dans les êtres, des périodes successives et, à mesure qu'on marchait vers les origines, un décroissement de complication organique, l'archéologie, qui, elle aussi, allongeait l'histoire, ne l'intervertissait pas, et ne mettait à l'aurore de la civilisation que des civilisations habiles dans les arts, faibles dans la science.

Champollion fut le Cuvier des hiéroglyphes égyptiens. Depuis longtemps la pelle des ouvriers rejetait des débris osseux; et plus d'un naturaliste, Buffon entre autres et Camper, déclara que ces ossements avaient appartenu à des espèces perdues; mais ce fut Cuvier qui généralisa l'aperçu, en fit une doctrine et traça d'une main assurée les linéaments de la paléontologie. De même, pour l'Égypte, la valeur phonétique de plus d'un hiéroglyphe avait été déterminée à l'aide des noms propres; on avait démontré que le copte, langue sue, était le représentant de l'ancien égyptien, langue ignorée; ce fut à ce point que Champollion généralisa la lecture des signes hiéroglyphiques, y trouva les mots qu'ils représentent, et ébaucha les traductions que depuis lui on augmente et perfectionne tous les jours. De là sont sorties des listes de rois, des récits de conquêtes, des rituels; et l'on a entendu de la bouche de Sésostris le bulletin de ses victoires.

Semblable a été le traitement du cunéiforme. Il y avait, près des ruines de la splendide Persépolis, des tombeaux et des inscriptions. C'étaient ceux, on le sait maintenant, de Cyrus, de Darius, de Xerxès. On ignorait, et ce que valaient les caractères de ce singulier alphabet, et en quelle langue les inscriptions étaient écrites. Mais, là aussi, les noms propres mirent sur la voie; en comparant les inscriptions entre elles, on reconnut des groupes identiques disposés les uns par rapport aux autres, de manière à indiquer des filiations. On y chercha Darius et Xerxès, et l'on obtint ainsi la connaissance de quelques lettres. On en était là, quand Eugène Burnouf, qui, à ce moment, s'occupait beaucoup du Zend-Avesta, pensa que c'était en la langue de ce livre que devaient être rédigées les inscriptions, puisqu'on était dans la capitale des Perses, et que la langue du Zend-Avesta est perse. La conjecture était bonne; aussitôt la porte du mystère s'ouvrit; Burnouf détermina les lettres l'une par l'autre, il lut les mots, il comprit la grammaire. On traduisit les épitaphes des rois et cette vaste inscription d'un millier de lignes où Darius, fils d'Hystaspe, raconte son règne.

Mais les Perses sont relativement modernes. A côté de ce cunéiforme si heureusement lu, s'en dressait un autre beaucoup plus ancien; car on le trouvait à Babylone, et les ruines de Ninive, que M. Botta, unissant un renom propre au renom paternel, a retrouvées, en fournirent d'innombrables échantillons. Celui-là résista longtemps, avec obstination, à toutes les tentatives; mais enfin, vaincu, il a laissé voir sous son extrême et bizarre complication une langue sémitique. Les Assyriens ont beaucoup écrit sur la brique; et maintenant, en regard de pièces émanées des Pharaons, on peut mettre des pièces provenant des puissants monarques de Ninive et de Babylone.

Tout le monde s'intéresse à ces découvertes de l'érudition, comme tout le monde s'intéresse aux découvertes de la paléontologie. Mais, au milieu de la curiosité générale, la philosophie positive y a sa curiosité particulière. On sait qu'elle ne s'est constituée et qu'elle n'a pu se constituer, que quand une doctrine positive de l'histoire y a montré la subordination à une loi d'évolution; ce qui a complété et clos le système des lois qui régissent le monde, et qui sont la transformation positive de la notion de providence. Mais cette doctrine de l'histoire, suffisante pour les premiers besoins de la philosophie, n'est pourtant encore qu'une ébauche grandiose ouverte à tous les travaux. Il lui importe beaucoup que la série soit prolongée dans l'antiquité; car par là elle gagne en consistance, c'est-à-dire en vérification expérimentale. Là où l'on rencontre les hiéroglyphes, là sont les plus vieilles archives; car, l'hiéroglyphe étant la première écriture et la transformation directe de la représentation effective des objets par le dessin, il n'y a plus d'annales au delà, plus de documents, plus d'histoire proprement dite, rien que des vestiges laissés par les hommes qui ne savaient pas écrire. Il a existé, sans doute, plusieurs foyers de civilisation qui se sont éteints ou qui n'ont point abouti; mais celui qui a éclipsé tous les autres, et qui est en train de les absorber, remonte, par une transmission directe, au foyer des bords de l'Euphrate, du Tigre et du Nil.

Une critique.

Je commence par la critique, je viendrai ensuite à la louange. La louange portera sur la connaissance des faits, la mise en œuvre des matériaux, et le service rendu en transformant des documents d'érudition en pages d'histoire. La critique est dirigée contre une erreur de méthode qui consiste à confondre ensemble l'histoire et la théologie, à introduire l'une là où l'autre doit seule régner. Pour le croyant, la théologie vaut plus que l'histoire ; pour celui qui ne croit pas à l'inspiration des livres dits sacrés, elle vaut moins ; ni dans l'un ni dans l'autre cas, elle n'y est équivalente.

M. François Lenormant est chrétien. « Je suis chré-
« tien, dit-il, et je le proclame hautement. Mais ma foi
« ne s'effraye d'aucune des découvertes de la critique,
« quand elles sont vraies. Fils soumis de l'Église dans
« toutes les choses nécessaires, je n'en revendique
« qu'avec plus d'ardeur les droits de la liberté scien-
« tifique. Et par cela même que je suis chrétien, je me
« regarde comme étant plus complétement dans le
« sens et l'esprit de la science, que ceux qui ont le
« malheur de ne pas posséder la foi (*Préface*, p. XVIII). »
Je n'ai pas l'habitude de rétorquer les paroles, et je ne plaindrai pas ceux qui ont le malheur d'avoir sur les yeux le bandeau des croyances théologiques. Je sais qu'il est des chrétiens, des juifs, des mahométans, des sectateurs de Zoroastre, des adorateurs de Brahma ou de Bouddha; et je respecte tous les sanctuaires où les humains, selon l'état de leur esprit et de leur cœur, trouvent édification, direction, consolation. Mais, dorénavant, les conceptions qui règnent dans ces sanctuaires n'en peuvent plus sortir pour se mêler à la construction de la science positive; là est un idéal tout différent de l'idéal théologique : là se forment des sanctuaires où se satisfont des myriades d'esprits devenus étrangers aux conceptions antiques.

Donc, voici ce que je reproche à M. François Lenormant. Cette plus vieille histoire de l'Orient qui fait l'objet de son livre, il la commence par les Juifs, auxquels il donne la priorité sur les Égyptiens ; et ces annales des Juifs, il les fait précéder de l'histoire de la création d'Adam et d'Ève, du déluge universel, de Noé et de ses enfants, de la tour de Babel et de la dispersion des peuples. Un pareil arrangement est ou théologique ou historique : s'il est théologique, M. François Lenormant n'a travaillé que pour les Juifs et les chrétiens ; il a perdu sa peine pour nous tous, qui n'admettons ni la théologie, ni le surnaturel, ni le miracle ; et nous tournons du pouce les feuillets pour arriver tout de suite aux vrais documents. S'il est historique, c'est autre chose : M. François Lenormant va me le démontrer ; et, comme personne ne refuse son assentiment aux faits et aux preuves, je vais reconnaître avec lui qu'il a suivi la disposition que lui imposait l'ordre des annales du genre humain.

Interrogeons les monuments. Le plus ancien monument juif est la Genèse. Bien qu'il ait été soumis à divers remaniements dans le cours du temps, on peut admettre qu'il remonte, en quelques-unes de ses parties du moins, jusqu'à Moïse.

Au delà de Moïse, il ne relate que des traditions ; mais ces traditions, dans la mesure que comportent les traditions, sont acceptables ; ici elles nous reportent jusqu'à Abraham.

Au delà d'Abraham il n'y a plus qu'une sèche liste de noms généalogiques sans aucune trace d'histoire, sans aucun repère où que ce soit. La dernière limite historique s'arrête donc à Abraham. On place ordinairement Abraham dix-neuf cents ans avant Jésus-Christ : soit ; mais il y a en Égypte des édifices, des temples, des statues, des inscriptions, des papyrus qui dépassent de beaucoup cette antiquité ; historiquement, il est certain que les Égyptiens ont la priorité sur les Hébreux.

On pourrait dire aussi qu'ils ont la priorité même sur la partie légendaire de la Génèse; car, lorsqu'on s'en tient au comput étroit de la Vulgate, le déluge se trouve moins ancien que les plus anciens documents de l'Égypte. Mais ce n'est pas cet ordre d'arguments dont je me sers ici. Je demande qu'on me montre un monument quelconque, inscription, statue, livre, brique, papyrus, appartenant à Sem ou à Japhet, à Noé, à Mathusalem, à Caïn, à Adam. Il n'y en a aucun; par conséquent, tous ces personnages n'ont aucun droit de figurer en tête d'une histoire positive; et, par ce côté aussi, la priorité reste aux Égyptiens.

Mais cette histoire, assurent les fidèles, est bien mieux attestée qu'elle ne le serait par ces fragiles monuments qui proviennent de main humaine; celle-là a été écrite d'une main immortelle, et c'est elle qui mérite la première créance. Oui, sans doute, pour le chrétien qui croit à l'inspiration de la Bible, mais non pour celui qui n'y croit pas. La situation des choses est telle, qu'entre ces deux personnes il faut trouver un terrain commun. Or, il n'est plus douteux que ce terrain commun est déterminé par la critique, qui n'admet pour la crédibilité de l'histoire que les monuments, comprenant par ce mot tout ce qui est contemporain d'une époque. Et ce terrain commun n'appartient pas seulement à l'histoire, il se trouve dans toutes les sciences positives. L'astronome croyant, qui reconnaît l'inspiration de la Bible, peut se faire les idées qu'il veut des miracles astronomiques qui y sont relatés, par exemple, l'arrêt du soleil et la rétrogradation de l'ombre; mais, quand il entrera dans son observatoire, alors il ne tiendra compte que des observations, des calculs et des lois, et se trouvera pleinement d'accord avec le plus incrédule des astronomes. L'accord cesserait si le moindre dogme s'introduisait dans une formule. Mais, pas plus en histoire qu'en astronomie, le moindre dogme ne peut s'introduire dans la série, qui est la formule de l'histoire.

Ceci est général et d'une grande portée dans le développement contemporain : toute immixtion de la théologie dans la science positive est interdite. Beaucoup de gens pensent théologiquement ; mais ceux-là mêmes qui pensent ainsi sont obligés, quand ils passent sur le terrain scientifique, de mettre de côté les croyances qui, partout ailleurs, sont la règle de leurs opinions et de leur conduite.

De la sorte, il s'est formé un très-vaste domaine comprenant depuis la mathématique jusqu'à l'histoire, où la pensée n'a aucun contact avec une notion quelconque de théologie ou de surnaturel. Là on ne s'habitue à ne contempler que les faits et leurs lois ; faits et lois qui, je l'ai dit, sont la transformation positive des idées théologiques.

En résumé, le dogme seul place les Juifs avant les Égyptiens ; mais le dogme n'a pas d'autorité en histoire ; et la série doit être rétablie conformément aux monuments, qui, en cette science, sont seuls mesure de la crédibilité.

Résultats.

Rentrons donc sur le domaine historique, et d'abord payons au travail de M. Lenormant le tribut de louange qui lui est dû. L'érudition dispersée, et c'était de l'érudition dispersée que tous ces déchiffrements, ces mémoires, ces études, n'est facile ni à rassembler, ni à coordonner. De tels matériaux ne peuvent être mis en œuvre par le premier venu. De bonne heure initié dans les mystères du vieil Orient par son père, qui devrait être encore parmi nous [1], M. François Lenormant, en faisant un tout de fragments, a trouvé à rendre un service et à recommander son nom.

Tandis que le dogme donnait, sur l'origine de l'humanité et sa liaison avec une intervention divine, des renseignements puisés au fonds mythologique qui est une des phases de notre évolution, l'imagination scientifique, de son côté, s'était laissé aller à une de ces hypothèses qui sont la fausse monnaie des faits. Dans le dix-huitième siècle, pour expliquer la science et la civilisation de l'antiquité et la nôtre, on mit en avant une antiquité disparue et plus ancienne, auteur d'un développement supérieur que nous n'avions fait que retrouver, et encore incomplétement et par fragments. Vainement cherchée, cette antiquité ne se montra dans aucune des couches que présente la superficie de la terre; en place, on rencontra d'humbles débris d'une humanité mal outillée et dépourvue d'œuvres et de puissance.

Ceci est de l'archéologie, non de l'histoire, et une sorte de diagramme, comme j'ai dit, dans lequel on crée, par induction, des périodes, mais où il n'est possible de mettre ni événements, ni annales. L'histoire proprement dite ne commence que quand les hommes ont trouvé l'art de noter, en des mémoriaux, leur passage successif et ont écrit ce que la postérité pût lire. Alors s'établit la transmission des souvenirs, l'enchaînement des dates, la chronologie humaine. Un pont

---

1. L'Académie des inscriptions. M. Charles Lenormant est mort prématurément dans un voyage en Grèce.

est jeté sur le vaste gouffre du passé et de l'oubli ; la perpétuation et la continuité apparaissent ; au-dessus d'une humanité anonyme, s'élève une humanité qui a un nom; et, dans cette grande série, les nations, les empires, les cités, les individus, même devenus poussière, gardent leur place, nous parlent et nous encouragent à être pour notre avenir ce qu'ils furent pour le leur.

En rejetant rudement l'hypothèse de Bailly sur les civilisations perdues, je ne veux pas dire qu'il ne s'en soit perdu aucune dans les essais rudimentaires de l'humanité. Il a pu arriver que des catastrophes telluriques, ou des maladies meurtrières, ou des conflits de tribus à tribus, aient dispersé des groupes où la vie commune et certains arts avaient reçu un commencement de concentration. Cela est possible, probable même ; mais, ce qui est certain, c'est que, le grand noyau une fois formé avec l'écriture sur les bords du Nil et de l'Euphrate, il n'est plus arrivé ni ruine, ni dispersion, et que la transmission a été régulière et progressive.

On donne aujourd'hui le nom d'ancien empire à la première époque de l'histoire égyptienne. Cet empire comprend les six premières dynasties. La première de ces dynasties, qui commence à Menès, le fondateur, est purement traditionnelle ; aucun monument n'en est resté. A la seconde on croit pouvoir attribuer le tombeau d'un haut fonctionnaire, que les fouilles de M. Mariette ont découvert dans la nécropole de Sakkarah, où se déposaient les morts de la grande cité de Memphis ; puis trois statues debout, représentant un autre fonctionnaire et deux de ses fils ; elles sont au musée du Louvre. Pour la troisième dynastie, la vraisemblance devient certitude ; on a découvert le tom-

beau d'un grand officier d'un des rois. « Les représen-
« tations de cette tombe, dit M. Lenormant, nous font
« pénétrer dans la vie intime de l'époque où elle fut
« construite. Elles nous montrent la civilisation égyp-
« tienne aussi complétement organisée qu'elle l'était
« au moment de la conquête des Perses ou de celle des
« Macédoniens, avec une physionomie complétement
« individuelle et les marques d'une longue existence
« antérieure. Les habitants de la vallée du Nil ont déjà
« domestiqué toutes les espèces d'animaux utiles à
« l'homme, et même certains mammifères que nous ne
« connaissons plus qu'à l'état sauvage. Le bœuf, le
« chien, les palmipèdes leur fournissent le service de-
« puis longtemps, et les soins des éleveurs ont su pro-
« duire de nombreuses variétés de chacune de ces
« espèces. La langue égyptienne est complétement
« formée avec ses caractères propres, et séparée des
« autres idiomes congénères. L'écriture hiéroglyphique
« se montre à nous dans des monuments des premières
« dynasties, avec toute la complication qu'elle a con-
« servée jusqu'au dernier jour de son existence. »

La quatrième dynastie est mémorable entre toutes,
car elle est l'âge des grandes pyramides. Jamais le
gigantesque et le solide ne s'est produit à un pareil
degré dans les œuvres humaines. Les Égyptiens, quand
ils les entreprirent, ne possédaient qu'une mécanique
singulièrement rudimentaire ; les blocs étaient énormes ;
et, comme on ne disposait que de câbles et de rouleaux,
on dut les traîner à force de bras sur des levées en plan
incliné à la hauteur où l'on voulait les monter. En revanche, l'habileté de construction était très-grande ; et
il faut admirer comment les architectes de la quatrième
dynastie réussirent à construire, dans une masse telle
que celle des pyramides, des chambres et des couloirs

intérieurs qui, depuis tant de siècles, supportent une prodigieuse pression, sans rien perdre de leur régularité première et sans fléchir sur aucun point.

Non-seulement la pierre nous a conservé des inscriptions qui y sont gravées; mais même de fragiles papyrus ont traversé une antiquité si lointaine et sont arrivés jusqu'à nous. La Bibliothèque nationale possède un livre composé par un vieillard de sang royal, sous la cinquième dynastie. C'est une sorte de code de civilité, un traité de morale pratique. Entre autres préceptes, il recommande la piété filiale, et, comme la Bible, il promet une longue vie à ceux qui honorent leurs parents : « Le fils qui reçoit la parole de son père, dit le
« vieillard égyptien, deviendra vieux à cause de cela...
« l'obéissance d'un fils envers son père, c'est la joie...
« il est cher à son père, et sa renommée est dans la
« bouche des vivants qui marchent sur la terre. »

La sixième dynastie compte des victoires et des conquêtes; mais elle ne tarda pas à être en proie à des dissensions; et avec elle finit le premier empire, qui fut une époque d'un grand éclat. « Le spectacle qu'offre
« alors l'Égypte, dit M. Mariette, est bien digne de
« fixer l'attention. Quand le reste de la terre est encore
« plongé dans les ténèbres de la barbarie, quand les
« nations les plus illustres, qui joueront plus tard un
« rôle si considérable dans les affaires du monde, sont
« encore à l'état sauvage, les rives du Nil nous apparaissent comme nourrissant un peuple sage et policé;
« et une monarchie puissante appuyée sur une formi-
« dable organisation de fonctionnaires et d'employés
« règle déjà les destinées de la nation. Dès que nous
« l'apercevons à l'horizon des temps, la civilisation
« égyptienne se montre ainsi à nous toute formée, et
« les siècles à venir, si nombreux qu'ils soient, ne lui

« apprendront presque plus rien. Au contraire, dans
« une certaine mesure, l'Égypte perdra; car, à aucune
« époque, elle ne bâtira des monuments comme les
« pyramides. »

Ces six premières dynasties forment une période de dix-neuf siècles; et ces dix-neuf siècles sont à cinq ou six mille ans de nous. C'est une antiquité par monuments à laquelle aucun autre peuple n'atteint.

Au delà de cette antiquité réelle, les Égyptiens prétendaient en avoir une très-longue aussi et qui contenait leur origine et leur relation avec les puissances surnaturelles et formatrices. Si le monde a été fait suivant le dire de Jéhovah, il ne l'a pas été suivant le dire d'Osiris; et, réciproquement s'il l'a été suivant le dire d'Osiris, il ne l'a pas été suivant le dire de Jéhovah. La vérité est que nous n'avons aucune connaissance de l'origine du monde, sachant seulement que la crédibilité historique n'appartient à aucune des légendes que les peuples anciens ont mises en tête de leurs histoires. Pour les infirmer, il suffit de les mettre en regard. Mais elles témoignent de la pente qui porta les sociétés théologiques à imaginer des origines. L'homme ignorait son passé. La théologie lui en fit un d'accord avec le présent.

Au reste, les Égyptiens ne se trompaient pas, quand ils pensaient avoir derrière eux un vaste intervalle de temps. Il faut remarquer, en effet, qu'au moment où nous apprenons à les connaître, disons mieux, au moment où ils apprennent eux-mêmes à se connaître, dressant des mémoriaux et écrivant sur la pierre, il faut remarquer, dis-je, qu'alors ils ont déjà tous les arts qu'ils posséderont plus tard, leur religion, leur gouvernement, leur société, en un mot leur civilisation. Tout cela ne naquit pas en un jour. Cette ère préhistorique est un espace que nous n'avons aucun moyen de remplir, mais qu'on doit faire très-étendu pour y loger tant de degrés préliminaires de développement. Et qu'on n'accuse pas les Égyptiens d'avoir eu de bien courts souvenirs; ils ne sont plus longs nulle part ailleurs. Voyez les Grecs : ils nous parlent des Héraclides, des Pélopides, de la guerre de Troie; puis ils passent bien vite à l'auteur de leur race, cet Hellen, père des Hellènes et voisin du déluge de Deucalion. Les Latins se souviennent bien moins haut que les Grecs; moins haut encore les Gaulois et les Germains : à peine a-t-on franchi quelques faits au delà de leur histoire, que l'on tombe dans l'inconnu. Vainement on fait appel à leur mémoire; ils ne savent répondre que par les légendes qu'ils ont imaginées pour satisfaire à leurs croyances. Et c'est nous aujourd'hui qui retrouvons, non pas leur histoire, mais leurs traces et leurs connexions, à l'aide de ce monument vivant qu'ils portent avec eux, je veux dire leur idiome, qui, lui, avait vraiment derrière soi une longue tradition.

En arrivant aux limites de l'histoire égyptienne, nous arrivons aux limites mêmes de l'histoire générale, à l'hiéroglyphe et au bord du temps où naissent les annales avec l'écriture. Cette vieille société, si fortement cimentée par la monarchie et par la théocratie, a-t-elle échappé aux événements perturbateurs qui ont été si souvent le lot des sociétés subséquentes? En aucune façon. L'ancien empire fut prospère; on n'en peut guère douter en retrouvant la suite régulière de ses pharaons, de ses fonctionnaires, de ses monuments. Mais là survient une éclipse. « L'histoire, si cruelle-
« ment mutilée qu'elle soit pour l'époque suivante, dit
« M. Lenormant, induit à croire que l'Égypte entre
« alors dans une longue série de déchirements, de dé-
« membrements et d'affaissements politiques. La sep-

« tième dynastie compta, suivant un récit, cinq rois
« en moins de trois mois, et, suivant une autre tradi-
« tion plus expressive encore, soixante-dix rois en
« soixante-dix jours... De la fin de la sixième dynastie
« au commencement de la onzième, Manéthon compte
« quatre cent trente-six ans, pendant lesquels les mo-
« numents sont absolument muets... L'empire des
« pharaons, durant cet intervalle de nuit absolue, su-
« bit-il quelque invasion inconnue à l'histoire?... Mais,
« quand les preuves monumentales font absolument
« défaut, il serait téméraire d'affirmer que l'éclipse
« soudaine qui se manifeste dans la civilisation de
« l'Égypte, immédiatement après la sixième dynastie,
« n'eut pas uniquement pour cause une de ces crises
« de défaillance presque inexplicable, par lesquelles
« la vie des nations, comme celle des hommes, est
« quelquefois traversée. »

La crise fut longue ; mais, quelque longue durée qu'elle ait eue, quel qu'en ait été le caractère, avec quelques péripéties qu'elle se soit accomplie, ce qui nous importe surtout et ce qui est certain, c'est qu'elle n'amena point la dissolution du premier et éminent centre de civilisation. La renaissance s'opéra ; et l'Égypte pharaonique reparut sur la scène du monde, non plus peut-être avec la séve de jeunesse et d'originalité qu'elle avait eue d'abord, mais du moins avec toute la forme et la tradition antiques. L'Égypte ne devait plus changer que pour périr d'abord par l'établissement du christianisme, puis par celui du mahométisme.

A l'origine, l'ancien empire paraît seul de son espèce, je veux dire l'unique civilisé dans le monde. D'une part, il ne parle d'aucun peuple du voisinage qui lui donne la main ; et, d'autre part, aucun peuple du voisinage n'a d'annales qui remontent si haut. Pourtant les notions sociologiques ne permettent guère d'admettre un isolement complet. Dès que l'histoire devient plus explicite, elle montre l'Égypte en liaison avec la Syrie et la Babylonie. C'est dans ce groupe que se firent les pas qui amenèrent l'établissement d'un vrai corps de civilisation. L'Égypte y eut la priorité, cela n'est pas douteux, et cette prise de priorité s'effectua sans doute par l'invention de l'écriture hiéroglyphique. Mais les autres peuples n'étaient pas loin du peuple pharaonique, et bientôt ils le suivirent, se mirent à l'unisson, ou même le devancèrent.

Le cours de la civilisation égyptienne fut interrompu encore une fois par une terrible catastrophe, l'invasion des pasteurs ou Hyksos. On sait maintenant, grâce aux récentes découvertes de M. Mariette, que c'était un ramassis de toutes les hordes nomades de l'Arabie et de la Syrie; mais la masse principale en était formée par les Chananéens. Ceux qui tenaient le premier rang, la tribu dirigeante du mouvement, étaient les Khétas des monuments pharaoniques, les Héthéens de la Bible, qu'Abraham avait trouvés établis déjà dans la terre de Chanaan. Les ravages de l'invasion furent affreux. C'est ainsi que, dans notre Occident, les Germains se précipitèrent sur l'empire romain. Mais, comme les Germains aussi, les pasteurs se laissèrent enlacer par la civilisation supérieure au milieu de laquelle la victoire les avait portés. Pendant que quelques provinces du Sud défendaient péniblement leur indépendance, les envahisseurs avaient fixé leur capitale à Tanis. C'est là que M. Mariette, qui a tant découvert en Égypte, a retrouvé les monuments de ces rois pasteurs. Ces monuments, véritablement égyptiens par l'excellence du travail, montrent jusqu'à quel degré les pasteurs étaient devenus de véritables pharaons, adoptant la religion indigène, et prenant les mêmes titres que les monarques des anciennes dynasties. Mais cette assimilation ne les sauva pas ; l'Égypte secoua le joug, les pasteurs furent rejetés, et encore une fois le pharaonisme fut remis sur ses vieilles bases. D'ailleurs les dangers de la victoire de la barbarie diminuaient dans le monde ; car depuis quelque temps commençait à se former le grand centre des bords de l'Euphrate.

Après l'Égypte, le pays qui a les plus anciennes annales est la Babylonie. Suivant Bérose, il y eut un empire chaldéen qui commença vers l'an 2000 avant l'ère chrétienne. Mais Bérose écrivait bien longtemps après une pareille date ; et, tant qu'on ignorera s'il avait pu consulter des monuments contemporains de ce vieil empire [1], on ignorera aussi la mesure du crédit qu'il fallait lui accorder. C'est ainsi que, les historiens latins n'ayant pu montrer aucun monument contemporain de leur toute primitive histoire, soit inscription, soit livre, l'origine de la ville éternelle, Romulus et Numa restent dans la légende. Mais la vieille Babylonie avait écrit ; et, malgré tant d'années et tant de destructions, on trouve des fragments de ces écritures qui nomment des princes, et parlent de guerres et de conquêtes, de forteresses et de canaux. Un de ces monarques, Hammourabi, se signala par une œuvre capitale et bienfaisante, la création du canal royal de Babylone, artère principale du système d'irrigations de la haute Chaldée, que Nabuchodonosor répara, et dont Hérodote parle comme d'une des merveilles de la Babylonie. Une inscription où le prince porte la parole recommande aux hommes présents et à venir l'œuvre et son auteur : « J'ai fait

1. Bérose avait eu sous les yeux des monuments fort anciens. Des écrits sur des briques babyloniennes nous reportent au moins à cette date.

« creuser le canal de Hammourabi, la bénédiction des
« hommes de la Babylonie... j'ai dirigé les eaux de ses
« branches sur les plaines désertes, je les ai fait déver-
« ser dans les fossés desséchés, j'ai donné ainsi des
« eaux perpétuelles aux peuples... j'ai réparti les ha-
« bitants des pays des Soumir et des Accad dans des
« bourgs étendus; j'ai changé les plaines désertes en
« terres arrosées, je leur ai donné la fertilité et l'abon-
« dance; j'en ai fait une demeure de bonheur. » Voilà
un beau travail et une belle inscription.

Au delà de cet empire chaldéen, en remontant, Bérose place, pendant deux siècles, des rois touraniens ou scythes. Il est certain que, dans cette haute antiquité, il y eut une invasion scythique. Voilà tout ce qu'on sait, et on le sait par le déchiffrement des inscriptions cunéiformes, qui a révélé dans plusieurs une langue scythique ou touranienne (dans le langage des ethnographes modernes, cela est synonyme). Mais, jusqu'à présent, aucun monument des rois scythes d'alors n'a été découvert.

Avant eux, Bérose place quatre-vingt-six rois, composant une dynastie, dont il appelle le fondateur Evechoüs. A côté du document fourni par l'historien indigène, il y a un document fourni par un historien étranger, la Bible. Celle-ci ne parle point d'Evechoüs, et en place nomme comme fondateur Nembrod, dont Bérose ne fait pas mention. Ces deux documents, qui ne concordent pas, échappent l'un et l'autre à tout contrôle; car aucun monument de la dynastie d'Evechoüs ou de Nembrod n'est parvenu jusqu'à nous, et rien ne prouve que Bérose ou l'auteur du livre de la Genèse en eût plus que nous.

On me dira que je me trompe, et qu'il y avait au moins un monument de cet empire de Nembrod ou d'Evechoüs, à savoir la tour de Babel. On a retrouvé et traduit, il y a quelques années, une inscription rapportée par M. Lenormant, où Nabuchodonosor déclare *qu'il a réparé la tour à étages, la maison, le temple des sept lumières de la terre, que le premier roi a bâtie sans pouvoir en achever le faîte.* Nabuchodonosor ajoute : « Les « hommes l'avaient abandonnée depuis les jours du « déluge, proférant leurs paroles en désordre. Le trem- « blement de terre et le tonnerre avaient ébranlé la « brique cuite des revêtements; la brique crue des « massifs s'était éboulée en formant des collines. » Cette inscription prouve que, du temps de Nabuchodonosor, il existait un très-vieux monument au sujet duquel courait une légende. Elle vise en même temps un récit de déluge qui, au témoignage de Bérose, figurait dans les annales babyloniennes[1]. Mais, cela établi, l'existence de ce monument, assez antique pour être devenu légendaire, ne prouve rien pour un miracle dont on le suppose témoin; pas plus que la statue de l'augure Nævius, sur une place de Rome, ne prouvait que cet augure avait tranché un caillou avec un rasoir; elle ne prouve pas davantage qu'il appartînt aux temps de Nembrod et de Kousch. Comme il ne porte aucune inscription, rien ne nous dit quelles mains l'ont bâti, soit les mains des chefs de l'empire sémitique, soit auparavant celles des Scythes envahisseurs, soit plus anciennement encore celles des hommes de l'empire kouschite. Mais, en tout cas, l'histoire authentique de la Babylonie s'arrête aux textes; et ces textes sont loin d'atteindre l'antiquité de ceux de l'Égypte.

1. Depuis que ceci est écrit, on a trouvé sur les briques de Ninive un écrit où le déluge est raconté. Cela montre que la Bible, qui a aussi un récit de déluge, a puisé à des sources qui étaient communes aux Sémites de la haute antiquité.

Je ne pousserai pas plus loin la revue des peuples anciens que M. Lenormant a compris dans son savant et utile Manuel, et je laisse de côté les Mèdes, les Perses, les Phéniciens et les Carthaginois : non que la lecture d'inscriptions jusque-là indéchiffrables, la découverte et l'étude d'une foule de monuments n'aient jeté, là aussi, de nouvelles lumières ; mais mon but a été uniquement de profiter du résumé que m'offrait M. Lenormant pour établir quel est le terme le plus reculé des annales humaines, et comment, ce terme une fois reconnu, elles se sont déroulées vers nous, en devenant à chaque pas plus sûres, plus riches, plus instructives. Et, à ce point de vue, ce ne sera pas un hors-d'œuvre d'emprunter à un paléontologiste revenu tout récemment d'une exploration du désert, quelques lignes qu'il a lues dernièrement à l'Académie des sciences : « Les physionomies des statues, dit M. Richard
« Owen, statues-portraits très-bien sculptées, d'indivi-
« dus vivant entre les quatrième et huitième dynasties
« de l'ancien empire d'Égypte, indiquent qu'ils tiraient
« leur origine d'une source orientale ou septentrio-
« nale, et non d'une source éthiopienne. On peut in-
« férer de l'absence totale d'aucune figure des quadru-
« pèdes solipèdes, cheval ou âne, dans les représenta-
« tions nombreuses et soignées de la vie ordinaire et
« des animaux domestiques, que l'immigration des
« fondateurs de la civilisation égyptienne, s'ils sont
« venus d'un pays où les solipèdes existaient, a eu lieu
« dans une époque antérieure à la subjugation et à la
« domestication de ces quadrupèdes (*Comptes rendus*,
« t. LXVIII, p. 629). » Si rien ne vient démentir l'observation de M. Richard Owen[1], par ce côté, comme par

---

1. Mais je vois que M. Mariette parle de figures d'ânes dans des tombeaux de Sakkarah.

celui des hiéroglyphes, la civilisation égyptienne se montre comme émergeant d'une ère rudimentaire, mais en voie de grands progrès.

Esquisse d'un plan d'histoire universelle.

Le résultat actuel de toutes les enquêtes est de donner aux annales humaines une durée d'au moins six à sept mille ans. C'est, si l'on me permet de me servir du langage astronomique, la base la plus étendue que nous ayons pour calculer la trajectoire de l'histoire. Et en effet, elle l'est assez pour que le phénomène d'évolution devienne apparent et déterminable. Si l'on considère avec quelque attention cette succession de peuples, de cités et d'empires, on y voit se dessiner un grand et puissant courant qui se porta de l'Égypte à la Babylonie et à la Phénicie, de la Phénicie à la Grèce, de la Grèce à l'Italie, de Rome au moyen âge, et du moyen âge aux nations modernes. D'où vient ce courant, et où va-t-il ?

Il vient évidemment d'une époque antérieure à la première origine des plus anciennes annales. Deux hypothèses étaient ouvertes : ou bien l'homme de nos annales provenait d'un âge d'or, d'un éden, d'une civilisation perdue, d'un monothéisme fondamental et, comme le soutiennent quelques érudits, base de tout polythéisme ; ou bien il provenait d'une sauvagerie primitive qui s'était développée. Déjà M. Comte avait dit que, pour entendre la marche de la civilisation, il fallait y renouer tous les degrés que nous offrent les sauvages existant de nos jours, et établir de la sorte quelques échelons de développement. Cette idée, qui était plausible, est devenue tout à fait vraie, grâce à de récentes découvertes. Tant que Cuvier opposa le veto apparent de la paléontologie, on n'avait pas de faits qui montrassent que, effectivement, les temps historiques avaient été précédés de temps où l'homme n'était ni dans un éden ni dans un âge d'or, où sa sauvagerie est incontestable, où son outillage était peu perfectionné et où ses idées devaient être conformes à une si chétive existence.

Et les temps préhistoriques ont été fort longs. Ils dépassent sans comparaison les ans du temps historique. A la vérité, on ne peut les estimer d'une façon absolue; mais, comme l'homme fossile s'enfonce dans les périodes géologiques, son histoire participe à ces grandes durées qui sont propres aux mutations du globe. Cette période préhistorique allant de la barbarie à la civilisation augmente d'autant ce que j'ai nommé tout à l'heure la trajectoire de l'histoire.

Par là il demeure avéré qu'il a fallu infiniment moins de temps pour déduire les unes des autres les découvertes qui signalent la civilisation humaine, que pour dresser les uns au-dessus des autres les humbles rudiments qui ont permis à l'homme de s'outiller, et, en diminuant la précarité de son existence, d'augmenter ses moyens de réflexion et de perfectionnement. Remarquez que nous n'avons absolument aucune idée de ce qu'a pu être l'homme à son origine. Sur cette origine, trois hypothèses ont cours : ou bien l'homme est l'œuvre d'une main divine qui l'a créé; ou il est le produit des propriétés, des forces cosmiques; ou enfin il est sorti, par développement, des animaux supérieurs. La première, placée hors de toute vérification, ne peut prendre place dans les conceptions positives; la seconde restera dans le même cas, tant qu'elle n'aura pas pour elle un cas incontestable, si petit qu'il soit, d'hétérogénie ou génération spontanée ; la troisième, qui complaît à l'esprit contemporain par l'idée d'évolution, suppose pourtant, comme origine du premier être vivant, ou une hétérogénie (Lamarck), ou une création divine (Darwin). Mais des hypothèses ne peuvent rien apprendre sur la condition et la nature de l'homme tout à fait primitif; aussi, recevant des mains d'Ovide le mythe de Deucalion et de Pyrrha, je dis avec lui :

> Inde hominum durum genus experiensque laborum,
> Et documenta damus qua simus origine nati.

Race dure que la civilisation adoucit, assujettie au travail et à l'expérience qui font sa force et sa vertu.

Il faut essayer, non pas de refaire une histoire à jamais perdue, mais de déterminer, en tant de milliers d'années donnés à la vie rudimentaire de l'humanité, quelques phases ascensionnelles et un certain tracé d'évolution. La tentative serait fort précaire, si l'on n'avait pour se guider qu'une méthode régressive qui, partant de l'état de l'homme moderne, construirait les différents états de l'homme ancien. Heureusement, on a eu quelque chose de mieux : ce sont les traces et les débris laissés par les populations disparues. Par là on a vu ce qu'elles étaient effectivement, non ce qu'on aurait pu penser qu'elles avaient été; et l'on a reconnu différents âges qui unissent les temps préhistoriques aux temps historiques : ce sont l'âge des cavernes, celui des instruments de pierre, celui des instruments de cuivre et celui des instruments de fer. Les couches superficielles de la terre n'ont pas livré leur dernier secret; les témoins évoqués deviendront plus nombreux; leurs témoignages gagneront en évidence; quelques jalons de plus se poseront dans ce vaste passé, et l'esprit scientifique s'applaudira de devoir à l'expérience bien conduite la faculté de pénétrer en des ténèbres qui semblaient impénétrables.

A l'époque où nous commençons de connaître l'homme primitif, ce qui le distingue à côté des animaux les mieux doués, c'est l'outil dont il sait armer sa main et augmenter sa force. Cet outil est d'abord une pierre; mais, progressivement, il la façonne, il la diversifie, il l'approprie, il la polit. Nous voyons, dès lors, que cette humanité première est perfectible; que, si les circonstances la favorisent, elle accroîtra la somme de ses ressources et de sa puissance; mais qu'en même temps la règle et la détermination de cet accroissement est dans un enchaînement d'acquisitions successives. L'évolution est la loi de son histoire.

Ainsi au début est une suite immense de siècles bien lents sans doute, mais pourtant très-féconds. Que de traits d'invention et de génie perdus dans la nuit noire de l'oubli! Quand les hommes, parvenus à l'époque où l'on commence à noter les annales et à recueillir les traditions, réfléchirent sur cette provision d'engins, d'arts et de métiers qu'ils tenaient d'ancêtres ignorés, ils en attribuèrent, émerveillés et reconnaissants, l'origine à des êtres divins. Des êtres divins auraient eu l'intelligence et la main plus habiles à dominer la matière. Il n'y eut d'autre dieu que le génie patient d'une humanité capable d'apprendre, de se souvenir et de transmettre: tel est le caractère de la première période de l'histoire. Connue seulement par quelques restes dont une interprétation savante a fait des monuments, elle se termine quand les hommes savent écrire. Elle est l'âge de l'humanité sans écriture.

L'âge de l'humanité avec l'écriture commence par les vieux empires d'Égypte et de Babylonie, dont notre siècle déchiffre les inscriptions. Il y eut là beaucoup de civilisation en un groupe circonscrit. Agriculture, industrie, commerce, gouvernement, religion, tout y fleurit. Nous ignorons absolument quelle fut la forme, quel fut le siége, quel fut le sort des agglomérations plus vieilles et plus rudimentaires d'où émanèrent ces grands corps; mais nous savons que ce n'est pas à ces grands corps qu'il fut donné de promouvoir le développement à un degré plus élevé. Ils ne laissèrent rien périr, mais ils ne produisirent aucune de ces nouveautés qui changent le destin de la civilisation ; et l'Orient représente encore leur fidèle image, civilisé mais immobile, ayant des annales, c'est-à-dire des événements d'empire et de politique, mais n'ayant plus d'histoire, c'est-à-dire de changement dans le savoir et, partant, dans la culture et l'amélioration.

Ce fut le règne du polythéisme. Quoi de plus grandiose que cet Olympe de l'Égypte, de la Babylonie, de la Phénicie ? A ce degré d'évolution et parmi des hommes aussi intelligents, les spéculations théologiques et métaphysiques n'ont pas dû manquer. On en a la preuve dans les idées d'incarnation ou de création, de dieu suprême ou de double principe dont on retrouve des traces dans les temples du polythéisme; Moïse, Zoroastre, Bouddha sont les produits de ces spéculations. Les érudits, en constatant l'ordre de manifestations dont il s'agit, ont été enclins à y voir les reflets obscurcis d'un monothéisme primitif, dont les temps subséquents avaient altéré l'imposante image; ceci est une hypothèse possible en soi, car nous ne connaissons pas la période primitive et ce qu'était l'état mental des hommes au moment où les conceptions polythéistiques fondaient leur empire. Mais il y a aussi une autre hypothèse : c'est celle qui, au contraire, admet que le polythéisme n'a pas pour ancêtre le monothéisme, mais que les prêtres et en général les esprits méditatifs, livrés à la contemplation de leurs dieux et des idées que ces dieux représentaient, y introduisirent des conceptions dont la tendance monothéistique paraît certaine. Entre ces deux hypothèses, qui prononcera ? la méthode expérimentale. Et où en prendre l'application ? dans les monuments antiques, dans l'état préhistorique, dans la comparaison de faits linguistiques dont l'antiquité dépasse celle des monuments. Or, à part la Bible, fort postérieure à l'époque que nous examinons, nous ne connaissons aucun monument monothéistique, tandis que les monuments polythéistiques abondent; les temps préhistoriques nous montrent l'homme si dénué, qu'il serait dérisoire de lui attribuer le monothéisme et même aucun polythéisme compliqué; et, quant aux langues, à mesure qu'on s'approche de leur état plus antique, on trouve que l'abstrait y disparaît et que tout y commence par le concret : or, plus le concret domine dans l'esprit, moins il est apte à des généralisations telles que le monothéisme. En tout cas, pour savoir ce qu'ont pensé les anciens hommes sur cette question et sur d'autres, ce n'est pas en inférant de nous à eux que nous parviendrons à rien déterminer; c'est en inférant d'eux à nous. Étudier le polythéisme dans ce qu'il a de plus ancien et dans ce qui le précède, voilà le seul moyen de se faire quelque idée positive sur son origine.

L'événement a montré que, pour s'élever à un degré dépassant l'Égypte et la Babylonie, l'élément qui devait entrer en jeu était la science positive. C'est là la troisième grande phase de l'humanité. Le peuple à qui il échut de l'inaugurer fut le peuple grec. Sans doute, la scène sur laquelle il vint figurer si glorieusement était préparée; tous les arts essentiels à la vie avaient reçu un grand développement; les sociétés avaient une consistance désormais éprouvée par le temps; de grandes cités brillaient de l'éclat de la religion, du commerce, de l'industrie et des monuments; et, ce qui est très-digne de considération, les rudiments de mathématique et d'astronomie étaient trouvés. Tout cela vint en contact avec le peuple grec; on lui apprit à lire et écrire, à compter et mesurer. Puis, à un moment ultérieur, quand cette éducation primaire eut porté ses fruits, l'élève laissa tous ses maîtres bien loin derrière lui : il conçut dans sa grandeur et sa vérité la notion de la science positive, jeta des jalons partout, et finalement éleva les deux grands monuments de mathématiques et d'astronomie, qui devinrent le modèle comme méthode et comme résultat de tous les travaux ultérieurs.

Ce peuple était aryen. La caractéristique des races me paraît encore trop imparfaite, pour que j'en fasse un privilége; d'autant plus que, à ce moment même, d'autres Aryens, les Perses et les Indiens, s'immobilisaient, scientifiquement parlant, comme le reste de l'Orient, et que d'autres Aryens, les Celtes et les Germains, ne présentaient que des peuplades barbares, sans villes et sans écriture. Pourtant, il faut noter que ce sont ces mêmes barbares aryens qui, dans la lutte qu'ils soutinrent contre Rome, élève de la Grèce, vaincus ou captivés, reçurent culture, religion, lettres, sciences, et se portèrent héritiers du monde antique.

Cette transition fut l'œuvre du moyen âge. Ce qui prouve que le travail de cette transition ne fut pas perdu, c'est que, lorsqu'il se fut accompli, apparurent les peuples modernes avec leur essor scientifique qui dépasse de si loin tout ce qui a été fait jamais dans le sein de l'humanité. A vrai dire, l'ère moderne commence avec la science grecque; car, depuis lors, la science positive n'a cessé de grandir, de pénétrer la nature et d'influer sur les destinées sociales. Hippocrate, Aristote, Archimède, Érasistrate, Hipparque, Apollonius sont les fondateurs de tout notre savoir; et l'Orient entier, tout brillant qu'il a été par la Phénicie, par la Babylonie, par l'Égypte, n'a pas un nom à citer dans cette glorieuse liste de la science positive. Comment mieux montrer où est l'ancien, où est le moderne?

Le perfectionnement politique et moral, qui, en définitive, est le grand but, n'a pas encore trouvé de formule précise et indiscutée; car les images qu'on s'en fait sont rapportées soit à des types fixes, mais immobiles et arriérés, soit à des types mobiles, mais frappés au coin suspect des révolutions. Heureusement, on lui a trouvé deux mesures, indirectes il est vrai, mais précieuses et facilement vérifiables; elles se succèdent, s'appliquant à des civilisations différentes: ce sont l'industrie et la science positive. L'industrie, dans les hauts temps de l'Orient, assure les soutiens et les commodités de la vie, procure l'aisance et le loisir, adoucit les mœurs en ôtant aux besoins leur férocité, et est ainsi la cause indirecte des progrès politiques et moraux qui furent alors accomplis. Mais la partie politique et morale s'en est montrée, comme cela devait être, insuffisante dans ces vieilles civilisations, qui, avec ce seul élément, ne purent franchir un certain degré. L'œuvre fut reprise par la science positive, semblablement facile à mesurer d'âge en âge. D'âge en âge aussi les effets s'en sont fait sentir, d'autant plus efficaces qu'à son action propre elle joint, en la multipliant prodigieusement, l'action de l'industrie, à laquelle elle ouvre un champ immense. Notons que, jusqu'à présent, le développement de la science positive paraît illimité.

Cette esquisse, en son extrême brièveté, ne serait pas complète, si je n'indiquais comment il faut rattacher au tronc de l'histoire les rameaux que j'ai négligés ; car il y a sur le globe d'autres peuples que les vieux empires d'Orient, que la Grèce et l'empire romain, que l'Occident du moyen âge, que le groupe des nations modernes. Pour tout embrasser sans rompre l'unité, l'artifice est de ne tenir compte de toutes ces histoires séparées que quand elles viennent en contact avec la grande histoire qui fait la vie de l'humanité et crée la domination du globe. Ainsi, dans une histoire universelle, l'Inde ne prendra place qu'au moment où elle entre en relations avec le corps politique régulateur. Peut-être s'étonnera-t-on à propos de ce pays, qui a un renom de haute antiquité, que je ne l'aie pas fait figurer à côté de la Babylonie et de l'Égypte ; mais son antiquité authentique ne remonte pas au delà des Védas, qui sont bien loin d'atteindre l'âge des monuments égyptiens ; puis l'Inde est restée isolée dans sa péninsule, dans ses castes, dans son immobilité, sans agir sur les destinées de l'évolution. Il faut en dire autant de la Chine : ni son antiquité, bien que grande, n'égale celle des vieux empires d'Orient ; ni elle n'est intervenue pour promouvoir le cours de la civilisation. L'Inde et la Chine forment les deux grands pays qui sont restés en dehors et qui ont manqué à devenir les organes du développement. Le reste, Amérique, Afrique, Australie, est bien moins important, et se range sous la même loi.

« Si le monde, dit La Bruyère, dure seulement cent
« millions d'années, il est encore dans toute sa fraî-

« cheur, et ne fait presque que commencer; nous-
« mêmes nous touchons aux premiers hommes; et qui
« pourra ne nous pas confondre avec eux dans des
« siècles si reculés? Mais, si l'on juge, par le passé, de
« l'avenir, quelles choses nouvelles nous sont incon-
« nues dans les arts, dans les sciences, dans la nature
« et, j'ose dire, dans l'histoire! Quelles découvertes ne
« fera-t-on point! quelles différentes révolutions ne
« doivent pas arriver par toute la face de la terre, dans
« les États et dans les empires! quelle ignorance est la
« nôtre, et quelle légère expérience que celle de six
« ou sept mille ans! »

Cette page est excellente; tout y est, le passé et l'avenir. Six mille ans, qu'est-ce? Soixante siècles, à quatre générations par siècle, c'est deux cent quarante générations. Ainsi, il suffirait de mettre en une file 240 personnes se succédant de père en fils pour toucher à Chéops, et donner la main aux constructeurs des pyramides. Eh bien, pour une transmission réellement si courte, on vient de voir combien sont incertains les souvenirs, combien de lacunes les interrompent, et combien il nous manque de renseignements essentiels. Rien ne prouve mieux l'inhabileté des anciens hommes à la notation des événements, à la conservation des monuments et des écrits. L'avenir sera bien mieux pourvu; et La Bruyère a raison de promettre des choses nouvelles à l'histoire.

Chrétien docile, La Bruyère attribue seulement six ou sept mille ans au monde, à la terre, à la race humaine. Mais, sans parler du monde et de la terre, les six ou sept mille ans ne doivent s'entendre que de la durée historique; car celle de la race humaine préhistorique doit s'estimer non plus par siècles ou même par milliers d'années, mais par périodes dont l'évaluation absolue est impossible, et dont l'étendue relative est prodigieuse.

Quant au minimum de cent millions d'années qu'il nous pronostique, ce comput n'a pas d'autre garantie que de s'être trouvé au bout de sa plume. Tout ce qu'on peut dire, c'est que notre race, le globe qui la porte, et le soleil qui l'échauffe sont sujets à des modifications continues qui, s'ajoutant sans cesse, ne laisseront pas à notre univers sa figure présente. Mais, tout en envisageant ces mutations comme une part de notre destinée, il faut aussi y voir assez de permanence relative pour étendre jusqu'à sa dernière limite l'œuvre de l'humanité.

Depuis que la science positive est entrée définitivement dans le tissu de notre histoire, c'est-à-dire depuis l'intervention de la Grèce ou environ vingt-deux ou vingt-trois siècles, de grandes choses se sont accomplies. Le polythéisme a été effacé, du moins comme doctrine, dans le sein des nations occidentales; et, à son tour, la doctrine du monothéisme est entamée fortement. Ce serait peu si la science s'était contentée de défaire négativement ce qui avait été fait: non, partout elle a substitué des notions positives en astronomie, en physique, en chimie, en biologie, en sociologie; si bien que, changeant la vieille conception du monde, elle substitue à l'empire d'une providence l'empire de lois générales toujours actives et toujours obéies. Une autre conception du monde amène avec soi une autre conception de l'ordre social.

Et ainsi en a-t-il été. Toutes les tendances des derniers temps le prouvent. Présentement, le passage devant lequel on est arrêté, c'est de trouver comment on établira une paix solide entre les États européens, et comment on donnera satisfaction aux réclamations des classes laborieuses qui demandent et méritent une plus large part dans les bienfaits de la civilisation. Je pense que ces deux élaborations sont connexes, et qu'à mesure que les conditions internationales deviendront meilleures, meilleurs aussi deviendront les rapports internationaux. Puis, quand il se sera établi quelque grande confédération intelligente et bienfaisante, on tournera le regard sur ces civilisations inférieures de l'Asie et de l'Afrique sans qui la culture du globe resterait imparfaite, et à l'égard desquelles il faut instituer un régime plus calculé, plus humain, plus capable de les attirer dans l'action commune. Enfin, le temps arrivera de songer à l'appropriation générale de notre planète, devenue vraiment le domaine de l'humanité. Les perspectives d'activité sont sans bornes; et il y aura du travail, des difficultés et des succès pour nos descendants,

Et nati natorum et qui nascentur ab illis.

XIV

PREMIÈRE LEÇON

d'un

COURS D'HISTOIRE

FAIT A L'ÉCOLE POLYTECHNIQUE

Bordeaux, le 1ᵉʳ février 1871 [1].

Messieurs, j'ai à vous demander beaucoup d'indulgence. Quelques-uns en demandent à cause de leur jeunesse; moi, c'est à cause de ma vieillesse. J'ai soixante-dix ans, ce n'est pas l'âge des apprentissages; je n'ai jamais professé, jamais songé à être professeur, et voilà que tout à coup je le deviens sans l'avoir voulu,

[1]. Le préambule explique comment j'ai fait une leçon d'histoire à l'École polytechnique, à Bordeaux. Voici pourquoi je n'en ai fait qu'une : les élèves demandèrent à être incorporés immédiatement dans l'armée ; le gouvernement leur accorda leur demande ; tous les cours théoriques furent suspendus. Puis vint l'armistice, le transport de l'Assemblée nationale à Versailles, et la rentrée de l'École à Paris.

sans y avoir songé le moment d'auparavant. Quand
M. Gambetta me somma de tenir ma promesse de me
mettre à la disposition du gouvernement de la Défense
nationale pour quoi que ce fût, que je pourrais faire?
je lui objectai ce que je viens de vous dire. Il me répondit que ces objections n'étaient pas insurmontables,
et m'appela à Bordeaux. Je n'ai d'autre moyen de les
surmonter qu'en écrivant les leçons avec tout le soin
dont je suis capable et en vous les lisant. Mais vous
serez privé de l'intérêt et du charme qui s'attachent
au langage d'un professeur parlant d'abondance et
suivant parmi ses auditeurs l'effet de sa parole.

A tout cela, ajoutez les circonstances. J'arrive de
loin : hier encore, j'étais au fond de la Bretagne ; et il
me faut aujourd'hui commencer à la hâte un cours
qui demanderait des lectures étendues, une méditation
assidue et de longues heures de préparation. Mais enfin
que seraient ces difficultés d'occasion et de défiance de
soi, si le ressort intellectuel restait le même, et si nous
n'avions pas tous le cœur déchiré et l'esprit assombri
par les malheurs et les dangers de la patrie? Des trois
générations qui sont en présence, les vieillards, les
hommes faits et les jeunes gens, la première, à laquelle
j'appartiens et qui va bientôt disparaître de la scène
des vivants, a payé sa dette, ayant cicatrisé les plaies
de la France et l'ayant remise au rang des nations les
plus libres et les plus prospères. La seconde, en versant présentement son sang sur tous les champs de
bataille et en soutenant bravement, dans les plus funestes circonstances, une lutte acharnée, rachète les
défaillances qui ont permis à l'Empire de nous précipiter dans l'abîme. La troisième, celle à laquelle vous
appartenez, aura à faire ce que nous avons fait, nous
les vieillards : c'est-à-dire rendre de nouveau la France

libre, grande et généreuse. A cette tâche qui vous échoit, préparez-vous, autant que le permettent la préoccupation et la douleur de chacun, par le travail et par l'étude.

Je vous ai dit comment, malgré toutes mes insuffisances, je me trouve dans cette chaire ; maintenant j'entre en matière ; j'en ai hâte, car mon sujet est vaste, et la difficulté est non pas de remplir beaucoup de leçons, mais de le restreindre au petit nombre de celles qui me sont allouées dans le courant de cette année. Une idée sommaire doit tout d'abord vous en être donnée, afin que vous saisissiez nettement la liaison des parties au tout, et qu'à chaque pas que nous ferons vous sachiez dans quel sens nous marchons et de quel espace nous avons avancé. Mon intention n'est pas de vous raconter une histoire particulière, celle des Grecs ou des Romains, des Français ou des Anglais, ni une histoire de telle ou telle période, l'antiquité ou le moyen âge, le seizième siècle ou le dix-septième. A quoi cela vous servirait-il ? Ce ne serait jamais qu'un petit fragment de l'ensemble des choses historiques. Outre que la moindre lecture d'un de nos livres d'histoire vous serait plus profitable qu'un pareil cours, je veux vous donner ce que vous ne trouveriez pas dans ces livres, à savoir un enseignement qui soit un fil conducteur dans le dédale des événements, signalant, à travers le fortuit et l'accidentel, un enchaînement nécessaire, et montrant les conditions essentielles des sociétés et le but de l'humanité. En un mot, ce que je prétends vous exposer, même en si peu de leçons, c'est l'histoire générale, les faits fondamentaux qui la caractérisent et les lois que l'induction en tire.

Cet ordre de notions, dont l'importance est si éminente, n'occupe pas depuis bien longtemps la pensée des hommes. Il n'y a guère qu'une cinquantaine d'années qu'il est entré dans la discussion scientifique; et aujourd'hui encore on ne le rencontre nulle part exposé d'une manière complète : il est disséminé dans les livres de philosophie, dans différents recueils, dans maints écrits spéciaux. C'est de ces documents divers que je vais tirer l'enseignement de cette année. Cependant je manquerais à la fois à l'équité et à la reconnaissance, si je ne disais que celui qui a donné la forme vraiment scientifique aux notions historiques est Auguste Comte, et que c'est son grand livre qui me sert de guide et de flambeau.

Ici j'ai une déclaration à faire. L'histoire traite et ne peut pas ne pas traiter de l'institution des religions. J'ai toujours ménagé et respecté toutes les croyances; et certes, ce n'est pas ici que je m'écarterai de ces ménagements et de ce respect. Au reste, il n'est pas difficile de les concilier avec une complète sincérité, seule digne de moi qui parle et de vous qui écoutez. L'histoire est une science au même titre que l'astronomie, la physique ou la chimie. Or, et là-dessus l'accord est fait, les sciences n'ont qu'une méthode, c'est la méthode expérimentale : on constate les faits par l'observation et par l'expérimentation, et de ces faits particuliers on induit les faits généraux ou lois. Tout ce qui ne porte pas ce caractère est rejeté; et, quelles que soient ses croyances individuelles, le savant, du moment qu'il entre dans l'observatoire ou dans le laboratoire, obéit sans restriction et sans réserve à la méthode commune. Nous n'agirons pas autrement en histoire; nous entrerons dans notre laboratoire, qui est le recueil des faits authentiques, des textes certains, des traditions, des monuments; nous en tirerons, par la méthode commune à toutes les sciences, les inductions générales, et nous laisserons à la conscience individuelle le soin de concilier avec les croyances, comme en astronomie et en géologie, ce qui est scientifiquement certain.

Ce que nous avons d'abord à faire, c'est de porter le regard sur les diverses sociétés qui couvrent la face du globe. D'abord se présentent les nations civilisées de l'Europe et celles qui en sont issues et qui sont établies en Amérique et en Australie. Mais il s'en faut bien que tout le reste ait atteint le même niveau de développement. Au second plan sont les nations musulmanes, dont l'histoire a un grand nombre de liaisons avec l'histoire des nations chrétiennes. Au troisième plan on mettra les Indiens, les Chinois, les Tartares et les Japonais, nations considérables, fort développées à certains égards, mais qui sont restées polythéistes. Le quatrième rang appartient aux empires, présentement détruits, des Mexicains et des Péruviens, mais dont la destruction est trop récente pour qu'on ne les fasse pas figurer dans cette énumération. Au cinquième degré nous rencontrerons les peuplades nègres qui forment, dans l'intérieur de l'Afrique, des sociétés non sans importance. Au sixième, je place les tribus des peaux rouges d'Amérique ; enfin au septième et dernier rang, les misérables sauvages de la Nouvelle-Hollande. Cette distribution, bien que tracée à traits fort larges, est suffisamment exacte dans ses linéaments.

Il vaut la peine d'examiner de près le classement qui se présente de lui-même dans cet aperçu d'ensemble. Une hiérarchie y est manifeste ; et, depuis le sauvage de la Nouvelle-Hollande qui n'a à sa disposition qu'un vocabulaire très-restreint, peu d'idées et un outillage tout à fait rudimentaire, jusqu'à l'Européen civilisé, il est une série de degrés que l'on constate à première vue. Voilà donc quel est l'état contemporain du genre humain; il est divisé en étages gradués de développement. La prépondérance appartient aux plus civilisés; même les peuplades restées au plus bas degré de l'échelle disparaissent rapidement : tels sont les peaux rouges de l'Amérique et les indigènes de la Nouvelle-Hollande. Mais les peuples jaunes se défendent par leur masse immense et par leur habileté industrielle. Sur un autre théâtre, les peuples nègres résistent par leur constitution physique et leur climat. Là sont, pour aujourd'hui du moins, les limites opposées à l'envahissement des peuples les plus civilisés.

Maintenant, si, au lieu de considérer les sociétés dans l'espace, nous les considérons dans le temps, un spectacle tout à fait analogue se déroule devant nous. Là aussi nous constatons des étages de développement. Prenons par exemple la France : sans rappeler le moyen âge et l'empire romain, dont elle fut une province, il suffit de s'enfoncer de deux mille ans dans le passé pour trouver, au temps de l'historien Polybe, les Gaulois, peuple non sauvage, mais barbare (car la barbarie est un degré entre la sauvagerie et la civilisation), ayant des armes de cuivre, non de fer, ne connaissant l'écriture que comme emprunt de l'alphabet grec chez les Phocéens de Marseille, sans aucun livre, et ne transmettant leurs dogmes religieux que par la récitation et la mémoire. Prenons encore les Grecs : il n'en est pas d'eux autrement que des Gaulois; seulement il faut reculer beaucoup plus loin dans le temps. Trois mille ans nous reportent à l'âge homérique, et, à cette époque, l'état social des Hellènes était fort semblable à celui que je viens de décrire chez les Gaulois. Mais, au lieu de considérer un peuple particulier, considérons une série de peuples liés entre eux par des transmissions de civilisation : soit, par exemple, le groupe des peuples civilisés modernes, issu, cela est incontestable, du moyen âge ; à son tour, le moyen âge provient de la décomposition de l'empire romain sous l'influence du christianisme et de l'invasion barbare ; Rome a toutes ses attaches de civilisation dans la Grèce ; la Grèce a été l'élève de la Phénicie et de l'Assyrie ; enfin les Phéniciens et les Assyriens ont été à l'école de l'Égypte. Voilà un long enchaînement, qui se partage facilement en trois groupes successivement supérieurs l'un à l'autre : le groupe oriental est moins élevé en civilisation que le groupe gréco-romain, et celui-ci l'est moins que le groupe européen moderne. J'insiste sur ce fait capital, et je le représente derechef par quelques grands traits empruntés à un ordre différent de phénomènes sociaux : il y a dix-huit siècles, pas un chrétien n'était dans le monde, et le seul monothéisme qu'on y connût était celui des Hébreux ; celui-là encore, au dire des livres bibliques, ne remonte pas plus haut qu'Abraham ; par de là aucun peuple n'était monothéiste, et le monde ne présentait que le polythéisme, c'est-à-dire un aspect fort semblable à celui qu'offrent présentement l'Inde, la Chine et le Japon.

Ainsi, de quelque façon que l'on envisage les sociétés, soit dans leur groupement actuel sur la surface du globe, soit dans leur enchaînement le long du passé, on y reconnaît un mouvement intérieur et spontané qui les porte d'un état inférieur à un état supérieur. Cela est vrai pour l'ensemble, quels que soient les accidents qui surviennent à des peuples particuliers, et quelques perturbations que subisse la trajectoire de la civilisation.

Ceci, constaté dans tous les lieux et dans tous les temps, est le grand fait historique qu'il faut garder dans l'esprit, et en vue duquel on négligera tout l'accidentel et le fortuit. Il y en a beaucoup dans l'histoire, et malheureusement l'évolution de l'humanité est une œuvre accompagnée de grandes souffrances; car, de tous les phénomènes naturels, c'est, à beaucoup près, le plus complexe et, par conséquent, celui qui est exposé à être troublé le plus souvent et le plus gravement dans son cours.

A ce point, il est possible de transformer la définition de l'histoire, et de donner à cette définition un caractère philosophique. L'histoire, a-t-on dit jusqu'à présent, est le récit des événements qui se passent chez les peuples et entre les peuples. L'histoire, disons-nous maintenant, est la recherche des conditions qui font que les états sociaux succèdent les uns aux autres dans un ordre déterminé. De la sorte, les événements prennent un rôle secondaire; produits par les passions et par les intérêts qui poussent les peuples et les chefs des peuples, tantôt ils servent le mouvement spontané de l'humanité, tantôt ils y nuisent; mais, tout compensé, et la compensation coûte quelquefois bien cher, ils sont dominés par ce mouvement même, et, dans leur conflit désordonné, ils ne parviennent ni à l'annuler, ni à le détourner, sans retour, de sa voie. Tout peuple chez qui l'élément progressif est supprimé, a des annales et non point d'histoire. C'est ce qui arrive pour les populations musulmanes et pour les Chinois. Et dans ces annales, quelle sécheresse, quelle stérilité, quelle absence d'intérêt! C'est par une telle comparaison qu'on reconnaît que le récit des événements ne prend une réelle et grande signification que par l'intervention de l'élément intérieur de développement.

Ce mouvement intérieur de développement se nomme, dans le langage sociologique, état dynamique. Il a pour support un état que, dans le même langage, on nomme état statique, et qui est l'ensemble des conditions de subsistance d'une société. L'état statique peut exister sans l'état dynamique, ainsi que cela se voit chez plusieurs sociétés contemporaines ; mais l'état dynamique ne peut exister sans l'état statique ; et une société dans laquelle l'état statique serait incessamment bouleversé, ne donnerait lieu à aucun phénomène dynamique ; c'est ainsi que l'ordre est essentiellement nécessaire au progrès.

L'état statique, plus simple, fut entrevu chez les anciens, dans un de ses linéaments du moins, la forme des gouvernements. Aristote, l'esprit le plus puissant que l'antiquité et peut-être aucun temps ait produit, avait composé un recueil de toutes les constitutions à lui connues ; et sur ce livre, malheureusement perdu, il avait composé celui qui nous est resté sous le nom de *Politique,* et qui théorise les conditions de gouvernement des États ; je dis les conditions de gouvernement et non les conditions de développement. Sur celles-là le philosophe grec se tait absolument ; personne alors, ni longtemps après lui, n'en eut l'idée ; tant il y a loin entre l'aperçu précoce d'un fragment de science sans lien avec l'ensemble du savoir positif, et la constitution effective de la science à laquelle ce fragment appartient !

Quand on rencontre un mot aussi important en histoire que celui de *politique,* il est bon de s'en rendre compte étymologiquement, afin d'apercevoir d'où les hommes sont partis pour exprimer une notion aussi compréhensive. Il vient de πολιτεία, qu'au dix-septième siècle on rendait par *police,* ce qui signifie plus que gouvernement, puisqu'il renferme la constitution, et moins que civilisation, puisqu'il ne contient pas l'idée de développement. A son tour, πολιτεία vient de πόλις, ville, de sorte que les Grecs n'ont conçu la notion de l'ordre social que comme dérivé de la vie commune en la ville, en la cité. On voit combien la signification a dû s'agrandir pour contenir tout ce que les Grecs entendaient par *police* et *politique*. Au reste, c'est aussi de ville, de cité, par *civitas*, que, grâce à un agrandissement encore plus considérable, vient notre mot de civilisation.

Il faut descendre bien près de nous pour trouver la première notion du progrès continu de l'humanité. C'est naturellement par la contemplation de la croissance des sciences positives qu'elle a apparu à l'esprit des hommes, et c'est Pascal qui en a été l'organe dans un passage célèbre que je ne puis me dispenser de citer.

« L'homme, dit-il, est dans l'ignorance au premier
« âge de sa vie, mais il s'instruit sans cesse dans son
« progrès; car il tire avantage non-seulement de sa
« propre expérience, mais encore de celle de ses pré-
« décesseurs, parce qu'il garde toujours dans sa mé-
« moire les connaissances qu'il s'est une fois acquises,
« et que celles des anciens lui sont toujours présentes
« dans les livres qu'ils en ont laissés. Et, comme il
« conserve ces connaissances, il peut aussi les augmen-
« ter facilement; de sorte que les hommes sont aujour-
« d'hui dans le même état où se trouveraient ces anciens
« philosophes, s'ils pouvaient avoir vieilli jusques à
« présent, en ajoutant aux connaissances qu'ils avaient
« celles que leurs études auraient pu leur faire acqué-
« rir à la faveur de tant de siècles. De là vient que,
« par une prérogative particulière, non-seulement cha-
« cun des hommes s'avance de jour en jour dans les
« sciences, mais que tous les hommes ensemble y font
« un continuel progrès à mesure que l'univers vieillit,
« parce que la même chose arrive dans la succession

« des hommes que dans les âges différents d'un parti-
« culier. De sorte que toute la suite des hommes pen-
« dant le cours de tant de siècles doit être considérée
« comme un même homme qui subsiste toujours et
« qui apprend continuellement. » (*Fragment d'un Traité
du vide.*)

Cette vue, frappante de vérité dès le temps de Pascal, ne fit que se confirmer après lui. Elle inspira d'éminents penseurs du dix-huitième siècle, Turgot, Kant, Condorcet, et, finalement, porta tous ses fruits dans la conception historique d'Auguste Comte. Le premier, il a tracé un tableau, lié dans toutes ses parties, du développement civilisateur, en partant de ce fait général que les hommes substituent graduellement et d'une manière cohérente aux premières notions suggérées par l'apparence, par le sentiment, par l'imagination, par l'hypothèse, les notions fournies par l'observation positive et par les théories qui en proviennent.

Il est nécessaire d'avoir une mesure à laquelle on puisse rapporter l'évolution, afin de connaître les degrés parcourus. Dans notre civilisation moderne, cette espèce de thermomètre est fourni par le progrès des sciences positives ; il est exact, précis, et donne aussitôt le renseignement que l'on demande.

Ce thermomètre si commode n'est pas applicable à tous les cas. Il est des civilisations, cependant florissantes, dans lesquelles les sciences positives ou n'existent pas, ou ne se sont pas élevées au-dessus des plus simples rudiments. Telles furent, dans l'antiquité, l'Égypte, la Phénicie, l'Assyrie ; telles sont, de nos jours, l'Inde, la Chine, le Japon. Là, le thermomètre cherché est dans le développement des arts qui servent à l'entretien et à la décoration de la vie. Les nations qui savent le mieux cultiver la terre, tisser les étoffes, tailler la pierre et le bois, construire les navires, travailler les métaux, conduire le commerce, sont alors les nations les plus civilisées. C'est l'état des arts industriels qui sert d'évaluateur à leur civilisation.

Il y a donc deux grandes civilisations fort distinctes: l'une, fille de l'empirisme industriel; l'autre, fille de la théorie abstraite. Elles sont superposées l'une à l'autre, en ce sens que la fille de la théorie ne se développe jamais qu'au sein de la fille de l'empirisme. Il y a aussi entre elles cette différence capitale que la première est bornée dans son essor; arrivée à un certain point, elle ne peut le franchir, si la science positive ne s'impatronise au milieu d'elle, et voilà pourquoi les nations que j'ai citées dans l'antiquité et de notre temps se sont immobilisées. Au contraire la seconde paraît avoir devant elle un champ illimité; tant qu'il restera un pas à faire dans la science positive, il restera un progrès à accomplir dans la civilisation correspondante.

Quand je vous parle d'évolution et de progrès, c'est un phénomène naturel que je constate, non un optimisme auquel je me laisse entraîner, et qui d'ailleurs devrait être singulièrement tempéré par les souffrances et les catastrophes, compagnes douloureuses de notre commune évolution. Le corps social est, en cela, très-comparable au corps de l'individu, qui ne se développe pas sans travail et sans souffrance. Quand l'homme est réuni en société, la force évolutive qui est inhérente à cet état se manifeste par des voies et moyens que l'observation seule, c'est-à-dire l'histoire, est capable de faire reconnaître. Là, non plus que dans les autres domaines, on ne devine pas, on constate.

De cela que l'évolution historique est un phénomène naturel, offre une série cohérente d'enchaînements, et est mesurée par une sorte d'échelle graduée soit sur le progrès des arts industriels, soit sur celui des sciences positives, il résulte des conséquences non sans importance que je vais signaler.

D'abord, puisque cette évolution est un phénomène naturel, il faut exclure le hasard, qui plus d'une fois a été proclamé le dieu des événements historiques, quand le regard était troublé par leur complexité et leur confusion. Que le hasard soit exclu des phénomènes naturels, cela est certain pour l'astronome, pour le physicien, pour le chimiste, pour le biologiste; cela ne l'est pas moins pour le sociologue et l'historien. Il suffit de noter que les phénomènes historiques sont sous la dépendance étroite des conditions qui règlent la vie individuelle, pour être sûr qu'ils ont, eux aussi, leur détermination.

En second lieu se trouvent exclues ces hypothèses chères à plus d'un bon esprit dans le dix-huitième siècle, à savoir que, en construisant toute notre science moderne, nous ne faisions que retrouver une antique science, ou connue des prêtres et cachée dans les temples, ou attribuée à un peuple disparu avec l'Atlantide que Platon, sur la foi des Égyptiens, dit avoir été engloutie dans la mer. Mais le développement des sciences astronomiques, physiques, chimiques, biologiques, nécessite un trop grand appareil pour avoir jamais été renfermé dans l'étroite enceinte des sanctuaires; et, à l'égard de la fabrication de ses instruments, il est trop lié à une industrie perfectionnée pour qu'on imagine quelque part dans l'antiquité une science effective séparée de toutes les conditions qui lui sont connexes. Quant aux destructions et rénovations, c'est une pure hypothèse; et, pour les temps historiques du moins, il est certain qu'elles n'ont jamais eu lieu : la civilisation égyptienne résista à l'invasion des pasteurs, celle des

Chinois à l'invasion des Tartares, et celle des Gréco-romains à l'invasion germanique.

Enfin il n'est pas plus vrai que l'évolution soit, comme l'avait pensé Vico, circulaire. La circularité est exclue par le progrès scientifique, qui est nécessairement en une direction rectiligne. C'est le caractère essentiel de l'histoire des sciences : rien de fortuit ne s'y montre ; chaque découverte est rigoureusement assignée à une place déterminée. Pour qu'elle devienne possible, il faut que telle et telle découverte antécédente ait été faite, telle ou telle théorie instituée. Alors c'est la bonne fortune des génies privilégiés de venir à point et à temps pour cueillir le fruit mûr.

L'histoire, ai-je dit, est un phénomène naturel ; et, si, en cette qualité, elle est soustraite au hasard, elle l'est aussi à notre arbitraire. Là est la borne posée à l'action des formes politiques, qu'on croit volontiers toutes-puissantes et qui ne le sont pas. Mais en même temps elle est modifiable par notre intervention devenue savante, judicieuse et prévoyante ; et c'est à cause qu'elle est modifiable, que nous prenons part à la direction des destinées de l'humanité. Tous les phénomènes naturels ne sont pas modifiables, par exemple les phénomènes astronomiques ; nous ne pouvons rien sur les mouvements de notre planète, sur sa place dans l'espace, sur ses rapports avec le soleil. Mais tout le reste, phénomènes de physique, de chimie, de biologie et d'histoire, peut être modifié par nous, d'autant plus que le phénomène est plus complexe. Et, comme les phénomènes sociaux sont les plus compliqués, ils sont les plus modifiables, mais à la condition d'en respecter l'essence qui est au-dessus de toutes nos atteintes. Ainsi la latitude qui nous est laissée a pour limite l'essence du phénomène qui ne peut être changée, et pour champ l'emploi de tous les moyens de culture qui influent sur la vie collective:

Aujourd'hui, à la vue de la civilisation répandue sur la surface de l'Europe, de l'Amérique et déjà même de l'Australie, il est bien manifeste qu'aucun désastre, aucune commotion ne peut l'interrompre, encore moins l'anéantir. Le sort en est désormais assuré pour les temps les plus lointains. Non pas que j'assigne l'éternité aux efforts des faibles mortels; les conditions de l'existence de notre planète dans l'espace et au milieu des systèmes solaires, les conditions de l'existence de l'homme sur cette planète me démentiraient aussitôt. Mais il est bon de savoir que notre avenir, s'il n'est pas infini, n'est pas du moins menacé de trop courtes échéances; et, de même que le terme prévu de notre vie individuelle ne nous empêche pas de nous livrer à nos travaux et à notre culture, de même l'humanité, s'abandonnant à ses destinées inconnues, doit se donner pour but constant son amélioration matérielle, intellectuelle et morale.

Tant que l'on n'eut que des notions sur quelqu'un des linéaments de l'état statique des sociétés, c'est-à-dire tant qu'on fut borné au point de vue d'Aristote, la science de l'histoire n'exista pas, puisqu'elle consiste essentiellement dans la connaissance de la loi de développement. Que si l'on s'étonne que cette loi de développement ait été si tardivement découverte, il faut répondre en exposant la subordination où est la science de l'histoire par rapport aux autres sciences, exposition d'autant plus utile qu'elle pénètre au cœur même de la question d'évolution.

J'entends par subordination la condition qui fait qu'une science supérieure et plus compliquée ne peut se constituer, avant que soit constituée la science immédiatement inférieure, et moins compliquée. Les exemples vont rendre claire cette définition.

Puisque l'histoire a pour théâtre les sociétés et que les sociétés sont composées d'êtres humains, il est bien clair que le phénomène historique est en sus de tous les phénomènes qui appartiennent à la vie individuelle. De la sorte il apparaît que la science historique, contenant un phénomène de plus, est supérieure à la science de la vie et plus compliquée. En conséquence elle ne peut se constituer que lorsque la science de la vie aura elle-même posé ses propres fondements; or il n'y a guère que quatre-vingts ans que les vrais fondements de celle-ci sont posés. Mais est-ce que l'étude des êtres vivants peut être abordée de plain pied et sans quelque science inférieure et moins compliquée qui lui serve en quelque sorte de base et de support? non certes. Tout ce qui chez les êtres vivants entretient la vie, je veux dire la grande fonction de la nutrition relève immédiatement de la chimie; et vous savez comme moi que la constitution de la chimie est l'œuvre du XVIIIe siècle. Sommes-nous au bout de ces subordinations? pas le moins du monde. La chimie n'a été pendant de longs âges que de l'alchimie, tant que la physique n'a pas été constituée; en effet comment spéculer sur les propriétés chimiques des corps, si l'on n'a aucun moyen de tenir compte de leurs propriétés de pesanteur, de chaleur, de lumière et d'électricité? La chimie est donc subordonnée à la physique, selon le sens que j'attache ici à ce mot; mais la physique est de constitution récente, ne remontant guère au delà de Galilée et des commencements du XVIIe siècle. Est-ce tout dans cette subordination hiérarchique? non pas encore. La physique, avec l'astronomie qui n'en est qu'une branche, est dépendante étroitement des mathématiques; et, de leur côté, les mathématiques, qui, elles, n'ont rien qui les précède, ne remontent pas à une antiquité très-reculée : ce sont les Grecs qui les fondèrent. Ce rigoureux enchaînement montre comment la découverte de la science de l'histoire a été ajournée à une date si près de nous.

Il montre aussi que je n'ai pas eu tort d'affirmer que ce grand fait de subordination pénétrait jusqu'au cœur de l'histoire. La nécessité qu'il impose aux sciences de n'apparaître que l'une après l'autre et dans un ordre absolument déterminé représente à nos yeux, en linéaments parfaitements distincts, la marche, la direction, le progrès.

Quand je parle de la constitution des sciences et de leur superposition successive, je n'entends que le point précis où chacune établit ses théories fondamentales; car, une fois constituées, les sciences se prêtent toutes sortes de secours réciproques, aussi bien les supérieures aux inférieures, que les inférieures aux supérieures.

Comme l'histoire se passe dans le temps et comme la marche de l'évolution est fort lente, relativement du moins à la courte durée de notre vie individuelle, plus on s'enfonce dans l'antiquité, plus on allonge la portion de cette évolution qui est accessible à nos recherches. Aujourd'hui, grâce à des trouvailles toutes récentes, on tient la série entière, sauf les origines qui, en ceci comme dans le reste, nous échappent nécessairement. A la vérité, il s'y rencontre des lacunes importantes; mais un judicieux système d'intercalation permet d'en combler quelques-unes; et, en somme, nous avons des documents suffisants pour établir les trois grandes phases de l'humanité : la première à nous connue et la plus ancienne, celle qui se caractérise par la création des outils les plus simples et l'emploi de quelques métaux faciles à travailler ; la seconde qui lui succède, où les arts nécessaires à la vie reçoivent un ample et brillant développement, et où règne l'empirisme ; la dernière à laquelle nous appartenons, où les sciences positives font leur apparition, et où la théorie prend la direction des idées.

Ce que sont dans les autres sciences les observations et les expériences, les livres et les textes le sont dans la science de l'histoire. Mais plus on remonte vers l'antiquité, plus les documents écrits soit sur le papier, soit sur la pierre, deviennent rares ; et enfin on atteint des temps où ils manquent tout à fait. Alors on y supplée par des renseignements tirés des monuments, des sépultures, des instruments de guerre, en un mot des débris de toute espèce que la terre renferme et qui servent de témoins. La terre est un dépositaire fidèle ; sans son pouvoir de conservation, que saurions-nous de l'homme préhistorique, des flores et des faunes antédiluviennes ?

Quelque flottantes que paraissent les langues qui n'ont d'existence que par la parole vivante transmise de bouche en bouche, cependant elles n'en rendent pas moins témoignage des choses antiques par leurs racines, variables selon les races d'hommes, mais sans doute aussi anciennes que ces races. Il ne faut pas croire que les langues perfectionnées qui servent d'organe aux nations civilisées aient eu, dès l'origine, la forme qui leur est devenue propre ; il ne faut pas croire non plus que les langues des peuples placés au plus bas degré de l'échelle sociale n'aient pas, empreinte dans leur constitution, la faiblesse intellectuelle de ceux qui les parlent. Les recherches de la philologie moderne, en résolvant d'un côté en leurs éléments les langues perfectionnées, et de l'autre en comparant les langues rudimentaires, ont démontré que, dans ce domaine aussi, il y a eu une évolution. Trois époques distinctes marquent l'histoire du langage : le monosyllabisme, l'agglutination et la flexion. Entre les langues parlées jadis et celles qu'on parle aujourd'hui à la surface du globe, les unes ont passé par ces trois phases, les autres se sont arrêtées dans leur développement : ainsi l'agglutination renferme le monosyllabisme; la flexion renferme à la fois le monosyllabisme et l'agglutination. Le chinois est le principal représentant encore subsistant aujourd'hui du monosyllabisme primitif. L'agglutination, ainsi dite du procédé par lequel des syllabes indiquant les relations sont jointes aux monosyllabes primitifs, se voit dans les langues dravidiennes. Enfin la flexion appartient aux langues sémitiques, par exemple l'hébreu, l'arabe, et aux langues aryennes, par exemple le grec et le latin. Ceci montre comment les archéologies du langage servent à éclairer et à consolider les théories de l'histoire.

A côté des langues je placerai les mythologies, qui, remontant très-haut dans l'histoire des peuples, nous renseignent sur leurs conceptions primitives au sujet de l'ensemble des choses. On en comprend l'importance; car là sont déposées les idées que les premiers hommes se firent sur les causes et l'ordre du monde. Ce fut un grand pas dans la voie des spéculations philosophiques, si l'on doit donner le nom de philosophiques à des notions s'élevant spontanément dans l'esprit à la vue des forces diverses, bienfaisantes ou malfaisantes, qui nous entourent et nous dominent. Ce fut aussi un grand pas dans l'organisation des sociétés; car autour de ces spéculations primitives se groupèrent des sentiments et des pratiques qui constituèrent les cultes religieux et lièrent fortement les hommes à un ensemble d'idées morales. Ainsi naquirent les antiques religions des peuples polythéistes ; elles ont leur place déterminée dans l'évolution, et elles remplissent un très-considérable office, comme on le voit chez tous les grands peuples de la haute antiquité.

Ces mythes, c'est le nom que l'on donne aux primitives conceptions religieuses, ont, même les plus élevés, d'humbles racines. Comme exemple, je vous citerai le mythe célèbre de Prométhée. Vous savez que ce titan, prenant en pitié la misérable condition des mortels, déroba le feu au ciel et l'apporta sur la terre. Ce vol courrouça Jupiter, et, faisant saisir Prométhée par ses deux satellites, Vulcain et Mercure, il le cloua sur un rocher du Caucase où un vautour venait lui ronger le foie. Mais le développement du mythe ne s'arrêta pas là, et l'esprit des Grecs le porta plus loin. Prométhée brave le courroux de Jupiter ; car il sait que le règne du roi des dieux ne sera pas éternel, et qu'il doit être détrôné à son tour, si le bienfaisant titan n'est pas délivré. En effet Hercule tue le vautour, et détache les chaînes du captif ; alors une réconciliation se fait entre Jupiter et Prométhée ; et un nouveau et meilleur règne commence entre les dieux et les hommes. Tels sont les linéaments de ce mythe magnifique, où les Grecs se sont approchés autant qu'il est possible de la symbolisation de l'humanité. Maintenant, quelle est la racine de ce long développement d'idées ? Elle est à la fois très-humble et très-curieuse. L'étymologie nous la donne : Prométhée se ramène à un mot sanscrit signifiant celui qui produit le feu en frottant un morceau de bois dans un autre bois. Ainsi par cette signification nous voilà reportés au temps où les hommes apprirent à produire le feu d'une façon régulière par le frottement, et consacrèrent par des rites religieux cette heureuse découverte. Puis, à fur et à mesure que l'on s'éloigna du sens primordial et qu'on l'oublia, l'esprit philosophique groupa autour du donneur de feu l'idée de bienfait, de dévouement au service des hommes, de conflit entre les êtres divins et de l'avénement d'un âge où ils seraient plus miséricordieux.

Sur les limites des temps historiques se trouvent quatre grands livres, heureusement conservés et qui jettent beaucoup de lumière sur la haute antiquité. Le premier à citer comme le plus récent est Homère ; ses poésies, qui furent à la fois pour les Grecs un livre religieux et un livre héroïque, sont de huit à neuf cents ans antérieures à l'ère chrétienne ; les dieux n'y sont que des hommes agrandis, plus forts et plus puissants. A une date notablement plus reculée se trouvent deux livres écrits dans deux langues très-voisines du grec, et sous des conceptions mythologiques dont les origines se confondent avec la mythologie des Hellènes : ce sont le Véda et le Zendavesta. Le Véda, qui est le livre religieux de l'Inde, est un recueil d'hymnes où sont célébrées les forces et les grandeurs de la nature ; c'est, comme chez les Grecs, un polythéisme infini, mais où les phénomènes naturels ont à peine revêtu la forme divine. Le Zendavesta, qui est le livre de l'Iran ou plateau central de l'Asie, n'est point polythéiste : il reconnaît deux principes dans le monde, l'un bon, l'autre mauvais, Ormuzd et Ahrimane, et encore le bon principe doit finir par triompher du mauvais ; une morale pure et élevée y est prêchée. C'est aussi le caractère moral qui prédomine dans la Bible, livre non moins ancien que les précédents et qui, le premier dans le monde, proclama le monothéisme. Nous avons perdu Sanchoniaton et Bérose, qui auraient été pour les Phéniciens et les Babyloniens ce que la Bible est pour les

Hébreux ; mais enfin ces quatre livres qui nous restent, plongeant par toutes leurs sources en une antiquité encore plus lointaine, nous font assister au développement religieux des peuples les plus importants de l'ancien monde.

A côté de ces quatre livres, je ne veux pas omettre de mentionner certains papyrus égyptiens, certaines inscriptions en caractères hiéroglyphiques, et aussi en caractères assyriens. Ils ne les égalent pas en valeur intrinsèque, mais ils les dépassent en valeur chronologique ; car ils sont de beaucoup plus anciens. Ce sont les textes les plus reculés que nous possédions. Là nous apprenons, sinon complétement, du moins par fragments, comment les Égyptiens, premier peuple civilisé sur la terre autant que nous sachions, envisageaient le monde, les dieux, la vie et la mort.

Je viens de vous indiquer quels sont les livres les plus anciens ; comme complément, je vous indiquerai quels sont les monuments qui appartiennent à la date la plus ancienne. Les uns sont datés, les autres ne le sont pas. Les monuments datés, approximativement du moins, sont ceux d'Égypte : là, quelques pyramides et quelques temples atteignent les dernières limites des temps historiques ; rien de plus antique n'est connu sur la terre. Vous êtes des enfants, vous autres Grecs, disaient les prêtres égyptiens à Solon, et ils avaient raison ; la vieille Grèce est jeune à côté de l'Égypte. Les monuments non datés sont ceux que l'on connaît sous le nom de mégalithiques : ce sont de grandes pierres brutes, les unes dressées, les autres couchées, et connues sous le nom de menhir et de dolmen ; les plus remarquables se trouvent à Carnac en Bretagne ; mais, maintenant qu'on les cherche, on en trouve à peu près partout. L'usage n'en est pas connu non plus que l'époque ; mais, quelle que soit cette époque, elle est antérieure à celle des monuments égyptiens, ou, tout au moins, elle est un reste de civilisation plus vieille que la leur.

Tous les préliminaires qui donnent une idée de l'histoire générale viennent d'être exposés, sauf un seul, celui qui caractérise la méthode. Chaque science a une méthode qui lui est propre. Pour l'astronomie, c'est l'observation ; l'astronome ne peut qu'observer les phénomènes, il ne peut les modifier en rien. Au contraire, le physicien les modifie à sa convenance pour leur faire dire ce qu'il cherche ; autant en fait le chimiste ; c'est l'expérimentation, méthode propre à ces deux sciences. La biologie pratique sans doute l'observation et l'expérimentation ; mais sa méthode particulière est la comparaison, soit entre les divers âges d'un même individu, soit entre les divers degrés de l'échelle des êtres organisés, depuis le végétal jusqu'à l'homme. Enfin l'histoire ou sociologie, outre tous les modes précédents dont elle use selon l'opportunité, a pour instrument spécial la filiation, c'est-à-dire la production des états sociaux les uns par les autres. Il faut s'arrêter sur cette idée ; car elle est essentielle et sert à rectifier certains préjugés qui sont encore courants. Au dix-huitième siècle, et beaucoup de gens pensent comme le dix-huitième siècle, on reconnaissait hautement la supériorité du temps moderne en lumières et en civilisation, et l'on s'en montrait très-fier ; mais en même temps on admettait que les époques antécédentes avaient été plongées dans la nuit de l'ignorance et de la barbarie, que les sociétés orientales n'avaient été qu'un amas d'esclaves trompés par des prêtres ; et à cette condamnation générale de tout le passé humain, on ne faisait d'exception que pour l'antiquité gréco-latine, à laquelle on se déclarait bénévolement inférieur dans la culture des lettres et dans la grandeur morale. Cela est inintelligible. Le progrès total ne se compose que de la somme des progrès partiels; et, si les choses s'étaient passées comme le prétendaient les hommes du dix-huitième siècle, si tout ce qu'ils affectaient de regarder comme ténébreusement barbare l'avait été effectivement, leur civilisation, comme la nôtre, serait un effet sans cause; mais la liaison de l'effet à la cause se retrouve dès qu'on admet et constate la filiation historique. Cette constatation est une des œuvres les plus méritoires du véritable historien.

Quel est donc le véritable historien? C'est celui qui saisit le caractère social des événements et des époques. Quel est le caractère social des événements et des époques? C'est l'ensemble des conditions qui font que, telle civilisation étant donnée, la convergence des effets produits favorise le passage à une situation plus développée, soit qu'il s'agisse d'organiser quand un ordre se constitue, soit qu'il s'agisse de dissoudre quand un ordre se décompose par usure et décadence. De ce précepte, je ferai l'application à un seul exemple, celui des croisades. Ce mouvement de l'Occident chrétien contre l'Orient musulman a été très-sévèrement jugé par les philosophes du dix-huitième siècle; ils n'y ont vu qu'un amour désordonné de la guerre et des aventures, une impulsion de fanatisme, une œuvre calamiteuse pour ceux qui envahissaient et ceux qui étaient envahis. Autre doit être le jugement de l'histoire. Depuis longtemps l'Occident se défendait péniblement contre les musulmans, qui l'entamaient de tous côtés; dès qu'il le put, il prit par les croisades l'offensive; et, si l'on considère que c'est l'Occident qui devait donner naissance au développement moderne, et que les musulmans devaient tomber dans la nullité, on reconnaîtra que les croisades furent un événement amené par la situation réciproque des deux parties et favorable à l'évolution commune.

Les deux sciences qui traitent des êtres vivants, la biologie et l'histoire, ont cela de particulier que la substance qui fait l'objet de leur étude crie et témoigne sa douleur quand le mal vient la frapper. Telle est la condition du médecin au chevet du malade, de l'historien au chevet des nations saisies par la main de fer du malheur. Il faut pourtant pénétrer dans ces domaines pour y chercher, d'un esprit lucide et d'une main ferme, le réel et le vrai, seul flambeau qui nous serve à rendre, dans notre condition mortelle, ce qui est bon meilleur, ce qui est mauvais moins mauvais. Résumons donc en quelques mots cet aperçu. L'histoire est un phénomène naturel et, à ce titre, soumis à des conditions déterminées que nous ne pouvons modifier sans limite à notre profit. Comme elle est subordonnée à la science de la vie, laquelle est elle-même subordonnée aux sciences chimiques et physiques, celle de l'histoire est la plus compliquée de toutes et constituée la dernière. Le procédé d'étude qu'elle emploie essentiellement est la filiation, c'est-à-dire l'engendrement des états sociaux les uns par les autres. Enfin elle constate que l'humanité est soumise à un mouvement de développement qui la porte à des degrés échelonnés de civilisation, et que ce mouvement, quand il a atteint la phase des sciences positives, devient assuré, mesurable par le progrès même de ces sciences et indéfiniment progressif.

Nota. — En rédigeant cette leçon à la hâte, j'avais esquissé à la hâte aussi un programme que voici :

2ᵉ Leçon. La terre et l'homme.

3ᵉ Leçon. L'homme préhistorique et l'homme sauvage.

4° Leçon. Comme entre l'homme préhistorique et les Égyptiens, dont la civilisation apparaît toute formée, une lacune existe, j'intercalais une civilisation intermédiaire dont je prenais le type chez les Mexicains et les Péruviens.

5e Leçon. Les Égyptiens.

6e Leçon. Les Babyloniens.

7e Leçon. Les Indiens et les Iraniens.

8e Leçon. Les Juifs et les Phéniciens.

9e Leçon. Séparation des peuples progressifs et des peuples improgressifs, qui semblaient jusqu'à cette date confondus. Chinois.

10e Leçon. Considérations générales au sujet de l'antique civilisation fondée sur l'empirisme et les arts industriels.

11e Leçon. Commencement de la civilisation fondée sur la science. Les Grecs.

12e Leçon. Les Romains. Formation d'un corps politique soutenant et propageant la civilisation.

13e Leçon. Empire romain. Décadence du polythéisme gréco-romain. Établissement du christianisme.

14e Leçon. Empire barbare. Conquête de la Germanie par Charlemagne. Formation des langues néo-latines. Transmission laborieuse du savoir antique à l'Occident.

15e Leçon. Moyen âge, catholicisme, féodalité; arts, poésie et science de cette période.

16e Leçon. Arabes, leur histoire; introduction, dans l'Occident, de leur savoir, qui est tout grec; demi-renaissance.

17° Leçon. Dissolution du régime catholico-féodal durant le quatorzième siècle et le quinzième. Les grands schismes.

18e Leçon. Découverte de l'Amérique.

19ᵉ Leçon. Seizième siècle : Réforme, Rabelais, Montaigne, Cervantès, Shakespeare.

20ᵉ Leçon. Dix-septième siècle : Les grandes monarchies. Formation d'un art en rapport avec elles, d'origine française, et prenant un grand ascendant en Europe. Progrès rapide des sciences : astronomie et physique.

21ᵉ Leçon. Dix-huitième siècle : l'équilibre européen. Fermentation de l'esprit d'examen, d'incrédulité et de révolution. Constitution de la chimie et de la biologie.

22ᵉ Leçon. Révolution française. Rénovation de l'art, de la poésie, de l'esthétique. Développement continu des sciences. Constitution de la sociologie.

23ᵉ Leçon. Marche et but de l'humanité.

XV

DE

LA CIVILISATION

ET DU MONOTHÉISME

CHEZ LES PEUPLES SÉMITIQUES

1. — *Objet du livre de M. Renan*[2].

Plusieurs, en lisant le titre de l'ouvrage de M. Renan, en voyant que l'objet en est une histoire de langues éloignées et difficiles, un système de leur formation et de leurs rapports, s'en détourneront comme d'une lecture aride et fatigante, comme d'une étude plus occupée de mots que de choses. Pourtant, si, triomphant de cette première impression, ils ouvrent le livre, ils se

---

1. *Revue des Deux Mondes*, juillet 1857.
2. *Histoire générale et système comparé des langues sémitiques*, par M. Ernest Renan, ouvrage couronné par l'Institut.

laisseront, je n'en doute pas, entraîner à l'intérêt que l'auteur y a répandu. M. Renan sait les détails, et, comme on dit, les faits, mais il aime les généralités instructives; il compare les idiomes, mais il a le goût de l'histoire; il cite les textes, mais il les discute avec une clarté qui permet de les embrasser; il a la patience de l'érudit, mais il met l'ordre et la suite partout, et le tableau, visible, naît sous la main qui le trace et sous l'œil qui le suit. Il s'est instruit à force de recherches, mais son instruction est communicative; il traite un sujet grammatical, mais, par ce sujet grammatical, il peut et sait toucher à des problèmes délicats de psychologie et d'origine. Le style, toujours approprié, soutient le lecteur, lui dénoue les difficultés et s'élève avec la pensée, si bien qu'à la fin on se trouve amené sans effort jusque sur les hauteurs de l'histoire et jusqu'aux contemplations suprêmes.

De fait, la science des langues est d'un secours infini à l'histoire. Platon avait inscrit au frontispice de son école qu'il ne fallait pas y entrer si l'on n'avait reçu l'initiation préalable de la géométrie, faisant entendre que celui qui ne s'était pas familiarisé d'abord avec des spéculations plus simples et moins difficiles n'était pas suffisamment préparé aux spéculations plus ardues de la philosophie. En un autre sens, je dirais que l'on ne peut traiter avec succès bien des questions de l'histoire générale, si l'on n'a pas une connaissance réelle des renseignements fournis par la comparaison des langues. La comparaison des langues est une étude toute moderne. Les anciens ont laissé périr autour d'eux des idiomes considérables, sans nous en transmettre ni un glossaire, ni une grammaire. Les Grecs ne nous ont rien appris sur le langage des Lydiens, des Phrygiens, des Thraces, des Gètes, des Sauromates et de tant d'autres nations qui les avoisinaient; les Romains, rien sur les Samnites, qui étaient leurs proches parents, rien sur les Étrusques, qui avaient été leurs instituteurs, rien sur les Espagnols, les Gaulois, les Bretons, qu'ils conquirent, rien sur les Germains, qui brisèrent la domination de Rome. On peut le regretter, mais on ne doit pas s'en étonner. Les anciens étaient encore occupés aux parties élémentaires de l'ensemble scientifique, ils ne concevaient l'histoire que comme narrative, ils ne la concevaient pas comme chargée de montrer la chaîne nécessaire du développement humain, et, à ce titre, subordonnée immédiatement à la connaissance du monde organique et de ses lois, et médiatement à celle du monde inorganique et de ses propriétés. Pourquoi auraient-ils amassé des matériaux dont ils ne voyaient aucune utilité, et recueilli les mots d'idiomes barbares que leur oreille dédaigneuse repoussait? Mais l'esprit moderne, ayant fondé toutes les doctrines qui préparaient la grande science de l'histoire, sentit que les langues renfermaient les données les plus précieuses; et la philologie, sollicitée par ce besoin qu'on avait d'elle et assurée de sortir enfin des réduits de l'érudition pour se mêler aux plus importantes questions, procura en peu d'années un ensemble de notions positives qu'elle complète tous les jours, mais qui est déjà devenu un indispensable flambeau pour toutes les origines.

On comprendra sans peine comment il en est ainsi. Les choses anciennes ne nous sont connues que par les documents qui nous en informent, par les traces qu'elles ont laissées. La tradition, les livres, les monuments, voilà les sources où nous puisons. La tradition orale ne remonte jamais à une suite d'années très-étendue; dès que la série s'allonge, les faits et les temps se confondent, et ce qui est récent efface successivement ce qui est passé. S'il fallait aujourd'hui, de l'histoire moderne, ne savoir que ce qui est conservé dans la mémoire des hommes actuels indépendamment de toute écriture, les notions n'iraient pas bien haut et seraient très-confuses, témoin ce que firent de Charlemagne la légende et la tradition dans les récits de Turpin et de nos trouvères. Aussi les plus vieux souvenirs des générations antiques, d'ailleurs sujets toujours à être remaniés tant qu'ils n'ont pas été consignés dans des ouvrages de date certaine, font bien vite défaut à la recherche ascendante vers les époques primitives.

Les livres sont à la fois plus sûrs et plus amples; mais, à mesure que l'on s'enfonce dans l'antiquité, ils deviennent rares d'une façon singulièrement rapide; et, quand on atteint des temps qui ne sont pas pourtant bien anciens, par exemple l'âge d'Homère ou de Moïse, de Zoroastre ou des Védas, on n'a plus qu'un seul livre, unique témoin qui nous soit parvenu, unique flambeau pour ce qui a précédé. Et cependant il est bien sûr qu'un immense passé a seul pu préparer la naissance de ces livres, en préparant des sociétés comme celles de la Judée, de la Perse, de la Grèce et de l'Inde, où les religions, les gouvernements, les arts, l'écriture, s'étaient déjà développés. Les monuments vont plus haut que les livres. Ainsi, quand la Genèse a été écrite, quand Homère a chanté ses poëmes, quand Zoroastre a composé sa loi, quand les hymnes védiques sont venus présider au foyer domestique du père de famille aryen, il y avait longtemps que les énormes pyramides, les temples de l'Égypte et les palais de ses rois bordaient, comme une allée gigantesque, les rives du Nil, merveilleux et fécondant; mais, ainsi que les livres, ces monuments témoignent d'une longue antiquité, plus vieille qu'eux, et dans laquelle le regard ne peut pénétrer. Traditions, livres, monuments s'arrêtent, chacun suivant sa nature, à une certaine étape dans le chemin de l'histoire.

Il est un élément qui remonte plus haut que tout cela, ce sont les langues. Les langues que nous parlons, les mots que nous prononçons, ne sont pas nés d'hier; chose singulière, ces vocables qu'on croirait une simple vibration de l'air sonore, et qui semblent si fugitifs et si précaires, ont des racines qui s'enfoncent profondément dans le sol, et que des fouilles bien conduites poursuivent fort loin. Le français, nous le savons, est dérivé du latin; mais le latin n'est point indigène dans les Gaules : il y rencontra le celtique, et y fut heurté aussi par l'allemand, que la conquête y amenait. Ce celtique, ce latin, ce tudesque, que les événements mettaient ainsi en présence, et qui n'avaient aucun moyen de se reconnaître alors, étaient pourtant des langues sœurs dont la linguistique a retrouvé les généalogies et les titres de famille. De plus, elles étaient toutes les trois étrangères et envahissantes sur le sol qu'elles occupaient; elles se rattachaient à des contrées lointaines, elles avaient traversé de vastes espaces, et indiquaient toutes les trois l'Asie comme leur berceau. En effet, elles y avaient et y ont encore des idiomes fraternels, le persan et le sanscrit. Ainsi, par de là tous les livres, par de là tous les monuments, les langues signalent des consanguinités, des migrations, des origines sur lesquelles rien autre ne peut nous éclairer. Elles sont pour les âges préhistoriques ce que sont les fossiles pour les âges anté-diluviens : les restes permanents des choses qui furent, des documents difficiles à interpréter, mais dont une critique sagace et sévère peut tirer des notions aussi certaines qu'inattendues.

Ceci est la famille des populations aryennes. C'est d'une autre famille de langues, d'un autre monde philologique, que s'est occupé M. Renan. Les Arabes tiennent une place considérable dans l'histoire du monde : Mahomet est leur prophète, l'islam est leur religion, et, sous l'impulsion religieuse et guerrière qu'ils reçurent, ils portèrent bien loin leurs armes et leurs idiomes. Il fut un temps où l'on parlait arabe en Espagne et en Sicile. Depuis longtemps, le torrent débordé est rentré dans son lit. Toutefois l'arabe, outre la péninsule arabique, est demeuré le parler du Maroc, de l'Algérie, de Tunis, de Tripoli, de la Syrie et de l'Égypte. Laissant de côté l'Afrique, où il a succédé au grec, au latin, sans détrôner le berbère, toutes langues qui n'ont rien de commun avec lui; laissant de côté aussi l'Égypte, où le copte, également étranger à l'arabe, a disparu, il a remplacé en Syrie le syriaque ou araméen, dont il est le frère. Ce syriaque était devenu la langue commune de la Syrie à l'époque de l'établissement du christianisme. Il avait servi de propagateur à la nouvelle religion, et plus tard d'intermédiaire entre la science grecque et les Arabes, devenus musulmans, puissants et désireux de cultiver les hautes connaissances. Les œuvres des philosophes, des mathématiciens, des astronomes, des médecins de la Grèce, furent traduites en syriaque et de là en arabe; mais ce syriaque même, plus ancien que l'arabe, du moins en tant que langue cultivée, était bien plus récent sur le sol qu'il occupait que d'autres idiomes auxquels il avait succédé, à savoir ceux des Hébreux, des Tyriens et peut-être aussi (du moins bien des signes paraissent l'annoncer) de Babylone et de Ninive[1]. Toutefois la

---

1. Ce qui était alors une conjecture est devenu une certitude : une langue sémitique est écrite en caractères cunéiformes.

chaîne n'est pas interrompue, et du syriaque à l'hébreu la communauté radicale est incontestée.

Si l'on considère ces langues dans le temps, voici comment elles se présentent : elles sont sans doute les unes et les autres également anciennes, mais elles ont commencé à jouer un rôle littéraire à des époques très-éloignées. L'arabe, à ce titre, est le plus moderne ; il n'a commencé à être écrit que par Mahomet et après Mahomet. On ne possède, du temps qui précéda immédiatement le prophète, que quelques pièces de poésie ; mais il est très-certain qu'on parlait arabe en Arabie, et quand la domination romaine et grecque occupait les contrées limitrophes, et quand Jérusalem, Tyr et Sidon florissaient, c'est-à-dire depuis l'époque inconnue où les premiers pères des habitants de cette vaste contrée vinrent s'y fixer. Toutefois, pendant une longue antiquité, il ne se fit aucun mouvement dans cette langue, et après une torpeur de beaucoup de siècles, un éveil survenant, les Arabes entrèrent dans le cercle des peuples qui imaginent, pensent et écrivent. Je fais cette remarque, afin de noter qu'une population, même douée heureusement, peut rester, pendant un temps indéfini, dans l'immobilité d'esprit, si quelque chose d'intérieur ou d'extérieur surgissant n'y décide ce que j'appellerais volontiers la fermentation intellectuelle. Ainsi, quand, les documents faisant défaut, nous arrivons à un point de l'histoire où la route est coupée, il ne faut pas croire que cette limite apparente soit voisine de l'origine ; un nombre immense d'années ont pu s'écouler pendant lesquelles cet état, qui nous paraît primordial, et qui sans doute l'est à un certain point de vue, n'a pas varié. Dans les époques primitives, il y a peu ou point d'histoire, c'est-à-dire que le mouvement d'ascension de l'humanité n'y est pas marqué, ou bien y est peu marqué. En d'autres termes, les périodes initiales ou préhistoriques n'ont aucune proportion connue avec les périodes du développement historique. La péninsule arabique nous en offre un exemple.

Comme l'arabe, le syriaque remonte, en tant que langue parlée, aux siècles les plus lointains; mais, en tant que langue écrite, s'il a le pas sur l'idiome sacré de l'islamisme, il n'a pourtant pas droit à une très-haute antiquité; il appartient à une époque intermédiaire. Les monuments qui nous en restent sont surtout relatifs au christianisme. La Syrie fut chrétienne jusqu'à l'invasion des Arabes, qui firent prévaloir leur religion; mais jusque-là elle avait fourni un notable contingent de docteurs et d'écrivains qui propagèrent et défendirent la foi inaugurée par Jésus. Le syriaque s'était effacé quand l'arabe avait pris le premier rang; de même, quand le syriaque arriva sur la scène littéraire, l'hébreu avait cessé d'être une langue vivante et productive. C'est lui en effet, puisque nous n'avons conservé aucun livre de Sidon ou de Tyr, c'est lui à qui revient, dans cette série, le droit d'antiquité. Les livres des Hébreux sont les plus lointains documents écrits que nous possédions pour tout cet ensemble de peuples; par delà, il n'y a plus que des légendes, des traditions, des conjectures. La langue hébraïque est la forme la plus ancienne que nous connaissions de ces langues unies entre elles par des liens étroits[1].

Cet ensemble de peuples a tenu un très-haut rang, et leur part a été grande dans l'histoire de l'humanité. Les Arabes ont fait d'immenses conquêtes; ils ont créé

1. Il faut maintenant faire entrer en ligne de compte les textes cunéiformes de Babylone et de Ninive, dont quelques-uns sont plus anciens que la Bible.

une religion qui, après avoir suivi la fortune de leurs armes et s'être étendue ou avoir reculé suivant la chance de la guerre, a perdu, il est vrai, depuis longtemps toute force expansive du côté de l'Occident, mais n'en exerce pas moins encore aujourd'hui un prosélytisme actif vers l'intérieur de l'Afrique. Il a été un temps, la première période du moyen âge, où, les Occidentaux n'ayant plus du grec qu'une connaissance petite et par intermédiaire, les Arabes, qui s'étaient fait traduire les principaux livres de science, eurent une prééminence, si bien que ce fut une révolution dans les écoles latines quand les livres arabes, traduits à leur tour, y apparurent. Les Tyriens ont été le peuple navigateur par excellence dans l'antiquité; ils ont jeté de nombreuses colonies sur toutes les côtes fréquentées par leurs vaisseaux; Carthage, une des villes fondées par eux, a disputé l'empire du monde à Rome, et, ce qui est plus que les plus grandes conquêtes, ils ont découvert l'écriture alphabétique (s'il faut en croire l'antiquité, qui tout d'une voix leur accorde cet honneur). Enfin les Hébreux, peuple qui n'eut pas un caractère militaire très-marqué, bien qu'on ne puisse assez admirer l'indomptable courage avec lequel ils défendirent Jérusalem contre les Romains, ainsi que leur lutte victorieuse contre les Grecs de Syrie, ont les premiers inauguré le monothéisme parmi les nations, monothéisme d'où sont sortis le christianisme d'abord, puis le mahométisme. C'est chez eux qu'est née la Bible, livre duquel, indépendamment de l'intérêt religieux qu'il a pour les Juifs et les chrétiens, indépendamment des documents inappréciables qu'y trouve l'historien, on doit dire avec M. Renan : « Si nous envisageons dans son ensemble le développement de l'esprit hébreu, nous sommes frappés de ce haut caractère de perfection absolue qui donne à ses œuvres le droit d'être regardées comme classiques, au même sens que les productions de la Grèce, de Rome et des peuples latins. Seul entre tous les peuples d'Orient, Israël a eu le don d'écrire pour le monde entier. Les autres littératures de l'Orient ne sauraient être lues et appréciées que des savants; la littérature hébraïque est la Bible, le livre par excellence, la lecture universelle; des millions d'hommes, répandus sur le monde entier, ne connaissent pas d'autre poésie. Il faut faire sans doute, dans cette étonnante destinée, la part des révolutions religieuses qui, depuis le XVIe siècle surtout, ont fait envisager les livres hébreux comme la source de toute révélation; mais on peut affirmer que, si ces livres n'avaient pas renfermé quelque chose de profondément universel, ils ne fussent jamais arrivés à cette fortune. Israël eut, comme la Grèce, le don de dégager parfaitement son idée, de l'exprimer dans un cadre réduit et achevé; la proportion, la mesure, le goût, furent en Orient le privilége exclusif du peuple hébreu, et c'est par là qu'il réussit à donner à la poésie et au sentiment une forme générale et acceptable pour tout le genre humain. »

Ces peuples ont parlé ou parlent des langues qui ont entre elles d'étroites affinités par la grammaire et par les radicaux, et qui se distinguent profondément des autres idiomes par les radicaux et par la grammaire : c'est là ce qui forme une famille de langues. A celle-ci, les érudits ont donné le nom de sémitique. Cette dénomination dérive de Sem, fils de Noé; mais, comme le remarque M. Renan, elle est défectueuse, puisque, tirée de la Bible, elle n'est pas en concordance avec le document qui l'a fournie. Ainsi les Élamites, qui d'après la Genèse sont des Sémites, ne parlaient pas une langue sémitique, et au contraire une langue sémitique était parlée par les Phéniciens et par des Arabes de diverses tribus qui, d'après la Genèse, étaient issus de Cham. On a dit que les Phéniciens, bien que se servant d'une langue sémitique, n'en étaient pas moins des Chamites qui s'étaient approprié une langue étrangère ; mais cela ne peut se soutenir. L'histoire montre les Phéniciens, les Sidoniens, en un mot les Chananéens établis de toute antiquité dans le pays qu'ils occupaient ; et ce que nous savons de leur idiome prouve qu'il était aussi pur qu'aucun des autres idiomes syro-arabes, ce qui ne serait pas s'ils étaient des étrangers ayant appris, on ne sait comment, la langue de leurs voisins. Aussi d'ordinaire on interprète le texte de la Genèse, et on voit une désignation géographique dans la dénomination de fils de Sem. Quoi qu'il en soit, l'érudition donne à *sémitique* un sens ethnographique, et appelle ainsi un groupe de peuple qui parlent des langues construites sur un même type et ayant entre elles des analogies comparables à celles qu'ont entre eux le français, l'italien et l'espagnol.

2. *Des Aryens et des langues aryennes.*

Quelque éminents qu'aient été les services rendus par les Sémites à la civilisation générale, toutefois il reste encore, dans le vaste ensemble qu'elle présente, une grande place pour des peuples qu'une destinée favorable ou d'heureuses aptitudes ont élevés à l'honneur suprême d'y laisser une trace profonde ; car l'on peut dire des peuples ce que le poëte dit des hommes privilégiés :

..... Quos æquus amavit
Jupiter, aut ardens evexit ad æthera virtus.

Jupiter, c'est le concours de conditions bienfaisantes qui activent le développement; l'*ardente vertu*, c'est la disposition innée qui porte une race vers les hautes parties de l'intelligence ou de la moralité humaine. Plus on examinera le vers de Virgile, plus on verra qu'un grand peuple et un grand homme ont d'évidentes analogies.

Les Aryens forment une famille de nations non moins illustres que les Sémites. Leurs rivaux dans la haute antiquité, ils sont même devenus, dans l'âge moderne, supérieurs, et ont pris la direction de tout le mouvement social. Sortis, selon les vraisemblances, du plateau central de la haute Asie à une époque qui dépasse l'histoire, on les trouve, sitôt que les documents commencent à naître, occupant, sous les noms d'Indiens, de Perses, de Thraces, de Grecs, de Latins, de Scythes ou Slaves, de Germains et de Celtes, une zone immense qui s'étend depuis les bords du Gange jusqu'à la Grande-Bretagne. La fortune de ces populations a été très-diverse et l'est encore : les Indiens, arrivés à tout le développement que comportent le régime des castes et le polythéisme, sont, depuis des siècles, arrêtés sur un seuil qu'ils n'ont pu franchir. Les Perses, fondateurs d'un grand empire, disciples de Zoroastre, sont tombés sous le joug des musulmans, et languissent dans l'impuissance et le désordre. Les Grecs ont éclairé le monde de l'éternelle lumière de la philosophie et de la science, et y ont jeté des types immortels de beauté qui le charment et l'inspirent. Les Latins, assez bien doués pour se soumettre à toute la doctrine des Hellènes, ont, d'un bras de fer, associé les populations civilisées, et en ont fait un corps politique opposé à la barbarie. Les Celtes se sont laissé latiniser et incorporer. Les Germains, plus sauvages, ont menacé un moment l'existence de cet admirable organisme; mais, eux aussi, n'ont pas tardé à courber la tête sous l'Occident, qui, depuis lors, est devenu irrésistible. Enfin, les Slaves, frères arriérés, commencent à ressentir puissamment l'attrait de la civilisation occidentale.

Une famille de peuples dispersés sur une aussi vaste étendue et présentant de telles différences n'aurait pas été reconnue (car où serait le signe?), s'ils n'avaient formé une famille de langues. Longtemps leur rapport a été ignoré; mais, soutenue par le développement général dans l'âge moderne, l'érudition aborda ce difficile problème, et elle fut singulièrement secondée par un événement philologique, à savoir, la découverte du sanscrit. Le peu qu'on savait de l'antique histoire de l'Inde n'avait autorisé personne à supposer que la langue sacrée des Indiens, mère de la plupart des idiomes modernes qui se parlent dans cette vaste péninsule, eût le moindre rapport avec les idiomes occidentaux. Aussi ce fut avec un vif étonnement, quand les livres des brahmes vinrent à la connaissance de l'Europe, que l'on aperçut d'incontestables ressemblances avec le grec, avec le latin, avec l'allemand, avec le persan. La curiosité scientifique une fois éveillée, non-seulement on détermina un très-grand nombre de radicaux essentiels qui se trouvent communs à tous ces idiomes, mais encore la grammaire est fondamentalement la même; l'esprit, ce qui prouve mieux que tout le reste la consanguinité de ces peuples, y a suivi la même marche pour exprimer les rapports des mots. Cette analyse délicate fut servie grandement par une circonstance particulière : le sanscrit est de toutes les langues aryennes celle qui porte le caractère le plus ancien et les plus visibles traces des procédés primitifs. Ce que M. Renan a dit de l'hébreu, qu'il est le type le plus parfait des idiomes sémitiques, en ce sens qu'il nous a conservé des traits de la physionomie primordiale que le temps a effacés dans les langues congénères, on peut le dire du sanscrit; la raison des mots y paraît mieux à nu. Ainsi guidé, le scalpel du grammairien a pu pénétrer fort avant, et résoudre en leurs vrais éléments bien des formes, sans risquer de couper des parties véritablement homogènes. Le radical fut séparé des terminaisons, le sens des terminaisons fut assigné, et tout l'ingénieux mécanisme des langues aryennes, malgré sa complication, fut découvert. Là ne s'arrêta pas le succès des recherches où l'on était entré. Un érudit, doué d'une sagacité merveilleuse et qui a été inventeur en tout ce qu'il a touché, Eugène Burnouf, imagina de se servir des affinités du sanscrit pour interpréter le zend, idiome dans lequel est écrit ce qui reste des livres de Zoroastre. Cette langue, qui était jusqu'alors une lettre close, ces livres, que les prêtres des Guèbres n'entendaient pas, et dont ils n'ont que des traductions fautives, s'ouvrirent par cette clé. Enfin, continuant le cours de ses divinations, Burnouf supposa que le zend, ou du moins une langue très-analogue, devait être cachée sous les inscriptions cunéiformes de Persépolis; l'heureuse supposition se trouva vraie, le déchiffrement fut conduit avec une incomparable habileté, et l'érudit satisfait put expliquer et traduire les inscriptions tumulaires de Darius et de Xerxès, dernière preuve, s'il en avait fallu, de l'étroite parenté des langues aryennes.

Ayant ainsi deux grandes familles d'idiomes, les sémitiques et les aryens, il fut naturel de les comparer et d'essayer si ce qui avait réussi respectivement dans le domaine de chacun réussirait de même en passant de l'un à l'autre. L'essai a été fait avec toute la diligence qu'inspirait un si curieux sujet, avec toutes les ressources que fournissait la linguistique moderne, si exercée et si habile; mais les efforts ont été vains, et il a été tout à fait impossible de ramener à une souche commune ces deux systèmes. Là s'est présentée, sur un autre terrain, la difficulté que, de son côté, la biologie a rencontrée. Les hommes blancs, noirs, jaunes, rouges, et tant de races intermédiaires, proviennent-ils d'un seul tronc? On peut dire maintenant que les recherches ont été impuissantes à faire voir par quels moyens, par quelles influences, par quels climats, en un mot par quelles voies physiologiques les uns auraient donné naissance aux autres; et la biologie, toutes les fois qu'elle veut rester dans son domaine, est obligée de convenir que la dérivation est sans aucune preuve, de prendre les faits tels qu'ils sont, c'est-à-dire d'admettre autant de souches qu'il y a de différences anthropologiques nettement constatées. Tel est aussi le cas de la linguistique : elle ne peut passer d'un système de langues à un autre ; les chemins lui sont coupés. D'ailleurs, on le sent, ces deux ordres de faits sont solidaires; si, physiologiquement, il y avait possibilité de passer d'une race à l'autre, il y aurait possibilité de passer d'une famille de langues à une autre.

M. Renan, avec l'érudition solide qu'il possède, avec l'art de la mettre en œuvre qui lui est propre, a discuté la question et mis en relief les raisons décisives qui défendent de rattacher l'un à l'autre le système des langues sémitiques et celui des langues aryennes. Néanmoins, il n'a pas renoncé à chercher une parenté entre les deux races. Sa première raison est tirée du langage, mais du langage considéré, on le comprend, à un point de vue particulier. « Quelque distincts, dit-il, que soient le système sémitique et le système aryen, on ne peut nier qu'ils ne reposent sur une manière semblable d'entendre les catégories du langage humain, sur une même psychologie, si j'ose le dire, et que, comparés au chinois, ces deux systèmes ne révèlent une organisation intellectuelle analogue. » En conséquence, il se représente les deux systèmes comme produits par deux fractions d'une même race, et peut-être avec une certaine conscience réciproque de leur œuvre. La seconde raison éclaircit ce qu'il entend par une conscience réciproque, c'est-à-dire une élaboration commune dans le sein d'une race qui, de bonne heure, s'est séparée en deux branches. Toutes les recherches s'accordent pour placer l'origine des Aryens dans le plateau central de l'Asie; c'est de là qu'ils auront marché d'une part sur l'Inde, de l'autre sur l'Occident. C'est donc là, si l'on veut établir l'identité primordiale des deux familles, qu'il faut chercher les traces des Sémites. A la vérité, les Hébreux eux-mêmes se disent venus d'Ur, en Chaldée, Ur-Kasdim, et leur premier séjour historique paraît être dans les montagnes d'Arménie, entre le cours supérieur du Tigre et de l'Euphrate et le Cyrus; mais cela est loin de suffire, et il s'agit d'un séjour préhistorique et bien plus oriental. C'est à quoi vient en aide la géographie mythologique de la Genèse au sujet du paradis terrestre : l'Éden est un jardin de délices situé à l'orient; il en sort un fleuve qui se divise en quatre branches, le Phison, le Gihon, le Tigre et l'Euphrate. M. Renan, observant que le Tigre et l'Euphrate, à nous connus, ont été substitués, par les derniers rédacteurs, à des fleuves plus orientaux, ajoute : « Si nous cherchons à déterminer le pays qui satisfait le mieux au thème géographique des premiers chapitres de la Genèse, il faut avouer que tout nous ramène à la région de l'Imaüs, où les plus solides inductions placent le berceau de la race aryenne. Là se trouvent, comme dans le paradis de la Genèse, de l'or, des pierres précieuses. Ce point est peut-être celui du monde où l'on peut dire, avec le plus de vérité, que quatre fleuves sortent d'une même source : quatre immenses courants d'eau, l'Indus, l'Helvend, l'Oxus, le Jaxarte s'en échappent, et se répandent de là vers les directions les plus opposées. De fortes raisons invitent à identifier le Phison avec le cours supérieur de l'Indus, et le Gihon est probablement l'Oxus. » Puis, rapprochant quelques mythes qui semblent communs entre les Sémites et les Aryens, il résume, avec une clarté ingénieuse, son idée en ces mots : « On pourrait comparer les relations primitives des Sémites et des Aryens à celles de deux jumeaux qui auraient grandi à une petite distance l'un de l'autre, puis se seraient séparés tout à fait vers l'âge de quatre ou cinq ans. En se retrouvant dans leur âge mûr, ils seraient comme étrangers entre eux, et ne porteraient guère d'autre signe de parenté que des analogies imperceptibles dans le langage, quelques idées communes, telles que le souvenir de certaines localités, et, par-dessus tout, un air de famille dans leurs aptitudes essentielles et leurs traits extérieurs. »

Ces inductions, M. Renan les admet avec toute la réserve que naturellement elles comportent ; il ne les suit que comme des lueurs projetées dans les ténèbres infinies du temps qui a précédé l'histoire. Moi aussi, je les accepterais comme telles, je m'en aiderais comme d'une hypothèse qui, conduisant les recherches en une voie déterminée, doit à la longue rencontrer ce qui la vérifie ou l'annule, si elles ne me paraissaient pas en contradiction avec un fait qui ne permet pas de s'y fier, et qui porte la pensée vers un autre aperçu.

Ce fait, à ma connaissance, n'a point été signalé ; mais il mérite d'être utilisé dans la question, car il touche à la doctrine du langage. Le voici. Quand on examine avec soin la distribution des peuples, on n'en trouve pas qui, ayant même séjour primordial et même race, parlent une langue essentiellement différente les uns des autres : un voisinage de siége primitif est accompagné d'une similitude primitive dans le parler. En effet, quelque idée qu'on se fasse de l'origine du langage, il résulte toujours de deux éléments les aptitudes de l'esprit humain et le spectacle extérieur. Ces deux éléments sont variables : le premier change suivant les races, le second suivant les localités. Il en résulte que deux groupes d'hommes appartenant à une même race et habitant un même lieu ne peuvent guère avoir un langage de caractère dissemblable, puisque l'aptitude qui perçoit les impressions et les impressions qui mettent en jeu l'aptitude sont identiques. Dans toutes les langues, il y a un fonds dépendant de la nature humaine, puis l'influence de la race et celle de la région : la communauté de la nature humaine produit ce qu'elles ont de commun ; la race et la région, ce qu'elles ont de différent.

La conclusion à tirer est directement contraire à l'hypothèse qui place le berceau des Sémites à côté de celui des Aryens. Les Sémites et les Aryens n'ont point de caractères anthropologiques qui les distinguent, cela est incontesté ; de là des analogies entre le système de langues des uns et celui des autres, lesquelles sont dues, comme le dit très-bien M. Renan, à une même psychologie. Si le second terme, l'identité de séjour, coïncidait aussi, on ne verrait aucune raison aux différences fondamentales qui séparent les idiomes sémitiques des idiomes aryens. Les deux frères, pour me servir de sa comparaison, s'ils avaient été élevés aux mêmes lieux, auraient, avec un cerveau semblablement disposé, reçu des impressions semblables d'un même monde extérieur, et leurs langues auraient subi l'action d'un moule commun. Il faut donc admettre, suivant moi, que le séjour des Sémites a été primordialement distinct de celui des Aryens, et, au lieu d'un seul berceau, supposer qu'il y en a eu deux.

Au reste, la biologie et la philologie s'accordent en ceci, qu'elles arrivent toutes deux à des groupes irréductibles qu'elles ne peuvent faire rentrer l'un dans l'autre. La première ne connaît aucune voie scientifique, aucun procédé légitime, aucune théorie à l'épreuve de la critique, pour faire provenir la race blanche de la race nègre, ou la race nègre de la blanche, ou la race jaune de l'une de ces deux-là. La seconde a vainement cherché un point commun de jonction, une série de radicaux qui permissent de rattacher toutes les langues à un même tronc. Ces deux sciences, si diverses, concourent à indiquer une solution semblable; Il faut accepter les faits tels qu'ils se présentent. La seule hypothèse qui s'y accorde (et pour ces origines, soustraites à nos regards, il n'y a que des hypothèses, mais rigoureusement assujetties à l'ensemble des notions), c'est d'admettre un certain nombre de familles primordiales, souches distinctes du genre humain, et produites, comme tout ce qui fut produit, avec des types spéciaux. L'humanité ne fut pas plus la même dans les grands compartiments du globe que n'y furent les mêmes l'animalité et la végétalité. Quelques-unes de ces familles ont probablement péri ; toutes ne furent peut-être pas contemporaines ; leurs langues, leurs aptitudes, leur théologie, furent différentes, quoique avec un fonds commun ; leurs rencontres, leurs luttes, leurs destinées varièrent, jusqu'à ce qu'enfin certaines d'entre elles, devenues les aînées par le droit de la science et de la puissance, prennent souci des familles cadettes, et, dégageant de ses voiles la grande idée d'une humanité mère et protectrice de tous, établissent sur ce fondement la morale du genre humain et la culture du domaine terrestre.

3. *Du monothéisme des Hébreux.*

Une des grandes particularités de l'histoire du monde est l'établissement, chez les Hébreux, du culte d'un seul Dieu à une époque reculée. En possession de cette croyance, Israël la défendit opiniâtrément et victorieusement contre les violences étrangères et les faiblesses intérieures. Quand le temps fut venu, son monothéisme poussa, chez les gentils qui marchaient aussi vers un monothéisme avec leur philosophie, un rameau qui devint le christianisme ; et plus tard Mahomet y puisa la source de sa prédication, d'où sortit le groupe musulman. On voit quelle place tient, dans l'histoire le développement religieux du peuple hébreu.

M. Renan s'en rend ainsi compte : « Le monothéisme résume et explique tous les caractères de la conscience des Sémites. C'est leur gloire d'avoir atteint, dès leurs premiers jours, la notion de la Divinité que tous les autres peuples devaient adopter à l'exemple d'Israël et sur la foi de sa prédication. Cette race n'a jamais conçu le gouvernement de l'univers que comme une monarchie absolue ; sa théodicée n'a pas fait un pas depuis le livre de Job ; les grandeurs et les aberrations du polythéisme lui sont toujours restées étrangères. On n'invente pas le monothéisme : l'Inde, qui a pensé avec tant d'originalité et de profondeur, n'y est pas encore arrivée de nos jours; toute la force de l'esprit grec n'eût pas suffi pour y ramener l'humanité sans la coopération des Sémites. On peut affirmer de même que ceux-ci n'eussent jamais compris le dogme de l'unité divine, s'ils ne l'avaient trouvé dans les instincts les plus impérieux de leur esprit et de leur cœur. Les Sémites ne comprirent point en Dieu la variété, la pluralité, le sexe; le mot *déesse* serait en hébreu le plus horrible barbarisme. La nature, d'un autre côté, tient peu de place dans les religions sémitiques : le désert est monothéiste; sublime dans son immense uniformité, il révéla tout d'abord à l'homme l'idée de l'infini, mais non le sentiment de cette vie incessamment créatrice qu'une nature plus féconde a inspiré à d'autres races. »

Je suis pleinement d'accord avec M. Renan sur le principe qui lui a dicté les lignes précédentes, à savoir que tout, dans l'histoire, est historique, c'est-à-dire que tous les phénomènes sociaux proviennent des forces immanentes à la société et sont dus au développement naturel de l'humanité. Le problème est, en chaque cas, de déterminer par quelle élaboration une idée a surgi, une évolution s'est faite, un progrès s'est accompli, comment, en un mot, la civilisation s'est, de degré en degré, élevée de l'état rudimentaire à ses perfections successives. Cette recherche est souvent fort difficile; et on ne peut l'entreprendre qu'à l'aide d'une théorie historique, ou plutôt (car ce n'est pas assez dire) d'une philosophie dont la théorie historique ne soit qu'une partie, et qui, embrassant l'ensemble des notions spéculatives, leur génération et leur subordination, permette d'entrevoir certains linéaments de l'avenir et du passé.

M. Renan attribue le monothéisme primitif à une disposition innée de la race, à une manière de sentir et de concevoir qui, propre à la famille sémitique, la conduisit tout d'abord à la notion d'un Dieu unique, créateur et maître de la terre et des cieux. La rareté des documents sur une aussi lointaine histoire nous dérobe le procédé par lequel les idées et les choses se sont produites dans le développement des peuples, et ne laisse place qu'à des inductions difficiles et peu sûres. L'hypothèse de M. Renan a pour elle le fait : dès une haute antiquité, on voit Israël, qui d'ailleurs ne se distingue pas par une suprématie de science et de civilisation sur ses voisins de Tyr, ou de Sidon, ou de Babylone, trancher fortement, sur tout ce monde païen, par sa croyance en Jéhovah, par sa haine des dieux multiples, par sa ténacité religieuse et par son espérance prophétique de voir un jour les nations venir au monothéisme. Pourtant de grandes difficultés me paraissent s'opposer à cette interprétation du fait historique.

La plus grave est le paganisme de plusieurs branches sémitiques. Les Sidoniens, les Tyriens, les Carthaginois, les Palmyréniens, les Arabes, tout cela fut païen ; et, là, le mot *déesse* n'est pas un barbarisme. Naturellement M. Renan ne s'est point dissimulé cette objection, et il y répond, quant aux Phéniciens, en disant que, s'ils tombèrent dans le paganisme, ce fut l'effet de migrations et d'influences étrangères qui les firent entrer dans les voies profanes de la civilisation, du commerce et de l'industrie ; quant aux Arabes, en disant que ce serait une erreur d'envisager Mahomet comme ayant fondé le monothéisme chez eux, et que le culte d'Allah suprême avait toujours été le fond de la religion de l'Arabie. Toutefois ces dires ne portent pas la conviction dans mon esprit.

Où est la trace historique que les Tyriens, pour ne parler que d'eux, aient jamais été monothéistes? Où est la preuve que des migrations et des influences étrangères aient altéré leur religion primitive et y aient substitué le culte des dieux multiples? La langue est certainement le meilleur miroir de la pureté d'une race; or à ce titre la langue phénicienne (ce que nous en savons du moins) ne présente aucune marque de ces mélanges, de ces altérations qui, en témoignant de l'action exercée par des populations étrangères, témoigneraient d'un changement, en bien ou en mal, dans les idées et dans les croyances. La réponse relative aux Arabes ne lève pas non plus tous les doutes. Je croirai sans peine, avec M. Renan, que la notion d'Allah suprême est, chez les Arabes, une notion fondamentale; mais cela ne suffit pas pour qu'on puisse en conclure qu'ils furent monothéistes, pas plus qu'on ne serait en droit d'affirmer que les Grecs, parce qu'ils avaient la notion d'un *Zeus* suprême, père des dieux et des hommes, ou les Latins, parce qu'ils croyaient à un Jupiter très-grand et très-bon, *Jupiter optimus maximus*, doivent être retranchés du nombre des peuples polythéistes. La conclusion ne me paraît pas s'appliquer davantage aux Arabes; car, si, à côté de cet Allah suprême, il n'y avait pas eu, comme chez les païens incontestés, des divinités multiples, qu'aurait signifié la mission de Mahomet, qui n'eut pas d'autre but et d'autre effet que d'enlever son peuple au paganisme? M. Renan, en exposant son hypothèse, a laissé un nuage sur sa pensée, ordinairement si précise et si claire. « Le désert, dit-il, est monothéiste. » Si c'est le désert qui inspira aux Sémites la notion d'un seul Dieu, ils ne la tiennent pas de leur race, ils la tiennent d'une influence extérieure, celle des lieux, du sol et du ciel, influence qui, en effet, est très-considérable, et qui, combinée avec les aptitudes innées de chaque famille humaine, produit toutes les diversités de notions; mais il s'ensuit qu'ils descendirent polythéistes du plateau de l'Asie, et qu'ils ne devinrent monothéistes que dans le désert où leur émigration les conduisit. Dès lors leur polythéisme primitif n'en reste pas moins, même au point de vue de M. Renan, une nécessité historique; seulement il est reporté sur un plan plus éloigné.

Et de fait je ne crois pas qu'on puisse en aucune circonstance échapper à la nécessité de retrouver le polythéisme sur le fond de l'histoire; et, si la première raison, tirée du paganisme de tant de peuples sémitiques, me touche beaucoup, cette seconde ne me touche pas moins. Quelque loin que l'on pousse les inspirations fournies à une race primitive par l'uniformité sévère d'un immense désert d'Asie ou d'Afrique, on n'arrivera jamais à en faire sortir l'ensemble de notions générales et élevées qui forment le fond de la croyance des Hébreux. Elles dépassent de beaucoup les intuitions simples et primordiales; car on y trouve un Dieu créateur ou tout au moins formateur unique de l'univers, — la production successive des choses et des êtres vivants, — deux opinions d'ailleurs inconciliables sur la formation de l'homme, qui, dans l'une, est représenté comme androgyne, tandis que, dans l'autre, Dieu enlève une côte pour faire la femme, — la science du bien et du mal symbolisée dans l'arbre planté au centre de l'Éden, — enfin une explication de l'origine du mal en un monde d'où la main souveraine l'avait originairement banni. Il est impossible, ce me semble, de méconnaître en tout ceci une élaboration fort avancée d'idées métaphysiques dont on saisit sans grande peine l'enchaînement. Dès lors nous sommes reportés bien loin d'un monothéisme spontané qui proviendrait des aptitudes inhérentes à une race ou des impressions données par les lieux habités. Nous n'avons là rien de primitif; bien au contraire, nous avons un résultat de conceptions profondes et abstraites et de méditations sur l'ensemble des choses et sur la destinée humaine. Tout y porte le caractère, non d'une religion remontant aux premières inspirations, mais d'une religion nouvelle qui se fait place dans le monde. Les traditions égyptiennes qui nous ont été transmises par Manéthon et d'autres, non moins que les récits bibliques, nous représentent ce grand événement comme un déchirement, comme le point de départ d'hostilités réciproques entre les croyances anciennes, qui se sentaient méprisées, et la croyance nouvelle, qui eut constamment, même aux jours du plus grand abaissement, conscience de sa supériorité.

Ainsi écarté de l'opinion de M. Renan, qui rattache le monothéisme à l'origine de l'humanité, au moins par une des familles humaines, je reviens à celle qui le regarde comme précédé naturellement par le polythéisme et comme né du développement historique des sociétés et de leurs croyances. Sans doute, à une aussi haute antiquité, bien des traces sont effacées, bien des documents ont disparu, qui rendraient plus faciles l'interprétation des faits et l'enchaînement des idées; mais peut-être l'obstacle serait-il insurmontable, peut-être serait-on réduit à des considérations indirectes suggérées par les linéaments généraux du développement social, linéaments qui assujettissent les périodes mal connues comme les périodes bien connues à la loi de filiation et de gradation, si les annales des temps reculés ne présentaient des mutations religieuses qui sont congénères. Or dans toute science (et l'histoire, je ne cesserai de le répéter, est, non pas une érudition qui recherche et enregistre les choses particulières, mais une science qui a, comme les autres, ses généralités et ses lois), un fait, quand il est rapproché de faits semblables, a, par le rapprochement seul, reçu un commencement d'explication effective.

A une époque mal déterminée, mais certainement très-ancienne, il y a eu, chez un peuple de race aryenne, une révolution religieuse qui a joué un rôle considérable. Le magisme a régné pendant des siècles sur les Perses et sur la plupart des nations voisines ; il a communiqué aux Hébreux quelques-unes de ses conceptions ; il a, au commencement du christianisme, inspiré la célèbre hérésie de Manès ; enfin, persécuté à outrance comme une idolâtrie par les musulmans vainqueurs, il a disparu du pays des Sassanides, sans pouvoir cependant être anéanti d'une façon complète. Quelques fugitifs ont emporté dans l'Inde leur foi ; et, sous le nom de *guèbres,* leurs descendants y suivent encore le culte de leurs aïeux. Zoroastre fut le promoteur de ce grand mouvement, le législateur de cette nouvelle croyance. Nous avons son livre écrit en zend, langue depuis longtemps disparue, qui avait déjà vieilli quand Darius et Xerxès faisaient inscrire sur les monuments leurs victoires ou leurs épitaphes, et qui tient par les liens les plus étroits au sanscrit et, par des relations moins prochaines, au grec, au latin, à l'allemand. Sur un fond théologique qui a des analogies profondes avec le système polythéistique des principales populations aryennes, Zoroastre a établi une religion qui s'en détache fortement. Indépendamment d'une moralité précise et pure qu'il n'importe pas de considérer ici, ce qui va directement à mon but, c'est que la conception fondamentale destinée à expliquer le bien et le mal dans le monde admet l'existence de deux principes opposés. Qui ne voit ici le résultat d'un travail métaphysique de la pensée?

A une époque moins reculée, mais pourtant fort haute encore, puisqu'elle appartient au sixième siècle avant l'ère chrétienne, une autre population aryenne, une autre religion aryenne furent soumises à l'épreuve d'un déchirement de croyances. Les Indiens (j'entends par là des gens parlant le sanscrit) avaient apporté de l'Asie leur polythéisme. Soutenu par les Védas, qu'une caste sacerdotale, les brahmanes, interprétait, il avait présidé au développement antique de cette race ; mais un temps vint où le brahmanisme ne satisfit plus à toutes les exigences de la conscience indienne. Un réformateur, un homme privilégié, Bouddha, fut l'interprète de la nouvelle direction des idées. Obéissant à la pente qui avait dirigé le brahmanisme vers le panthéisme, il fit définitivement, de l'absorption dans le grand tout, le but des efforts de l'activité et la récompense de la vertu : des métempsycoses éternellement successives attendent l'individu une fois engagé dans l'engrenage de la vie ; la sainteté et la pénitence suprêmes rompent cet enchaînement fatal, et anéantissent l'individualité dans la substance infinie qui la rappelle à soi.

Pour pénétrer dans ces antiques révolutions de la pensée et de la croyance, nous avons plus que des inductions, nous avons un fait historique qui montre quel en a été le levier. C'est le bouddhisme qui le fournit. Le brahmanisme, directeur suprême d'une nombreuse et intelligente population, n'était point resté immobile ; il avait suscité dans son propre sein un travail mental qui, partant des livres sacrés et de la foi commune, avait tiré de ces prémisses des conséquences très-diverses. Plusieurs systèmes métaphysiques s'étaient formés, et, vivant à l'ombre de la religion qui leur avait permis de naître et de croître, contenaient plus ou moins implicitement des germes de désaccord avec elle. Tel était l'état des esprits quand le bouddhisme vint s'emparer de ces matériaux accumulés. Les questions de cause, d'origine et de finalité étaient discutées dans l'Inde, et lui servirent comme d'un instrument tout préparé. Toutefois ce serait avoir une idée bien insuffisante de ces grandes rénovations des opinions et des mœurs que d'y voir le simple effet de spéculations abstraites et d'investigations philosophiques : le cœur, les sentiments, la morale, y jouent un rôle prééminent ; pourtant l'esprit y a sa grande part. L'élément intellectuel, quoique moins apparent, y agit d'une façon décisive ; c'est ainsi, en effet, qu'elles prennent toute leur influence. Si, supérieures moralement, elles étaient inférieures intellectuellement, elles ne renouvelleraient pas, comme elles font, la société entière.

La similitude des effets permet de conclure la similitude des causes. Bouddha, Zoroastre et Moïse ont dû à la pensée collective et à leur génie individuel l'illumination qui a éclairé et fécondé tant de siècles et tant de peuples. Les grandes sociétés des bords du Nil, de l'Euphrate, du Tigre et du Gange étaient solidement assises ; des gouvernements puissants les régissaient ; un sacerdoce qui avait le dépôt des hautes connaissances y représentait le pouvoir spirituel. Les arts industriels avaient fait de grands progrès, les beaux-arts étaient cultivés ; on écrivait, on lisait, comme le prouvent de plus en plus tous les débris qu'on exhume de ces temps reculés. Comment donc en ces circonstances la pensée serait-elle restée inerte et inactive ? Aussi ne le fut-elle pas, et naturellement elle s'exerça sur les questions qui émanaient directement des religions préexistantes. L'érudition peut chercher avec confiance : elle trouvera dans cette antiquité, vers qui elle s'ouvre des voies ignorées jusqu'alors, la trace du travail mental qui agita et renouvela les sociétés.

4. — *De la série des peuples historiquement les plus anciens.*

Réunissant les aperçus divers auxquels l'a conduit l'examen des antiques populations, M. Renan propose, sur l'apparition de l'humanité et sur la succession des races de l'ancien continent, le système que voici : 1° races inférieures, n'ayant pas de souvenirs, couvrant le sol dès une époque qu'il est impossible de rechercher historiquement, et qui ont disparu dans les parties du monde où se sont portées les grandes races civilisées. Les régions où ces grandes races ne se sont pas établies, l'Océanie, l'Afrique méridionale, l'Asie septentrionale, en sont restées à cette humanité primitive qui devait offrir les plus profondes diversités, mais toujours une incapacité absolue d'organisation et de progrès. 2° Apparition des premières races civilisées : Chinois dans l'Asie orientale, Couschites et Chamites (on appelle *Couschites* les peuples fondateurs de Babylone et de Ninive, et *Chamites* les Égyptiens) dans l'Asie occidentale et dans l'Afrique. Premières civilisations empreintes d'un caractère matérialiste; instincts religieux et poétiques peu développés; grande aptitude pour les arts manuels et pour les sciences mathématiques et astronomiques; esprit positif, tourné vers le négoce, le bien-être et l'agrément de la vie. Toutes les civilisations couschites et chamites ont disparu sous l'effort des Sémites et des Aryens; en Chine, au contraire, ce type de civilisation a survécu, il est venu jusqu'à nous. 3º Apparition des grandes races nobles, Aryens et Sémites, venant de l'Imaüs. Ces races apparaissent en même temps dans l'histoire, la première en Bactriane, la seconde en Arménie. Très-inférieures d'abord aux Couschites et aux Chamites pour la civilisation extérieure et les travaux matériels, elles l'emportent infiniment sur eux pour la vigueur, le courage, le génie poétique et religieux. Les Aryens eux-mêmes dépassent tout d'abord les Sémites en esprit politique et militaire, et plus tard en intelligence et en aptitude aux spéculations rationnelles; mais les Sémites conservèrent longtemps une grande supériorité religieuse, et finirent par entraîner presque tous les peuples aryens à leurs idées monothéistes. Une fois cette mission accomplie, la race sémitique déchoit rapidement, et laisse la race aryenne marcher seule à la tête des destinées du genre humain.

Cette série est bien tracée. Il est certain que, historiquement, l'Égypte chamite est le plus ancien des pays, c'est-à-dire celui qui a les plus longues annales; et même j'ajouterai que, tout en pénétrant ainsi à la plus haute antiquité qu'il soit, présentement du moins, possible d'atteindre, on n'arrive en aucune façon aux origines égyptiennes. Les monuments les plus reculés montrent cette société dès lors organisée, comme elle le fut toujours plus tard, avec ses prêtres, ses rois, son écriture, ses arts, en un mot avec toute sa civilisation, de sorte que, nécessairement, ce vaste ensemble a été précédé par une période inconnue et illimitée de préparation et de civilisation inférieure. Après l'Égypte viennent les grands centres couschites fondés sur les bords de l'Euphrate et du Tigre. Enfin les Tyriens et les Hébreux d'une part, les Aryens de la Perse et ceux de l'Inde d'autre part, fondèrent de puissantes sociétés[1]. On voit donc, dans le temps que nous appelons la haute antiquité, et qui pourtant est d'une date relativement moderne quand on songe aux siècles sans nom et sans histoire qui avaient commencé l'œuvre commune, on voit, dis-je, se former un fonds solide de civilisation. A part les Indiens, qui de bonne heure perdirent toute relation avec les autres, et, se développant sur eux-mêmes, ne reçurent ni n'exercèrent d'influence générale, l'Égypte, la Babylonie, la Syrie, la Perse, constituèrent un système qui fut longtemps le guide et la lumière du monde. C'est de là que partirent les semences fécondes qui germèrent en Grèce; et la Grèce à son tour, franchissant les limites assignées jusque-là au génie de l'homme, jeta les bases du régime scientifique, attira à soi l'Occident, et ouvrit définitivement la porte de l'histoire.

Rien de plus difficile que de tracer, pour une race, des caractères qui soient assez généraux pour lui appartenir et assez précis pour la distinguer, et M. Renan a montré dans cette tâche un talent plein de ressource et d'habileté; mais, en raison même de la difficulté, les essais de ce genre veulent être repris à plusieurs fois. Ce qui complique essentiellement la question, c'est, en instituant la comparaison, de séparer ce qui est original de ce qui est dû à des degrés inégaux de déve-

---

1. D'après le déchiffrement des textes cunéiformes, il faut ajouter à cette énumération les Touraniens, dont quelques rameaux prirent une très-grande part à l'antique civilisation de la Chaldée et de la Babylonie.

loppement et de civilisation. Ainsi, quand on prend d'une part les Égyptiens, et d'autre part les Sémites Tyriens ou les Sémites Hébreux, et que, dans ce rapprochement, on essaye de reconnaître les traits distinctifs, on met en regard une population très-ancienne avec une population qu'à ce point de vue on peut dire moderne, si bien que la plus ancienne ne s'était pas complétement dégagée de l'écriture hiéroglyphique, et que l'autre en était déjà à l'écriture alphabétique. Une autre complication non moindre est celle qui provient des différentes destinées de chaque race, des essaims qu'elle dissémine, des régions que ces essaims occupent et du conflit qu'ils ont avec la nature et avec les hommes. Considérez, en effet, une seule race chez laquelle il faut bien supposer des aptitudes identiques, et voyez quelles modifications sont produites par les lieux et par les circonstances. Le Sémite est monothéiste et agriculteur en Judée, polythéiste, marchand et navigateur à Tyr, négociant et conquérant à Carthage, pasteur en Arabie, et même un jour arrive où le Juif devient uniquement homme d'affaires. La race aryenne n'offre pas de moindres diversités. Dans l'Inde, après un brillant début, elle s'arrête, demeure sans retour dans le polythéisme et le régime des castes, et ne paraît pas moins incapable de mouvement et de progrès que les Chinois ou les races jaunes. En Perse, elle ne s'élève pas non plus à un bien grand développement. En Occident, c'est bien pis : le Celte, le Germain, le Slave restent pendant de longs siècles dans la barbarie, et en sortent non par leur propre force, mais par l'initiation d'une civilisation supérieure. Évidemment, si, avec les traits des Allemands, des Français, des Anglais, on essayait de retrouver quelques-uns de ceux de la race aryenne, il faudrait une bien délicate critique pour en écarter ce qui y provient de la culture gréco-romaine, produite elle-même par la culture orientale. Si la race chamite a l'initiative des premiers établissements de civilisation (et jusqu'à présent on ne remonte pas au delà d'elle), il faut lui en savoir grand gré; car tous les commencements sont les plus difficiles. Si elle a trouvé les éléments de l'arithmétique, de la géométrie et de l'astronomie, il faut y voir non une marque de la faiblesse de son esprit, mais une vraie puissance de découverte qui a jeté les bases de la science réelle. Si elle a élevé d'immenses monuments, temples, palais, pyramides, obélisques, sphinx, il faut reconnaître dans ces structures grandioses le sentiment d'un art primordial, sans doute, mais d'un art qui ne manque ni de grandeur, ni de beauté, ni d'effet. Si elle a Osiris, Isis et leur cortége d'innombrables divinités, il ne faut pas l'accuser d'avoir l'instinct religieux peu développé; car son polythéisme, dans le caractère fondamental, n'a rien qui tranche sur celui des Sémites Tyriens ou des Hellènes Aryens. Les différences sont donc malaisées à saisir entre les Chamites, les Sémites et les Aryens. La plus essentielle gît toujours, jusqu'à présent du moins, dans la langue; le reste dépend d'une critique historique dont les principes ne sont pas suffisamment établis.

En parlant ainsi, en indiquant combien les Chamites, les Sémites et les Aryens sont près les uns des autres, en demandant qu'on cherche à une plus grande profondeur les caractères qui les marquent, je ne prétends aucunement écarter de l'histoire la considération des races. Il y a eu certainement, à l'origine, des races qui ont été plus aptes que les autres à agrandir le champ de la vie, et à trouver les éléments de la civilisation. Puis, dans ces races, se sont développés les

essaims ou peuples qui, à leur tour, bien qu'issus de
la même mère et nourris du même lait, ont montré des
dispositions très différentes ; je l'ai déjà dit, jusqu'à l'invasion romaine, ni les Celtes, ni les Germains n'avaient
encore rien ajouté à l'héritage commun de l'humanité,
et, depuis bien des siècles, les Indiens n'y ajoutent plus
rien. Enfin, comme les races ont surgi dans le genre
humain, comme les peuples ont surgi dans les races,
de même au sein de chaque peuple surgissent les hommes de génie, qui jettent dans la masse les semences
du développement. Ainsi s'est formée et se forme le
trésor de nos acquisitions matérielles, morales et intellectuelles.

Mais, après cet aperçu, il ne faudrait pas se méprendre, ni considérer un classement des races comme une
théorie de l'évolution historique. Sans doute on peut,
on doit dire avec M. Renan, que, si les races inférieures
avaient seules paru sur la terre, les résultats supérieurs
de la civilisation n'auraient point paru non plus. La
série eût été plus courte, mais elle n'en offrirait pas
moins un enchaînement analogue pour toute cette portion commune aux races inférieures et aux races supérieures. Celles-ci ont commencé, ont marché comme
celles-là ; seulement elles ont cheminé plus vite et ont
atteint des hauteurs où les autres ne sauraient arriver
par elles-mêmes. La race procède comme l'individu ; et,
s'il est impossible de soutenir que l'homme du plus vaste
génie n'a pas traversé les phases de la débilité intellectuelle qui est propre à l'enfance, il est impossible de
dire que les races supérieures n'ont pas eu, comme les
autres, une enfance débile, mais, à la différence des
autres, une enfance menant à un âge mûr plus actif.

M. Renan s'est fait de ces choses une idée différente.
Il suppose aux Aryens et aux Sémites une noblesse et

une pureté originelles qu'ils perdirent dans leurs contacts avec les peuples étrangers. Il dit qu'aucune branche des races aryennes ou sémitiques n'est descendue à l'état sauvage, qu'ainsi les races civilisées n'ont pas traversé cet état, et qu'elles ont porté en elles-mêmes, dès le commencement, le germe des progrès futurs. Enfin, attribuant aux Chamites, qu'il place en un rang inférieur, plus d'aptitude pour les mathématiques et l'astronomie qu'aux Aryens et aux Sémites, il admet par là implicitement que le développement scientifique est à la fois plus ancien et d'un ordre moins relevé que les autres. Ces propositions, il est mieux de les soumettre à la lumière d'une doctrine générale que de les discuter isolément.

Les géomètres, voyant que la terre et toutes les autres planètes étaient renflées à l'équateur et aplaties aux pôles, trouvèrent par les lois de la mécanique qu'un tel renflement et un tel aplatissement n'étaient possibles qu'en un seul cas, celui où le corps animé d'un mouvement de rotation est fluide. Dès lors il a fallu que toutes les hypothèses sur la géologie, passant sous le joug de cette loi, admissent la fluidité primordiale de notre terre; et une théorie qui ne s'y conforme pas est, par cela seul, invalidée. De même dans la science de la vie et dans celle de l'histoire, qui en est un prolongement, domine une loi fondamentale qui doit toujours être satisfaite : c'est la loi de développement. Dans l'ordre de la vie et de l'histoire, non-seulement rien ne se fait qui n'ait un commencement et un progrès; mais, et c'est là le point capital, dans ce commencement et ce progrès les termes ne peuvent jamais être intervertis : ce qui est supérieur suppose toujours comme base ce qui est inférieur. Dans la série des êtres organisés, il y a un échelonnement graduel depuis les végétaux jusqu'à l'homme; les animaux supposent les végétaux, et dans la chronologie géologique les plus compliqués sont les derniers venus. L'individu de chaque espèce sort d'un germe, et gagne successivement ses organes et ses aptitudes. Les deux vies, végétative et animale, sont superposées l'une à l'autre; la première est plus ancienne sur la terre; elle est plus ancienne chez l'animal et chez l'homme, qui, dans l'ovule maternel, commencent par n'avoir que l'existence végétative. Enfin, dans la vie animale elle-même, c'est-à-dire dans l'ensemble des fonctions nerveuses, il y a encore un ordre invariable d'évolution : les facultés les plus éminentes, celles qui forment l'apanage de l'humanité, sont les dernières à se montrer; pour qu'elles apparaissent, il faut qu'elles soient portées par les facultés inférieures qui président aux besoins et aux passions; chez l'individu et chez l'espèce, les unes et les autres entrent en exercice selon l'ordre de leur ancienneté anatomique, de leur énergie et de leur complication, trois termes qui sont connexes. Les plus éminentes sont moins anciennes anatomiquement, sont moins énergiques dans leurs impulsions, et sont plus compliquées dans leurs opérations; par conséquent, chez l'individu et chez l'espèce, le rôle en est toujours **postérieur.**

De la sorte on peut éclaircir ce que laissent de vague les propositions de M. Renan. Si par sauvage on doit entendre, comme je le pense, un état où l'homme est exclusivement préoccupé de ses besoins physiques, où il est, si je puis ainsi parler, sans aucun capital matériel et intellectuel, il n'y a aucune race qui ait échappé à cet état; chacune a développé de proche en proche ses facultés à fur et à mesure des accumulations. Les travaux mathématiques et astronomiques, bien loin d'être primitifs, supposent, au contraire, une longue évolution antérieure qui a permis à la spéculation scientifique, si difficile pour l'homme primitif, de se manifester dans ses premiers rudiments. Enfin, noblesse et pureté de race ne pouvant signifier, au point de vue psychique, que de plus grandes aptitudes, il n'est aucunement prouvé que les contacts divers n'aient pas été utiles même aux familles humaines privilégiées. Ceci ressortit à une discussion à la fois anthropologique et historique qui est bien loin d'être mûre.

5. — *Conclusion.*

M. Renan écarte péremptoirement de l'histoire la philosophie *à priori* et les idées absolues. Je suis, sans réserve, de son avis. A la vérité, il se borne à cela, et, s'attachant aux faits et aux conclusions qui découlent de cette négation, il ne nous dit pas quelle philosophie il met en la place de celle dont il se détourne. Mon intention n'est, en aucune façon, de demander à M. Renan compte du mode d'exposition qu'il a suivi ; mais, prenant pour point de départ le seuil sur lequel il s'arrête, je continue. La philosophie *à priori*, autrement dit la métaphysique, perd, à chaque pas du développement moderne, la consistance et quelqu'un des appuis qu'elle avait dans les habitudes et, si je puis dire ainsi, dans la constitution transitoire de l'esprit. Des deux grandes philosophies qui se sont partagé le monde intellectuel, l'une *à priori*, subjective ou métaphysique, l'autre *à posteriori*, objective ou expérimentale, le sort est désormais décidé ; le rapport est devenu inverse, et la révolution est accomplie. Ce qui jadis était impossible à l'expérience et possible à la métaphysique, à savoir donner une philosophie des choses, est aujourd'hui impossible à la métaphysique et possible à l'expérience. C'est de nos jours que l'œuvre a été ainsi consommée : dès la fin du dix-huitième siècle, une bonne part du domaine spéculatif pouvait recevoir une systématisation positive ; c'est ce que sentirent fort bien les savants d'alors, qui, tout à fait au niveau de leur temps, réalisèrent, dans l'École polytechnique, cette systématisation pour le monde inorganique, sorte de grand tronçon qui, complet par le bas, attendait un prolongement par le haut. Peu après, la science des corps vivants s'y ajouta, ce qui annonçait à la fois la direction des tendances et l'approche d'une dernière et définitive découverte. En effet, un penseur contemporain, trouvant la filiation et, par conséquent, la loi de l'histoire, a, d'un même jet du raisonnement, trouvé le système qui, s'incorporant la philosophie de chaque science particulière, en fait la philosophie générale ou positive. J'ai toujours compté comme un des bonheurs de ma vie d'avoir eu, quoique je fusse à la fin de l'âge mûr, l'intelligence encore assez docile pour la comprendre et l'accueillir. Elle m'a procuré, sans briser en moi les racines de mon passé, elle m'a procuré, au déclin naturel d'une vie qui s'achève, ce qui n'est l'apanage que de la jeunesse, les horizons étendus, l'ardeur aux choses futures, en un mot ce que notre fabuliste nomme si bien *le long espoir et les vastes pensées*, l'espoir qui s'identifie avec les générations les plus lointaines, les pensées qui se plongent dans la mer du passé et de l'avenir.

Le livre de M. Renan sur le *Système comparé des langues sémitiques* est riche d'une érudition de bon aloi, et se range à côté de ces ouvrages qui, à la fois fournissent des excitations et des matériaux à la pensée. L'histoire, au sens le plus élevé du mot, vit de l'érudition, comme la physique et la chimie vivent des observations et des expériences ; et tout cet ensemble, que la sagacité et la patience préparent et que le génie développe et anime, finit par agir sur le niveau des esprits, des opinions et des mœurs, si bien qu'un mouvement déterminé vers une civilisation progressive se dessine dans la destinée du genre humain, comme un grand courant sur la mer. Car, il ne faut pas s'y méprendre, les sciences et la philosophie qui en émane n'agitent point les hautes questions seulement pour le plaisir d'intelligences d'élite, satisfaites de la curiosité et de la contemplation : elles les agitent aussi pour des œuvres sérieuses, pour de grandes luttes, pour de profondes révolutions, en un mot, pour tout le perfectionnement humain, qui n'est qu'à ce prix. Rien ne peut leur ôter ce caractère social qui les vivifie et les consacre; elles sècheraient dans leurs racines, si elles ne tenaient de toutes parts au service commun de l'humanité. Elles entrent inévitablement en conflit avec les conceptions théologiques et politiques qui les ont précédées, et dont, au fond, elles ne sont que l'examen graduel et la vérification générale. Voyez l'histoire : là où les sciences et leur philosophie ne font plus de progrès, les choses restent stationnaires et immobiles; là où elles sont dans une ascension non interrompue, tout se meut et suit leur marche ascensionnelle. Aussi ceux des pouvoirs qui se sont sentis mal compatibles avec elles, ont-ils plus d'une fois essayé de leur fermer la carrière, comme cet éphore, inutilement prudent, qui coupa deux cordes d'une lyre novatrice. Heureusement la force compressive s'est toujours trouvée plus faible que la force d'expansion ; et les relations entre la science et la société sont incessamment devenues plus nécessaires et plus visibles.

M. Renan est un habile écrivain. Il a non-seulement la lucidité, sans laquelle on n'agit guère sur le lecteur, mais encore l'élégance qui plaît, et, comme dit Cicéron, ces lumières du style, *lumina dicendi*, qui sont dans une page ce qu'est la lumière du jour dans un paysage. Le style est l'intermédiaire entre les recherches abstraites de l'érudition et de la science, et la masse de ceux qui veulent et qui doivent avoir des *clartés de tout*. En effet, s'il est des régions élevées, domaine de la pensée abstraite et de la raison spéculative, ces régions ne sont point, dans leur isolement, quelque retraite où l'on vivrait en je ne sais quel ascétisme intellectuel. Le long de la route qui y conduit sont rangés, à toutes les hauteurs possibles, les esprits les plus divers, qui servent d'intermédiaires ; et c'est ainsi que descend le courant d'idées et de découvertes qui féconde les terres subjacentes. Mais il y aurait une bien grande erreur à croire qu'elles donnent sans recevoir ; loin de là, tout ce qu'elles ont de fécondant, elles le doivent au fond sur lequel elles reposent. La science, la philosophie et l'intelligence d'élite ne sont quelque chose que grâce à l'héritage commun, résultat du travail de tout le monde. C'est une circulation qui ne s'arrête pas, et que le cœur de l'humanité entretient par son jeu régulier. Elle fait la force et la sécurité des grands esprits, et écarte le scepticisme, naturel à la pensée qui se croit solitaire.

Le but de la vie individuelle, sitôt qu'elle prend conscience d'elle-même, est d'agrandir et d'orner la vie collective. Les générations passées ont été engagées instinctivement dans ce grand service ; les générations futures y seront engagées de propos délibéré et avec la claire vision de leur office social. Là est le lien qui unit les forts et les faibles, les esprits supérieurs et les intelligences communes, l'élite et la foule, et qui, dans une immense et saine solidarité, écarte les trompeuses délices d'un isolement illusoire.

XVI

DE L'HISTOIRE

DE LA

CIVILISATION EN ANGLETERRE

Par BUCKLE [1]

M. Buckle est mort à la fleur de l'âge, laissant son œuvre inachevée. Mais, tout inachevée qu'elle est,

---

[1]. *La Philosophie positive*, janvier-février 1868. — Henri Thomas Buckle, *Histoire de la civilisation en Angleterre*, traduction par A. Baillot, Paris, 1865, librairie internationale, boulevard Montmartre, n° 15, 5 vol. in-8. — Il est regrettable que le traducteur ait été si peu familier avec les connaissances bibliographiques. Aussi, quand il traduit les notes de son auteur, commet-il de singulières erreurs. T. I, p. 331 : « Voyez Bénédictine, *Histoire littéraire de la France*. » Il n'y a point d'auteur qui se nomme *Bénédictine*; il s'agit ici de l'*Histoire littéraire de la France* par les Bénédictins. — T. II, p. 101 : « C'était (Cumberland) un homme d'un savoir considérable, et M. Quatremère le compte au nombre des premiers disciples de Coptic. » Il n'y a pas plus de *Coptic* qu'il n'y a de *Bénédictine*. *Coptic* veut dire la langue copte, et le tout signifie que Cumberland est compté par M. Quatremère parmi ceux qui se mirent les premiers en Occident à l'étude de cette langue. Ce ne sont pas les seules méprises de ce genre que l'on rencontre dans le cours de la traduction.

cette œuvre a excité, à un haut degré, l'attention de l'Angleterre. De là le livre a passé sur le continent, où il a été traduit en plusieurs langues. Le succès d'un livre important n'est point un événement indifférent. Néanmoins, ce n'est pas pour cela que je compte entretenir de l'ouvrage de M. Buckle les lecteurs de cet article; mais c'est que l'auteur anglais a connu les théories historiques de M. Comte, et qu'il s'en sépare. Dès lors, il m'a paru utile d'examiner s'il s'en est séparé à bon droit.

Que M. Buckle ait connu les ouvrages de M. Comte, nous en avons la preuve dans ce passage : « Un auteur « contemporain, qui a fait plus que tout autre pour « relever l'importance de l'histoire, remarque avec dé- « dain l'incohérente compilation des faits déjà impro- « prement qualifiés d'histoire. » (COMTE, *Philosophie positive*, tome V, p. 18.) « Il y a beaucoup de choses « dans la méthode et dans les conclusions de ce grand « ouvrage que je ne puis admettre; mais il serait in- « juste d'en nier le mérite extraordinaire. » (T. I, p. 11.) Il suffit de ces quelques lignes pour être sûr que l'œuvre de l'auteur français a influé sur celle de l'auteur anglais. M. Buckle ne veut pas reconnaître M. Comte pour son maître; non-seulement c'est son droit, mais encore c'est le fait; certainement il n'en est pas le disciple. Néanmoins, il n'aurait jamais écrit un tel livre, s'il n'y avait pas eu avant lui le livre de M. Comte. Je choisis, entre plusieurs, un important morceau qui prouve mon dire.

« L'espérance, dit M. Buckle, de découvrir la régula- « rité au milieu de la confusion, est si familière aux « hommes scientifiques, qu'elle est devenue un article « de foi pour les savants les plus éminents; et, si cette « espérance ne se trouve pas généralement parmi les

« historiens, il faut l'attribuer en partie à ce qu'ils sont
« inférieurs en talent aux investigateurs de la nature,
« et en partie à la complexité plus grande de ces phé-
« nomènes sociaux dont s'occupent leurs études. Ces
« deux causes ont retardé la création de la science
« historique. Les plus célèbres historiens sont évidem-
« ment inférieurs aux explorateurs les plus remar-
« quables de la science physique; parmi les hommes
« qui se sont adonnés à l'histoire, aucun ne peut se
« comparer pour l'intelligence à Kepler, à Newton, ou
« à beaucoup d'autres qu'on pourrait citer. Quant à
« la complexité plus grande des phénomènes, l'histo-
« rien philosophique est arrêté par des difficultés bien
« plus formidables que celles que rencontre celui qui
« étudie la nature; car, pendant que, d'un côté, ses
« observations sont plus sujettes à ces causes d'erreur
« qui proviennent du préjugé et de la passion, il ne
« peut, de l'autre côté, se servir de la grande ressource
« physique des expériences, par lesquelles on simpli-
« fie souvent les problèmes même les plus compliqués
« du monde extérieur. Il n'est donc pas étonnant que
« l'étude des mouvements de l'homme soit encore
« dans l'enfance, en comparaison de l'avance immense
« prise par l'étude des mouvements de la nature. Au
« fait, la différence dans les progrès accomplis par ces
« deux études est si grande, que la régularité des évé-
« nements physiques et la possibilité de les prédire
« sont souvent admises comme certaines, même dans
« les cas pour lesquels il n'y a encore aucune preuve,
« tandis que, pour l'histoire, cette même régularité,
« loin d'être admise, est complètement niée. C'est
« pour cela que quiconque désire élever l'histoire au
« niveau des autres branches des connaissances hu-
« maines, rencontre tout d'abord un obstacle : en effet,

« on lui dit que, dans les affaires humaines, il y a
« quelque chose de mystérieux et de providentiel qui
« les rend impénétrables à nos investigations, et qui
« nous empêchera toujours d'en découvrir la carrière
« future. » (T. I, p. 12.)

Cette page est directement inspirée de M. Comte;
car il est le premier qui ait mis en un étroit rapport ces
trois choses : la régularité des phénomènes historiques,
comparable à la régularité du reste de la nature ; la
complexité plus grande de ces phénomènes en regard
des phénomènes biologiques, chimiques et physiques;
enfin, le retard de la science historique sur les autres
sciences moins complexes, dites par lui, pour cette raison, sciences inférieures. Rien de tout cela ne manque
dans le passage de M. Buckle ; mais ce qui y manque,
c'est la grande lumière que projette, dans cette conception des conditions de l'histoire, la série hiérarchique
des sciences telle que M. Comte l'a établie. Quand on a
bien compris (ce qui, dans ces hautes intuitions, devient
évident de soi), que le progrès de l'astronomie et de la
physique a dépendu de celui de la mathématique, que
la chimie n'a pu se constituer qu'après la physique,
que la biologie repose sur ces deux-là, et que, sans tout
cet échafaudage, il est impossible d'entreprendre la
construction de la science de l'histoire ou sociologie,
on trouve presque puérile cette remarque où l'auteur
anglais nous dit que, parmi les historiens, aucun ne se
peut comparer à Kepler, à Newton et aux autres génies
découvreurs des lois physiques. Et comment vouliez-
vous qu'ils se signalassent par des découvertes en une
science qui, de leur temps, non-seulement n'existait
pas, mais ne pouvait pas exister? Parmi les historiens,
dans le passé, plusieurs ont été d'admirables narra-
teurs, et, à ce titre, occupent un haut rang dans la

mémoire des hommes. Mais ce n'est que de nos jours et, à vrai dire, depuis que M. Comte a établi la loi du développement historique et, sur ce fondement, institué la philosophie de l'histoire, qu'on est en droit de réclamer des historiens, non de simples récits, mais des enchaînements de causes et d'effets selon une direction déterminée. Malgré cette imperfection en M. Buckle, je suis aise de trouver des linéaments de la grande doctrine chez des hommes éminents qui s'en défendent jusqu'à un certain point ; car ces œuvres ainsi mi-parties sont des intermédiaires utiles à un public à la fois trop peu préparé pour recevoir directement la parole positive, et trop inquiété dans le paradis théologique pour n'être pas tenté de goûter au fruit défendu.

M. Buckle s'était proposé d'écrire l'histoire de la civilisation en Angleterre ; mais, prévenu par la mort, nous n'avons de cette œuvre que l'introduction, et encore une introduction incomplète : elle devait comprendre le tableau de l'intellect national chez les Anglais, chez les Français, chez les Espagnols, chez les Écossais, chez les Allemands, chez les Italiens et aux États-Unis. Les trois dernières parties manquent ; les quatre autres, que seules nous possédons, sont de vastes tableaux d'ensemble, hardiment esquissés ; le progrès moderne passionne l'auteur ; la science le transporte, et un ardent esprit de généralisation se manifeste. Il me serait facile, en entrant dans les particularités, de relever çà et là des témérités qui deviendraient des thèmes de discussion. Mais à quoi cela me servirait-il ? Il m'est bien plus profitable, au point de vue où je suis placé, de saisir quelques points culminants d'où, embrassant l'œuvre entière, je puisse éprouver sa doctrine ; j'ai assez de fois et assez longtemps éprouvé la mienne, je veux dire celle de la philosophie positive, pour qu'il me soit permis de parler ainsi.

Ces points culminants sont au nombre de trois :

Le premier est relatif aux lois de l'histoire. M. Buckle les pose autrement que M. Comte. On voit que le débat ne peut pas porter sur une question plus haute; et, comme M. Buckle et moi nous avons un principe commun, à savoir que les phénomènes historiques sont des phénomènes naturels soumis à des conditions qu'on nomme des lois, la discussion ne se perd pas dans le vide, comme il arriverait si nous l'engagions avec des doctrines dont nous nions le principe et qui nient le nôtre, par exemple, l'immixtion d'une providence dans la marche de l'histoire. Ici, le terrain est déterminé.

Le second point concerne la théologie. On sait que M. Comte l'élimine complétement, soit sous la forme révélée, soit sous la forme dite naturelle; et il l'élimine non par l'aveuglement de ces philosophes à qui leur système impose un sacrifice, mais parce que, ayant recherché scrupuleusement toutes les sciences, chacune dans son domaine particulier, il a déclaré ne pas y trouver un seul fait théologique; réponse qui, généralisée, a donné la philosophie positive. Autre est le point de vue de M. Buckle; il est déiste, et, sans doute, chrétien et protestant. Il garde donc le fond essentiel de toute théologie; toutefois, il n'en est pas moins partisan déclaré de l'immuabilité des lois naturelles, et, en particulier, de l'enchaînement purement naturel de l'évolution historique.

Le troisième point place en une certaine comparaison l'Angleterre et la France. M. Comte a exprimé l'opinion historique que, depuis la dernière moitié du dix-huitième siècle, la France a joué le principal rôle dans le vaste ébranlement qui tend à substituer partout les notions positives aux notions théologiques. M. Buckle pense que, dans l'œuvre générale de la civilisation européenne, la part prépondérante appartient à l'Angleterre.

Ce sont là trois discussions importantes, mais qu'il serait impossible d'avoir avec tout autre qui n'aurait pas touché, ne fût-ce que du bout des lèvres, les doctrines de la philosophie positive. Toutefois, avant de les aborder, et comme ces chevaliers qui saluaient courtoisement leur adversaire au moment de rompre leur lance sur son écu, je citerai de M. Buckle un morceau dont la touche fière m'enchante et que tout philosophe doit méditer : « Le devoir du philosophe est clair. De-
« vant lui s'étend en droite ligne la carrière à parcou-
« rir. Après avoir pris toutes les peines possibles pour
« constater la vérité, lorsqu'il a acquis une conclusion,
« son devoir, au lieu de reculer devant elle, parce
« qu'elle est désagréable ou qu'elle paraît dangereuse;
« son devoir est par cela même de s'y attacher d'au-
« tant plus, de la soutenir avec un zèle plus ardent si
« elle est en mauvaise odeur parmi les hommes, que
« lorsqu'elle rencontre leur faveur, de la proclamer
« hautement et partout, sans s'inquiéter des opinions
« qu'elle blesse, ou des intérêts qu'elle menace; son
« devoir enfin est de rechercher les hostilités et de
« mépriser le dédain, puisqu'il peut être sûr que, si
« elle n'est pas vraie, elle périra; mais que, si elle est
« vraie, elle produira un résultat final avantageux,
« bien que le siècle ou le pays où elle aura paru,
« puissent ne pas en jouir dès l'abord. » (t. V. p. 209).

1. *Des lois de l'histoire suivant M. Buckle.*

M. Buckle a quatre propositions principales qu'il

considère comme les bases fondamentales de l'histoire
de la civilisation, et qu'il faut citer textuellement :
« 1° Les progrès du genre humain dépendent du suc-
« cès des investigations dans les lois des phénomènes
« de la nature et de la proportion dans laquelle se ré-
« pand la connaissance de ces lois ; 2° avant que cette
« investigation puisse commencer, il faut que l'esprit
« de doute soit né, et que, venant d'abord en aide aux
« investigations, il en soit aidé ensuite ; 3° les décou-
« vertes ainsi obtenues accroissent l'influence des vé-
« rités intellectuelles, et diminuent, relativement, non
« absolument, les vérités morales ; car les vérités mo-
« rales, ne pouvant devenir aussi nombreuses, sont
« plus stationnaires que les vérités intellectuelles ; 4° le
« grand ennemi de ce mouvement, et, par conséquent,
« le grand ennemi de la civilisation, c'est l'esprit pro-
« tecteur, je veux dire l'idée que la société ne peut
« prospérer si l'État et l'Église ne guident et ne pro-
« tégent nos moindres pas dans les affaires de la vie :
« l'État enseignant aux hommes ce qu'ils doivent faire,
« l'Église leur enseignant ce qu'ils doivent croire. »
(T. IV, p. 1.)

La loi fondamentale de l'histoire, celle qui en constitue la philosophie, est la loi d'évolution. Quand on
examine comment s'est fait le savoir humain, c'est-à-
dire comment chaque science est parvenue à établir
des doctrines ou lois dans l'ordre astronomique et
physique, dans l'ordre chimique, dans l'ordre biologique, on reconnaît que toutes ont, à l'origine, reçu
leur première institution de conceptions fictives qu'on
nomme théologiques ; que, plus tard et au fur et à
mesure, il s'est mêlé une forte proportion de conceptions
rationnelles qu'on nomme métaphysiques ; et qu'enfin,
éliminant successivement ce double échafaudage provi-

soire, elles sont arrivées les unes après les autres aux conceptions purement réelles qu'on nomme positives. Ceci, qui est un fait, non une hypothèse, s'étend de soi-même à l'histoire; dès que M. Comte l'aperçut dans chaque science, il l'aperçut aussitôt dans le changement des sociétés. C'est, comme on sait, ce qu'il a nommé la loi des trois états, théologique, métaphysique, positif.

Ce point ainsi posé, manifestement les propositions de M. Buckle, sans contredire formellement celles de M. Comte, ont, de parti pris, une visée moins haute. Examinons-les l'une après l'autre.

Le progrès du genre humain dépend, dit M. Buckle, du succès des investigations dans les lois de la nature. Cette proposition, qui n'aurait jamais pu naître dans les temps anciens, absolument étrangère au *Discours* de Bossuet sur l'histoire universelle, et formulée avec tant de force et d'éclat par Condorcet dans son célèbre *Essai*, n'est pourtant vraie qu'incomplétement. Et c'est seulement depuis la grande conception d'Auguste Comte que l'insuffisance, en tant que conception générale, en devient tellement apparente que, sans qu'il soit besoin d'aucune démonstration, il suffit de rapprocher les termes pour s'en convaincre. Le progrès du genre humain dans l'investigation des lois de la nature n'est pas autre chose que ce que M. Comte a dénommé le passage à l'état positif. Or, l'état positif est un terrain postérieur, pour me servir du langage géologique, qui repose sur des couches plus anciennes et plus profondes; ces couches sont l'état métaphysique et l'état théologique. Le progrès du genre humain a donc dépendu de trois facteurs, et non d'un seul; et, quand on en parle au point de vue philosophique, il faut réintégrer les deux plus anciens, si l'on veut comprendre le plus moderne. Car, dans toute évolution, les derniers termes, n'existant que par les premiers termes, ne sont non plus intelligibles que par eux.

C'est une observation de même genre que suggère la seconde proposition. Elle a besoin, comme la première, de restriction et d'amendement. Que l'esprit de doute soit la condition nécessaire de l'investigation dans les lois de la nature, est un dire qui n'a pas des soutiens suffisants dans les faits. Cela n'est constant ni pour les individus ni pour les époques. Consultez en effet vos souvenirs, et aussitôt vous allez voir apparaître dans votre mémoire les noms d'hommes illustres qui ont fait de grandes découvertes dans l'investigation des lois naturelles, et desquelles l'esprit de doute ne s'est pas approché. Nous n'avons point assez de documents pour savoir si Hipparque et Archimède étaient de bons païens, pratiquant dévotement le culte de Jupiter et de Minerve; mais Galien, si éminent dans l'anatomie et dans la physiologie, n'avait aucunement secoué la foi païenne de ses pères. Quant aux temps chrétiens, les exemples sont très-nombreux : Descartes était un sincère catholique; Newton et Haller étaient de sincères protestants; prenez les *Éloges* de Fontenelle, pour ne citer que ce livre-là, et vous trouverez bon nombre d'hommes renommés dans les différentes branches des sciences naturelles, et pieusement soumis à tous les dogmes de la foi. Beaucoup de ceux qui, dans le dix-septième siècle, ont inconsciemment porté à la théologie les coups les plus rudes et les plus irrémédiables, ont eu les croyances théologiques. On fut longtemps sans apercevoir combien il est dangereux pour l'antique foi de remplacer la main de Jéhovah par la gravitation et le tonnerre divin par l'électricité.

Ces exemples suffisent à prouver que l'investigation des lois naturelles et le scepticisme théologique ne sont pas nécessairement liés quant aux individus. Ils ne le sont pas davantage quant aux époques. Les époques les plus sincèrement théologiques n'ont pas renoncé pour cela à l'investigation de la nature. Je citerai pour exemple le moyen âge; sans doute, cette investigation fut petite et proportionnée aux facultés du temps; pourtant personne ne peut méconnaître ni la hardiesse des spéculations alchimiques, ni l'importance des découvertes qui se produisirent dans ce domaine, ni la voie qui mena l'alchimie à la chimie. C'est qu'en effet l'étude des phénomènes ne provient pas du doute à l'endroit des croyances théologiques; elle procède directement d'une curiosité instinctive qui, à mesure qu'elle se développe par le travail et par le succès, prend un caractère d'amour du vrai et de passion.

Et ici on touche du doigt la cause de la méprise de M. Buckle. Il n'a pas distingué l'esprit positif de l'esprit métaphysique : l'esprit positif, c'est à lui qu'appartient l'investigation des phénomènes naturels; l'esprit métaphysique, c'est à lui qu'appartient le doute suscité contre les diverses religions qui ont occupé le monde civilisé. Sans doute, l'esprit métaphysique s'est aidé, suivant les temps, des découvertes diverses que faisait l'esprit positif; mais celui-ci, toujours particulier, ne pouvait prendre le rôle de contrôleur de la théologie que prit celui-là, toujours général. Même dans l'Inde et dans la civilisation brahmanique où l'esprit positif ne s'éleva jamais au-dessus du moindre degré, l'esprit métaphysique n'en construisit pas moins des systèmes équivalents à ceux de la Grèce et de l'Occident. En définitive, la métaphysique a été le grand ministre du contrôle et du scepticisme à l'endroit de la théologie; la métaphysique, puissante et honorée, alors qu'il s'agissait de transporter l'esprit humain du point de vue de l'autorité surnaturelle au point de vue de l'autorité subjective; mais devenue inutile et creuse aujourd'hui que l'esprit positif, embrassant tout le savoir, ne laisse plus de place ni aux conceptions fictives du premier âge de l'humanité ni aux conceptions rationnelles du second âge.

La troisième proposition de M. Buckle est relative au rapport entre les vérités intellectuelles et les vérités morales, celles-ci étant, suivant lui, plus stationnaires que celles-là. Ceci n'est pas le vrai rapport; et, pour le bien entendre, il faut demander quelques éclaircissements, tant à l'histoire qu'à la physiologie psychique. Au point de vue qui nous occupe ici, le diagramme du développement de la civilisation peut être ainsi figuré : première période, probablement immensément longue, dans laquelle l'homme primitif pourvoit à ses besoins, crée des outils, arrange des cavernes pour sa demeure, dispose des pilotis dans les lacs et les fleuves, taille des silex, façonne des poteries, allume et entretient le feu ; je la nommerai période industrielle, si l'on veut bien donner le nom d'industrie à ces grossiers et chétifs essais d'esprits et de mains également inexercés ; de cet état, nous avons les documents dans les reliques de l'homme fossile et préhistorique. La seconde période, prodigieusement longue aussi, quoique moins longue sans doute, est celle où les religions se développent dans le genre humain; alors, les arts industriels ont acquis un haut point de perfection; ils assurent pleinement la vie et l'embellissent; et c'est sur ce fondement que s'élèvent les grandes religions du monde ancien, dont le type le plus grandiose se montre dans l'Égypte, avec son sacerdoce, ses pharaons, ses guerriers, ses hiéroglyphes et ses pyramides ; à cette phase, je donnerai le nom de période morale, si par là on veut se borner à entendre la culture de l'amour, du respect et de la crainte, sentiments inhérents à toutes les religions. De même qu'au sein de la période industrielle avait apparu la période morale, de même au sein de la période morale apparaît la période intellectuelle; celle-ci, en comparaison des deux autres, n'a qu'un passé fort court, mais, en revanche, un immense avenir lui est ouvert; la science, car c'est d'elle qu'il s'agit, renouvelle d'une main le domaine industriel, de l'autre porte la lumière dans le domaine moral. Telle est la constitution de l'esprit humain que le vrai en est le point culminant; le vrai, qui ensuite sert à tout.

Il s'en faut que toutes les races humaines et, dans le sein d'une même race, toutes les tribus aient monté cette même échelle. Parmi les sociétés, quelques-unes sont restées au premier échelon; beaucoup n'ont pas dépassé le second; et le moindre nombre entre elles ont atteint le troisième. D'où proviennent ces inégalités? Pour ce que j'ai à en dire ici, elles sont toutes contenues, d'une part dans la race, le climat et les heureuses conjonctures; d'autre part dans le génie individuel qui découvre le bon, le beau, le vrai, et l'incorpore aux destinées historiques de l'humanité.

Ce diagramme, on le remarquera, ne souffre point d'intervention. Jamais l'humanité n'a commencé par chercher et trouver les théories de l'analyse mathématique, les lois qui régissent le monde astronomique, les subtils phénomènes du calorique, de l'électricité et de la lumière, les combinaisons plus subtiles encore qui unissent les éléments entre eux, enfin, ce qui est le plus subtil de tout, le tissu de la trame qui fait l'organisation et la vie; toujours elle a commencé par les arts qui sont nécessaires à son existence; puis elle a passé aux conceptions religieuses, et finalement aux conceptions scientifiques. C'est par cette évolution que l'homme physiologique, c'est-à-dire l'homme encore sans acquisition matérielle, morale et intellectuelle, est devenu l'homme historique.

Le dire de l'histoire, il faut le corroborer par le dire de la physiologie psychique.

La physiologie psychique établit non-seulement que les facultés égoïstes et les facultés altruistes [1] ont un même siége dans le cerveau, mais encore que les facultés intellectuelles résident dans le même lieu anatomique que ces deux groupes. On va voir de quelle importance est cette condition organique dans l'évolution de l'histoire.

Avant de tirer les conséquences qui en découlent, définissons ce qu'est, au point de vue psychique, une religion. Les religions, au moins dans le sens que ce terme a eu jusqu'ici, c'est-à-dire un culte rendu à des êtres surnaturels dont la puissance embrasse le ciel et la terre, les religions, dis-je, forment un grand domaine que s'ouvrirent les principales facultés affectives de l'homme. C'est un altruisme appliqué, sans doute, à des objets inconnus de l'expérience et connus seulement de la foi successive des siècles et des peuples, mais exercé pendant de longs âges au profit d'une amélioration réelle bien que partielle de l'âme humaine.

Munis de ces remarques, reprenons le diagramme de notre évolution. Au premier et plus bas degré, la satisfaction des besoins engendre une industrie qui va se perfectionnant, et qui oblige l'homme à de continuels efforts cérébraux. Sous cette éducation, son cerveau

---

1. M. Comte donne le nom d'altruisme (d'où altruiste) à l'ensemble des sentiments affectifs. C'est l'opposé de l'égoïsme.

se fait meilleur; et, par la connexité anatomique des facultés égoïstes avec les facultés altruistes, naissent des besoins moraux qui, prenant la forme sociale commandée par le temps et le degré de développement, deviennent des religions. Cet altruisme ainsi formé s'étend à toute l'existence humaine, et se purifie de degré en degré, exerçant à son tour une heureuse influence sur les facultés intellectuelles dont il est anatomiquement si voisin. Et, en effet, c'est au sein des grandes théologies de l'antiquité qu'ont été jetés les fondements des vérités intellectuelles et du savoir positif.

Là ne s'est pas arrêté l'enchaînement de ces actions et réactions nées psychiquement de la résidence des diverses facultés dans la même partie du cerveau. Les facultés intellectuelles, ayant pris possession d'elles-mêmes et de la civilisation, ont exercé leur influence sur les facultés affectives; et c'est ainsi que les sociétés modernes, en devenant plus éclairées, sont devenues meilleures, plus humaines et plus équitables. Je ne dédaignerai pas de noter non plus que de la sorte, même dans la satisfaction des facultés égoïstes, les moins perfectibles de toutes, il s'est produit une amélioration sous forme de propreté, de goût et d'élégance.

Quant à la quatrième proposition de M. Buckle, à savoir que l'esprit protecteur, c'est-à-dire l'État enseignant aux hommes ce qu'ils doivent croire, est l'ennemi capital du progrès de civilisation, il est à peine besoin de remarquer que, bien loin d'être une loi, cette proposition n'est qu'un cas particulier, propre à certaines phases du développement. A vrai dire, elle s'applique surtout à celle que nous parcourons depuis la Réforme, et où la compression du libre examen est le but de la rétrogradation, et son incompressibilité l'arme de la révolution. Mais, cette lutte, les époques organiques ne la connaissent pas ; elle a été ignorée du moyen âge, elle l'a été plus anciennement du polythéisme en sa fleur, et elle le sera du régime positif; non, sans doute, que l'examen ait été supprimé alors, ou qu'il doive l'être un jour ; mais c'est qu'il portait dans ces périodes passées et qu'il portera dans la période future, sur les conséquences et non sur les principes. Discuter non les principes, mais les conséquences, tel est le caractère des époques organiques.

Après avoir généralisé de cette sorte, M. Buckle généralise d'une autre : « En considérant, dit-il, dans son
« entier, l'histoire du monde, la tendance a été, en Eu-
« rope, de subordonner la nature à l'homme; hors de
« l'Europe, de subordonner l'homme à la nature. Il y
« a plusieurs exceptions à ce principe dans les pays
« barbares ; mais dans les pays civilisés la règle a été
« universelle. Donc la grande division de la civilisation
« en européenne et en non européenne est la base de
« la philosophie de l'histoire, puisqu'elle nous suggère
« cette importante considération que, si nous voulons
« comprendre, par exemple, l'histoire de l'Inde, nous
« devons d'abord nous attacher à l'étude du monde
« extérieur, parce qu'il a eu plus d'action sur l'homme
« que l'homme n'a eu d'action sur lui. Si, d'un autre
« côté, nous voulons comprendre l'histoire d'un pays
« tel que la France ou l'Angleterre, l'homme doit être
« notre principal sujet d'étude, parce que, la nature
« étant comparativement faible, chaque pas vers le
« grand progrès a augmenté la domination de l'esprit
« humain sur les influences du monde extérieur
(t. I, p. 171). » C'est une erreur, et il n'y a là aucune base à la philosophie de l'histoire; pour qu'on pût, sociologiquement, partager la civilisation en européenne et extra-européenne, il faudrait que la civili-

sation européenne fût autochthone. Or, elle ne l'est pas. L'Europe tout entière était plongée dans la barbarie, c'est-à-dire dans cet état où l'on est hors de la sauvagerie sans avoir encore mis le pied dans la civilisation, quand la Chaldée, la Phénicie, l'Assyrie et, avant toutes, l'Egypte brillaient de l'éclat des arts et du commerce, bâtissaient de grandes villes, élevaient de splendides monuments, travaillaient les métaux, et enseignaient au reste des hommes à lire, à écrire, à compter, à mesurer. Ce fut à la bordure de l'Asie, en cette Grèce moitié européenne et moitié asiatique qu'apparut la civilisation européenne, destinée à devenir la civilisation universelle ; mais le flambeau ne s'y en alluma qu'à la flamme communiquée par nos aînés de l'Asie et de l'Afrique. La proposition de M. Buckle n'est donc vraie que quand on la limite à une période récente; mais alors elle fuit et se dérobe par un autre côté; car la civilisation émanée d'Europe s'implante en Amérique, en Australie, commence à transformer l'Inde, émerveille le Japon, toutes contrées où, suivant le prétendu axiome, la nature est plus puissante que l'homme.

Il ajoute : « La découverte des lois de l'histoire de « l'Europe s'est fondue en une découverte des lois de « l'esprit humain. Ces lois mentales, quand on les aura « établies d'une manière certaine, deviendront la base « de l'histoire de l'Europe : on regardera les lois « physiques comme étant de moindre importance, et « n'ayant d'autre résultat que de soulever des troubles « dont la force et la fréquence ont sensiblement « diminué durant plusieurs siècles. » (T. I, p. 177.) Je cite ce passage non pour le discuter à fond, mais pour y signaler en un mot l'insuffisance des points de vue généraux de M. Buckle. Il n'est pas permis de confondre les lois de l'histoire avec les lois de l'esprit humain. Rien dans l'esprit humain ne montre qu'il doive y avoir une évolution historique. Cette évolution est un fait que l'on constate expérimentalement comme tous les autres faits; mais on ne la déduit point de l'étude psychique. Puis, cette évolution étant reconnue dans son mouvement et dans la direction de ce mouvement, il est fort utile de considérer comment l'esprit humain se comporte pour cette nouvelle condition qui lui est imposée, et comment à son tour il y met ses propres conditions.

2. *Des opinions théologiques de M. Buckle.*

Si je donne un tel titre à ce paragraphe, ce n'est point, on le pense bien, pour incriminer les opinions religieuses de M. Buckle, quelles qu'elles soient; mais c'est pour les connaître exactement. Cela importe du moment qu'il s'agit d'un homme qui s'occupe de la philosophie de l'histoire; or cette philosophie présente des contradictions à tout esprit qui conserve en soi une doctrine de théologie soit révélée, soit naturelle. Et cela pour deux grandes raisons : la première, c'est qu'alors il est impossible de se rendre compte de la disparition de toute théologie au sein des sciences positives, du dépérissement graduel des doctrines théologiques qui en est la conséquence, et du caractère totalement laïque que prennent les sociétés modernes ; la seconde, c'est que, en reconnaissant une doctrine théologique quelconque, on fait à l'esprit scientifique une brèche très-fâcheuse, puisque nulle part, en science, la théologie n'est admise ni pour peu ni pour beaucoup. L'histoire supporte mal une telle imperfection; car, étant de toutes les sciences celle qui est la plus compliquée et la plus ardue, elle est aussi celle qui exige l'esprit le plus sévèrement scientifique.

M. Buckle répudie fortement toute accointance avec l'athéisme qui, en France, durant le xviiie siècle, joua un si grand rôle individuel et social : « Qui nie l'exis-
« tence de Dieu et l'immortalité de l'âme ne s'oc-
« 'cupera nullement de la manière dont un culte gros-
« sier défigure ces sublimes doctrines... Aussi est-il
« rare qu'un athée sincère soit ardent controversiste.
« Mais qu'il arrive, ce qui est advenu le siècle dernier
« en France, qu'il arrive, dis-je, que des hommes d'une
« grande énergie se trouvent en présence du despo-
« tisme politique, ils se ceindront les reins, marche-
« ront contre la tyrannie, et agiront avec d'autant
« plus de vigueur que, croyant qu'il y va de leur salut
« suprême, ils considéreront avant tout, que dis-je ?
« exclusivement leur bonheur temporel. C'est à ce point
« de vue que le progrès de l'athéisme qui surgit alors
« en France devient une question d'un intérêt pénible
« sans doute, mais néanmoins fort grand. La date à
« laquelle se produisirent ces idées corrobore pleine-
« ment ce que j'ai déjà dit du changement qui s'opéra
« au milieu du xviiie siècle. La première œuvre impor-
« tante dans laquelle elles furent proclamées fut la
« célèbre Encyclopédie publiée en 1751. Avant cette
« époque, des opinions aussi dégradantes, bien qu'elles
« fussent parfois ébauchées en public, n'étaient pas le
« fait des hommes de talent; et dans l'état antérieur
« de la société elles ne pouvaient avoir grande action
« sur le siècle. Mais, durant la seconde moitié du
« xviiie siècle, elles affectèrent toutes les parties de la
« littérature française. » (T. III, p. 228.)

Un peu plus loin il continue sur le même ton :
« Parmi les écrivains de second rang, Damilaville, Ma-
« réchal, Naigeon, Toussaint furent les défenseurs
« zélés de ce dogme sombre et glacial qui, afin d'étein-
« dre l'espoir de la vie à venir, efface dans l'esprit de
« l'homme les glorieux instincts de son immortalité.
« Et, chose étrange à dire, parmi les plus hautes intel-
« ligences mêmes, quelques-unes ne purent échapper
« à la contagion : l'athéisme était ouvertement pro-
« fessé par Condorcet, d'Alembert, Diderot, Helvétius,
« Lalande, Laplace, Mirabeau et Saint-Lambert. Eh
« quoi ! tout cela concordait si entièrement avec la dis-
« position générale, qu'en société on faisait parade de
« ce qui, en d'autres pays et à d'autres époques, a été
« une erreur rare et singulière, une infection excen-
« trique que le malade était disposé à cacher. » (T. III,
p. 231.)

Je n'aime point ces qualifications méprisantes dont M. Buckle se sert à l'endroit des athées. Elles sont indignes d'un philosophe. Jetées par un adversaire à des adversaires, elles ne témoignent que de la disposition d'esprit de celui qui les jette, et ne touchent en rien celui à qui on les jette. Qu'importe à un catholique qu'un protestant lui reproche les superstitions de la grande Babylone, ou à un protestant qu'un catholique l'accuse d'avoir, me servant de la phrase de Bossuet, *le cœur trop étroit et les entrailles trop resserrées* pour reconnaître la présence du Sauveur dans l'Eucharistie ? Ni le catholique ne se sent superstitieux, ni le protestant ne se sent étroit de cœur. Semblablement les athées ne se sentent ni dégradés, ni glacés. Dans ma jeunesse, j'ai vu bon nombre de ces athées du XVIII° siècle. Obscurs soldats de la révolution, ils avaient combattu pour elle ; vieux, sur le bord de la tombe, pauvres pour la plupart, ils demeuraient fermes dans leurs convictions, la tête haute et le cœur chaud ; certes, d'eux tous pris dans l'ensemble et sauf les exceptions, il me reste un grand souvenir.[1]

Ce n'est pas que M. Buckle soit inspiré par un esprit sectaire, et voici une page contre la métaphysique éclectique et contre la théologie naturelle que je voudrais avoir écrite, et que je me donne le plaisir de transcrire : « Lorsque Napoléon, non par conviction,
« mais par calcul égoïste, tenta de rétablir le pouvoir
« des principes ecclésiastiques, les hommes de lettres,
« avec une honteuse servilité, abondèrent dans ses
« vues ; alors un déclin signalé commença à se pro-
« duire dans cet esprit d'indépendance et d'innovation
« qui avait, durant cinquante ans, poussé la France à
« cultiver les plus hautes études. De là provient cette
« école métaphysique qui, tout en professant de l'éloi-
« gnement pour la théologie, fit alliance intime avec
« elle ; école dont les vaines théories, pleines d'ap-
« parat, présentent dans leur splendeur éphémère un
« contraste frappant avec les méthodes plus austères
« de la génération précédente. Mais les physiologistes
« français, en tant que corps, ne cessèrent de protester
« contre ce mouvement..... En Angleterre, où, pen-
« dant un espace de temps considérable, l'influence
« de Bichat se fit à peine sentir, un grand nombre de

---

[1]. La philosophie positive n'est point athée ; mais elle n'est pas non plus déiste. Comment cela, et quel moyen terme y a-t-il donc entre les deux alternatives ? Le moyen terme est la confession de notre incapacité, expérimentalement démontrée, à nous faire une conception générale de l'univers qui soit autre chose qu'une hypothèse. De l'univers, nous ne savons ni s'il est éternel ou créé, ni s'il est infini ou fini, ni s'il y a un principe ou plusieurs principes, ni s'il est mû par un esprit infus ou produit par la rencontre des atomes.

« physiologistes, même parmi les plus illustres, ont
« montré une disposition insigne à s'allier au parti
« réactionnaire ; et, non contents de déclarer la guerre
« à toutes les nouveautés qu'ils ne pouvaient pas expli-
« quer du premier coup, ils ont ravalé leur noble
« science à l'état d'humble servante de la théologie
« naturelle. » (T. III, p. 272.)

Que M. Buckle soit chrétien, on le conclut d'un passage où il félicite Rousseau de n'avoir point pris part aux attaques contre le christianisme, qui, malheureusement, dit-il, n'avaient été que trop fréquentes (t. III, p. 206); qu'il soit protestant, on le conclut d'un morceau où il veut établir la précellence de la religion protestante sur la religion catholique : « Dans l'ordre na-
« turel des choses, les contrées les plus civilisées
« devraient toutes être protestantes, et les moins civi-
« lisées devraient être catholiques. C'est ce qui a lieu
« en moyenne, et c'est ce qui a induit en erreur un
« grand nombre de personnes qui attribuent à l'in-
« fluence du protestantisme tous les progrès modernes,
« et qui ne remarquent pas ce fait important que le
« protestantisme n'avait été nullement nécessaire jus-
« qu'au moment où le progrès a commencé. Mais,
« quoique, dans le cours ordinaire des choses, la
« marche progressive de la réforme eût été la me-
« sure et le symptôme de la marche progressive des
« connaissances, cependant, en beaucoup de circon-
« stances, l'autorité du gouvernement et de l'Église
« était une cause de confusion et déjouait le progrès
« naturel des améliorations religieuses... Il en résulte
« qu'aujourd'hui la religion nationale professée dans
« un pays n'est pas un critérium décisif de la civi-
« lisation actuelle de ce pays, parce que les circon-
« stances qui établirent la religion sont passées depuis

« longtemps, et la religion se trouve dotée et soutenue
« simplement par la continuation de la force impulsive
« qui lui avait été donnée autrefois. » (T. I, p. 396.)

Je ne suis nullement disposé à reconnaître que le protestantisme soit, théologiquement, supérieur au catholicisme. Le grand corps catholique s'est formé par les mains d'une succession d'hommes très-éminents et d'assemblées très-éclairées, qui l'ont rendu propre à remplir son office temporaire, c'est-à-dire entretenir au sein de la société une morale relative à une foi. Le protestantisme y a porté une main hardie; grand service qu'il a rendu au moment où il se dressa insurrectionnellement; mais il l'a mutilé. Le protestantisme n'est pas une meilleure religion que le catholicisme, c'est une moindre religion, ce qui est bien différent. Il a introduit, dans le régime théologique, des atténuations qui ont formé autant de marchepieds, d'abord aux sectes rationalistes, telles que les sociniens et aux autres, puis aux libres penseurs, aux négateurs et à la science antithéologique.

Avec cette explication sur la diminution que le christianisme a subie en tombant du catholicisme au protestantisme, on admettra sans peine cet alinéa que j'emprunte à M. Buckle : « Les Écossais et les Suédois,
« et on pourrait leur adjoindre quelques-uns des can-
« tons suisses, sont moins civilisés que les Français, et
« sont par conséquent plus superstitieux. Cela étant le
« cas, il n'y a que peu d'avantages pour eux à avoir
« une religion meilleure que celle des Français; il y a
« peu d'avantage pour eux à avoir adopté, il y a trois
« siècles, par suite de circonstances qui n'existent plus
« depuis longtemps, une croyance qu'ils ne conservent
« que par la force de l'habitude et par l'influence de
« la tradition. » (T. I, p. 299.)

Jusqu'à l'époque de la révolution française, qui, résolûment antithéologique, tourna un nouveau feuillet dans la vie des sociétés, la tolérance fut beaucoup plus grande chez les protestants que chez les catholiques. Mais, M. Buckle lui-même le remarque, cela fut dû non à la supériorité d'un régime théologique sur l'autre, mais à la supériorité des circonstances qui formaient la condition de la réformation : « C'est là (l'intolérance
« des protestants de France) un des nombreux exem-
« ples qui prouvent combien est superficielle l'opinion
« des écrivains qui croient que la religion protestante
« est nécessairement plus tolérante que la catholique.
« Si ceux qui adoptent cette opinion avaient pris la
« peine d'étudier l'histoire de l'Europe aux sources
« primitives, ils eussent appris que l'esprit libéral de
« toutes les sectes ne dépend nullement de leur doc-
« trine avouée, mais des circonstances dans lesquelles
« elles sont placées, et de la somme d'autorité que pos-
« sède leur clergé. La religion protestante est en gé-
« néral plus tolérante que la religion catholique, seu-
« lement parce que les événements qui ont donné
« naissance au protestantisme ont en même temps
« donné plus d'essor à l'intelligence, et affaibli par
« conséquent le pouvoir du clergé. » (T. II, p. 239.)

L'intolérance et le bigotisme sont frères. Nous connaissions le bigotisme catholique par l'Espagne; voici une description de main de maître du bigotisme calviniste : « Hélas! qu'en résultera-t-il (de l'état théolo-
« gique de l'Écosse)? que par tout le pays circulent un
« esprit aigre et fanatique, l'aversion pour toute gaîté
« innocente, une certaine disposition à limiter le plai-
« sir d'autrui, le désir ardent de s'enquérir des opinions
« de ses semblables et de s'en mêler; bref, une intolé-
« rance telle qu'on ne trouvera pas la pareille ailleurs ;

« tandis qu'au sein de cette lourde atmosphère fleurit
« une croyance nationale, sombre et austère au su-
« prême degré, croyance pleine de soupçons, de me-
« naces et d'horreurs de toute espèce, qui se complaît à
« proclamer aux hommes que ce ne sont que des mal-
« heureux et des misérables, à leur psalmodier com-
« bien peu d'entre eux seront sauvés, et quelle im-
« mense majorité est réservée fatalement au supplice
« éternel, indescriptible, terrible! » (T. V, p. 345.)
Vraiment, cela m'a rappelé certains sermons de Bossuet, qui ne sont pas plus charitables.

De tous ces passages il résulte que M. Buckle est déiste, chrétien, protestant. Au reste, il marque avec quelques nuances de plus son credo dans ces lignes-ci :
« Ce grand changement dans nos opinions (ne plus
« admettre rien de surnaturel) est fatal à la théologie,
« mais il rend service à la religion ; car, grâce à lui, la
« science, au lieu d'être ennemie de la religion, devient
« son amie. La religion de chaque individu est en
« proportion de la lumière intérieure dont il est doué.
« Elle prend donc des formes différentes dans les dif-
« férents caractères, et ne peut jamais être soumise à
« une loi commune et arbitraire. Mais la théologie,
« prétendant à une autorité complète sur tous les es-
« prits et refusant d'admettre leur divergence essen-
« tielle, veut les soumettre tous à une croyance unique,
« et établir un seul type de vérité absolue par lequel
« elle éprouve les opinions de chaque individu, con-
« damnant présomptueusement tous ceux qui s'éloi-
« gnent de ce type unique. » (T. V, p. 353.)

Voilà une tirade qui, dans ce temps d'intermédiaires convictions, fait la fortune d'un livre. En effet, quoi de plus libéral que d'éliminer la théologie? Quoi de plus conservateur que de mettre en sauvegarde la religion?

On plaît à la raison et à l'esprit nouveau, à qui pèsent le miracle et le surnaturel ; on plaît aussi au sentiment et à l'esprit anciens, qui se croient abandonnés s'ils ne voient pour les soutenir que les lois de la nature. Ces choses-là ne sont pas moins bienvenues de ce côté-ci du détroit que de l'autre ; nous en voyons bon nombre d'exemples. Non certes que j'accuse M. Buckle d'avoir cherché la faveur et les applaudissements en accommodant sa pensée à un calcul. Mais, sa manière de voir étant celle du milieu où il vivait, il a été agréable sans y viser, et aussi sans s'apercevoir qu'il s'impliquait en des contradictions. Reconnaître une intelligence, cause suprême de tout (t. V, p. 234), qu'est-ce autre chose que faire de la théologie, et même de la théologie naturelle, pour laquelle naguère il montrait un si grand dédain, reprochant à la physiologie anglaise de s'être dégradée en la servant ?

A cette profession de foi, dirai-je déiste ou protestante, il faut ajouter que M. Buckle est un adversaire déclaré du surnaturel dans la science, dans l'histoire, partout : « Après avoir reconnu que la condition de
« l'univers matériel, à tout moment donné, est simple-
« ment le résultat de tout ce qui est arrivé à tous les
« moments qui ont précédé, et que le plus léger
« trouble dérangerait tellement le plan général, que
« l'anarchie en deviendrait inévitable ; après avoir
« ainsi constaté que distraire de la masse totale le
« moindre de ses fragments, ce serait, en ébranlant la
« structure, condamner le tout à une ruine commune ;
« après avoir ainsi admis l'accord des différentes par-
« ties, et reconnu également, dans la beauté même et
« l'achèvement parfait du dessin, la meilleure preuve
« que le cours n'en a jamais été interrompu par le di-
« vin architecte qui l'a appelé à l'existence, et dans

« l'omniscience duquel le plan et la suite du plan ré-
« sident avec une telle clarté, avec une telle certitude
« infaillible, que pas une pierre de ce superbe et har-
« monieux édifice n'a été touchée depuis que son fon-
« dement fut posé; après avoir considéré tout cela,
« dis-je, en nous élevant jusqu'à ce faîte, jusqu'à cette
« hauteur de pensée, assurément nous avançons vers
« les horizons nouveaux qu'il sera donné à une autre
« postérité de contempler dans toute leur splendeur.
« Dès lors la hauteur de vues acquises fera à jamais
« rejeter le dogme antique et éminemment irréligieux
« de l'intervention surnaturelle, qui, engendré par la
« superstition, nourri par l'ignorance, et vivace de
« nos jours, témoigne de l'état encore primitif de nos
« lumières et de l'endurcissement de nos préjugés. »
(T. V, p. 224.)

Si j'avais à discuter cette page au point de vue philosophique, je montrerais sans grande peine qu'elle n'est qu'un tissu d'assertions métaphysiques sans aucun fondement positif. Que le surnaturel n'ait point de réalité, nous ne le savons pas rationnellement; nous ne le savons qu'expérimentalement. Ce n'est point une déduction de quelque principe supérieur inné en notre esprit; c'est une induction formée par l'enquête générale que la science positive a instituée dans tout le domaine à nous accessible. Je l'ai dit bien des fois, mais je ne saurais trop le redire, nous ignorons absolument les intentions de la nature, les fins de la nature, l'accord de la nature, le plan de la nature, les bornes de la nature, l'immensité de la nature. Mais ce n'est pas à l'expérience que M. Buckle demande la preuve de son dire, c'est, qui le croirait après sa sortie contre la théologie? c'est à un argument purement théologique, à la prescience divine: « Il est temps que l'histoire de l'humanité

« cesse d'être tourmentée par ce qui doit sembler une
« futilité notoire aux hommes qui sont imbus de l'es-
« prit scientifique. De deux choses l'une : niez l'omni-
« science du Créateur, ou bien admettez cette omni-
« science. Si vous la niez, vous niez, ce qui est, du
« moins dans mon opinion, une vérité fondamentale,
« et sur ce sujet il ne peut y avoir aucune sympathie
« entre nous. Mais, si vous admettez l'omniscience de
« Dieu, gardez-vous de diffamer ce que vous prétendez
« défendre. Car, lorsque vous proclamez ce qu'on ap-
« pelle le gouvernement moral du monde, vous calom-
« niez l'omniscience, en ce sens que vous déclarez que
« le mécanisme de tout l'univers, y compris les actions
« de la nature et de l'homme, mécanisme dont le plan
« appartient à la sagesse infinie, n'est pas à la hauteur
« de ses fonctions, à moins que cette même sagesse
« n'intervienne de temps en temps. De fait, vous pro-
« clamez ou |que l'omniscience s'est trompée, ou
« qu'elle a échoué. » (T. V, p. 357.)

Bien que toujours disposé à laisser les discussions
théologiques se débattre entre elles, et tomber de leur
propre poids dans l'incohérence, il n'est pas inutile de
prendre, dans leurs propres difficultés, les philosophes
qui théologisent. Celui-ci déclare que l'intelligence
créatrice et souveraine est omnipotente et omnisciente,
de manière que le plus léger trouble dérangerait le
plan général; et après cette déclaration il met à notre
charge notre ignorance, nos folies et nos vices : « Au
« point de vue scientifique, les calamités qui affligent
« le monde sont le résultat de l'ignorance de l'homme,
« et non de l'intervention divine. Il ne faut donc pas
« attribuer à Dieu ce qui est dû à notre propre folie, à
« nos propres vices. Il ne faut pas calomnier l'Être su-
« prême, essence de toute sagesse et de toute miséri-

« corde, en lui imputant les misérables passions qui
« nous agitent, en le croyant capable de fureur, de ja-
« lousie et de vengeance, et en supposant que sa seule
« joie est d'aggraver les souffrances de l'humanité, et
« de rendre plus poignantes encore les misères de la
« race humaine. » (T. V, p. 274.) L'omnipotence et
l'omniscience embrassent nos vices, nos crimes, nos
malheurs; comment, dans l'hypothèse de cette double
prédétermination, en serions-nous responsables?

J'abandonne à elles-mêmes les contradictions de sa
théologie, et j'ignore s'il concilie l'immuabilité des
lois naturelles, notion expérimentale sans valeur absolue, avec la toute-puissance divine et la prescience
suprême, notions absolues sans valeur expérimentale. Mais ce que je n'ignore pas, c'est que, tandis
que le principe de l'immuabilité des lois naturelles est
le résultat de l'expérience, l'expérience, interrogée de
quelque façon que ce soit, a toujours répondu qu'il ne
lui était donné d'atteindre nulle part le suprême et
l'absolu. Quoi qu'on veuille et quoi qu'on fasse, la
science n'est pas autre chose que l'expérience généralisée, et la philosophie, pas autre chose que la généralisation de la science.

3. *De l'Angleterre et de la France quant à l'évolution sociale.*

Dans sa lumineuse et si neuve exposition de la
phase révolutionnaire, M. Comte a présenté la France,
à partir de la seconde moitié du dix-huitième siècle,
comme le centre de l'ébranlement qui secoue le vieux
régime, et de la rénovation qui change la société. L'influence européenne des novateurs français du dix-huitième siècle, la révolution française, que M. Buckle lui-

même nomme l'événement le plus important, le plus compliqué et le plus glorieux de l'histoire (t. III, p. 307), et enfin les suites permanentes de cette révolution qui avance souvent et ne bat jamais en retraite; tels sont les chefs principaux de l'opinion de M. Comte.

A un autre point de vue, M. Buckle considère l'Angleterre comme offrant le type de l'évolution régulière de la civilisation ; bien entendu, il s'agit seulement de la civilisation moderne : « L'Angleterre, dit-il, durant
« ces trois derniers siècles, a accompli ce programme
« (d'un peuple modèle), d'une manière plus continue
« et plus heureuse que toute autre nation. Je ne dirai
« rien du nombre de nos découvertes, de l'éclat de
« notre littérature ou du succès de nos armes, tous su-
« jets qui excitent l'envie ; de plus il se peut que d'au-
« tres nations nous refusent ces mérites que nous
« sommes portés à exagérer. Mais je pose simplement
« en principe que, de tous les pays de l'Europe, l'An-
« gleterre est le seul où, pendant le plus long espace
« de temps, le gouvernement a été le plus passif et le
« peuple le plus actif ; où la liberté de la nation s'est
« assise sur les bases les plus larges ; où tout homme
« peut le mieux dire ce qu'il pense et faire ce qu'il veut;
« où chacun peut suivre son penchant et propager ses
« idées ; où, les persécutions religieuses étant presque
« inconnues, l'on peut clairement distinguer le courant
« de l'esprit humain circulant sans ces entraves qui en
« arrêtent partout ailleurs la direction ; où l'hétéro-
« doxie avouée court le moins de danger, et où l'on
« compte le plus grand nombre de non-conformistes ;
« où les croyances les plus opposées se produisent
« l'une à côté de l'autre, surgissent et disparaissent
« selon les besoins du peuple, sans causer de troubles,
« les velléités de l'Église ne pouvant rien contre elles,

« et l'État ne s'ingérant en rien dans leurs pratiques;
« où toutes les classes, tous les intérêts spirituels et
« temporels, sont le plus laissés à eux-mêmes; où cette
« doctrine vexatoire qu'on appelle protection reçut
« les premiers coups, et où seulement elle a succombé;
« où, en un mot, ces extrêmes dangereux qui naissent
« de l'intervention ayant été évités, le despotisme et
« les révolutions sont des accidents rares, et où, les
« concessions formant la base reconnue de toute poli-
« tique, les progrès de la nation ont été le moins dé-
« tournés par le pouvoir des classes privilégiées, par
« l'influence des sectes particulières, ou par la violence
« des gouvernements arbitraires. » (T. I, p. 261.)

Ce tableau n'a rien d'exagéré, et il me plaît; car je suis admirateur de l'Angleterre, de son génie, de ses œuvres et de sa liberté. De leur côté, ni M. Comte, ni M. Buckle ne sont entichés de ce patriotisme ignorant et étroit qui ne connaît que ce qu'il voit, et qui ne glorifie que ce qu'il connaît; et l'un et l'autre a, comme un juré, rendu son verdict, en son âme et conscience historique. Au premier abord, il peut sembler que les deux opinions ne répugnent pas à se côtoyer l'une l'autre sans se heurter; mais un examen fait de plus près ne tarde pas à démontrer qu'en effet une difficulté gît dans ces deux propositions. Si celle de M. Buckle est vraie, et que l'évolution de l'Angleterre soit le type moderne de civilisation, comment se fait-il, dans la dernière période, qu'elle n'ait pas exercé sur le développement commun l'influence prépondérante? Si, au contraire, il faut croire M. Comte, et admettre que dans la dernière période l'influence prépondérante appartient à la France, comment se fait-il que ce ne soit pas elle qui présente le type, ou du moins que le type qu'elle présente soit si troublé?

Ce nœud de la discussion, je l'aborderai ; mais, auparavant, il y a lieu d'examiner d'importantes vues de M. Buckle sur la dernière moitié du dix-septième siècle et sur le règne de Louis XIV.

Ces vues, je suis d'autant mieux préparé à les exposer, que je les partage, et qu'en différentes circonstances j'en ai énoncé le principe[1]. Elles consistent en ceci, qu'au lieu de considérer le règne de Louis XIV comme une grande ère glorieusement favorable à l'avancement de la France et à l'évolution générale de la civilisation, il faut y voir le passage d'un monarque qui, toujours despote et finalement bigot, imprima à son gouvernement un caractère malheureusement rétrograde.

Telle n'est pas, on le sait, l'opinion de Voltaire. Lui qui, philosophiquement, était si étranger à l'esprit de ce siècle, en était littérairement l'adorateur ; et il pardonna tout à l'époque en faveur de l'éclat des lettres. Cet éclat fut grand, et, à plusieurs égards, très-mérité. Voyez les circonstances. L'Espagne et l'Italie, dont les littératures avaient été les maitresses de la France, étaient tombées l'une dans l'épuisement, l'autre dans la médiocrité ; l'Allemagne n'avait point donné de manifestations de ses œuvres ; et Shakspeare et Milton n'étaient point encore sortis de leur île pour faire le tour de l'Europe. A ce moment se lève l'astre de la littérature française, qui rayonna longtemps sans rival. Au dix-huitième siècle, quel fut l'homme qui ne s'imagina que, dans l'âge précédent, le type de toute beauté classique avait été atteint ? Néanmoins, pour tout apprécier, il faut aller plus loin, avec la marche des choses. La réaction vint ; le génie de Shakspeare ne fut

---

1. Voyez particulièrement un article du *Journal des Savants*, novembre 1867.

plus inconnu, et l'Allemagne commença de paraître. Cette extension du point de vue suffit pour réduire à néant les lamentations de Voltaire sur la décadence du goût et des lettres, et pour annoncer à l'art français du dix-septième siècle une place relative et non, comme on croyait, absolue.

Louis XIV met fin aux états généraux, et inaugure la monarchie absolue en France. Il aime en même temps la guerre et les conquêtes. D'abord, selon l'impulsion de la politique antérieure à son règne, il guerroya contre l'Espagne ; mais bientôt son instinct le porta contre la Hollande protestante et républicaine ; ce fut le même instinct qui le fit protecteur de Jacques II, et ennemi du prince d'Orange et du peuple anglais, protestant aussi et luttant contre le pouvoir absolu. Enfin, ses propensions politiquement malfaisantes s'aggravant par la vieillesse, il en vint à ne plus vouloir qu'on pensât autrement que lui sur la religion en son royaume ; et il frappa de l'exil, de la confiscation, des galères, du gibet, ceux des protestants qui refusaient d'abjurer leur foi au commandement de leur prince.

Suivant M. Buckle, ce règne n'a pu peser sur la nation sans en opprimer et retarder l'esprit ; et c'est ce qu'il s'efforce de mettre en lumière : « L'impulsion
« immense donnée par les administrations de Riche-
« lieu et de Mazarin aux branches les plus élevées de
« la science fut subitement arrêtée. En 1665, Louis XIV
« prit les rênes du gouvernement, et, de ce moment
« jusqu'à sa mort, en 1715, l'histoire de France, au
« point de vue des découvertes, est nulle dans les an-
« nales de l'Europe. Écartant toute idée préconçue sur
« la gloire supposée de ce siècle, et mettant toute sin-
« cérité dans notre examen, nous trouvons partout di-
« sette de penseurs originaux. Il y avait abondance de

« ce qui est élégant, attrayant. Les sens des hommes
« étaient flattés, charmés par les créations de l'art : des
« tableaux, des palais, de la poésie ; mais c'est à peine
« si quelque chose d'important fut ajouté à la somme
« des connaissances humaines. Il est universellement
« admis que ceux qui ont cultivé les mathématiques et
« ces sciences mixtes auxquelles elles s'adaptent, avec
« le plus de succès en France, pendant le xviie siècle,
« furent Descartes, Pascal, Fermat, Gassendi, Mersenne ;
« mais il s'en faut de beaucoup que Louis XIV soit
« pour quelque chose dans l'honneur qui leur revient ;
« ces hommes éminents avaient commencé leurs dé-
« couvertes scientifiques quand le roi était encore
« dans son berceau, et ils achevèrent leurs travaux
« avant qu'il eût pris le pouvoir. » (T. III, p. 49.)
Et plus loin : « Dans la physiologie, l'anatomie, la
« médecine, nous cherchons en vain (sous Louis XIV)
« des hommes à la hauteur de ceux qui, dans les siècles
« précédents, avaient fait honneur à la France. La plus
« grande découverte qui ait alors été faite par un
« Français est celle du réservoir du chyle, découverte
« qui, si nous nous en rapportons à une grande auto-
« rité médicale (Sprengel), n'est pas inférieure à celle
« de la circulation du sang par Harvey. Mais ce pas
« important, que l'on se plaît à faire remonter au siècle
« de Louis XIV, n'est point dû à sa gracieuse bonté ; il
« serait même difficile de dire en quoi elle pouvait y
« être pour quelque chose ; car cette découverte fut
« faite par Pecquet, en 1647, quand le grand roi n'a-
« vait que neuf ans..... Il y eut alors un temps d'arrêt ;
« et, pendant trois générations, les Français ne s'occu-
« pèrent plus de ces grands objets. Ils n'écrivirent plus
« aucun ouvrage que l'on puisse lire de nos jours ; ils
« ne firent aucune découverte, et ils semblent avoir

« perdu tout courage, jusqu'à la renaissance des scien-
« ces qui eut lieu en France dans le milieu du XVIII°
« siècle. » (T. III, p. 55.)

Cet aperçu, bon pour inculquer que, en France, le XVII° siècle est, pour les sciences et la philosophie, une époque féconde avant Louis XIV, stérile après lui, tombe en un excès qu'il faut rectifier. Car si la pensée, la science et la philosophie avaient été étouffées autant que cela est dit, comment se serait-il fait que, si peu de temps après la mort de l'orgueilleux monarque, la France eût pris cette position éminente qui en fit le centre de l'esprit philosophique et novateur?

M. Buckle rappelle qu'à Paris, au XVIII° siècle, une foule énorme se portait aux réunions scientifiques; les salles et les amphithéâtres où l'on exposait les grandes vérités de la nature ne suffisant plus à contenir leur auditoire (t. III, p. 294). Cela est vrai, mais ne veut pas dire que le XVII° siècle ait été indifférent aux études scientifiques; le monde, le beau monde s'y intéressait vivement. Boileau nous peint :

......cette savante
Qu'estime Roberval, et que Sauveur fréquente.
D'où vient qu'elle a l'œil trouble et le teint si terni?
C'est que sur un calcul, dit-on, de Cassini,
Un astrolabe en main, elle a, dans sa gouttière,
A suivre Jupiter passé la nuit entière.
Gardons de la troubler. Sa science, je crois,
Aura pour l'occuper ce jour plus d'un emploi :
D'un nouveau microscope on doit, en sa présence,
Tantôt chez Dalancé faire l'expérience,
Puis d'une femme morte avec son embryon,
Il faut chez du Verney voir la dissection.

Boileau n'exagère rien; du Verney était un célèbre anatomiste qu'un certain nombre de dames, dit Fonte-

nelle, furent elles-mêmes curieuses d'entendre. « A me-
« sure, continue l'auteur de tant d'ingénieux, d'admi-
« rables *Éloges*, qu'il parvenait à être plus à la mode,
« il y mettait l'anatomie, qui, renfermée jusque-là dans
« les écoles de médecine ou à Saint-Côme, osa se pro-
« duire dans le beau monde, présentée de sa main. Je
« me souviens d'avoir vu des gens de ce monde-là qui
« portaient sur eux des pièces sèches préparées par lui,
« pour avoir le plaisir de les montrer dans les compa-
« gnies, surtout celles qui appartenaient aux sujets les
« plus intéressants. Les sciences ne demandent pas à
« conquérir l'univers, elles ne le peuvent ni ne le doivent ;
« elles sont à leur plus haut point de gloire, quand
« ceux qui ne s'y attachent pas les connaissent assez
« pour en sentir le prix et l'importance. » Et plus loin :
« Lorsque ceux qui étaient chargés de l'éducation de
« M. le Dauphin songèrent à lui donner des connais-
« sances de physique, on fit l'honneur à l'Académie
« de tirer de son corps ceux qui auraient cette fonction,
« et ce furent M. Roemer pour les expériences géné-
« rales, et M. du Verney pour l'anatomie. Celui-ci pré-
« parait les parties à Paris, et les transportait à Saint-
« Germain ou à Versailles. Là, il trouvait un auditoire
« redoutable : le Dauphin, environné de M. le duc de
« Montausier, de M. l'évêque de Meaux, de M. Huet, de-
« puis évêque d'Avranches, de M. de Cordemoi, qui tous,
« en ne comptant pour rien les titres, quoiqu'ils fas-
« sent toujours leur impression, étaient fort savants et
« fort capables de juger même de ce qui leur était nou-
« veau... Ce qui avait été fait là se recommençait chez
« M. de Meaux avec plus d'étendue et de détail. Il s'y
« assemblait de nouveaux auditeurs, tels que M. le duc
« de Chevreuse, le P. de la Chaise, M. Dodart, tous
« ceux que leur goût y attirait, et qui se sentaient

« dignes d'y paraître. M. du Verney fut de cette sorte,
« pendant près d'un an, l'anatomiste des courtisans,
« connu de tous, et presque ami de ceux qui avaient le
« plus de mérite. »

Donc, je pense que M. Buckle force les faits et les influences, quand il accuse le règne de Louis XIV d'avoir déprimé l'essor scientifique; et, si, en France, la seconde moitié du xviie siècle est en ce genre moins brillante que la première, et si elle n'a personne à mettre sur le rang de Descartes, de Fermat et de Pascal, l'on peut voir, dans ces *Éloges* de Fontenelle que je viens de citer, une suite de noms fort honorables, sinon éclatants, qui maintiennent fermement la forte tradition de la science.

Non que je nie l'action délétère du double despotisme politique et religieux combiné pour comprimer l'essor moderne de l'esprit humain; témoin l'Espagne. Suivant M. Buckle, là, cette combinaison des deux despotismes fut non pas la cause de l'oppression mentale, mais l'effet d'une condition des esprits qui la rendit possible. Telle n'est pas mon opinion. La bataille de Villalar, qui, en 1521, écrasa les communes et détruisit les libertés espagnoles, devint un malheur irréparable sous le sceptre habile et terrible de Charles-Quint et de Philippe II ; au lieu que la réunion des deux despotismes dans la main vieillissante de Louis XIV dura à peine une trentaine d'années. D'ailleurs nous étions à la fin du xviie siècle, à une époque où la pensée et la science, s'étant singulièrement fortifiées, étaient bien plus capables de tenir tête aux orages que cent ans auparavant. Si l'Espagne avait eu pour elle ces cent ans de développement, elle n'aurait pas plus que la France succombé sous l'alliance meurtrière du trône et de l'inquisition.

J'ai ailleurs [1] exposé quel genre de blessure Louis XIV infligea à la France, et comment il se blessa lui-même dans sa dynastie et dans la personne de ses descendants. Cette exposition vient ici à point. Après avoir rappelé la célèbre invective de La Bruyère contre le prince d'Orange détrônant Jacques II, et son étonnement de voir les États de l'Europe se liguer, non contre l'usurpateur, mais contre Louis XIV, défenseur du prince légitime, je continuais : « Ce que, à ce mo-
« ment du règne de Louis XIV, ni La Bruyère, ni, on peut
« le dire, aucun de ses compatriotes n'étaient en état
« de concevoir, il faut l'éclaircir et montrer que tout
« fut non-seulement naturel et explicable, mais encore
« juste, de cette justice que les fautes grandes et accu-
« mulées finissent d'ordinaire par provoquer. La
« France persécutait jusqu'à l'extermination le protes-
« tantisme chez elle, et s'en déclarait l'adversaire en Eu-
« rope, renonçant à la seule politique à la fois raisonna-
« ble et humaine, celle de Henri IV, qui donnait l'édit
« de Nantes, celle de Richelieu, qui, après avoir vaincu
« des rebelles, ne troublait pas les consciences, celle de
« Mazarin, qui, au besoin, mettait des chefs calvinistes à
« la tête des armées. Aussi, tout le protestantisme était
« soulevé contre Louis XIV, et le spectacle lamentable
« de tant de réfugiés, avec les récits encore plus
« lamentables d'une impitoyable persécution, portait
« à la plus grande violence l'opinion protestante. La
« France prenait le parti de Jacques II, déniait aux
« peuples le droit de changer leurs gouvernements, in-
« tervenait en Angleterre pour soutenir l'autorité ab-
« solue, et par cette conduite irritait contre elle l'An-
« gleterre et tout ce que, devançant le temps, on pour-

---

1. *Journal des Savants*, année 1867, p. 671.

« rait appeler le parti libéral européen. Enfin la France,
« militaire, aggressive, conquérante, avait inquiété
« ses voisins ; et son ambition coalisait contre elle les
« princes catholiques, que la persécution des protes-
« tants et l'intervention pour l'autorité absolue au-
« raient laissés froids. C'est de cette façon que l'empe-
« reur d'Allemagne, à l'ébahissement de La Bruyère,
« négligeait le Turc pour s'attaquer au roi très-chré-
« tien... Ce qui surtout caractérise et condamne la poli-
« tique de Louis XIV, c'est d'avoir été l'ennemie des
« grandes idées qui devaient triompher : la liberté
« religieuse et la liberté politique. L'Angleterre et la
« Hollande prirent la tête du mouvement ; et le xviii^e
« siècle français, qui devait aller plus loin, demanda
« là d'abord des leçons. Les revers définitifs de
« Louis XIV assurèrent l'indépendance de l'Europe,
« préparèrent la liberté de conscience, consacrèrent le
« droit populaire, et en définitive furent utiles même à
« la France ; car ils firent que ce règne, si brillant au
« début, si désastreux à la fin, perdit le prestige de la
« force et de la victoire, s'éteignit dans l'impuissance
« et dans la ruine, et ne put plus rien empêcher. Il au-
« rait fallu d'autres personnages que le régent et
« Louis XV pour diriger le torrent qui montait par-
« dessus l'obstacle ; et l'on sait par quelles terribles
« violences l'esprit novateur et la France punirent sur
« les infortunés descendants de Louis XIV le contre-
« sens commis par ce monarque. »

M. Buckle fait observer avec sagacité et raison que
l'Angleterre a précédé la France dans la voie du développement de près d'une génération, et que, chronologiquement parlant, il y eut entre les deux contrées la même proportion que celle qui existe entre Bacon et Descartes, Hooker et Pascal, Shakspeare et Corneille,

Massinger et Racine, Ben-Johnson et Molière, Harvey
et Pecquet. Il en conclut, *d'après les principes les plus
ordinaires du raisonnement inductif* (t. II, p. 197), que ce
retard est causé par le retard dans l'affranchissement de
la croyance théologique, et que les Français se développèrent moins parce qu'ils croyaient davantage.

Les principes du raisonnement inductif sont valables, mais à condition qu'ils soient bien appliqués. Ici
ils ne le sont pas; car l'énumération des faits sur lesquels l'induction, pour être concluante, doit reposer, est
incomplète. Ce n'est pas seulement l'Angleterre qui, à
ce moment, précède la France; c'est aussi l'Espagne
dont chacun connaît le grand éclat durant le seizième
siècle; c'est l'Italie dont même l'antériorité remonte
jusqu'au quatorzième siècle. Et pour ces deux contrées,
on ne dira pas qu'elles devancèrent la France parce
qu'elles croyaient moins. Autre est la cause de l'avancement de l'Italie, de l'Espagne, de l'Angleterre; il y a
longtemps que je l'ai indiquée, m'appuyant d'une part
sur mes études de moyen âge et d'autre part sur la
philosophie positive et sa conception générale de l'histoire. Voici quel a été le développement relatif de ces
quatre nations et leur rôle dans l'avancement de la
pensée occidentale. Au début du moyen âge et de la
période féodale, c'est la France qui tient le premier
rang; elle imagine, elle crée, et toute l'Europe reçoit
l'inspiration de sa littérature; à cette époque l'Angleterre n'a pas même de langue, son idiome se débattant,
pour devenir l'anglais, entre l'anglo-saxon et le français
importé par la conquête normande. Mais le quatorzième siècle arrive, la féodalité se décompose, ce qu'elle
inspirait déchoit, et la prééminence passe à l'Italie
par les mains de Dante, de Pétrarque et de Boccace;
elle continue à briller dans le quinzième et le seizième

siècle; et l'on sait qu'elle fut avec l'Espagne, au commencement du dix-septième, la maîtresse de l'esprit français. L'Espagne aussi à ce moment, sortie victorieuse de la lutte avec les Maures, s'épanouit et donne au monde les Calderon, les Cervantes, les Lopez de Véga. Enfin l'Angleterre, dont la langue s'est faite durant le xive siècle et fortifiée durant le quinzième par Chaucer et par les autres imitateurs des vieilles productions françaises, est prête, au seizième, à prendre un haut rang; et c'est ainsi que Shakspeare précède Corneille; car la France ne rentre qu'au dix-septième siècle dans la grande compétition. Puis il arrive que l'Italie, où le morcellement n'est plus qu'une cause de langueur et d'oppression, s'affaisse, et que l'Espagne est égorgée par ses inquisiteurs et ses rois; alors l'Angleterre reste seule dans sa prééminence; sous cette impulsion, elle fait ses deux révolutions; la France poursuit son dix-septième siècle sans connaître l'Angleterre, ni littérairement (elle ignore l'existence de Shakspeare), ni scientifiquement (elle obéit à Descartes et repousse Newton), ni politiquement (elle s'effraye des nouveautés révolutionnaires); mais, le lendemain, c'est-à-dire au siècle suivant, elle prend une initiative philosophique et sociale qui remue profondément l'Europe.

Ceci m'achemine directement à ce que j'ai nommé plus haut un nœud dans l'évolution présentement courante. Après avoir déploré que les philosophes du xviiie siècle, en attaquant le clergé, aient attaqué la religion, essayé de saper les fondements du christianisme et produit un funeste effet sur la France (t. III; p. 120), M. Buckle ajoute : « Nous Anglais, nous ne « voudrions pas, n'oserions pas jouer avec ces grandes « vérités qui sont complétement indépendantes de « cette institution (le clergé); vérités qui consolent l'es-

« prit de l'homme, qui l'élèvent au-dessus des in-
« stincts du moment, et qui font pénétrer en lui ces
« hautes aspirations qui, lui révélant sa propre im-
« mortalité, sont là mesure et le symptôme d'une
« existence future. » (T. III, p. 122.)

M. Buckle a dit le mot : les Anglais n'osent pas, ou du moins n'osaient pas naguère encore entrevoir la situation mentale et sociale du pur régime positif; tout au plus allaient-ils à équivoquer entre la religion et le clergé. Il y a quarante ans, le grand livre de M. Comte ne pouvait être ni conçu, ni composé, ni publié en Angleterre. Pour le produire, il fallait le terrain que prépara hardiment la révolution française, inspirée par le souffle de ces philosophes que M. Buckle accuse d'avoir franchi le cercle traditionnel. Tout se tient, et le régime positif n'a d'abord apparu, dans ses linéaments philosophiques, que là où la parole et les faits s'étaient mesurés en plein soleil avec l'antique théologie.

Le régime positif grandit, le régime théologique diminue; voilà qui devient manifeste. Aussi est-ce une pleine méconnaissance de la science, de l'histoire et de la philosophie, que de prétendre arrêter à mi-chemin et cette croissance et cette décroissance; il faut ou aller jusqu'au bout, ou revenir à je ne sais quel point de départ. Il y a deux tendances qui se partagent l'esprit moderne : suivant l'une, les choses sont gouvernées par une providence, laissant de côté comme insoluble la question de l'origine de ces lois; suivant l'autre, elles le sont par les lois naturelles. La conciliation proposée par plusieurs, et entre autres par M. Buckle, est de retenir la providence et de rejeter le miracle. Mais cette conciliation, impliquant deux termes qui ne sont pas de même nature, n'est pas valable; l'un de ces termes, le rejet du miracle, est expérimental; l'autre, l'admission d'une cause surnaturelle, est subjectif. Le caractère essentiel, définitif du régime positif, est de laisser aller le subjectif, et d'embrasser l'expérimental.

Après cela, importe-t-il beaucoup d'examiner si c'est en Angleterre que se déroulent mieux la marche normale de la société et les libres opérations des grandes lois qui régissent finalement la fortune du monde (t. I, p. 266)? « Je veux, dit M. Buckle, raconter, avec tous
« les détails complets qu'ils méritent si bien, les hauts
« faits de cette grande et glorieuse nation à laquelle je
« me fais gloire d'appartenir. C'est à ce peuple anglais
« si libre, si noble, si magnanime, que mes sympathies
« se rattachent le plus étroitement ; c'est sur lui que mes
« affections se concentrent naturellement; c'est à sa lit-
« térature, à son exemple que je suis redevable de tout
« ce que je sais; et le désir le plus ardent, le plus sacré
« de mon cœur, c'est de réussir à écrire son histoire, et à
« développer les phases successives de son immense car-
« rière, pendant que j'en suis jusqu'à un certain point
« capable, et avant que mes facultés aient commencé
« à s'affaiblir. » (T. V, p. 38.) J'approuve l'élan du patriotisme, et je ne voudrais pas retrancher un mot à ce magnifique éloge. Mais je n'en reste pas moins convaincu que le type de la civilisation occidentale n'est point donné par un seul peuple, et qu'il n'existe que dans l'ensemble des nations qui, depuis le moyen âge, gravitent dans la même orbite sociale, politique, morale et intellectuelle. Du reste, cette théorie de la solidarité plus ou moins simultanée des cinq grandes nations occidentales, Allemagne, Angleterre, Espagne, France et Italie (je les nomme dans l'ordre alphabétique), c'est M. Comte qui l'a le premier exprimée.

Il est temps de clore ce long travail sur le livre de M. Buckle par un résumé. Le seul qu'il m'importe de donner, c'est de montrer la liaison qui existe entre l'insuffisance de ses vues quant à l'ordre de l'histoire et l'insuffisance de ses vues quant à l'ordre du monde. Dès lors que, soit sur la foi de la théologie (malgré l'histoire pour qui toute révélation est une légende), soit sur la foi de la psychologie métaphysique (malgré la biologie qui a mis à néant les idées nécessaires et leurs conséquences ontologiques), dès lors, dis-je, que, mettant, sans justification expérimentale, hors du monde une cause du monde, il fait de cette notion le principe de l'ordre intellectuel et moral et que son esprit ne peut recevoir le régime positif dans sa plénitude, dès lors, inévitablement, il amoindrira les conditions de l'histoire pour les accommoder à la conception mi-partie qui le satisfait. Il voudra des lois en histoire, car il est trop avancé pour n'en vouloir pas; mais il les fera telles qu'elles ne rencontrent pas le régime positif; car il conserve des notions qui sont en dehors du domaine expérimental ou scientifique; ces termes sont synonymes. Le livre de M. Buckle aurait une grande importance, s'il fût venu avant celui de M. Comte, mais il ne serait pas venu. Il n'en a qu'une secondaire, l'ayant suivi. Je ne fais pas fi des demi-positivismes; ce sont des acheminements.

XVII

LES
HYPOTHÈSES POSITIVES
DE COSMOGONIE [1]

1. *Préambule.*

On donne, dans les choses scientifiques, le nom d'hypothèses positives à celles qui résultent de faits expérimentaux. Elles gagnent ou perdent en consistance, à mesure que les faits de cette nature leur sont favorables ou contraires. Dans les cas où elles n'atteignent jamais à la vérification complète, elles en approchent sans cesse davantage, et satisfont l'esprit par le caractère toujours démontrable des faits et des lois qui leur servent de base, à la différence des hypothèses théologiques ou métaphysiques, dont le point d'origine n'est pas susceptible de vérification et dont la consistance décroît au lieu de croître.

1. *La Philosophie positive*, novembre-décembre 1872.

LES HYPOTHÈSES POSITIVES DE COSMOGONIE. 523

Dans des auteurs allemands fort récents, je rencontre des idées très-semblables à cette définition de l'hypothèse positive. Il est possible qu'ils les aient trouvées d'eux-mêmes; je ne m'inquiète pas de le contester, et cela m'importe peu. La vérité est que M. Comte les a énoncées d'une manière précise il y a une quarantaine d'années; et depuis lors elles sont vulgaires parmi ses disciples. Pour eux, toutes les hypothèses se partagent immédiatement en positives et en non positives. De celles-ci ils ne tiennent compte; mais les autres, toujours précieuses par les faits expérimentaux qu'elles représentent, leur servent, dans les limites de l'approximation qu'elles comportent, de système à la fois provisoire et perfectible.

L'application de la doctrine des hypothèses positives a été faite à la cosmogonie par M. Comte dans un morceau qu'il est tout à fait de mon sujet de reproduire : « Les théories cosmogoniques, dit-il, sont, par leur nature, essentiellement conjecturales, quelque plausibles qu'elles puissent devenir. Car il ne peut en être ici comme dans l'établissement de la mécanique céleste, où, de l'étude géométrique des mouvements planétaires, on a pu remonter, avec une entière certitude, à une conception dynamique, d'après les lois générales du mouvement qui indiquaient exactement tel mécanisme, en donnant à tout autre une exclusion nécessaire. Nous ne saurions avoir aucune théorie abstraite des formations, analogue à celle des mouvements, qui puisse nous conduire mathématiquement à assigner telle formation déterminée comme effectivement correspondante à telle disposition effective. Toutes nos tentatives à cet égard ne peuvent consister qu'à construire, d'après des renseignements généraux, des hypothèses cosmogoniques plus ou moins vraisemblables, pour les comparer ensuite, le plus exactement possible, à l'ensemble des phénomènes bien explorés. Quelque consistance que ces hypothèses soient susceptibles d'acquérir par un tel contrôle, elles ne sauraient jamais, faute de ce criterium indispensable, être élevées, comme l'a été si justement la loi de la gravitation, au rang des faits généraux ; car on serait toujours autorisé à penser qu'une hypothèse nouvelle conviendrait peut-être aussi bien aux mêmes phénomènes, en permettant, de plus, d'en expliquer d'autres, à moins qu'on ne parvînt un jour à représenter exactement toutes les circonstances caractéristiques, même numériquement envisagées ; ce qui, en ce genre, est évidemment chimérique[1]. »

La cosmogonie est la production du monde. Je ne surchargerai pas ce résumé en rapportant les mythes antiques dont cette production a été l'objet. Les anciens hommes l'ont rattachée à certaines causes surnaturelles qu'ils admettaient ; et de ces causes ils ont tiré, par une sorte de synthèse subjective, la formation de la terre, du soleil, des astres, des plantes, des animaux, de l'homme. Au contraire, les modernes ont trouvé, dans la constitution de la terre, des astres, des plantes, des animaux, de l'homme, certaines conditions qui permettent d'entrevoir des degrés d'évolution ; ce sont ces degrés constatés expérimentalement et étendus plus ou moins loin, qui forment ce que nous appelons une cosmogonie.

Désormais tout problème cosmologique a pour objet : retrouver un état antérieur à l'aide des traces qu'il a laissées. C'est dire immédiatement que tout problème cosmologique renonce à rencontrer une origine suprême et cause de tout. Au point de vue cosmologique

---

1. *Cours de Philosophie positive*, t. II, 27ᵉ leçon.

des modernes, un état antérieur est toujours précédé d'un état plus antérieur, si je puis m'exprimer ainsi, qui reste inaccessible. Mais, dans de telles limites, ces problèmes ressemblent à ceux de l'histoire, soit qu'à l'aide des hiéroglyphes, des monuments, des papyrus, des inscriptions, on cherche à concevoir une idée de la vieille Égypte, soit que, examinant les outils en silex, les squelettes, les cavernes, les débris, on se représente une époque bien autrement ancienne que celle de la nation qui peupla les bords du Nil. Dans les deux cas, historique et cosmologique, on a une base en des faits bien observés, bien recueillis; et sur cette base on élève des inductions dont les unes sont certaines, et les autres simplement probables ou hypothétiques.

29' La cosmogonie, telle qu'elle s'offre aux yeux de la science moderne, se divise en celle de l'univers, celle du monde, celle de la terre, et enfin celle des êtres vivants qui l'habitent.

2. *Hypothèse cosmogonique par rapport à l'univers.*

Le langage ordinaire confond facilement l'univers et le monde, et les prend volontiers l'un pour l'autre. Il y a cependant utilité à les distinguer; et c'est une bonne fortune d'avoir dans la langue deux mots qui correspondent à deux idées, l'une du tout, l'autre de la partie. Le monde est la partie, et l'univers est le tout.

Le tout! je me laisse entraîner par l'antithèse des mots à aller au delà de ce que nous savons. Il se pourrait fort bien que, derechef, cet univers prétendu ne fût qu'une partie, et que, par delà les limites qui le bornent à nos regards, il y eût encore d'autres univers. Mais n'insistons pas, et disons que, pour nous, l'univers est le nombre immense d'étoiles que nous apercevons à l'aide des télescopes et l'espace illimité dans lequel elles se meuvent, tandis que le monde est l'espace circonscrit où le soleil verse sa lumière et régit ses planètes.

Aucune question cosmologique ne pourrait être soulevée concernant les étoiles, si d'abord la question astronomique n'eût été résolue. On sait maintenant que les étoiles sont autant de soleils, ou, si l'on veut, que notre soleil n'est que l'une d'entre les étoiles. La distance qui les sépare les unes des autres est très-considérable; on en a un échantillon dans l'éloignement où notre soleil est des plus voisines, c'est-à-dire de celles dont on est parvenu à évaluer une parallaxe. Comme le soleil, elles se meuvent dans l'espace; et la lumière qu'elles nous envoient est, comme la sienne, décomposable par le spectroscope. Grâce à notre soleil, nous appartenons à la resplendissante société des étoiles; et, dressant notre observatoire en un coin de cet univers, sur une imperceptible planète, nous demandons à une patiente induction de nous apprendre, à l'aide de ce qui est, quelque chose sur ce qui fut.

Une étoile est un globe émettant incessamment, dans l'espace froid qui l'environne, de la chaleur et de la lumière. Toute grande chaleur étant accompagnée de lumière, ne nous occupons ici que de la chaleur. Celle-ci est énorme dans le soleil et par conséquent dans les étoiles. Les astronomes nous disent que la chaleur émise incessamment par un seul mètre carré de la surface solaire suffirait pour faire marcher indéfiniment une machine à vapeur de la force de 75,000 chevaux. Notez qu'une pareille radiation calorique a une constance plusieurs milliers ou millions de fois séculaire. Cette quantité prodigieuse de calorique est seule en rapport avec la dépense prodigieuse aussi qui se fait par la voie du refroidissement.

Pour que la radiation superficielle conserve sa constance pendant tant d'années, il faut que la superficie, dite photosphère, ne soit pas seule en jeu ; il faut qu'il y ait communication perpétuelle entre les profondeurs de la masse solaire et cette surface, de manière à réparer incessamment, aux dépens de la masse entière, les pertes dues à la radiation superficielle. De là l'idée que le corps entier du soleil est dans un état de fluidité plus ou moins analogue à celui des gaz. Cette idée que M. Faye a plus d'une fois défendue devant l'Académie des sciences, il la soutient en faisant valoir le mode tout particulier de la rotation solaire. En sorte que le mécanisme de cette rotation conduit à la même conclusion que l'observation directe des phénomènes solaires.

Une chaleur telle qu'elle rayonne depuis des millions de siècles sans s'épuiser, telle aussi qu'elle entretient en un état de fluidité une masse aussi énorme qu'une étoile, d'où peut-elle venir ? Au premier abord on songe à une combustion. Mais il n'est point de combustion qui puisse entretenir la fluidité d'une masse pareille, ni suffire à une si considérable consommation de calorique. Il faut renoncer à cette explication.

A côté de la source de chaleur qui est dans la combustion ou combinaison chimique, il en est une autre qui est, pour ainsi dire, sans limite, je parle de celle qui est produite par la transformation du travail mécanique en chaleur. Plus vous augmenterez la rapidité du mouvement et la quantité de la masse mue, plus grande sera, au moment du choc et de l'arrêt, la chaleur produite. Or, dans l'espace illimité, les corps se meuvent avec une rapidité que nos projectiles les plus puissants ne suivent que de loin. Si un boulet de canon est une véritable tortue à côté de la marche de la terre et des autres planètes dans leur translation, supposez que ces corps soient, par un choc, arrêtés en leur mouvement, et imaginez quelle effroyable somme de chaleur se développera par un tel travail mécanique subitement suspendu. Ici, la cause est égale à l'effet ; et, s'il faut une immensité de calorique pour porter à l'état fluide une masse stellaire, une immensité de calorique est produite par le choc de corps animés d'une vitesse prodigieuse.

A ce terme du problème, il est naturel de penser que les matériaux des étoiles, disséminés à l'origine dans l'espace infini, se sont rapprochés en obéissant à leur naturelle attraction. Du fait de leur réunion en un même amas, il est résulté une perte de force vive qui a été remplacée par de la chaleur. Le mouvement, en s'éteignant, s'est transformé en calories.

Chaque étoile filante, chaque bolide rend témoignage de ce phénomène universel, par lequel la réunion de parties répandues dans l'espace enfante chaleur et lumière. Tous les jours, des corpuscules, animés d'une très-grande vitesse, heurtent la terre, qui, elle-même, marche avec une vitesse très-grande ; le mouvement de ces corpuscules se ralentit dans notre atmosphère, et il suffit de ce ralentissement pour que se développent une vive lumière et une chaleur intense.

On comptera tant de millions ou de milliards de siècles que l'on voudra : à une époque reculée, il n'existait, dans ce qui est aujourd'hui notre ciel, qu'un espace sans chaleur et sans lumière, parcouru seulement par de la matière en mouvement. Je dis de la matière semblable à celle qui constitue notre terre, nos planètes, notre soleil.

On comptera tant de millions ou de milliards de siècles que l'on voudra : à une époque donnée, ces matières, répandues çà et là, se réunirent en différents amas que nous nommons étoiles ou soleils. Soudain apparurent la lumière et la chaleur dans l'espace obscur et froid, et cette matière se dissocia en fluides sous l'action de l'énorme chaleur.

On comptera tant de millions et de milliards de siècles que l'on voudra : du moment que le phénomène universel, je veux dire le phénomène qui donna naissance à notre univers, a une époque, on peut dire qu'il est récent ; car tout est relatif dans la durée comme dans la grandeur, et ce qui a commencé, quand même il aurait commencé dans le plus lointain passé, n'est toujours que d'hier.

Il n'y a, pour l'astronomie actuelle, aucune hypothèse à faire touchant la dissémination première, dans l'espace, de la matière dont notre univers est sorti. Rien non plus n'est à dire sur la température des espaces, alors que les soleils n'y étaient pas encore allumés. Ces vues cosmogoniques donnent un sens scientifique à la vieille appellation de chaos. Le chaos est l'état de la matière avant que le mouvement, la concentration et le choc y eussent produit la forme sphérique, une prodigieuse chaleur, une vive lumière et tout ce qui, en fait de mondes, de planètes et de vies, devait naître du refroidissement successif, suite inévitable de l'isolement des soleils au sein du froid espace.

3 *Hypothèse cosmogonique par rapport au monde..*

Je prends, dans le *Cours de philosophie positive*,

l'exposition de l'hypothèse de Laplace, d'autant plus volontiers que M. Comte a fortifié cette célèbre hypothèse à l'aide de vues nouvelles qu'il analyse en même temps :

« L'hypothèse cosmogonique de Laplace a pour but d'expliquer les circonstances générales qui caractérisent la constitution de notre système solaire : l'identité de la direction de toutes les circulations planétaires d'occident en orient ; celle, non moins remarquable, que présentent les rotations ; les mêmes phénomènes envers les satellites ; la faible excentricité de toutes les orbites, et, enfin, le peu d'écartement de leurs plans, comparés surtout à celui de l'équateur solaire...

« La cosmogonie de Laplace consiste, comme on sait, à former les planètes par la condensation graduelle de l'atmosphère solaire, supposée primitivement étendue, en vertu d'une extrême chaleur, jusqu'aux limites de notre monde, et successivement contractée par le refroidissement. Elle repose sur deux considérations mathématiques incontestables. La première concerne la relation nécessaire qui existe, d'après la théorie fondamentale des rotations, et spécialement d'après le théorème général des aires, entre les dilatations ou contractions successives d'un corps quelconque (y compris son atmosphère qui en est inséparable) et la durée de sa rotation, qui doit s'accélérer quand les dimensions diminuent, ou devenir plus lente lorsqu'elles augmentent, afin que les variations angulaires et linéaires que la somme des aires tend à éprouver soient exactement compensées. La seconde considération est relative à la liaison, non moins évidente, de la vitesse angulaire de rotation du soleil à l'extension possible de son atmosphère, dont la limite mathématique est inévitablement à la distance où la force, centrifuge, due à cette rotation, devient égale à la gravité correspondante ; en sorte que, si par une cause quelconque une partie de cette atmosphère venait à se trouver placée au delà d'une telle limite, elle cesserait aussitôt d'appartenir réellement au soleil, quoiqu'elle dût continuer à circuler autour de lui avec la vitesse convenable au moment de la séparation, mais sans pouvoir, dès lors, participer davantage aux modifications ultérieures qui surviendraient dans la rotation solaire par le progrès du refroidissement.

« On conçoit aisément, d'après cela, comment la limite mathématique de l'atmosphère du soleil a dû diminuer, sans cesse, pour les parties situées à l'équateur solaire, à mesure que le refroidissement a rendu la rotation plus rapide. Dès lors, cette atmosphère a dû successivement abandonner, dans le plan de cet équateur, diverses zones gazeuses, situées un peu au delà des limites correspondantes ; ce qui constituerait le premier état de nos planètes. Le même mode de formation s'appliquerait évidemment aux différents satellites, par les atmosphères de leurs planètes respectives...

« Les caractères généraux de notre monde sont évidemment en parfaite harmonie avec cette théorie cosmogonique. La direction identique de tous les mouvements, tant de rotation que de translation, en dérive immédiatement. Quant à la forme et à la position des orbites, elles seraient, d'après une telle cosmogonie, parfaitement circulaires et dans le plan de l'équateur solaire, si le refroidissement et la condensation avaient pu s'accomplir avec une entière régularité. Mais les variations, nécessairement irrégulières, qu'ont dû éprouver les différentes parties de chaque masse dans leur température et dans leur densité, ont pu produire, comme le remarque justement Laplace, les faibles excentricités et les légères déviations que nous observons. On voit, en outre, que cette hypothèse explique immédiatement cette impulsion primitive, propre à chaque astre de notre monde, qui embarrassait jusqu'ici la conception fondamentale des mouvements célestes, et dont désormais la seule rotation du soleil peut rendre uniformément raison de la manière la plus naturelle. Enfin, il en résulte évidemment, quoique personne ne l'ait encore remarqué, que la formation des diverses parties de notre système a été, de toute nécessité, successive; les planètes étant d'autant plus anciennes qu'elles sont plus éloignées du soleil, et la même loi s'observant dans chacune d'elles à l'égard de ses différents satellites, qui, tous, sont d'ailleurs plus modernes que les planètes correspondantes. Peut-être même, comme je l'indiquerai bientôt, pourra-t-on parvenir, dans la suite, à perfectionner cet ordre chronologique, au point d'assigner, entre certaines limites, le nombre de siècles écoulés depuis chaque formation.

« Pour donner à cette cosmogonie une véritable consistance mathématique, j'ai tenté d'y découvrir un aspect d'après lequel elle comportât quelque vérification mécanique, criterium indispensable à toute hypothèse relative à des phénomènes astronomiques. Il s'agissait donc de trouver, dans les valeurs actuelles et bien connues de nos éléments astronomiques, une classe de nombres qui fût suffisamment en harmonie avec les conséquences d'un tel mode de formation. J'ai d'abord senti que je devais le chercher seulement parmi les éléments qui ne sont point sensiblement altérés par les perturbations proprement dites; les autres étant nécessairement impropres à témoigner, sans équivoque, de l'état primitif. Enfin, il était indispensable de se borner, du moins en premier lieu, à la considération des mouvements de translation, comme beaucoup plus susceptibles d'être exactement analysés, d'après la nature de l'hypothèse, que les rotations qui sont d'ailleurs encore si mal connues en plusieurs cas.

« Le principe fondamental de cette importante vérification consiste en ce que, suivant la cosmogonie proposée, le temps périodique de chaque astre produit a dû être nécessairement égal à la durée de la rotation de l'astre producteur, à l'époque où son atmosphère pouvait s'étendre jusque-là. On fait ainsi porter naturellement la discussion sur les deux éléments astronomiques les mieux connus et les moins affectés par les perturbations, les moyennes distances et les durées des révolutions sidérales. La question consistait donc à déterminer directement quelle pouvait être la durée de la rotation du soleil quand la limite mathématique de son atmosphère s'étendait jusqu'à telle ou telle planète, pour examiner si, en effet, on la trouverait sensiblement égale au temps périodique correspondant; et pareillement à l'égard de chaque planète comparée à ses satellites. »

Ici, M. Comte expose comment il forme l'équation fondamentale qui compare les rotations des astres producteurs avec les mouvements de translation des astres produits, puis il continue :

« La première comparaison de ce genre qui m'ait vivement frappé se rapporte à la lune; car on trouve alors que son temps périodique actuel s'accorde, à moins d'un dixième de jour près, avec la durée que devait avoir la rotation terrestre à l'époque où la distance lunaire formait la limite mathématique de notre atmosphère. La coïncidence est moins exacte, mais pourtant frappante, dans tous les autres cas. A l'égard des planètes, on obtient ainsi, pour la durée des rotations solaires correspondantes, une valeur toujours un peu moindre que celle de leurs temps périodiques effectifs. Il est remarquable que cet écart, quoique croissant à mesure que l'on considère une planète plus lointaine, conserve néanmoins, à très-peu près, le même rapport avec le temps périodique correspondant, dont il forme ordinairement 1/45. Le défaut se change en excès dans les divers systèmes de satellites, où il est proportionnellement plus grand qu'envers les planètes, et d'ailleurs inégal d'un système à l'autre.

« Par l'ensemble de ces comparaisons, je suis donc conduit à ce résultat : *en supposant la limite mathématique de l'atmosphère solaire successivement étendue jusqu'aux régions où se trouvent maintenant les diverses planètes, la durée de la rotation du soleil était, à chacune de ces époques, sensiblement égale à celle de la révolution sidérale actuelle de la planète correspondante; et de même pour chaque atmosphère planétaire à l'égard de tous les divers satellites respectifs.* »

M. Comte fait remarquer que, dans une recherche de cette nature, on doit être bien plus frappé d'un accord approximatif que du défaut d'accord parfait; néanmoins qu'une telle vérification ne peut pas être regardée comme une démonstration mathématique de la cosmogonie proposée, le sujet n'en comportant pas. Puis il ajoute :

« Ce qui pourrait maintenant donner le plus de force à cette théorie, ce serait d'en déduire quelque loi réelle, encore inconnue, comme par exemple, ainsi que j'en ai l'espérance, d'en tirer une analogie relative aux diverses rotations planétaires, qui semblent jusqu'ici tout à fait incohérentes, et parmi lesquelles doit pourtant régner, sans doute, un certain ordre caché. Mais cette première vérification suffit pour donner à l'hypothèse cosmogonique de Laplace une consistance scientifique qui lui manquait encore et qui peut attirer désormais sur une telle étude l'attention des esprits philosophiques.

« En considérant, sous un autre point de vue, ces légères différences entre les temps périodiques indiqués par notre principe et ceux qui ont effectivement lieu, on peut même y entrevoir une base d'après laquelle on pourrait tenter un jour de remonter, avec une certaine approximation, aux époques des diverses formations successives. Si les temps périodiques n'avaient souffert aucune altération, une telle chronologie n'aurait, au contraire, aucun fondement. L'augmentation d'environ huit jours, par exemple, qu'a dû éprouver, d'après cette cosmogonie, notre année sidérale depuis la séparation de la terre, permettrait de fixer, entre des limites plus ou moins écartées, la date de cet événement, si l'influence des diverses causes perturbatrices qui ont pu produire cette modification pouvait être jamais suffisamment connue. Cette considération semble d'autant plus rationnelle que l'écart s'accroît à mesure qu'il se rapporte à quelque planète plus ancienne. Mais les difficultés mathématiques transcendantes propres à une telle question nous interdiront peut-être toujours d'effectuer, même grossièrement, une semblable détermination, quand même cette cosmogonie viendrait à être suffisamment constatée.

« Une dernière conséquence générale de l'hypothèse cosmogonique proposée consiste à établir, d'après la formule fondamentale indiquée ci-dessus, que la formation de notre monde est maintenant aussi complète qu'elle puisse l'être pendant la durée totale qu'il comporte. Il suffit pour cela de reconnaître, comme on le peut aisément dans tous les cas, que l'étendue effective de chaque atmosphère est actuellement inférieure à la limite mathématique qui résulte de la rotation correspondante ; ce qui montre aussitôt l'impossibilité d'aucune formation nouvelle[1]. »

4. *Hypothèse cosmogonique par rapport à la terre.*

La cosmogonie de la terre emprunte les faits qui l'appuient à deux ordres d'études : les études astronomiques et les études physiques.

Au point de vue astronomique, la formation de la terre n'est qu'un événement particulier dans la constitution de notre monde, selon l'hypothèse de Laplace qui vient d'être exposée. Par le progrès du refroidissement, le soleil, qui avait cédé les particules composant Neptune, Uranus, Saturne, Jupiter et Mars, céda celles qui devaient former notre globe. « Nos astres, dit Auguste Comte[2], étant une fois détachés de la masse solaire, ont pu ensuite devenir liquides et finalement solides par le progrès continu de leur propre refroidissement, sans être affectés des nouvelles variations que l'atmosphère et la rotation du soleil ont pu éprouver. Mais l'irrégularité de ce refroidissement et l'inégale densité des diverses parties de chaque astre ont dû naturellement, pendant ces transformations, changer presque toujours la forme annulaire primitive, qui n'aurait

---

1. *Cours de Philosophie positive,* t. II, 27ᵉ leçon.
2. *Cours de Philosophie positive,* t. II, 27ᵉ leçon.

subsisté sans altération que dans le seul cas des singuliers satellites dont Saturne est immédiatement entouré. Le plus souvent, la prépondérance d'une portion de la zone gazeuse a dû réunir graduellement, par voie d'absorption, autour de ce noyau, la masse entière de l'anneau; et l'astre a pris une figure sphéroïdique, avec un mouvement de rotation dirigé dans le même sens que la translation, à cause de l'excès de vitesse nécessaire des molécules supérieures à l'égard des inférieures. »

Je n'ai pas besoin de rappeler ici que la terre satisfait à toutes les conditions qui ont suggéré l'hypothèse de Laplace : la révolution d'occident en orient, la faible excentricité de son orbite, et le peu d'écartement où son plan de translation est par rapport au plan de l'équateur solaire. Ce sont là des données astronomiques.

Les données physiques leur apportent un concours inattendu puisqu'il vient d'une source toute différente, et singulièrement confirmatif. A la différence des autres planètes soustraites à nos vérifications, le globe terrestre peut être étudié par nous, et fournir des témoignages, soit pour, soit contre l'hypothèse astronomique. S'ils sont contre, on l'abandonnera; s'ils sont pour, elle sera fortifiée par une coïncidence où, moins que partout ailleurs, il est impossible de soupçonner rien de fortuit ou d'accidentel.

Les deux points que suppose l'hypothèse, c'est que la terre ait été fluide, et qu'elle ait été incandescente.

La terre est un globe qui tourne sur lui-même avec vélocité; des observations de la dernière exactitude ont montré qu'il est aplati à ses pôles et renflé à son équateur. La géométrie, interrogée sur la cause de cette configuration, a répondu que nécessairement le globe avait été fluide, et elle s'est tue, comme cela devait être, sur la cause de cette fluidité. Mais, à son tour, la physique a reconnu que le globe terrestre avait pu être fluide soit par l'eau, soit par le feu.

L'eau est, sur le globe terrestre, en très-petite quantité par rapport aux parties solides. A la température moyenne de 13 degrés, qui est celle qu'elle possède, elle est incapable, en la supposant même aiguisée de puissants dissolvants, de fluidifier, je ne dis pas la terre, mais à peine un cinquante-millième de la terre. L'eau est donc exclue.

Reste le feu. Puisque la fluidité ne peut dépendre que du feu ou de l'eau, et que l'eau n'est pas en quantité suffisante pour remplir cet office, l'alternative est imposée logiquement. Mais ces impossibilités logiques, quelque force qu'elles possèdent, gagnent infiniment à être soutenues par des réalités effectives. Les réalités ne font pas défaut. A mesure que l'on creuse le sol et qu'on s'y enfonce, la température croît de un degré pour 26 à 30 mètres de profondeur. Les eaux thermales et les puits artésiens confirment le fait d'une chaleur intérieure; et les volcans mêmes et les tremblements montrent que l'incandescence n'est pas bien loin au-dessous de la croûte qui nous supporte. De son côté, la paléontologie atteste que, dans les âges géologiques, une plus haute température a régné sur la surface de la terre. Ainsi les traces positives d'une immense chaleur sont partout subsistantes; et c'est par le feu qu'est satisfaite la condition de fluidité imposée par la géométrie à la terre, vu sa configuration.

Il est sensible combien ces observations faites dans notre planète et, si je puis dire ainsi, sur les lieux, ajoutent de force à l'hypothèse cosmogonique de Laplace et à celle qui concerne l'univers des étoiles. On remonte, de proche en proche, des planètes au soleil et du soleil aux autres soleils, qui ont même apparence et même constitution. On n'est plus effrayé des hardiesses de la théorie, et l'on se confie plus facilement à des déductions qui ont un point de départ solide et des échelons bien marqués.

5. *Hypothèse cosmogonique par rapport aux êtres vivants.*

Jusqu'à ce moment, nous avons cheminé de phénomènes en phénomènes qui se passaient tous sous le régime des lois chimiques et physiques. Leur succession ne présentait aucune solution de continuité ; les degrés tenaient l'un à l'autre ; et c'est cette déduction qui satisfait l'esprit humain, et qu'il nomme explication. Une fois que l'on reconnaît une dissémination première, dans l'espace, d'une matière douée de gravitation et de mouvement, tout en ignorant absolument d'où vient cette matière et d'où procèdent son mouvement et sa dissémination, le reste s'ensuit. Des amas qu'on appelle soleils se forment par condensation ; cette condensation développe une immense chaleur ; le refroidissement graduel sépare les amas primordiaux en amas secondaires et plus petits qui se meuvent comme lui, se refroidissent comme lui, et représentent nos planètes, nos satellites et en particulier notre terre. On a l'univers, on passe au monde, et du monde au globe terrestre.

Mais là, sur le monde terrestre, un hiatus se présente. Un phénomène nouveau, une force nouvelle apparaît, et la vie se développe en végétalité et animalité. Ce phénomène nouveau, cette force nouvelle, cette vie ne succèdent point par une action continue aux actions continues dont le soleil et la terre sont le théâtre; du moins, en l'état actuel de nos connaissances, la continuité nous échappe. On conçoit, grâce à des faits expérimentaux recueillis de toutes parts et transformés en lois, comment notre globe se refroidit, comment, en se refroidissant, il prend sa forme, comment l'atmosphère, les continents, la mer se constituent; mais on ne conçoit plus comment la vie y paraît à un moment donné. Et ce fut bien à un moment donné : pendant des millions de siècles, la terre, vu son incandescence, fut impropre à toute vie. Quand la température y eut baissé au degré compatible avec les existences vivantes, ces existences se montrèrent; mais comment? par quel procédé?

Il ne faut pourtant pas faire valoir outre mesure cette discontinuité. Une discontinuité, autre que celle qui appartient à l'apparition de la vie, est survenue dans le cours du développement de la terre. Quand les particules qui la composent étaient animées d'une immense chaleur, une dissociation complète y régnait; elles n'obéissaient qu'aux lois du mouvement, de la gravitation, de la chaleur et de la lumière; les lois chimiques, c'est-à-dire de combinaison et de décombinaison, n'y étaient qu'à l'état virtuel. Elles passèrent à l'état effectif, dès que l'abaissement de la température le permit. Je sais bien qu'une différence considérable existe entre ces deux discontinuités : en effet, depuis lors, il a toujours été possible de reproduire à volonté les faits chimiques; et, toutes les fois que nous en avons besoin, nous répétons le phénomène d'origine qui se produisit dans les combinaisons et décombinaisons. Pour la vie, c'est autre chose; elle a été une fois émise, et, depuis le phénomène d'origine, elle ne se propage que par génération. Un être vivant est nécessaire pour produire un être vivant; et, ni par les procédés de la nature, ni par ceux de la science, ce qui se fit au moment créateur ne se refait. Malgré cette considérable différence, il demeure que la terre a possédé des forces virtuelles qui sont entrées en action, quand les conditions générales, se modifiant graduellement, l'ont permis.

Les deux discontinuités ont cela de commun qu'elles dépendent l'une et l'autre de l'évolution de la terre, dont elles sont l'une et l'autre un moment. Le refroidissement a été, dans les deux cas, une condition nécessaire, mais un refroidissement inégal. Il a fallu plus de refroidissement pour la manifestation des propriétés vitales que pour celle des propriétés chimiques. Ainsi, même dans le changement successif du globe terrestre est inscrite la subordination de l'ordre vital à l'ordre chimique; et, en suivant le refroidissement de la terre, on retrouve, ce que M. Comte trouva directement, que la biologie, pour se constituer, a besoin de la chimie.

La question de l'apparition de la vie sur la terre est une question d'origine secondaire : d'origine, en ce sens que le phénomène vital n'exista pas d'abord sur la terre et qu'il s'y produisit par des conditions en dehors de l'expérience actuelle ; secondaire, en ce sens qu'il se développa dans le cours d'une évolution qui, elle, appartient, non aux causes premières, mais à la série des causes secondes. Il faut examiner le fait, et comme origine et comme secondaire.

Au point de vue d'origine, on abandonnera la question comme toutes les questions qui impliquent une cause première. La philosophie positive s'exprime là-dessus comme elle s'exprime touchant toutes les choses hyperphysiques, c'est-à-dire placées au delà de l'expérience. Quand elle entend les matérialistes prononcer que la vie est le résultat des forces physiques et chimiques dont on connaît l'action, elle refuse d'accepter une solution qui dépasse les prémisses. Mais elle n'écarte pas la solution matérialiste au profit de la solution théologique; l'intervention d'un Dieu créateur est également invérifiable par l'expérience, et, partant, atteinte de la même fin de non-recevoir. Maintenant, si on demande à la philosophie positive quelle est, à elle, sa solution entre la génération matérialiste et la création surnaturelle, elle répond qu'elle n'a aucune solution à proposer, que rien ne peut la forcer à croire ce qui n'est pas démontré, et qu'elle accepte, avec autant de fermeté que d'humilité, une ignorance invincible sur tout ce qui est indémontrable.

Tout autre est le raisonnement, quand on se place dans la position qu'exprime le terme secondaire que j'ai dit appartenir à l'origine des êtres vivants. Pour tout ce qui est secondaire, aucune recherche ne nous est interdite philosophiquement. Il est donc permis à l'esprit de s'occuper à trouver par quel procédé la vie a pris naissance sur la terre. Il est possible que le problème dépasse les forces de l'esprit humain, ou, plus vraisemblablement, la portée des documents qui nous restent des époques passées et ensevelies. Mais on peut espérer toujours que quelque fait scientifique nouveau, quelque trouvaille inattendue, quelque puissance acquise nous permette de serrer de plus près le problème d'origine secondaire que suscite la production des êtres vivants à une certaine époque du refroidissement terrestre.

Une grande découverte a fait que la question de l'origine des êtres vivants sur la terre s'est décomposée. Cette découverte, due au génie de Cuvier, a constaté que le développement de la vie n'avait pas été complet du premier coup, c'est-à-dire que toutes les espèces vivantes n'avaient pas été produites en un même temps, qu'une succession y était manifeste, et même que cette succession était une gradation, les organisations plus simples ayant apparu aux premières époques, tandis que les organisations plus compliquées n'ont reçu la naissance que dans les époques subséquentes. C'est là un fait incontestable auquel doit satisfaire toute théorie sur la formation des espèces. De la sorte, le problème total se scinde en deux problèmes, l'un relatif à l'origine primordiale de la vie, l'autre à la succession des êtres vivants. Et ces deux problèmes sont tellement distincts que, tandis que Lamarck et Darwin résolvent le premier d'une façon opposée, Lamarck admettant la génération spontanée, et Darwin une intervention surnaturelle, ils résolvent le second de la même façon. Il est donc nécessaire de les considérer séparément.

Génération spontanée ou hétérogénie. — On donne ce nom à la génération sans parents. Dans la condition actuelle de la vie, la propagation ne s'en opère que par des êtres déjà vivants qui la transmettent pareille en tout à celle qu'ils possèdent eux-mêmes. Autrefois, la croyance à l'hétérogénie était universelle, et les savants l'admettaient comme le vulgaire. De même que, voyant le soleil se lever à l'orient et se coucher à l'occident, on avait naturellement pensé que c'était lui qui se mouvait autour de la terre, de même, voyant toutes sortes de bêtes grouiller dans la corruption, dans les eaux stagnantes et dans les fanges, on avait non moins naturellement pensé qu'elles s'y formaient de toutes pièces. Mais cette fausse apparence des choses due à la constitution de nos sens, les modernes ne tardèrent pas à l'écarter ; et le microscope découvrit que tout ce grouillement qui avait trompé les anciens n'était pas autre chose que la génération ordinaire et à l'aide de parents. Des chercheurs tels que Needham prétendirent, il est vrai, se mettre à l'abri de l'introduction des germes, mais ils n'y réussirent pas.

Leur insuccès ne doit pas surprendre, puisque, même aujourd'hui où l'art des expériences est poussé à une extrême délicatesse, on n'a pas pu encore garantir un seul cas de génération spontanée des soupçons de la présence inaperçue de germes préexistants. En effet, depuis Needham, la question de l'hétérogénie n'a pas cessé d'occuper les biologistes, avec l'intérêt de plus donné par l'histoire du développement de la terre, où l'on voit clairement qu'à un certain jour est née la vie, impossible la veille. On a tenté l'expérience de deux façons, soit à l'aide de matières organiques qu'on livrait à la décomposition dans des vases hermétiquement clos, soit avec des substances inorganiques. Ou bien il ne s'est rien produit, ou bien les produits ont été contestés avec de bons arguments. Les choses en sont là ; l'hypothèse de l'hétérogénie n'a pas été transformée en fait ; mais elle reste ouverte, attendant quelque incident scientifique, s'il en existe, qui lui soit favorable.

Laissons-la donc là où elle en est, et n'argumentons pas de ce qui ne peut servir de base à des déductions ultérieures. Toutefois il ne sera pas infructueux de considérer les lois de la vie telles que nous les connaissons expérimentalement, et d'appliquer cette connaissance à l'examen des conditions qui ont nécessairement présidé à la production de la vie. En 1868, dans *la Philosophie positive*, t. II, p. 194, j'ai exposé mes idées et mon procédé à ce sujet ; c'est ici le cas de les reprendre et de les développer de nouveau.

Les hétérogénistes admettent que la vie est produite par les forces physico-chimiques ; mais, suivant moi, cette opinion est erronée. S'il en était ainsi, l'effet contiendrait plus que la cause ne contient ; car, de quelque façon que l'on expérimente et retourne le mouvement, la pesanteur, la chaleur, la lumière, l'électricité et les affinités moléculaires, on ne peut, ni dans aucune de ces propriétés séparément, ni dans leur groupement partiel ou total, montrer rien qui soit la vie. Produire la vie à l'aide de ces agents a été, jusqu'à présent, impossible expérimentalement ; concevoir logiquement cette production, vu l'insuffisance de la cause comparée à l'effet, n'est pas moins impossible. Ainsi, des deux côtés expérimental et logique, la production de la vie par les forces physico-chimiques est écartée.

Le premier des faits expérimentaux ou lois de la vie, est que la vie est une des forces ou propriétés immanentes de la matière. Nous n'avons jamais vu de vie sans substance matérielle ; et il ne nous est pas plus permis, expérimentalement, de séparer de la matière la vie, qu'il ne l'est d'en séparer la pesanteur ou le calorique. A la vérité, c'est dans une substance organisée que la vie s'exerce ; mais, pour nous, la vie et l'organisation sont indivisibles ; toute vie est organisée, et toute organisation (à moins qu'on ne la tue) est vivante ; justement, cette liaison de la vie à l'organisation et de l'organisation à la vie est ce qui rend, jusqu'à présent du moins, insoluble la question de l'apparition des êtres vivants à la surface de la terre. De même que la propriété chimique de la matière, quand elle eut les circonstances nécessaires à sa manifestation, apparut avec les prédéterminations qui lui sont inhérentes, c'est-à-dire les formes cristallines simples et combinées, de même la propriété vitale de la matière, quand elle eut les circonstances nécessaires à sa manifestation, obéit aux prédéterminations qu'elle porte en elle-même, c'est-à-dire l'organisation et les fonctions. J'ai noté déjà la différence considérable qui existe entre les deux manifestations : l'une, continuant à se reproduire de notre temps, de la même façon qu'à l'origine ; l'autre, ne se reproduisant plus que par l'intermédiaire de parents préexistants.

La vie, attribut, disons-nous, de la matière, ne l'est pas, du moins sur notre terre, de toute substance matérielle. Quatre corps seulement sont aptes à constituer la substance organisée et la vie : ce sont l'oxygène, le carbone, l'hydrogène et l'azote. Cette spécialisation, dont la nature et par conséquent la cause nous seront cachées à jamais, nous enseigne qu'il ne faut demander aux théories de la vie rien de comparable à la généralité qui est le propre des forces physico-chimiques.

Ainsi limitée dans quatre corps élémentaires, la propriété vitale primitive contient en soi le plan général de tous les êtres organisés destinés à venir à la lumière du jour. Cela est certain logiquement, l'effet ne pouvant pas contenir plus que la cause ; mais, dans le même domaine, nous avons un cas tout semblable de prédétermination en un milieu qui semble indifférent. En effet, qu'on prenne l'ovule de deux vertébrés, les plus dissemblables que l'on voudra choisir ; au moment où cet ovule vient d'être fécondé, l'examen le plus minutieux, fait avec toutes les ressources de la microscopie la plus intelligente, n'y découvrira qu'une cellule et un liquide où tout se ressemble. Et pourtant, tout est dissemblable ; laissez partir l'évolution, et vous verrez apparaître deux développements, deux animaux qui ne se ressemblent en aucune façon. Chaque ovule a suivi le type prédéterminé qui lui appartenait. De même, en général, à l'origine, la force vitale primitive a suivi les conditions prédéterminées qui sont siennes et dont rien ne peut la détourner.

La vitalité présente quatre faits généraux qui se subordonnent tous les autres, à savoir : la nutrition, la génération, la motilité et la sensibilité. Les deux premiers, nutrition et génération, appartiennent à toute la série des êtres vivants, tant végétaux qu'animaux ; les deux derniers, motilité et sensibilité, n'appartiennent qu'aux animaux.

La nutrition, en sa plus simple expression, est représentée par le fonctionnement d'une partie absorbant ce qui la nourrit, et rejetant ce qui lui est devenu impropre. Ce double mouvement de composition et de décomposition est le fondement de toute vie; ce qu'il y a de plus élevé dans les fonctions ultérieures suppose nécessairement cette fonction essentielle. La cessation de ce double mouvement est la mort. Aucun individu ne peut durer au delà d'un temps particulier à chacun, parce que, chez aucun, la composition et la décomposition ne s'exercent sans s'user, sans perdre graduellement de leur intensité. C'est le cas de toute force, elle se détruit par la résistance du milieu ; ici le milieu est la substance à composer et à décomposer, et tôt ou tard ce milieu éteint complétement la force qui s'y meut.

La génération est le procédé par lequel la vie, une fois commencée sur la terre, s'y continue. Elle consiste essentiellement en une partie qui se détache du parent et qui est disposée de manière à mener une existence indépendante. Remarquez encore ici le cercle où tourne toujours la production première des êtres vivants : un des faits fondamentaux de ce que je nomme prédétermination dans la propriété vitale, est la génération par scission ou par ovule; et néanmoins la vie, à son origine, semble n'avoir pas été soumise à cette prédétermination. Autre façon de présenter l'insolubilité actuelle du problème.

La sensibilité et la motilité sont le propre des animaux. Elles en sont tellement le propre, que l'embryogénie végétale et l'embryogénie animale suivent un développement différent. Toutes deux commencent par des cellules; mais, dans la première, ces cellules primordiales ne donnent naissance qu'à des cellules ou à des métamorphoses de cellules; dans la seconde, une partie des cellules primordiales disparaît, et en place apparaissent les éléments animaux, par substitution et par génération spontanée aux dépens du blastème. Cette génération spontanée des éléments animaux en embryogénie est très-digne d'attention, au point de vue paléontologique.

Les anatomistes ont reconnu l'unité de composition entre tous les êtres vivants, tant végétaux qu'animaux. Elle est incontestable; les principes médiats, à savoir l'oxygène, l'hydrogène, le carbone et l'azote, sont les mêmes; de là résulte nécessairement l'analogie des principes immédiats, dont la combinaison diverse constitue les êtres vivants avec leurs organes et les fonctions afférentes. Quant à l'unité de plan, contestable entre tous les êtres vivants, elle est certaine quand on la considère entre certains types caractérisés; il est impossible, par exemple, de méconnaître l'unité de plan entre tous les mammifères. Si l'unité de composition a sa cause primitive dans la limitation des substances matérielles qui portent la vie, l'unité de plan a sa cause dans les prédéterminations ou lois qui règlent cette même vie. Avec des matériaux identiques et des lois impérieuses de manifestation, il est impossible qu'il n'y ait pas unité de composition et unité de plan ou de plans.

On entend parfois les partisans des causes finales admirer comment les éléments cosmiques sont disposée et dosés selon de savants calculs pour entretenir la vie, par exemple, citant un cas, la proportion d'oxygène et d'azote et la respiration. Cette vue est immédiatement réfutée par l'antériorité des éléments cosmiques. Comme la vie est un moment postérieur, moderne, dans la durée de la terre, la subordination va de la vie aux éléments, non des éléments à la vie; condition inéluctable à laquelle toute finalité est soumise.

Lorsque le refroidissement du globe terrestre fut descendu au point voulu pour que la vie devînt possible, alors les propriétés vitales inhérentes aux quatre corps élémentaires, facteurs du nouveau développement, entrèrent en action. En même temps que ces facteurs se trouvèrent en un état particulier, la terre aussi se trouva en un état qui, depuis, ne s'est jamais reproduit; sa surface recevait une part de la chaleur due à l'incandescence intérieure, tandis que, présentement, la température de cette surface n'a plus pour causes que la chaleur émise par le soleil et la densité de l'atmosphère. Favorisés par le concours de ces influences, les quatre facteurs élémentaires furent en un état que je comparerai à l'état dit naissant en chimie, lequel aide puissamment aux combinaisons. Il aida les combinaisons vitales. Voilà tout ce qu'on peut dire, sans prétendre entrevoir le mode ni le procédé de l'opération.

Succession des êtres vivants ou théorie de la descendance.
— Cette théorie suppose que tous les êtres actuellement vivants, ainsi que ceux qui ont vécu dans les

époques antérieures de la terre, sont issus d'un ou de plusieurs êtres primitifs très-simples, qui se sont de plus en plus modifiés par l'action des milieux, par l'exercice et par l'hérédité.

Sans les découvertes de Cuvier, jamais on n'aurait été conduit à une pareille hypothèse. Mais la paléontologie témoigne irrécusablement d'une gradation dans la complication ou le perfectionnement des espèces animées. Les plus anciennes productions organisées sont des végétaux, et ces végétaux sont parmi les plus simples; les végétaux les plus compliqués ne viennent qu'après. Même constatation pour les animaux; le célèbre Agassiz, qui est l'adversaire déterminé de la théorie de la descendance, a signalé de la manière la plus précise que, parmi les vertébrés, il n'exista d'abord que des poissons; que les amphibies parurent ensuite; que, longtemps après, des oiseaux et des mammifères se montrèrent, et que, tant pour les mammifères que pour les poissons, il ne se produisit d'abord que des ordres imparfaits et inférieurs, remplacés plus tard par des ordres supérieurs et plus parfaits.

Pour expliquer ce qu'il trouvait, Cuvier supposa que de grandes catastrophes séparaient les différentes périodes géologiques, et qu'à chaque catastrophe disparaissaient les anciennes races et apparaissaient les nouvelles. Cette hypothèse fut ruinée géologiquement par la théorie des actions continues, d'après laquelle les transformations terrestres s'accomplissent, non par des bouleversements soudains, mais par des effets s'accumulant peu à peu dans le cours des âges. La ruine de l'hypothèse géologique entraîna celle de l'hypothèse biologique.

Une plus longue durée était destinée à l'hypothèse de Lamarck, qui s'éleva aussitôt à l'encontre de celle de son rival, et qui est encore en pleine vigueur sous le nom de darwinisme ou transformisme. Lamarck, qui admettait la génération spontanée sous le nom d'archigonie (on verra à propos de Darwin, pourquoi je note cela), supposa qu'un lien généalogique non interrompu, composé d'individus intermédiaires, reliait les formes vivantes, sinon toujours les unes aux autres au moyen d'ancêtres nécessairement communs, du moins à d'autres formes antérieures et inférieures dont elles étaient la postérité modifiée.

Les êtres organisés sont modifiables ; cela n'est pas douteux ; mais il faut bien distinguer entre les modifications que nous observons maintenant et celles qui auraient, par voie de descendance, tiré de quelques créations primordiales toute la série des existences. Sans examiner si ces deux modifications sont de même ordre, ce que nient les adversaires du transformisme, je note que, selon l'hypothèse de Lamarck, le pouvoir vital est capable de développer le type, non point d'une façon indéterminée et vagabonde, mais suivant une série de plans spéciaux susceptibles de s'adapter à l'organisation de ce type. En un mot, de ce qu'est un être vivant résulte ce qu'il peut devenir sous l'influence des différents agents ayant vertu modificatrice.

Ces influences, suivant Lamarck, sont le climat, les températures, les milieux, la diversité des lieux, des habitudes, des mouvements, les moyens de vivre, de se nourrir, de se défendre, de se multiplier, et toutes les conditions analogues. Sous une telle domination constante, l'usage étend et fortifie les facultés ; et, insensiblement, la conformation, la consistance, en un mot, la nature et l'état des parties et des organes changent progressivement. Ce que l'usage et les influences produisent est transmis par la génération et consolidé par l'hérédité. L'hérédité est dans la théorie un facteur essentiel. De la sorte, sans aucune intervention autre que celle des causes constamment agissantes et des forces inhérentes à l'être organisé et à son milieu, une descendance régulière et naturelle développe la série des êtres suivant les conditions de la puissance de vie primitive.

De notre temps, Darwin a repris la théorie de la descendance avec un retentissement qu'elle n'eut jamais entre les mains du premier auteur, et un tel succès qu'elle passa aux yeux de la plupart pour l'œuvre du naturaliste anglais. J'indiquerai tout à l'heure ce qu'il y a ajouté; je note seulement que, depuis lui, elle est sortie du cercle restreint de la zoologie, et qu'elle a pénétré avec une grande force parmi les gens du monde. Là, elle a excité les plus grandes clameurs. Beaucoup se sentirent blessés de descendre d'un singe. Ils étaient bien bons de s'arrêter là ; car, dans l'hypothèse, les anthropoïdes descendent d'un type mammifère primordial, qui lui-même descend d'un type vertébré primordial, lequel, à son tour, descend, au dire des darwinistes, d'invertébrés (les tuniciers, où l'on trouve des dispositions rudimentaires pour un cordon vertébral), et de là aux plus infimes organismes. On accusa d'athéisme et de matérialisme la doctrine transformiste, avec une complète ignorance et du problème et de l'auteur ; du problème, car l'hypothèse de la descendance n'a rien à faire, ni avec le spiritualisme, ni avec le matérialisme; de l'auteur, car Darwin a déclaré que c'est le Créateur qui a insufflé la vie dans la forme primitive quelconque, d'où procèdent tous les êtres orgnisés ayant jamais vécu sur notre terre.

Abandonnons au spiritualisme et au matérialisme ces stériles débats, desquels la philosophie positive se détourne toujours. Darwin, aux conditions générales de variabilité indiquées par Lamarck, en ajouta deux autres certaines et considérables : ce sont la loi de concurrence vitale et la loi de sélection naturelle.

La concurrence vitale (*struggle for life*) est un fait biologique qui résulte nécessairement de la disproportion générale entre le nombre moyen des individus et la surabondance de leurs germes. Ce qui survit est ce qui a remporté la victoire dans le combat pour la vie. Il se passe un phénomène tout semblable entre les individus d'une même espèce, et entre les espèces, l'une par rapport à l'autre. Les individus les plus vigoureux, les espèces les mieux douées, se font place aux dépens du reste. Dans cette lutte, beaucoup d'individus succombent; des espèces mêmes périssent, témoin tant de races disparues dans les âges géologiques, et quelques races qui, sous nos yeux, ont disparu ou sont près de disparaître.

Le nom de sélection est donné en zootechnie au soin par lequel l'éleveur choisit les reproducteurs de manière que les produits soient doués de certaines qualités qu'il recherche. Quelque chose de semblable se passe dans la nature, et c'est cette condition des existences que Darwin désigne par la sélection naturelle. Là aussi, et par la force même des choses, les producteurs les mieux doués, ou se recherchent ou se conquièrent, et donnent naissance à des produits qui, à leur tour, sont meilleurs que ce qui les environne. Ainsi se forme une prépondérance en faveur des organisations les plus solides et les plus intelligentes. La concurrence vitale s'en ressent grandement. Nous en avons le plus frappant témoignage dans le contact entre l'homme civilisé moderne et les races restées à un état rudimentaire; partout ces races diminuent, disparaissent, comme si elles étaient touchées par le feu.

Voilà quelle est l'hypothèse de la descendance proposée par Lamarck, fortifiée par Darwin. Mais il ne suffit pas de la montrer; il faut aussi indiquer les conditions qui la favorisent et qui lui donnent du crédit, et les conditions qui ne la favorisent pas et qui la retiennent au rang d'hypothèse en voie de formation.

Les conditions qui la favorisent sont la paléontologie, l'embryogénie et l'unité de plan. Et justement, comme ces trois parties ont fait de grands progrès depuis Cuvier et Lamarck, ce sont elles qui ont frayé la voie au succès de Darwin.

Tous les paléontologistes, il s'en faut, n'accordent pas que la paléontologie soit confirmative de l'hypothèse de la descendance; et les adversaires citent des lacunes et des interversions qui, suivant eux, la contredisent. Pourtant, comme il est vrai qu'on remarque une succession dans les périodes paléontologiques, qu'entre les végétaux ce sont les plus compliqués qui ont apparu les derniers, qu'il en est de même entre les animaux, que les vertébrés ne viennent qu'après les invertébrés, et que, parmi les vertébrés, les plus simples sont les plus anciens, on est en droit de soutenir que la théorie de la descendance s'ajuste aux lignes générales de la paléontologie. La paléontologie a encore bien des révélations à nous faire qui tourneront pour ou contre les doctrines de Lamarck et de Darwin. Tout récemment elle a fourni un curieux argument en leur faveur. Les transformistes pensent que les oiseaux dérivent des sauriens, et l'on vient de trouver un oiseau fossile, l'*archæopteryx lithographica*, qui a une queue de lézard, composée de vingt vertèbres allongées et minces.

Plus encore que la paléontologie, l'embryogénie offre à la théorie de la descendance un ensemble de faits favorables; car, en ce domaine, c'est effectivement d'une cellule primordiale, d'un liquide indifférent en apparence, que se développe, par une série d'épigenèses, les organismes, soit simples, soit compliqués. Si, disent les transformistes, nos adversaires opposent qu'il est merveilleux et incompréhensible qu'un organisme compliqué multicellulaire soit, à l'aide d'un certain temps, sorti d'un organisme simple unicellulaire, nous répondons que, cette incroyable merveille, nous la rencontrons chaque jour devant nous, et la suivons des yeux.

Quand on recherche, dans les livres des embryologistes, les différentes formes par lesquelles un organisme élevé, par exemple, un mammifère, un homme, passe depuis l'ovule jusqu'à l'enfant au jour de sa naissance, on reconnaît que plusieurs de ces formes successives représentent, avec plus ou moins d'exactitude, des formes qui sont permanentes dans les degrés inférieurs de l'échelle biologique. Les transformistes disent que cette succession de transformations est une courte et rapide répétition ou récapitulation du développement total de la série; répétition ou récapitulation déterminée par les lois de l'hérédité et de l'adaptation. Mais, comme la paléontologie offre une série qui commence par les organismes les plus simples et se termine par les plus compliqués, série en tout semblable à celle qui se déroule sous nos yeux dans l'évolution de l'ovule, on dit que l'évolution de l'ovule n'est pas moins représentative de la vie durant les époques géologiques que de la vie durant l'époque dernière. C'est de la sorte que l'embryogénie confirme la théorie de la descendance.

L'unité de composition, certaine pour tous les êtres

vivants, y compris les végétaux, l'unité de plan, certaine aussi entre les êtres appartenant à un même type, parlent dans le même sens que l'embryogénie et la paléontologie. En effet, la surprenante ressemblance de l'organisation intérieure et des rapports de structure dans le sein d'un même type suggère facilement l'idée d'une descendance commune et, partant, d'une seule forme originelle. La descendance est là pour rendre intelligible une concordance intime qui, autrement, demeurerait inexplicable.

Un des résultats de cette unité de plan, qui a le plus surpris à cause du préjugé métaphysique que la nature ne fait rien en vain (ce que nous ignorons absolument), est la présence d'organes abortifs, rudimentaires, qui n'ont aucun usage. Dans l'embryon des ruminants, de nos bœufs, par exemple, l'intermaxillaire de la mâchoire supérieure contient des incisives qui ne viennent jamais à éruption, et qui, par conséquent, ne sont d'aucun service. Il en est de même de l'embryon de plusieurs baleines qui ont des barbes au lieu de dents; cet embryon, tant qu'il n'est pas né, possède dans les mâchoires une denture qui n'entre jamais en activité. Dans l'espèce humaine, le mâle a des mamelons, bien qu'il ne donne point à téter; et les deux sexes possèdent au coin interne de l'œil un repli insignifiant, reste d'une troisième paupière parfaitement développée chez d'autres mammifères, chez les oiseaux et les reptiles. Ces parties, et d'autres que je pourrais citer, sont des parties sans emploi, des parties appropriées à un office qu'elles ne remplissent pas. L'unité de plan en rend compte; puis intervient la théorie du transformisme qui explique comment le non-usage en a provoqué l'avortement, lequel a été confirmé par l'adaptation et l'hérédité.

Voilà le trépied sur lequel repose la théorie de la descendance, et qui en fait une hypothèse vraiment admissible à discussion. Voici maintenant l'obstacle qu'elle n'a pu encore surmonter, et qui empêche qu'elle ne serve de base et de principe à des déductions assurées. Cet obstacle est dans la fixité du type spécifique, opposé à la conception purement spéculative de la variabilité limitée ou illimitée des espèces. Jusqu'à présent, dans les bornes de la durée que nous connaissons, et avec les moyens dont nous disposons, nous n'avons pas réussi à changer un type spécifique. Les variations, quelque étendues que nous les ayons produites, l'ont toujours respecté ; et d'un chien nous n'avons jamais fait un loup, ni un âne d'un cheval. Tant que nous n'aurons pas vérifié, par l'expérience, une mutation dans le type spécifique, il faudra ne pas prendre la spéculation pour plus avérée qu'elle n'est.

Si vous n'admettez pas la descendance, disent les transformistes, l'apparition successive des organismes est incompréhensible. La transformation du singe en homme est impossible, disent leurs adversaires. Incompréhensible, impossible, ce sont des épithètes et non des preuves. Si la variabilité des espèces se démontre en fait, la descendance de l'homme par le singe ne sera pas loin. Si cette variabilité résiste à toutes nos tentatives, il faudra bien laisser la part d'incompréhensibilité que comporte le problème de l'apparition de la vie sur le globe terrestre.

Les disciples matérialistes de la théorie de la descendance (car il y en a de spiritualistes) y attachent une importance particulière pour leur propre philosophie, disant que, par cette théorie, la vue de l'unité de la matière organique et de la matière inorganique est fondée solidement. A ce propos, je trouve dans un au-

teur allemand contemporain une singulière remarque :
« Le rameau germanique (du groupe aryen) a dépassé
« les autres rameaux dans la concurrence du déve-
« loppement civilisateur. En tête sont les Anglais et les
« Allemands, qui, présentement, en reconnaissant et
« en promouvant la théorie de la descendance, posent
« le fondement pour une nouvelle période d'évolution
« supérieure. La disposition à recevoir la théorie de la
« descendance et la philosophie unitaire qui y a sa
« base, constitue la meilleure mesure pour apprécier
« les degrés de supériorité spirituelle parmi les hom-
« mes. » (HÆCKEL, *natürliche Schœpfungsgeschichte*,
p. 123). Où le chauvinisme allemand va-t-il se loger ?
S'il est vrai que la théorie de la descendance soit la
mesure souveraine que l'on dit, alors comment exclure
la France, puisque cette théorie est l'œuvre d'un Français, Lamarck, et que Darwin n'a fait qu'y ajouter en
accessoire la sélection naturelle et la concurrence vitale ? Quant à la philosophie unitaire ou moniste (c'est
la doctrine où l'on admet que tous les phénomènes,
même ceux de la vie, s'expliquent par les seules forces
physico-chimiques de la matière), elle est si peu liée à
la théorie de la descendance, que Darwin lui-même
suppose une intervention surnaturelle pour expliquer
le fait primordial de la vie. La théorie de la descendance est donc parfaitement compatible, dans l'esprit
de son principal adhérent, avec une philosophie dua-
liste. La vérité est que, la théorie de la descendance
n'étant que de la biologie, science particulière, il ne
lui est pas donné de fonder la science générale ou philosophie. Cette philosophie unitaire, sans mélange de
matérialisme ni de théologisme, n'est pas autre chose
que la philosophie positive, qui, établie par Auguste Comte, il y a cinquante ans, a gagné beaucoup

d'esprits en France, en Angleterre, aux États-Unis.

Entre ce qui la favorise et ce qui la contredit, l'hypothèse de la descendance demeure éminemment recommandable. Elle a assez de consistance pour susciter et diriger des recherches fécondes dans le triple domaine de la paléontologie, de l'embryogénie et de l'anatomie comparée. Il est un petit vertébré, un petit poisson, l'*amphioxus lanceolatus*, qui a une moelle vertébrale et point de cerveau; c'est, suivant les transformistes, un anneau manifeste entre les invertébrés et les vertébrés. Suivant eux, aussi, il est aujourd'hui l'unique représentant d'une classe de vertébrés inférieurs, qui devait être fort répandue dans les temps primordiaux. Qu'on cherche donc; si on les trouve, ce sera une notable acquisition à la succession sérielle des organismes, et un argument de plus en faveur du transformisme.

6. *Conclusion*.

Les hypothèses cosmogoniques forment un vaste ensemble, où elles s'enchaînent les unes aux autres, et où les plus générales déterminent les plus particulières. Même pour l'apparition de la vie sur la terre et pour la manifestation des nouvelles propriétés, il y a continuité générale de modifications; car c'est grâce au refroidissement progressif du globe que la vie devient possible et le monde habitable. Les cosmogonies placées à l'entrée des antiques religions ne résistent pas à la critique qu'en fait chaque jour, même sans le vouloir, la science guidée par la méthode expérimentale. Désormais, la place qu'elles tenaient est une place vide. Les cosmogonies positives la remplissent, non pas qu'elles aient la prétention ni le pouvoir de pénétrer dans l'absolu et d'embrasser les causes premières et finales; mais elles ouvrent d'assez grands aperçus dans l'espace et dans le temps, pour qu'on arrive à la limite de ce qui échappe à la connaissance comme au regard. Les cosmogonies positives ont le suprême avantage de faire nettement le départ entre la grandeur et l'immensité, entre le connu et l'inconnaissable.

Les cosmogonies positives ont encore ceci de caractéristique, qu'elles s'écartent, de tout point, du surnaturel. Elles se dissoudraient irrémédiablement, si le surnaturel y pénétrait par quelque fissure. Pourquoi cela, et d'où vient cette incompatibilité entre le surnaturel et la science? Elle vient de la relativité même de l'esprit humain. La conception subjective et *à priori* peut bien créer et combiner tous les absolus qui lui apparaissent; mais, quand ces absolus sortent de l'isolement subjectif où ils ont pris naissance, alors l'esprit humain avec sa relativité intervient, et ne reconnaît que ce qui est relatif comme lui. L'apprentissage de cette relativité a été long à faire; mais enfin il s'est fait, et la science est sûre maintenant qu'elle ne peut atteindre que ce qui est compris dans l'enchaînement des causes naturelles.

Un autre résultat auquel, en vertu de cette même relativité, les cosmogonies positives nous conduisent, c'est la nouveauté des choses. On comptera, je l'ai dit plus haut, des millions de siècles pour l'évolution de notre terre, et des milliards de siècles pour notre soleil et les étoiles; mais, comme, suivant le langage de Bossuet, le temps comparé au temps, la mesure à la mesure, et le terme au terme, se réduit à rien, toutes ces apparentes immensités de durée s'anéantissent; et les choses, ou, pour mieux dire, nos choses sont d'hier, dût cet hier comporter de prodigieuses durées.

Cette nouveauté est un témoignage que notre monde, notre univers, auront une fin. Ce qui a commencé doit finir, la raison le dit, et toutes nos connaissances physiques le confirment. Le soleil et les étoiles se refroidissent incessamment, versant dans les espaces une chaleur qui ne leur revient jamais. Quelque chauds qu'ils soient, ils le sont chaque jour un peu moins, le calorique s'y épuisera; ils s'éteindront, comme déjà leurs planètes se sont éteintes. Que deviendront ces masses animées d'un mouvement rapide? Nul ne peut le dire. Mais il suffirait d'un choc entre elles pour y transformer un prodigieux mouvement en une prodigieuse incandescence, et y renouveler un cycle de chaleur et d'expansion.

Ce serait se perdre en vaines et gratuites hypothèses, que de spéculer sur ce que deviendra notre univers quand il aura pris fin, comme de spéculer sur ce qu'il fut avant qu'il eût pris commencement. La dissémination primordiale de la matière qui devait le composer, la dissémination future de la matière qui le compose, dépassant toute expérience, dépassent toute conjecture.

Il n'est pas une des phases de la cosmogonie positive qui ne fasse comprendre combien est précaire l'existence des êtres vivants à la surface de notre terre et des autres planètes, s'il en est d'habitées, et, partant, combien on y doit être exposé à la souffrance et à la maladie. D'abord de la matière en mouvement, puis un développement énorme de chaleur, puis un refroidissement accompagné de bouillonnements et de précipitations, enfin un habitacle qui permet l'éclosion des organismes. Entendez-le bien, ce n'est qu'une permission limitée de tout côté par les lois supérieures de la matière, par les conditions antécédentes de l'habitacle.

Le lecteur qui m'aura suivi dans cette exposition a compris que la cosmogonie positive entend seulement exposer la liaison de quelques phases d'évolution, mais qu'elle renonce délibérément à rien expliquer au delà. Le domaine ultérieur est celui des choses qui ne peuvent pas être connues. La science positive professe de n'y rien nier, de n'y rien affirmer; en un mot, elle ne connaît pas l'inconnaissable, mais elle en constate l'existence. Là est la philosophie suprême; aller plus loin est chimérique, aller moins loin est déserter notre destinée.

FIN.

TABLE DES MATIÈRES

Préface.. 1
   I. Cosmos, essai d'une description physique du monde, par Alexandre de Humboldt.................. 1
  II. Discours sur l'étude de la philosophie naturelle...... 44
 III. Les étoiles filantes............................... 55
 IV. Ampère et l'électro-magnétisme.................... 85
  V. Résumé des nouvelles recherches des géomètres sur la chaleur de la terre............................ 110
 VI. Cuvier et les ossements fossiles................... 129
VII. Y a-t-il eu des hommes sur la terre avant la dernière époque géologique?........................... 149
VIII. De la science de la vie dans ses rapports avec la chimie. 191
 IX. De la physiologie ; importance et progrès des études physiologiques................................ 245
  X. De quelques points de physiologie psychique....... 306
 XI. Origine de l'idée de justice...................... 331
 XII. De la condition essentielle qui sépare la sociologie de la biologie.................................. 348
XIII. De l'ancien Orient............................... 376
XIV. Première leçon d'un cours d'histoire fait à l'École polytechnique............................... 410
 XV. De la civilisation et du monothéisme chez les peuples sémitiques.................................. 437
XVI. De l'histoire de la civilisation en Angleterre, par Buckle. 478
XVII. Les hypothèses positives de cosmogonie............ 522

www.ingramcontent.com/pod-product-compliance
Lightning Source LLC
Chambersburg PA
CBHW060510230426
43665CB00013B/1460